THE GREAT ECONOMISTS

위대한 경제학자들의 대담한 제안

린다 유 지음 | 안세민 옮김

사상 최악의 불황을 극복하는 12가지 경제 이론

Adam Smith
David Ricardo
Karl Marx
Alfred Marshall
Irving Fisher
John Maynard Keynes
Joseph Schumpeter
Friedrich Hayek
Joan Robinson
Milton Friedman
Douglass North
Robert Solow

한 그루의 나무가 모여 푸른 숲을 이루듯이
청림의 책들은 삶을 풍요롭게 합니다.

위대한 경제학자들과
오늘날의 경제 문제

기존의 경제상식을 뒤엎는 근본적인 변화가 일어나는 시기에는 경제 전문가들에 대한 수요가 많다. 우리 경제의 미래를 만들어가는 데 위대한 경제학자들보다 더 많은 도움을 줄 수 있는 사람이 누가 있겠는가? 그들의 사상은 오늘날 상대적으로 가장 가난한 국가도 유례없는 번영을 맞이할 수 있도록 도움을 줬다. 우리가 오늘날 직면하게 된 경제 문제도 마찬가지다. 과거 그들의 사상이 우리를 더 나은 번영의 길로 이끌어줄 수 있다.

지금은 세계 경제가 어디로 가고 있는지 평가하기에 가장 이상적인 시점이다. 미국, 영국, EU 회원국, 일본, 중국을 비롯한 여러 나라가 2008년 세계 금융 위기와 이후의 대침체Great Recession를 극복하면서, 자국 경제를 성장시키고 부를 창출하는 데 심각한 문제를 경험하고 있다.

오랫동안 세계 경제의 엔진 역할을 하던 미국은 임금 상승의 둔화로 저성장의 미래에 직면해 있다. 영국은 생산성 증가의 둔화와 2016년 6월 역사적인 국민투표로 결정된 EU 탈퇴로 인한 여파가 다가오는 수년 간 경제에 좋지 않은 영향을 미칠 것이다. 한편 EU는 단일 통화인 유로화를 유지하면서도 성장을 창출하기 위해 노력하고 있다. 그중에서 가장 어려운 문제는 유로화 지역 경제를 어떻게 개혁할 것인가이다. 침체된 경제에 활력을 불어넣기 위해 혁신적인 정책을 시행하고 있는 일본은 오랫동안 저성장에 대한 우려에 시달렸다. 중국도 선진국 지위에 오르려고 하면서 구조적인 문제에 직면했다. 아시아, 아프리카, 라틴 아메리카, 동유럽의 신흥국도 주목을 받고 있다. 이 국가들은 과거 여러 해에 걸쳐 빠르게 성장했지만 지금은 성장 속도가 둔화되고 있다. 이러한 현상은 이 국가들에게 빈곤을 퇴치할 만한 성장여력이 충분히 남아 있는가에 대한 의문을 갖게 한다. 게다가 우리는 생활 수준을 향상시켰던 과거의 산업혁명처럼 기술이 빠르게 변하는 시대에 살고 있다. 또한 우리는 무엇이 혁신을 견인하는지 살펴보고 어떻게 경제 성장을 촉진해야 하는지 궁리해볼 것이다.

그렇다면 과거 세상을 바꾼 이론과 오늘날 우리의 문제를 해결하는 데 도움이 되는 사상을 제시했던 위대한 경제학자들은 누구인가? 이들을 추려내기란 쉽지 않았다. 그들의 저작이 이 시대의 경제 문제를 해결하는 데 직접적인 영향을 미칠 수 있는가를 기준으로 적용해 선정하는 것은 조금 도움이 된다.

그러나 여기에 분명히 포함되어야 할 사람이 배제되는 경우도 있다. 예를 들어 어빙 피셔 Irving Fisher를 다루는 장에서 논의되는 하이먼 민스키^{Hyman Minsky}가 있다. 어빙 피셔와 하이먼 민스키의 사상을 결합하면 금융 위기의 본질을 이해하는 데 도움이 되기 때문이다. 그리고 국제 무역이 분배에 미치는 영향을 말한 폴 새뮤얼슨^{Paul Samuelson}의 사상은 데이비드 리카도^{David Ricardo}의 저작에 바탕을 둔다. 따라서 그의 사상은 에필로그에서 논의하는 세계화 과정에서 피해를 본 사람들이 난국을 관리하는 방법에 대해 중요한 통찰을 제공한다.

이것이 내가 생각하는 2회전 진출자를 결정하게 했다. 여기서 나의 선택은 내가 집중하기로 한 쟁점을 반영한다. 선택은 해야 하고, 따라서 나는 경제 성장, 즉 발전의 속도와 특징에 집중하면서 엄청나게 많은 후보자를 조금씩 줄여나갔다. 경제 성장의 모습은 세계화된 세상에서 100년 만에 찾아온 최악의 은행 위기 이후에 각국에서 실시한 정책 선택에 의해 영향을 받을 것이다.

2008년 금융 위기와 신흥 시장의 등장은 지난 수십 년 동안 세계 경제를 바꾸었고, 앞으로도 계속 새로운 세계 경제를 만들어갈 기본적인 요인이다. 이 위기는 경제 성장을 위한 과거의 방식이 지속 가능하지 않다는 것을 보여주었고, 한편으로는 여러 개발도상국의 빠른 성장의 비결과 이것이 빈곤 퇴치처럼 전 세계가 공통으로 가지고 있는 커다란 과제에 무엇을 의미하는가를 되돌아볼 때가 되었다는 것을 시사한다.

일부 국가는 이미 이러한 문제에 직면해 있다. 따라서 다른 국가들을 위한 교훈을 제공할 수 있다. 2008년 금융 위기 이후 미국과 영국은 경제 성장을 위해 무엇을 고민하고 있는가? 중국은 어떻게 그처럼 빠른 속도로 경제 대국으로 성장할 수 있었을까? 유럽은 경제 성장을 촉진하는 투자를 증대하기 위해 어떤 계획을 수립하고 있는가? 일본이 대대적인 정부 개입을 통하여 수십 년에 걸친 경제 침체를 끝내기 위해 어떤 정책을 추진하고 있는가? 우리는 이를 통해 많은 것을 배울 수 있다. 따라서 경제 성장의 특징과 본질이 이 책의 중심 내용이 될 것이다.

여러분은 내가 시대순으로 경제학자들을 선택했다는 것을 알게 될 것이다. 당연히 위대한 경제학자들은 성장, 혁신, 시장의 본질과 같은 중요하고도 일반적인 문제에 집중하는 경향이 있다. 물론 오늘날에도 이처럼 중요한 문제를 연구하는 뛰어난 경제학자들이 있다. 최근의 노벨 경제학상 수상자들은 경제 성장률을 끌어올리고 정부 지출의 역할을 평가하는 것과 같은 현재 벌어지고 있는 정책 논쟁에 적극적으로 참여한다. 그들의 연구는 경제학의 기초를 이루는 종합적인 모델을 만든 위대한 경제학자들의 저작에 뿌리를 두고 있다. 이 책에서는 이러한 위대한 경제학자들이 누구이며, 그들의 사상이 어디에서 비롯되었는지, 그들의 통찰이 경제적 사고방식을 어떻게 형성하게 되었는지 살펴볼 것이다.

예상대로 첫 번째 인물은 애덤 스미스^{Adam Smith}다. 모든 경제학자가 경제 문제에 직면할 때 먼저 스미스에게 의지한다는 것은 자명한 이치다. 나는 최근에 BBC에서 라디오 프로그램을 진행하면서 이 사실을 떠올렸다. 나는 한 경제학자에게 우리가 왜 경제의 대부분을 차지하는 서비스 부문을 간과하고, 그 대신 영국과 미국 경제에서 겨우 10분의 1을 차지하는 제조업에 주목하는 경향이 있는지 물었다. 그는 당장 서비스 부문이 비생산적이라고 생각했던 애덤 스미스를 언급했다. 스미스는 서비스 부문은 어릿광대, 음악가, 오페라 가수로 이루어져 있고,[1] 이들의 생산은 거래가 될 수 없으며, 따라서 제조업과 같은 방식으로 국내 생산에 추가해서는 안 된다고 생각했다.

스미스는 산업혁명이 도래하여 소득과 생활 수준이 엄청나게 상승했던, 그가 살던 시대가 낳은 산물이었다. 그가 1776년에 출간한《국부론An Inquiry into the Nature and Causes of the Wealth of Nations》은 경제학 분야의 획기적인 저작이다. 스미스가 남긴 유산은 경제학의 거의 모든 분야에서 생생하게 나타난다. 우리는 지금도 그가 만든 렌즈를 통해 경제를 바라본다.

따라서 스미스야말로 위대한 경제학자로서 이 책에 처음 등장할 만하다. 그가 제시한 시장의 힘에 대한 (정부 혹은 그 밖의 기관의 직접적인 개입이 아니라 수요와 공급의 본질적인 효과를 의미하는) '보이지 않는 손invisible hand'이라는 개념은 경제 이론의 기반이 되었다. 내가 라디오 프로그램에서 이 문제를 다룰 때, 영국 정부는 2008년 금융 위기 이후로 금융 서비스에 지나치게 의존하는 데 따르는 부정적인 면이 극명하게 드러남에 따라 경제를 다시 한 번 제조업 중심으로 재조정하려던 중이었다. 지금까지 그들은 이에 성공하지 못했다. 약 10년이 지난 지금, 서비스 부문은 불황 이전 수준으로 회복되었지만, 제조업 부문은 그렇지 못했다. 그리고 이러한 현상이 영국에서만 일어나지는 않았다. 미국, 중국, 그 밖의 주요 국가들도 더욱 지속 가능한 방식으로 성장할 수 있도록 경제를 재조정하려고 한다. 애덤 스미스라면 이러한 시도에 대해 무슨 말을 할까? 그는 제조업에 대한 호감과, '보이지 않는 손'이 작동하는 데 정부가 개입하는 것에 대한 혐오감을 어떻게 조화시킬까?

애덤 스미스에게 영감을 받아서 나중에 국제 무역 이론의 창시자가 된 경제학자가 있다. 1817년 데이비드 리카도는 모든 국가가 자유 무역에서 어떻게 혜택을 보는지 입증하는 비교우위 이론을 정립했다. 이것은 모든 것을 세계의 어느 국가보다 비효율적으로 생산하는 국가에도 해당한다. 국가는 상대적으로 덜 비효율적으로 생산하는 제품을 특화하여 생산하고 수출함으로써 다른 국가와 마찬가지로 혜택을 볼 수 있다. 그러나 미국과 영국처럼 수입품의 가치가 수출품의 가치를 능가하는 무역 적자에 지속적으로 시달리는 국가에서는 비교우위에 입각한 무역의 결과가 어떻게 나타날 것인가? 리카도라면 이런 정부에게 무엇을 하라고 조언할까?

카를 마르크스Karl Marx는 산업혁명을 애덤 스미스와는 상당히 다르게 보았다. 그도 19세기에 서구 경제의 급격한 변화를 경험했지만, 시장 지향적인 결과를 거부하고 대신에 자본주의보다 집산주의를 선호했다. 그는 시장 경제를 착취적이며 지속 가능하지 않은 것으로 보았다. 이러한 그의 견해와 시선이 다른 나라들도 있지만 구소련과 중국은 자본주의 체제가 아니라 공산주의 체제를 채택했다.

소련의 붕괴는 중앙 계획이 가진 폐단을 고스란히 드러냈다. 중국은 시장 지향적인 개혁을 채택하여 세계 2위의 경제 대국으로 등장했다. 그럼에도 중국은 시장 경제로 이행하는 과정에서 가장 힘든 상황을 겪고 있다. 마르크스는 중국 경제가 새로운 길을 열어가는 모습을 보고 어떻게 생각할까?

앨프리드 마셜Alfred Marshall은 마르크스와 거의 동시대에 살았지만 계획과 시장의 스펙트럼에서 마르크스의 반대편에 있었다. 그는 경제를 운영하는 정부보다는 스미스의 '보이지 않는 손'이 시장의 힘을 통하여 어떻게 경제에서 균형을 달성하는지를 공식화하는 데 관심이 있었다. 그는 수요와 공급이 어떻게 제품 가격과 수량을 결정하는지 보여주었다. 시장이 자동 조정 과정을 통하여 균형을 향해 스스로 다가갈 수 있다는 마셜의 믿음은 우리에게는 자유방임 국가만이 필요하다는 것을 의미한다. 예를 들어 오르락내리락하는 경기 순환 속에서 정부가 시장 경제의 움직임에 상당 부분 개입하는 것이 반드시 필요한 것은 아니다. 그러나 불평등이 심화되는 상황에 직면하여 소득 재분배에 관해서는 어떠한가? 마셜은 성장의 혜택이 상위 1%에 속하는 사람에게만 돌아가면서, 불평등이 더욱 심화되는 상황을 어떻게 바라볼 것인가?

불평등이 정책 의제에서 높은 위치를 점하고 있는 것은 의심의 여지가 없다. 이것은 우리가 성장의 속도뿐 아니라 질에도 관심을 가져야 한다는 것을 상기시켜준다.

불평등을 주제로 한 베스트셀러로는 프랑스 경제학자 토마 피케티Thomas Piketty가 쓴 책이 있다. 이 책이 인기를 끌었다는 사실은 지금 미국의 불평등이 19세기 후반 도금 시대Gilded Age만큼이나 극심하다는 광범위하게 퍼져 있는 우려를 반영한다. 2001년 노벨 경제학상을 수상한 조지프 스티글리츠Joseph Stiglitz는 대침체 이후로 회복이 더디게 진행되는 이유 중 하나로 불평등을 꼽았다.

마셜은 때때로 자본주의에 대한 고발이라 인식되는 소득 불평등의 심화를 어떻게 바라볼 것인가? 자본주의 경제는 필연적으로 불평등하게 마련인가?

　1930년대 대공황 이후로 최악의 경제 불황이라 할 2008년 세계 금융 위기의 여파로 경제 성장에 대한 우려가 점점 더 커지고 있다. 미국이 진원지였고, 영국은 크게 영향을 받았다. 이후로 십수 년이 지났는데도, 부채는 여전히 높은 수준이고, 견실한 경제 성장의 기미는 보이지 않는다. 이와 비슷한 시대를 살았던 어빙 피셔는 경제 위기 이후로 부채 디플레이션의 악순환에 빠져들 위험을 경고했다. 이것은 일본이 1990년대 초반 부동산 버블이 꺼지고 나서 경험했던 것이다. 부채 상환이 진행되면서 생산이 떨어지고, 이는 물가 하락 혹은 디플레이션과 함께 성장에서 '잃어버린 수십 년Lost Decades'으로 이어졌다. 피셔라면 국가가 성장 과정에서 '잃어버린 수십 년'을 경험하지 않도록 어떤 조언을 해줄 것인가? 우리는 2차 불황과 소득 증가의 침체로 규정되는 1930년대의 경험을 반복할 위험에 처해 있는가?

　침체 이후로 실업이 또다시 걱정해야 할 문제가 된 지금, 가장 많이 거론되는 경제학자는 존 메이너드 케인스John Maynard Keynes이다. 선진국을 위한 싱크탱크인 경제협력개발기구OECD에 따르면, 2008년 세계 금융 위기 여파로 장기 실업률(1년 넘게 실업 상태인 사람들에 대한 통계 지표)이 놀랍게도 77%나 증가했다. 스페인 등 일부 유럽 국가에서는 청년 실업률이 두 자릿수에 달했다. 미국과 영국은 청년 실업률이 이 정도는 아니지만, 불완전 고용과 시간제 노동과 같은 다른 형태의 '숨어 있는' 실업을 걱정해야 한다. 따라서 고용을 촉진하고 성장을 되살리는 데 정부의 역할이 공공 정책에서 최대 관심사다.

케인스는 당시의 경제적 사고를 지배하던 시장의 자동 조정 능력을 믿지 않았던 것으로 유명하다. 대신에 그는 경제를 완전 고용 수준으로 되돌리기 위해 정부 지출을 옹호했고, 필요하다면 재정 적자를 발생시켜야 한다고 주장했다. 그의 생각은 대공황 이후로 실업률이 지속적으로 높아지면서 정립되었다. 그리고 케인스의 사상은 그가 세상을 떠나고 나서 2차 세계대전 이후에 복지국가와 같은 대형 정부 프로그램이 생성되던 시기에도 큰 영향력을 발휘했다.

케인스가 활동하던 시기와 비슷하게도, 2009년 대침체 이후로 오늘날 유력한 경제 논쟁의 대상은 재정 적자를 축소하기 위해 정부 지출을 줄이고 세금을 올리는 긴축 정책이다. 긴축 조치가 낳은 결과 중의 하나는 정부 투자와 공공 투자가 엄청나게 감소하여 경제 성장을 저해한다는 것이다. 케인스라면 미래를 내다보면서 오늘날의 정부에 경제에서 성장과 완전 고용을 위한 중요한 동력이라 할 공공 투자에 관해 무슨 말을 해줄 것인가?

또 다른 중요한 경제 논쟁은 생산성 증대 방법이다. 지난 역사를 돌아보면 금융 위기 이후로 회복은 더디게 진행되었다. 경제가 성장하려면 여러 선진국에서 정체되고 있는 생산성 증진이 중요한 과제다. 그러나 이것은 혁신을 요구한다. 선진국에서는 이것이 가장 중요한 정책 문제이며, 우리가 이 문제를 다루기 위해 가장 많이 의지해야 할 위대한 경제학자는 케인스와 동시대를 살면서 '창조적 파괴creative destruction'를 주창했던 조지프 슘페터Joseph Schumpeter다. 슘페터의 이론은 기업가와 혁신자를 경제 회복뿐 아니라 전체적인 경제 성장의 중심에 둔다. 따라서 슘페터라면 생산성과 혁신을 증진하기 위해 오늘날 정부에 어떤 조언을 할까?

이 무렵에 경제 정책에 영향력을 발휘했던 또 다른 인물은 프리드리히 하이에크Friedrich Hayek였다. 하이에크는 자유 시장 경제학의 기수였다. 그는 무엇보다도 경기 순환에 대한 표준적인 설명을 거부했던 오스트리아학파의 구성원이었다. 하이에크는 케인스의 견해에 정면으로 맞서면서 자유 시장의 우월성을 믿었다. 그는 케인스의 재정적 능동주의fiscal activism뿐 아니라 통화량과 금리를 성장에 영향을 미치도록 조정하는 통화 정책에도 반대하면서 대부분의 경제학자들과 마찰을 빚었다.

하이에크는 런던정치경제대학LSE에서 학문적인 근거지를 찾았지만, 그의 이론은 여전히 학계에서 널리 수용되지 않았다. 대침체의 여파와 점령 운동Occupy movement으로 지금은 자본주의 자체가 공격을 받게 되었다. 이처럼 커가는 회의론에 맞서 시장 시스템을 옹호하기 위한 주장을 계속 찾아가는 과정에서 하이에크의 사상이 다시 조명을 받게 되었다. 하이에크의 사상은 우리가 금융 위기를 통하여 배울 만한 교훈이 있는지 식별하는 데 도움이 될 수 있다.

20세기의 중요한 경제학자인 조앤 로빈슨Joan Robinson은 이 책에 나오는 유일한 여성이다. 이는 경제학에서 여성의 만성적인 기근 현상을 반영한다. 옥스퍼드대학교 경제학 박사 과정을 공부했을 무렵 나는 불완전 경쟁 시장에 대한 그녀의 이론이 대단한 통찰력을 지니고 있다고 생각했다. 예를 들어 저임금은 경제에서 대단히 시급한 문제다. G7 국가 중 영국은 금융 위기 이후로 10년 중에서 대부분의 해에 연평균 임금 상승률이 물가 상승률을 따라잡지 못했던 유일한 국가라는 달갑지 않은 특징을 보여주었다. '실질 임금real wages'의 상승이 대체로 둔화되는 현상은 지난번 불황과 영국 국경을 뛰어넘는 문제다. 일본과 독일에서는 지난 20년 동안에 중앙값 임금median wage을 받는 노동자, 즉 임금 분포의 중간에 해당하는 임금을 받는 노동자의 임금 상승이 정체되어왔다. 훨씬 더 나쁘게는 미국의 중앙값 임금은 40년 동안 정체되었다.

이 지점에서 로빈슨의 연구가 통찰을 제공한다. 로빈슨은 2대 주요 요소 시장인 자본 시장과 노동 시장에서 모든 시장이 효율적으로 작동한다는 완전 경쟁의 가정으로부터의 이탈이 어떻게 저임금을 설명할 수 있는지, 임금이 노동자의 생산량을 왜 반영하지 못하는지 보여주었다. 우리는 주요 경제를 괴롭히는 임금 정체의 문제를 해결하기 위해 로빈슨이 어떤 처방을 제시하는지 살펴볼 것이다.

그 다음 위대한 경제학자는 조앤 로빈슨과는 다르게 관심을 받지 못해서 괴로워하지는 않았다. 밀턴 프리드먼Milton Friedman은 "인플레이션은 언제, 어디서나 화폐적 현상이다"라는 말로 유명했다. 프리드먼은 통화량이 물가에 영향을 미쳐서 인플레이션을 발생시키지만, 장기적으로는 국내 생산에는 영향을 미치지 않는다고 생각했다. 이것이 그의 널리 알려진 발언으로 요약되는 통화주의자들의 견해다.

프리드먼은 오랜 삶을 살면서 자유 시장의 옹호자로 남았고, 심지어 처음에는 미국 중앙은행인 연방준비제도이사회의 설립이 잘못된 것이라고까지 생각했다. 비록 나중에는 연방준비제도이사회가 통화 공급을 관리하는 데 필요하다는 것을 인정했지만, 이 기관이 이러한 역할만을 해야 하고, 경제에 적극적으로 개입해서는 안 된다고 주장했다. 당연히 그는 재정 정책이 경제에 지속적인 영향을 미친다고 보는 케인스주의자들의 견해에 동의하지 않았다.

프리드먼은 시카고대학교 경제학과에 재직 중이던 1963년에 애너 제이콥슨 슈워츠Anna Jacobson Schwartz와 함께 통화 정책에 가장 큰 영향을 미친 책《미국의 통화사, 1867~1960A Monetary History of the United States, 1867~1960》를 발간했다. 그들은 1929년 주식 시장이 붕괴하고 회복되기까지 무슨 일이 일어났고, 왜 그처럼 회복에 오랜 시간이 걸렸는지 이해하기 위해 공황의 원인을 다시 살펴보았다.

그들이 내린 결론은 통화 정책이 주범이라는 것이다. 구체적으로 말하면, 연방준비제도이사회가 너무 이르게 통화 긴축 정책을 추진했다는 것이다. 그들은 이것이 주식 시장 붕괴를 일으켰고, 또한 1937~1938년의 '대공황 내에서의 불황'으로 알려진 두 번째 경제 불황으로 이어졌다고 주장했다.

프리드먼이라면 1930년대와 비슷한 대침체 이후로 '비전통적인' 통화 정책을 추진하는 것에 대해 어떤 말을 할까? 이제까지 중앙은행은 경제에 통화가 더 많이 흘러가도록 양적완화(현금 주입), 심지어 마이너스 금리(시중 은행이 중앙은행에 자금을 예치할 때, 중앙은행이 그 대가로 시중 은행에 대금을 부과하는 것)를 포함하여 현란한 정책들을 추진했다. 프리드먼은 주로 중앙은행의 미지의 영역에서 작동하는 이러한 행위들에 대해 어떤 생각을 할 것인가?

다음에 나오는 두 사람은 경제의 성장과 발전에 대한 근본적인 원인을 두고 서로 대조되는 견해를 제시한다. 그리고 두 사람은 지금의 정책에 상당한 영향을 미쳐왔다.

더글러스 노스^{Douglass North}는 제도가 경제 개발에 중요하다고 생각한 점에서 그와 동시대를 사는 사람들과는 상당히 다른 입장을 취했다. 노스의 견해는 표준적인 성장 이론이 어떤 국가는 부유하고, 다른 국가는 빈곤한 이유를 제대로 설명하지 못하기 때문에 최근에야 주목받기 시작했다. 경제학자들은 2차 세계대전 이후로 일부 국가만이 부유하게 된 원인을 이해하기 위해 노스가 2차 세계대전 이후로 시작했던 제도의 역할에 관한 연구에 의지하려고 했다. 그 결과, 법규와 같은 제도가 개발 정책에서 주목을 받게 되었다. 우리는 노스라면 경제 개발을 추진하기 위해 제도를 어떻게 개혁할 것인지 살펴볼 것이다.

노스와 동시대를 살았던 로버트 솔로^{Robert Solow}는 다른 견해를 가졌다. 솔로는 노스가 불완전하다고 여기는 신고전파 성장 이론에서 획기적인 연구 결과를 내놓았다. 솔로 모델은 노동자가 기여하는 부분과 경제의 생산적인 자본에서 기업의 투자가 기여하는 부분, 기술 진보의 역할을 관찰하여 성장을 설명한다. 2008년 금융 위기는 V자 형태의 생산 감소와 신속한 회복을 보였던 이전의 불황과는 다르게, 국내 생산 혹은 GDP(국내총생산)가 급격하게 감소했지만 이후로 회복 속도가 느린 모습을 보였다.

경제학자들은 이것이 우리의 공통적인 미래가 아닌지 우려하게 되었다. 심지어 하버드대학교 경제학자 로렌스 서머스^{Lawrence Summers}는 성장이 둔화되는 세계를 가리켜 '장기적 침체^{secular stagnation}'라는 용어까지도 되살아나게 했다. 이것은 1930년대에 앨빈 핸슨^{Alvin Hansen}이 이전의 은행 전반에 걸친 조직적인 위기 이후로 어느 정도는 사회가 고령화되면서 나타나는 성장의 둔화 현상을 설명하기 위해 사용했던 용어였다.[2]

이 점에서는 가장 고령화된 사회, 일본이 최전선에 서 있다. 솔로는 금융 위기 이후로 경제의 회복 속도가 느린 것에 대해 어떻게 생각할까? 그리고 그가 우리가 저성장의 미래에 직면해 있다는 데 동의할 것인가? 이 질문은 앞으로 모든 선진국에 널리 퍼지게 될 것이다.

마지막으로 세계화를 둘러싼 합의가 도전을 받고 있다. 세계 경제로의 개방이 정부의 최우선 과제였던 때로부터 수십 년이 지나고 무역의 혜택이 고르게 분배되지 않은 것에 대한 불만이 전 세계적으로 커지고 있다. 전체적으로는 경제가 혜택을 보았지만 국가 내에서는 여전히 혜택을 보는 자와 피해를 보는 자가 있다. 최근에는 미국과 영국 국민이 현재의 무역 협정을 포함한 상황에 반대하는 쪽으로 표를 던졌다. 이런 상황을 보고 위대한 경제학자들은 세계화가 곤경에 처했다고 말할 것인가?

2차 세계대전 이후 세계 경제의 가파른 성장은 어느 정도는 국제무역에 확대에 기인했다. 따라서 특히 1995년 세계 시장을 열었던 세계무역기구World Trade Organization, WTO 설립 이후 약 20여 년간, 번영은 세계화와 관련되었다. 세계화는 전 세계의 자원 이동뿐 아니라 아이디어 전파를 통하여 우리 모두를 연결했다. 예를 들어 런던의 자전거 공유 프로그램은 순식간에 베이징 등 세계 여러 도시로 퍼졌다.

그러나 무역 확대는 정체되고, 다자간 시스템은 지역 간, 양자 간 자유무역협정이라는 새로운 시스템으로 분열되고 있다. 더구나 무역 협정은 세계화의 혜택이 고르게 분배되지 않는 현실에 대한 유권자의 반발에 직면했다. 위대한 경제학자들은 이것이 미래의 경제 성장의 엔진이라 할 무역이 갖는 의미에 대해 무슨 말을 할까? 가장 중요하게는 세계화에 대한 반발에 어떻게 대처해야 하는가?

1970년 노벨 경제학상 수상자 폴 새뮤얼슨의 저작은 무역이 노동자에게 고르지 못한 영향을 미치는 것에 대해 자세히 설명한다. 경제 전체로는 혜택을 보지만 일부 구성원(예를 들어 제조업 노동자와 농민)은 피해를 보는 지역에서 분배에 미치는 영향을 어떻게 다루어야 하는가? 그들의 사상은 무역으로 인해 이득을 보는 자와 피해를 보는 자에게 혜택을 균등하게 분배하는 방안을 시사하고 세계화의 미래를 위해 앞으로 나아갈 방향을 제시한다.

이 책에서는 위대한 경제학자들의 통찰을 통해 우리 모두에게 영향을 미치는 중요한 경제 문제에 대한 답을 찾아본다. 그들의 총체적 사상은 산업혁명에서 2차 세계대전 이후 경제 성장의 황금기를 지나 지금의 디지털 시대에 이르기까지, 우리의 생활 수준이 현저하게 개선되던 시기에 세계 경제를 지배하는 정책을 형성했다. 그들의 통찰은 우리 경제의 미래를 이끌어가는 데도 도움이 될 것이다.

Economists

5장 우리는 또다시 세계 대공황을 맞이할 위험에 처해 있는가? _어빙 피셔

6장 투자를 할 것인가, 하지 않을 것인가? _존 메이너드 케인스

7장 무엇이 혁신을 일으키는가? _조지프 슘페터

8장 금융 위기를 극복하는 자본주의의 미래는 무엇인가? _프리드리히 하이에크

The Great
Economists

11장 왜 소수의 국가만이 번영하는가? _더글러스 노스

12장 저성장이 우리의 미래인가? _로버트 솔로

Adam Smith
David Ricardo
Karl Marx
Alfred Marshall
Irving Fisher
John Maynard Keynes
Joseph Schumpeter
Friedrich Hayek
Joan Robinson
Milton Friedman
Douglass North
Robert Solow

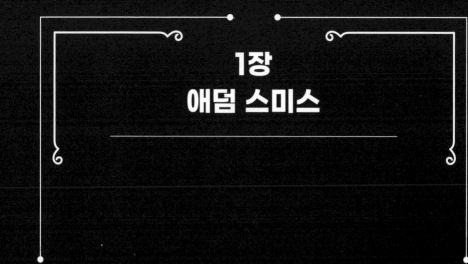

1장
애덤 스미스

정부가 경제를
재조정해야 하는가?

Adam Smith

경제학을 탄생시킨 인물로 널리 알려진 애덤 스미스는 서구 세계를 근본적으로 변화시킨 산업혁명의 도래를 목격했다. 산업혁명 이래 수십 년 동안 영국은 세계 최초로 공업화를 달성했다. 이 특별한 시기에 경제학에서 가장 영향력 있는 책이 집필되었다.

애덤 스미스의 대표작인《국부론》은 저술에만 10년이 걸린 책으로 그는 이 책에서 '보이지 않는 손'의 개념을 설명했다. 이것은 '보이지 않는 시장의 힘이 수요와 공급이 같도록 하여 가격을 설정한다'라는 것을 의미한다. 이 문장은 자유방임 경제학의 주문呪文이 되었다. 비록 스미스 자신이 이 표현을 이처럼 구체적인 방식으로 사용하지는 않았지만, 그는 자신이 쓴 책에서 정부의 역할을 제한하는 세상을 꿈꾸었다.

정치가가 개인에게 그들의 자본을 어떻게 써야 하는지 지시하려면, 본인 스스로 아주 쓸데없는 곳에 관심을 두어야 할 뿐 아니라 한 개인은 물론이고 자문 위원회 혹은 상원 위원회에도 안전하게 맡길 수 없는 권위를 상정하게 된다. 그리고 이러한 권위가 자신이야말로 그것을 행사할 자격이 있다고 생각할 정도로 어리석고 자만에 찬 사람의 손아귀에 있는 것만큼이나 위험한 일은 없을 것이다.[1]

스미스는 세금에는 훨씬 더 회의적이었다. "정부가 무엇보다 가장 일찍 배우는 것은 국민의 호주머니에서 돈을 몽땅 빼내는 기술이다."[2]

애덤 스미스는 시장의 힘이 작동하는 데 개입하려는 정책 담당자들을 회의적으로 바라보았다. 그런데 그것이 바로 영국이나 미국 같은 탈공업화 국가들이 하려는 일이다. 즉 제조업을 장려하고 국내 생산에서 서비스 부문의 비중을 줄임으로써 탈공업화 과정을 되돌리는 것이다. 이런 시도는 경제를 마비시키고 대형 은행의 취약성을 고스란히 드러냈던 2008년 금융 위기 이후의 경제를 재조정하기 위한 것이다. 당시 영국 재무장관 조지 오스본George Osborne은 안전모를 쓰고서 '제조업자들의 행진March of the Makers'을 장려하기도 했다. 미국에서는 버락 오바마Barack Obama 대통령이 첨단산업이나 하이테크 제조업에 투자했다. 그의 후임인 도널드 트럼프Donald Trump 대통령은 공장을 미국으로 이전하는 미국 기업들을 드러내놓고 찬양했다.

애덤 스미스는 이러한 노력을 어떻게 생각할까? 세계 각국 정부는 제조업 중심으로 경제를 다시 한번 재조정해야 하는가? 영국이나 미국처럼 서비스 부문이 국내 생산의 4분의 3을 넘게 차지하는 국가에서 경제 재조정이 가능할까? 이에 대한 답은, 공업화 이후에 탈공업화

라는 전형적인 경로로 진입하면서 이 두 나라를 뒤따를 다른 나라에
도 가르침을 줄 것이다.

공업화, 탈공업화, 재공업화

영국은 18세기 후반과 19세기에 최초로 공업화 국가가 되었고, 독일
과 미국이 그 뒤를 이었다. 산업혁명이라고 알려진 이 시대는 농경 사
회에서 상인이 공장을 소유하고 경영하며 만들어진 제품을 자국과 외
국에서 판매하는 공장 중심의 사회로 바뀌었다.

　지금 우리가 살고 있는 시대에 영국과 미국을 포함한 경제 선진국
은 '탈공업화'라는 또 다른 근본적인 구조 변화를 경험했다. 1980년대
금융 부문을 자유화했던 대처Thatcher 총리 시대의 개혁(더욱 치열한 경쟁
을 향하여 시장을 개방하던 1986년의 '빅뱅Big Bang'으로 알려졌다) 이후로, 영
국 제조업은 서비스업에 자리를 내어주었다(상대적으로 그렇다는 의미다.
지금도 영국은 여전히 세계 아홉 번째 제조업 강국이다. 2004년에는 세계 5대 제
조업 강국이었다). 마찬가지로 미국도 최근 중국에 추월당하여 세계 2위
의 제조업 강국이되었지만, 서비스 부문이 국내 생산에서 더 많은 부
분을 차지한다. EU는 서비스 부문이 GDP의 70%를 차지한다. 그러나
독일, 프랑스, 이탈리아 같은 EU 국가들도 세계 상위권에 속하는 제조
업 강국이다. 세계 최대 제조업 국가로서 소득 수준이 중간 정도인 중
국조차도 서비스 부문이 제조업 부문을 추월했다.

　국가는 성장하면서 공업화 경향을 띤다. 따라서 농경 사회에서 벗
어나서 제조업 사회로 이행한다. 제조업 사회는 생산성이 더 높을수록
즉 노동자 1인당 생산이 더 많아질수록 임금을 더 많이 받는 사회다.

따라서 국가가 공업화되면 중산층이 많아지고 번영한다. 그 다음에는 탈공업화가 뒤따른다. 선진국 경제에서는 일단 국가가 부유해지고 고용의 중심이 공장에서 사무실이나 매장으로 이동하여 서비스, 소매, 금융 부문이 경제를 지배하기 시작하면, 제조업이 생산에서 차지하는 비중이 상대적으로 덜 중요해진다.

2008년의 금융 위기는 금융 부문이 비대해진 경제의 단점을 극명하게 보여주었다. 은행은 복잡하게 얽혀 있었고 정부가 그들이 하는 업무를 이해하고 규제를 가하기는 점점 어려워졌다. 미국과 영국의 대중은 은행에게 1세기 만에 최악의 불황을 일으킨 데 대한 책임을 묻고서 정부가 더욱 엄격한 규제를 가할 것을 요구했다. 또한 이번 위기는 미국과 영국 정부가 제조업을 원하도록 만들었다. 그리하여 이들 정부는 경제를 제조업 쪽으로 다시 한번 '재조정'하려고 했던 것이다.

이것은 엄청난 과제다. 영국에서는 제조업이 부가 가치를 낳는 생산에서 겨우 11%만을 차지한다. 이에 반하여 서비스 부문이 경제 전체에서 차지하는 비중은 4분의 3을 넘는다. 1980년 영국 제조업은 경제 전체에서 25%를 차지하다가 1990년대에는 20%로 감소했고, 2000년대에는 불과 12%만을 차지하는 데 그쳤다. 미국도 비슷한 양상을 보였다. 반면에 독일 경제에서 제조업이 차지하는 비중은 같은 부가가치 기준으로 여전히 약 20%에 달한다. 영국 국내 생산에서 금융 서비스가 차지하는 비중이 최고 8%까지 달하던 적도 있는데, 이는 제조업 전체를 합친 것보다 크게 작지 않다. 이것이 탈공업화의 본질이다. 애덤 스미스 시절에 농업이 제조업에 추월당했던 것과 마찬가지로 제조업이 서비스 부문에 자리를 내어주게 된 것이다.

문제는 미국과 영국이 탈공업화를 되돌릴 수 있느냐다. 이 문제는
금융 위기 이후로 수시로 제기되었다. 100년 만에 들이닥친 최악의 불
황이 끝나자 정부와 산업계가 '메이드 인 아메리카Made in America', 메이
드 인 브리튼Made in Britain'을 외쳤다. 그러나 세계화된 세계 경제에서
탈공업화를 되돌리기는 쉽지 않은 일이다.

중국과 같은 신흥 경제 국가들은 정보통신기술로 물류 비용을 낮추
면서 제품을 저렴하게 생산할 수 있다. 따라서 세계화 때문에 부유한
국가가 저비용 생산국과 경쟁하기가 더 어렵게 되었다. 실제로 하버드
대학교 경제학과 교수 대니 로드릭Dani Rodrik은 일부 개발도상국에서
세계화의 영향력으로 농업에서 직접 서비스업으로 이동하게 되는 '조
기 탈공업화premature deindustrialization' 현상을 지적하기도 했다. 이것은
소득 수준이 중간 정도인 국가 중에서 아직 탄탄한 기반을 갖추지 못
한 국가들이 우려할 만한 결과를 낳았다.

지금 우리는 미지의 영역에 있다. 탈공업화를 향한 추진력은 다른
국가에서보다 미국과 영국에서 더 강하다. 두 나라는 1세기 만에 찾아
왔던 최악의 금융 위기를 겪은 후 변화를 갈망하고 있다.

고려해야 할 것은 또 있다. 애덤 스미스는 시장이 무엇을 생산하고
가격을 어떻게 매길 것인지 결정한다는 '보이지 않는 손'을 이야기했
지만, 서비스 부문을 높이 평가하지는 않았다. 그는 당시에 서비스 부
문이 공장이나 제과점에서 생산하는 제품만큼 가치 있는 제품을 생산
할 수 있다고 생각하지 않았다. 실제로 스미스는 현대 경제를 형성하

는 것 중 많은 부분을 관대히 봐주지 않았다. 예를 들어 그는 오늘날 기업의 기반이 되는 주식회사를 지지하지 않았다.

그가 남긴 유산은 지금도 사람들이 경제를 바라보는 관점에 계속 영향을 미치고 있다. 국가 통계를 작성하는 방식에서도 제조업 데이터는 자세히 분류하면서 서비스 부문은 합계를 내도록 한다. 아마도 이것은 컨설턴트들이 컴퓨터 앞에 앉아서, 혹은 통계학자들이 회의를 통해 국내 생산에 기여하는 측면을 숫자로 나타내기가 어렵기 때문일 것이다. 우리가 그들 모두가 생산적인 일을 하는 것은 아니라고 알고 있었던 것이다!

정부가 경제를 재조정해야 하는가? '보이지 않는 손'에 의해 이끌리는 시장의 힘이 정부에 의해 재편될 수 있는가? 애덤 스미스는 이 모든 문제에 대해 뭐라고 말을 할까?

계몽주의자들과 함께하다

애덤 스미스는 1723년 스코틀랜드 에든버러 주변 항구 도시 커콜디에서 태어났다. 돌아가신 아버지는 세관원이었고, 유복한 가족은 스코틀랜드 계몽주의자들과 친하게 지냈다. 18세기에 일어난 스코틀랜드의 계몽주의 운동은 볼테르 같은 유명 작가들이 참여했고 과학과 이성을 중시한 유럽 계몽주의와 궤를 같이했다. 이 시기는 '스코틀랜드의 황금기'로 불린다. 그리고 스미스는 이 시기 경제학의 창시자로서 뛰어난 사상가로 일컬어진다.

그는 초기의 여러 경제학자들과 마찬가지로 경제학 교육을 받지 않았다. 대신에 그는 1737년부터 1740년까지 글래스고대학교에서 물리학과 수학을 공부했다. 또한 이 시절에 스토아 철학에도 관심을 가졌다. 초기 경제학자 대다수가 철학자였는데, 이들 중에 데이비드 흄David Hume과 존 스튜어트 밀John Stuart Mill 같은 사람들이 경제사상을 형성하는 데 영향을 미쳤다.

당시 스미스는 1746년까지 옥스퍼드대학교 발리올 칼리지에서 공부했다. 그는 영국 국교회 구성원이 아니었기 때문에 정식으로 입학 허가를 받지 않았고 청강생 같은 신분이었다. 여기서는 그가 대학 시절을 즐겁게 보내지 않았다는 말만 해두겠다. "대학의 규율은 대체로 학생의 편익이 아니라 교수의 이익을 위해, 더 적절하게 말하면 교수의 안일함을 위해서 만들어졌다."3

그는 대학 시절에 주로 독학을 하면서 고전과 근대 언어에 빠져들었다. 그가 보기에는 "옥스퍼드대학교에서는 교수들 대다수가 최근 여러 해 동안에 가르치는 척하는 것조차도 완전히 포기했다."4

그 뒤 스미스는 스코틀랜드로 돌아와 1748년에 에든버러대학교에서 공개 시리즈 강의를 진행했다. 그는 이곳에서 대표적인 스코틀랜드 계몽주의자 데이비드 흄과 친하게 지냈다. 이 시기에 '보이지 않는 손'에 대한 스미스의 아이디어가 처음 나왔다. 그는 정부가 경제에 개입하는 것이 시장의 '자연스러운 흐름natural course'을 방해하는 것으로 보았고, 이 생각은 나중에 《국부론》에서 더욱 발전했다. 그는 이 획기적인 저작에서 시장이 자유롭게 작동하도록 하는 작은 정부를 주장했다.

그가 강의에서 주장했듯이 "국가가 가장 낮은 수준의 미개한 상태에서 가장 높은 수준의 풍요로운 상태로 옮겨가는 데에는 평화, 너그러운 세금, 관대한 법 집행 말고 필요한 조건은 거의 없다."[5]

스미스는 강의를 훌륭하게 수행한 덕분에 모교에서 교수직을 얻었다. 그는 글래스고대학교에서 1751년부터 1764년까지 가르쳤다. 처음에는 논리학 강좌를 맡았다가, 나중에 도덕철학 강좌를 맡았다. 이 시절에 그는 윤리학 강의 교재를 발간하여 명성을 얻었다. 1759년에는 《도덕감정론The Theory of Moral Sentiments》을 발간하여 유럽 계몽주의의 저명인사가 되었다. 그는 이렇게 보낸 교수 시절을 두고 "내 경력에서 가장 유익했고 따라서 가장 행복하고도 명예로웠던 시절"이라고 회상했다.[6]

그렇지만 1764년에 스미스는 돈을 벌기 위해 학계를 떠나고 싶은 유혹에 빠졌고, 정치가 찰스 타운센드Charles Townshend의 의붓아들인 버클루 공작 3세의 개인 교사가 되었다. 그는 어린 공작과 함께 1764년부터 1766년까지 2년 동안 해외로 떠나 파리, 툴루즈, 제네바에서 보냈다.

그는 프랑스에서 제조업이 아니라 농업이 부의 원천이라고 보는 유명한 중농주의 경제학자들과 교류했다. 스미스가 보기에 이것은 영국이 공업화를 경험한 것과는 조화를 이루지 못했다. 서비스업보다는 제조업을 지지하던 스미스의 주장이 중농주의자들의 생각과 어느 정도 비슷하다는 사실이 조금은 아이러니하다.

영국으로 돌아온 스미스는 런던으로 가서 1766년부터 1767년까지 이제 재무장관이 된 찰스 타운센드를 위해 공공 재정 분야를 연구하면서 보냈다. 그 다음에 커콜디로 돌아와서는 어머니와 함께 살면서, 6년에 걸쳐《국부론》저술에 몰두했다. 1773년부터 1776년까지, 그는 런던으로 가서 이 책을 마무리했다. 이 책에서 그는 영국 의회가 미국 독립 전쟁을 평화적으로 해결하도록 영향을 미치려고 했다.《국부론》의 마지막 문단에 스미스는 이렇게 적었다. "영국은 미래의 전망과 계획을 그야말로 평범한 상황에 맞추기 위해 노력해야 할 것이다."[7] 이것은 이후의 판에서도 계속 나오는 문장으로, 정부가 아니라 시장이 식민주의를 포함한 모든 면에서 경제 발전을 주도해야 한다는 스미스의 확고한 믿음을 반영한다.

애덤 스미스는 미국이 독립을 선언한 해인 1776년에 퇴직했다. 그 뒤 2년 동안 커콜디에서 회화, 음악, 시를 다룬 '모방 예술Imitative Arts'에 관한 책을 쓰기 시작했다. 1778년에는 공식 활동을 재개하면서 부친의 뒤를 따라 스코틀랜드 관세청장으로 부임했다. 그는 에든버러로 가서 또다시 어머니, 가사를 돌보던 사촌 재닛 더글러스Janet Douglas, 그의 상속인이자 사촌의 아들로 나중에 저명한 법관 레스턴 경Lord Reston이 된 데이비드 더글러스David Douglas와 함께 살았다.

1784년에 그는《국부론》3판을 마무리했다. 이후로 몇 년이 지나, 미국 혁명 시기뿐 아니라 유럽 대륙, 특히 프랑스에서 혁명의 기운이 싹트던 시기에 크게 화제가 되었던 헌법 입안에 관한 그의 생각이 나와 있는《도덕감정론》6판도 마무리했다.

애덤 스미스는 기념비적인 저작을 썼지만, 자신이 글을 더디게 쓰는 것을 두고 많이 자책했다고 한다. 1785년에 그는 '노년의 나태함'을 탓하며 자신이 '모방 예술' 혹은 법 이론에 대한 또 다른 책을 끝낼 수 있을지 확신하지 못했다. 그는 마음속으로 주요 저작을 3부작으로 구상했다. 《도덕감정론》, 《국부론》, 법학에 관한 세 번째 저작이었다. 놀랍게도 스미스는 더 많은 것을 이루지 못한 것에 실망감을 표현했고, 사후에 자기 원고가 소각되어야 한다고 생각했다.[8]

서비스는 생산이 될 수 있을까?

경제를 재조정하려는 애덤 스미스의 시도에 대해 어떻게 생각할 것인가를 평가하기 전에, 이러한 논의가 왜 발생했는지 살펴보자. 이 문제는 선진국에서 서비스 부문이 막대한 비중을 차지하는 국가 중 하나인 영국에서 크게 주목을 받고 있다. 앞에서 살펴봤듯이 미국은 2008년 금융 위기의 진원지이지만, 여전히 세계 2위의 제조업 강국이다. 영국은 순위가 떨어졌지만 말이다. 따라서 특히 영국의 경험이 다른 나라에 교훈이 될 가능성이 있다.

경제 성장의 동력을 변경하는 것은 2008년 금융 위기 이후로 영국이 실제로 추진했던 정책이었다. 이것은 데이비드 캐머런David Cameron 정부 시절에 '제조업자들의 행진'이라고 불렸다. 영국은 더 많은 제품을 만들어서 해외에 판매하는 쪽으로 경제를 재조정하기를 원한다. 이것은 제조업 생산물의 대부분이 교역재를 구성하게 되는 세계화 시대와 관련이 있다. 영국 정부는 몇 년 전에 은행의 파산으로 인하여 금융 서비스에 덜 의존하기를 원했다. 그러나 제조업은 경제에서 겨우 10%만을 차지했고, 서비스 부문이 국내 생산의 대부분을 차지했다. 또한 최근까지 브릭스BRICs(브라질, 러시아, 인도, 중국)로 일컬어지는 신흥 시장보다는 아일랜드에 더 많이 수출했던 영국은 개발도상국을 향해 방향을 전환하고 세계에서 가장 빠르게 성장하는 시장에 기업들이 접근할 수 있도록 지원을 아끼지 않으려고 한다.

영국이 이러한 시도에서 성공을 거두려면, 해외에서 적절한 제품을 팔아야 한다. 그러나 영국의 무역 적자(수입품의 가치와 수출품의 가치의 차이)는 급격하게 증가했고, 2008년 이후로 사상 최고치를 기록했다. 이것은 재조정 노력에 좋은 징표는 아니다. 영국이 원했던 것은 은행들이 파산한 이후에 파운드화 가치가 한때의 4분의 1정도 하락한 상태로 수출이 증가하는 것이었다. 1990년대 초반에 파운드화가 독일 마르크화에 연동되는 유럽 환율 메커니즘European exchange rate mechanism, ERM(유럽통화제도European Monetary System, EMS 내에서 유럽의 환율을 조정하는 장치를 말한다-옮긴이)에서 탈퇴했을 때 그랬던 것처럼 말이다. 영국이 마지막으로 무역 흑자를 기록한 것은 1990년대가 끝나갈 무렵인 1997년이었다. 당시 파운드화 가치가 하락한 덕분이었다.

그 전에는 영국이 1984년 이후로 매년 금융 흐름을 포함한 경상수지에서 적자를 기록했다. 주목해야 할 것은 1990년대 후반 이후 탈공업화가 계속 진행되면서, 제품 무역에서 적자 폭이 더욱 커졌다는 것이다. 1980년 이후 제조업의 GDP 기여도가 절반으로 줄어든 것을 생각해보라.

전체 무역 적자의 일부를 상쇄한 것이 최소한 1966년부터 흑자를 기록했던 서비스 부문에서의 무역수지였다. 이러한 흑자는 오랫동안 지속되었을 뿐 아니라 GDP의 약 5%를 차지할 정도로 그 규모도 컸다. 경제사학자 니콜라스 크래프츠^{Nicholas Crafts}는 여기에 해외에서 벌어들인 투자 소득에서의 흑자를 포함하면 '보이지 않는' 서비스 무역수지가 1816년 이후로 2세기에 걸쳐 흑자를 기록했다는 사실을 지적한다.[9]

영국은 서비스 공급에 특별한 강점을 보였고, 서비스 부문 수출에서 미국에 이어 세계 2위에 올라 있다. 여기에는 금융 서비스뿐 아니라 법률, 회계, 건축 설계, 디자인, 경영 컨설팅, 소프트웨어, 광고 등을 포함하여 광범위한 사업 서비스가 해당된다. 서비스 업종은 대체로 부가 가치가 높다. 경쟁력은 비용보다는 품질에서 나오고, 수익도 많이 나온다. 영국의 수출이 첨단 제조업과 서비스업에 의해 점점 더 많이 이루어진다는 사실은 최근 파운드화의 가치 하락이 무역(수출)을 확대하는 데 기대만큼 기여하지 않은 이유를 설명해줄 수 있다. 가격은 여전히 중요하지만, 과거만큼 중요하지는 않을 수 있다.

영국이 처한 문제 중의 하나는 영국이 특별한 강점을 보이는 서비스 무역이 제조업과 같은 방식으로 개방되지 않았다는 것이다. 2차 세계대전 이후로 제조업 제품 무역은 WTO와 같은 다자간 기구와 이전의 기구들이 관세를 낮추고 제한적인 관행을 철폐하면서 호황을 누렸다. 그러나 서비스 무역은 그 정도로 자유화되지 않았다. 이것이 영국에 해롭게 작용했다. 반면에 서비스 무역이 개방되는 곳에서는 영국이 두각을 나타내는 경향이 있었다. 고등교육은 해외 시장에서 성공한 영국 서비스 산업의 한 예이다.

따라서 경제에 대한 재조정과 재공업화^{reindustrialization}는 말보다는 행동에 옮기기가 더 어렵다. 결국에는 회복 국면이 자리를 잡겠지만, '어떤 산업이 회복을 견인하고 있고, 어느 부문에서 이미 회복이 이루어졌는가?'에 대한 대답은 이러한 회복이 경제의 재조정에 의한 것이 아니라는 사실을 보여준다.

제조업 생산은 전체적으로 거의 10년 가까이 불황 이전 수준을 회복하지 못하고 있다. 지난 불황은 영국 제조업을 구조 조정하게 만들었다. 불황 이후로 살아남아서 발전한 산업은 주로 전문화된 첨단 기술 분야에 속해 있다.

예외적으로 잘 나가는 분야도 일부 있었다. 주류 제조업은 2008년 수준을 뛰어넘었다. 영국 식음료 수출의 4분의 1을 차지하는 스카치위스키 제조업자들은 급증하는 세계 수요를 맞추기 위해 분투하고 있다는 소식도 들려온다.

영국의 항공 산업도 잘 나가고 있다. 더비와 브리스틀에 공장이 있는 롤스로이스는 세계에서 가장 규모가 큰 항공기 엔진 제조사 중의 하나다. 판버러에 위치한 BAE시스템즈는 세계에서 가장 큰 방위 산업체로서 항공 모함을 건조하고 있다.

비록 석유 가스 산업이 침체하고 있지만, 석유 산업에서 운영비는 남아 있는 채굴하기 힘든 석유를 채굴하는 데 비용이 더 많이 소요되면서 크게 오르고 있다. 시설 해체 비용도 계속 오르고 있다. 게다가 채굴 장비를 유지하고, 채굴하기 어려운 장소에서 탄화수소를 탐사하고 채굴하는 데 영국이 보유한 전문 기술에 대한 수요는 세계적으로 높은 수준이다.

다음으로 주택 시장을 살펴보자. 제조업과 마찬가지로 건설 부문은 경제가 전체적으로 회복될 때도 어려움을 겪고 있다. 주택 건설은 침체 상태다. 신규 주택 공급은 연간 15만 호에 머물고 있다. 이것은 불황 이전보다 더 작은 규모이며, 전문가들이 주장하는 장기 수요를 충족시키는 데 필요한 연간 25만 호에 훨씬 못 미친다.

서비스 부문은 전체적으로 회복되었고, 불황 이후로 얼마 지나지 않아서 불황 이전 수준을 능가했다. 그러나 서비스 부문은 수많은 다양한 활동으로 이루어진 규모가 큰 분야다. 그리고 서비스 부문의 전체적인 성공은 일부 내부의 문제를 감추게 된다. 좋지 않게 가고 있는 두 부문을 꼽자면 예상대로 은행과 공공 행정이다. 연간 통계를 얻을 수 있는 가장 최근 연도인 2015년에 금융 서비스 생산은 연금과 보험 부문이 증가하기는 했지만 위기 이전 수준과 비교하여 부진한 상태였다. 공공 행정과 국방 부문에서는 생산이 꾸준히 감소하고 있었다. 정부가 공공 지출에 대해 계속 긴축 정책을 유지한 것이 이러한 감소의 원인이 된 것으로 보인다.

원격 통신과 정보 기술 산업은 신속하게 회복되었다. 깊은 불황에도 불구하고 가정과 기업이 갖는 신기술에 대한 관심은 전혀 식지 않았다.

법률, 회계, 경영 컨설팅, 건축 설계, 과학 기술 연구 및 컨설팅, 행정 지원 서비스, 인사 관리, 홍보 등 다양한 영역에서 기업과 기업 간 서비스를 포함한 기업 서비스와 전문 서비스는 불황 기간에 크게 위축되었다. 2009년 3분기 생산은 2008년 1분기와 비교하여 15% 감소했다. 그러나 이 감소는 오래가지 않았고, 이 부문은 강력하게 회복하여 지금은 불황 이전의 수준을 능가하고 있다.

이로써 영국은 서비스 기반 경제라는 사실이 명백해진다. 서비스 부문이 세계 금융 위기로부터 회복한 것이 이러한 사실을 뒷받침한다. 비록 영국이 한때 '세계의 공장the workshop to the world', '상인의 나라 a nation of shopkeepers'라고 불리기도 했지만, 이 말은 한동안 옳지 않았다.

한때 영국 경제의 주류를 이루었던 제조업 생산과 소매 판매가 세상 사람들에게 어디에 어떻게 투자해야 하는지 조언하고, 기업 조직, 제품 설계, 계약서 작성, 회계 보고서 작성, 엔지니어링, IT, 건축 설계, 금융에 관해 기술적 조언을 제공하는 전문가들에게 자리를 내어주었다. 이러한 활동에서의 생산은 청사진, 설계도, 명세서, 권고, 컴퓨터 코드, 아이디어, 보고서, 데이터베이스 등과 같은 형태를 띤다. 사업 활동은 점점 더 컴퓨터 모니터 앞에 앉아서 프로젝트를 평가하기 위한 회의를 갖는 사람들에 의해서 진행된다.

서비스 산업에서 생산성과 혁신을 증진하는 것이 어느 정도로 어려운 일인가? 정책 담당자들은 서비스 부문의 중요성을 어느 정도로 잘못 이해하고 있는가? 서비스를 정확하게 측정할 수 있다면 서비스가 경제 성장에 어떤 의미를 갖는가?

서비스는 형태가 없기 때문에 제조업보다는 서비스업을 위한 정책을 마련하기가 더 어렵다. 그러나 공업화 이후의 경제에서는 서비스가 생산의 대부분을 차지하고 있다. 따라서 많은 선택지가 있는가? 서비스 부문에서 혁신을 증진하는 것이 나중에 살펴보게 될 선진국 사회에서 생산성 증가가 둔화되는 (따라서 임금이 정체되는) 추세를 상쇄할 수 있는가?

제품 제조와 비교하여 컨설팅과 같은 전문 서비스가 한 시간 동안 생산할 수 있는 것을 측정하는 일은 쉽지 않다. 예를 들어 런던의 어느 컨설팅 기업이 경제가 회복되기 시작한 이후에 같은 보고서에 대해 수임료를 두 배로 인상했다고 하자. 가격은 증가하는 수요에 의해 결정되기 때문에, 같은 내용이 공급되더라도 보고서 비용은 오르게 되어 있다. 가격 인상 혹은 품질 향상의 효과를 분리하기가 어렵다. 경제의 가장 큰 부분을 측정하는 데 어려움이 있는 것은 조금도 놀랍지 않다. 제조업과 서비스업을 함께 하는 기업도 더러 있다. '매뉴-서비스'는 우리가 단순히 엔진 자체의 판매보다 엔진에 대한 서비스와 정비를 통하여 돈을 더 많이 버는데도 서비스업체가 아니라 여전히 제조업체로 인식되는 롤스로이스와 같은 기업의 진화를 과소평가하게 만든다.

서비스 생산뿐 아니라 투자도 마찬가지로 형태가 없다. 지금 경제학자들은 무형 자산을 정확하게 측정하면 GDP가 증가될 수 있는가에 대해 논쟁을 하고 있다. 연구 개발R&D과 그 밖의 무형의 투자가 포함되면, 미국 GDP는 3% 상승한다.[10] OECD는 영국에서 교육과 같은 인적 자본과 소프트웨어에 대한 무형의 투자가 기계와 장비에 대한 유형의 투자만큼이나 중요한 것으로 평가했다.[11] 2014년 이후로 민간 부문의 연구 개발 투자가 영국 GDP에 포함되었다. 이러한 접근 방식에 따라 영국 GDP는 약 1.5% 상승했다.

서비스 부문에서 대부분의 기업이 무형의 투자를 한다. 이들은 사람에 투자한다. 즉 대부분의 서비스 기업이 인적 자본에 투자를 한다. 사람이 주요 자산이기 때문이다. 혁신은 더 나은 서비스를 제공하는 사람에게서 나온다. 커피머신은 달라지지 않았지만, 이제 우리는 바리스타들이 다양한 종류의 에스프레소와 카푸치노를 즉석에서 제공하기 때문에 예전에 카페에서 제공하던 미리 만들어둔 커피에서 마음이 떠났다. 고품질 커피 제조 기술 같은 무형의 투자는 측정하기가 어렵다. 만약 이것을 측정할 수 있다면 영국의 생산성 증가가 둔화되는 수수께끼는 쉽게 해결될 것이다. 서비스 생산이 실제 측정되는 것보다 많은 경우에 말이다. 세계적인 광고 회사 WPP의 설립자 겸 CEO 마틴 소렐 경Sir Martin Sorrell은 WPP가 영국에서는 물리적 자본보다 훈련 프로그램과 같은 인적 자본에 25배나 더 많이 투자한다고 말했다. 그는 WPP가 제공하는 종류의 서비스가 성장에 기여하는 것에 비해 과소평가되었다고 생각한다.

전체적으로 보아 문제는 서비스 부문에 종사하는 기업에서 눈에 보이지 않는 생산과 투입을 어떻게 정확하게 측정하느냐다. 비용이 두 배가 되는 컨설팅 보고서는 공식 통계에서 서비스 생산이 두 배가 되는 것으로 집계된다. 가격 인상이 서비스의 향상을 의미하는가? 아니면 단순히 청구서에 찍힌 금액이 더 많은 것을 의미하는가? 쓸데없는 회의가 있을 수 있다. 그러나 의사 결정이 이루어지고 창의적인 과정이 흘러가는 회의를 생각해보라. 회의가 자원을 낭비하는 것인가? 아니면 수익을 올리기 위한 묘책을 얻는 세션인가?

이처럼 헤아리기 힘든 요소가 영국의 국내 생산이 얼마만큼 잘못 측정되고 있는지를 정확하게 파악하기 어렵게 만든다. 이 문제는 경제에서 보이지 않는 부분이 고용의 대부분을 창출하기 때문에 해결해야 할 가치가 확실히 있다.

서비스 생산을 제대로 측정하는 것은 국가의 국제수지에도 영향을 미친다. 영국은 2008년 금융 위기 이후로 파운드화의 가치 하락에도 계속 높은 수준의 무역 적자를 기록했다. 수입품에 대한 대금 지급을 지원하기 위해 교역 가능한 서비스의 수출을 증진할 여지가 있다. 개발도상국들 중에는 교육과 법률처럼 영국이 전문적으로 취급하는 다양한 고급 기술 전문 영역을 포함하여 서비스 시장이 확대되는 곳도 있다. 그러나 이 국가들에서도 서비스 부문이 급성장하고 있다. 따라서 영국이 세계 2위 서비스 수출국으로 지위를 유지하려면 이 국가들과의 경쟁을 고려해야 한다.

서비스 부문을 해외에서 효과적으로 확대하고 국내에서 지원하는 것은 이에 대한 정확한 정량화에 달려 있다. 어쩌면 정책 담당자들이 제조업 확대에 집중하는 것은 서비스의 정량화가 어렵기 때문인지도 모른다. 이유야 어찌되었든, 영국 경제의 재조정은 정확하게 말해서 성공하지는 않았다. 서비스 부문은 정부의 많은 지원이나 관심이 없이도 위기 이전 수준으로 회복되었지만, 제조업 부문은 거의 10년이 지났는데도 아직 그만큼 회복되지 않았다.

영국은 경제를 재조정하기 위해 계속 노력해야 하는가? 애덤 스미스라면 이 상황을 두고 어떤 말을 할까?

경제 재조정에 관한 생각

애덤 스미스의 경제 시스템은 분업, 가격 메커니즘, 교환 매개체(화폐)라는 세 가지 원칙으로 구성된다. 제품과 서비스의 가격과 이를 생산하는 사람이 받는 임금은 가격 메커니즘(애덤 스미스가 말하는 '보이지 않는 손')에 의해 결정된다. 화폐는 제품과 서비스에 대한 대금을 지급하기 위해 시장에 의해 정해진 역할을 하는데, 화폐의 공급은 무역의 목표가 수출이 수입을 능가하여 흑자를 발생시키고 국가의 금과 은의 보유량을 증가시키는 것으로 생각하는 중상주의자들의 정책을 통하여 정부에 의해 왜곡되어서는 안 된다.

이제 스미스가 재조정 논쟁을 어떻게 바라보는지 이해하기 위해 이러한 개념들을 살펴보자.

대량 생산 공장의 등장이 스미스에게 영향을 준 것은 분명하다. 그는 여러 요소로 이루어진 생산 과정에서 특화specialization의 여지를 남기는 분업의 효율성을 강조했다. 예를 들어 모직 코트를 생산하려면 양모를 모으고, 실을 만들고, 염색을 하고, 천을 짜고, 재단을 해야 한다. 그는 특화의 혜택을 설명하기 위해 핀을 만드는 과정을 예로 들었다. 노동자 10명이 특화된 과제를 수행할 때 하루에 4만 8000개를 만들 수 있지만, 1명이 모든 과제를 수행할 때는 겨우 10개, 기껏해야 200개를 생산하는 것을 확인했다. 스미스의 관점에서 특화는 국가를 부유하게 만드는 요소였다.

또한 스미스는 소득으로 상품을 교환할 수 있기 때문에, 상품 가격과 자원 할당은 서로 연관된다고 주장했다. 그는 모든 상품은 생산에 소요되는 비용인 '자연 가격natural price'을 가지는 것으로 생각했다. 그는 자연 가격과 소비자가 지불하려는 시장 가격의 차이를 설명했다. 따라서 수요와 공급이 가격을 결정하고 '보이지 않는 손'이 시장을 균형으로 안내한다.

그러나 스미스는 시장 가격이 자연 가격에서 너무 멀리 벗어나는 왜곡을 우려했다. 스미스는 정부와 기업이 시장의 힘에 개입하여 가격을 왜곡할 수 있다고 생각했다. 정부가 세금을 부과하고 기업이 가격을 인위적으로 높이는 방식으로 말이다. 그는 "전체적으로 모든 것을 자연스러운 과정에 맡기는 것이 가장 좋은 경찰관(정부 정책)이다"라는 결론을 내렸다.[12]

이 접근 방식은 자유방임laissez-faire으로 알려졌는데, 정작 스미스 자신이 이 용어를 구체적으로 사용한 적은 없다. 이 개념은 중상주의 정책을 신봉하며 경제에 개입했던 군주 루이 14세가 통치하던 시절에 프랑스 상인에게 영향을 미쳤던 17세기 영국과 네덜란드 사상가들로 거슬러 올라간다. 전하는 이야기에 따르면, 프랑스의 어느 장관이 한 상인에게 정부가 그를 위해 무엇을 할 수 있을지 묻자, 상인이 이렇게 대답했다고 한다. "우리를 그냥 내버려두라. 빌어먹을, 그냥 내버려두란 말이다."

스미스 이론의 관점에서 보면, 시장 메커니즘의 결과로 생산자와 소비자는 자신의 이기심에 근거하여 효율적으로 생산하고 구매하게 된다. 그는 이런 유명한 말을 남겼다. "우리가 저녁 식사를 기대하는 것은 정육점 주인, 양조업자, 제빵업자의 자비심이 아니라 그들 자신의 이해관계 때문이다. 우리는 그들의 인간애가 아니라 그들의 이기심을 다루고, 그들에게 우리 자신의 필요가 아니라 그들의 이익에 관해서 말한다."[13]

자기 제품을 팔려는 다수의 생산자가 경쟁을 일으키고, 이는 가격이 균형을 향해 가도록 만든다. 그 다음에는 판매 수입이 (소비자이기도 한) 노동자에게 임금을 지급하는 데 사용된다. 따라서 경제는 사회 속에서 자신의 이기심을 위해 행동하는 모든 사람을 통하여 혜택을 얻는다. 스미스가 이기심으로 인한 나쁜 결과를 깨닫지 못한 것은 아니었다. 그는 잘못된 판단을 하는 사람은 걱정, 불안, 슬픔, 질병, 위험, 죽음에 빠져든다고 말했다.[14] 그러나 대체로 권력과 부를 향한 개인의 야망이 사회의 경제적 후생을 높여준다.[15]

모든 개인은 공공의 이익을 증진하고자 의도하지 않고, 그가 얼마만큼 그것을 증진하는지도 모른다. 다만 그는 자신의 안위만을 의도하고, 그러한 노력을 그 생산물이 최대의 가치를 갖는 방식으로 이끌어감으로써, 자신의 이익만을 의도하는 것이다. 그리고 그는 다른 많은 경우와 마찬가지로 이 경우에도 보이지 않는 손에 이끌려서 자신이 의도하지 않은 목표를 추진한다.[16]

이것이 스미스의 경제 시스템이 내세운 전제였다. 그는 중농주의로 알려진 프랑스의 경제 운동과 맞닥뜨리면서 그것이 당시 경제 구조에 어떤 의미를 지니는지 고민했다. 비록 그는 중농주의가 강조하는 바에는 동의하지 않았지만, 이 사상을 발판으로 삼았다. 중농주의자들은 자연과 농업에 가치를 두었고, 제조업이 생산적이라고 생각하지 않았다. 그들의 이론에 따르면, 농업이 부의 유일한 원천이고, 다른 모든 사람은 농부가 생산한 물품을 그저 소비하기만 한다는 것이다.

스미스는 상황을 다르게 인식했다. 영국은 산업혁명을 겪고 있었고, 이에 따라 제조업 부문의 생산성과 소득이 증가하고 있었다. 스미스는 중류 계급이 의류 같은 대량 생산된 제품을 구매하면서 초기 단계의 소비자 혁명을 목격하기도 했다.

스미스는 이 아이디어에서 더 나아가 제조업과 상인의 생산적인 잠재력에 가치를 두는 경제 시스템을 공들여 만들었다. 《국부론》 3권 '각국의 상이한 국부 증진 과정'에서 그는 개입이 없는 한, 자본은 가장 생산적으로 사용되는 나름의 방법을 찾을 것이라고 주장했다.

스미스는 경제사를 살펴본 뒤 번영으로 가는 길을 주장했다. 처음에는 농업이고, 그 다음에는 제조업이고, 마지막은 대외 무역이다. 서비스업은 가치가 없었다. 스미스가 서비스업에서 나온 생산물이 상품이나 제품으로 취급되어 오늘날처럼 대규모로 거래되는 기술 혁명을 상상할 수가 없었기 때문이다. 예를 들어 스미스가 살던 시대에는 사람들이 모차르트 현악 4중주를 공연으로만 들었고, 다운로드하거나 CD로 저장해서 즐길 수는 없었다. 스미스가 오늘날에 살았더라면 생각을 바꾸어서 거래가 가능하고 지속적인 가치를 지닌 일부 서비스를 지지했을 것이다. 이것은 그가 정부가 경제를 재조정하는 것을 우려하는 또 다른 이유가 된다. 스미스 생각의 중심에는 왜곡되지 않은 시장이 있었다.

스미스의 경제 시스템이 효과적으로 작동하기 위해서는 시장에서의 경쟁이 있어야 한다. 그러나 스미스는 이러한 작동이 정부가 정한 법률과 규정 속에서 이루어져야 한다는 조건도 달았다. 은행 부문이 효과적인 사례가 될 것이다. 스미스는 도덕적 해이Moral Hazard를 줄이기 위해서라도 은행 간 경쟁이 있어야 한다고 믿었다. 은행이 구제되리라는 사실을 알면 나쁘게 행동할 가능성도 있기 때문이다. 정부 규제가 있으면 은행이 '그들의 통화가 그들의 현금에 대한 적정 비율을 넘어서지 않도록 함으로써' 더 신중하게 영업을 할 것이다.[17] 즉 은행은 현금과 예금 한도 내에서 대출 업무를 해야 하며, 복잡한 방식으로 차입금에 의존하다가 스스로 곤경에 빠져드는 행동을 해서는 안 된다.

더욱 논쟁이 되는 것은 스미스가 은행에 대한 우려를 표명하면서, 최고금리의 설정을 지지했다는 것이다. 그리하여 '낭비하는 자나 투기하는 자'는 신용을 얻을 수가 없고, 차입금을 더욱 생산적으로 사용하게 될 '분별 있는 사람'을 배제하지 않는다.[18] (스미스와 친했던 철학자 제러미 벤담Jeremy Bentham은 이것을 스미스의 자유 시장 원리에 대한 배반이라고 생각했다!)

이런 점에서, 스미스는 금융 위기 이후에 금융 서비스 개혁이 필요하다는 의견에 동의할 것이다. 그는 경제 내에서 신용이 자유롭게 흘러갈 수 있도록 은행의 감독을 개선하고 경쟁을 촉진해야 한다고 생각할 것이다. 이런 관점에서 스미스는 정부 개입이 어느 정도는 보장되어야 한다고 생각했으며 개입할 수 있는 영역을 구체적으로 제시했다. 예를 들어 정부는 훌륭한 교통 시설(도로, 운하, 항행 가능한 하천)을 유지해야 한다. 그래야 독점을 타파하고 경쟁을 장려하기 때문이다.

그가 바라는 것은 지방 정부가 이러한 시설을 규제하거나, 심지어 유지비를 낮출 수가 있다면 규제를 철폐하는 것이다.[19]

또한 스미스는 교육에 대한 정부 지출을 옹호했다. 그는 분업이 특히 반복적인 조립 작업을 하는 사람에게 미치는 영향을 걱정했다. "따라서 노동자는 그런 노력하는 습관을 자연스럽게 잃어버린다. 대체로 인간으로서 최대한 어리석고 무지해진다."[20] 그는 정부가 보편적인 교육을 제공하여 이런 효과를 상쇄해줄 의무가 있다고 생각했다. 또한 스미스는 교육 수준을 유지하기 위해 공개 시험에 찬성했고, 스코틀랜드 계몽주의의 특징인 과학에 생각을 집중했다. "과학은 광신과 미신이라는 독에 작용하는 최고의 해독제다. 상류층 사람들이 이 독에서 보호받는 곳에서는, 하류층 사람들도 그 독에 크게 노출되는 일이 없을 것이다."[21]

그러나 스미스는 정부가 개입해서는 안 되는 영역이 있다는 점을 분명히 했다. 이러한 영역에는 노동과 자본의 이동 제한과 경쟁을 저해하는 정책 시행이 있다. 특히 스미스는 자유 무역 제한과, 특정 부문을 다른 부문보다 선호하는 무역 정책이 경제 활동을 비생산적인 방향으로 흘러가게 만들 것이라고 믿었다. 이기적인 개인이 공과에 따라 어떤 사업을 시작하거나 어디에서 일을 하거나 무엇을 거래할 것인지 결정할 수 있다면, 시장에 역행하면서 어느 한 부문을 증진하려는 정부 개입은 이보다 덜 생산적일 수밖에 없다. 경제를 재조정하는 것은 스미스가 가장 생산적인 부문을 선택할 수 있을 것이라고 스스로 믿는 정부에 주는 훈계에 저촉된다.

경제 내에서 특화가 세계화에 영향을 받기 때문에, 재조정 논쟁에서 국내 부문을 그 나라의 무역 포지션으로부터 분리할 수가 없다. 영국은 가장 초기의 산업 강국으로서 제조업에 특화되었을 때, 농산물을 수입했다. 스미스는 무역과 영국 경제 구조의 상호 연관성을 확실히 이해했다.

실제로 스미스가 정부가 제한적인 역할을 해야 한다고 믿은 것은 당시 중상주의 정책에 대해 자신이 갖고 있던 깊은 반감에서 영향을 받았다. 그는 중상주의자들이 무역 흑자만을 추구하면서 국제 무역을 왜곡하는 것을 강력하게 반대했다.

스미스는 《국부론》 4권에서 중상주의를 비판했다. 그는 규제를 통해 무역수지를 개선하려는 정책이 왜 비효율적인지 설명했다. 특히 그는 영국의 곡물 무역에 가해지는 규제에 반대했다. 스미스만 이에 반대한 것이 아니었다. 계몽주의 경제학자들은 대체로 보호주의를 열렬히 반대했다. 스미스는 보호주의자들의 무역 정책이 효율적으로 움직이는 시장에 정반대로 작용하는 것으로 보았다. 그는 유럽 상인이 미국 식민지에서 독점력을 행사하는 중상주의 관행에 대해 가혹한 비난을 유보하면서 이렇게 주장했다. "그러나 많은 국민에 대해, 자국 생산물의 어떤 부분을 가지고서든 만들 수 있는 것을 만드는 것을 금지하거나 자신들의 자산과 노동을 자신들에게 가장 유리하다고 생각하는 방법으로 사용하는 것을 금지하는 것은 인간이 가진 가장 신성한 권리에 대한 명백한 침해에 해당한다."[22]

비록 스미스는 자유 무역을 그의 저작 전반에 걸친 주제라 할 경제적 자유의 행사와 동일시했지만, 필요하다면 정부 수입을 발생시키기 위한 관세를 용납했다.

앞서 말한 견해에 따라 영국은 반드시 자유항이 되어야 한다. 대외 무역에는 어떠한 장애물도 없어야 하고, 다른 방법으로 정부 비용을 부담하는 것이 가능하다면 모든 관세와 소비세는 폐지되어야 한다. 모든 국가와 모든 제품에 통상과 교환의 자유가 허용되어야 한다.[23]

스미스는 많은 경제학자와 달리 자신의 이론을 실행에 옮길 기회가 있었다. 그는 스코틀랜드 관세청장으로 일하면서, 모든 무역 장벽을 제거할 것을 주장했다. 무역 장벽은 그가 국가 통치를 위한 목적에 타당하다고 간주하는 것을 위해 수입을 올릴 필요가 있을 때로 한정되었다. 그는 수입과 수출에 적정 수준의 관세를 부과하는 것을 지지했지만, 밀수를 해서 수익을 내는 편이 좋을 정도로 관세가 높아서는 안되었다. 그는 정부 정책이 시장을 왜곡시켜서는 안 된다는 자신의 믿음에 따라, 특정 집단 혹은 특정 국가가 다른 집단이나 국가보다 혜택을 더 많이 얻지 못하도록 다양한 종류의 생산자들과 수입업자들에게 관세를 동등하게 부과했다. 예를 들어 그는 (주로 부자들이 마시는) 개인이 만드는 술에 세금을 부과하지 않고, 가난한 사람들이 마시는 술에 세금을 부과하는 것은 공정하지 못하다고 보았다.

스미스는 《국부론》 5권에서 국가의 부는 무엇으로 구성되는지, 정부는 성장을 어떻게 장려하는지 혹은 최소한 방해하지 않는지 설명하고는 꼭 필요한 공공 지출, 예를 들어 국방을 설명했다. 그러나 그는 영국이 미국 식민지를 상대로 전쟁을 하는 것에 반대했다. 그는 의회 의원들에게 제국을 향한 '황금빛 꿈'에서 깨어나 '장기적이고 돈이 많이 들고 파괴적인 전쟁'을 피할 것을 촉구했다.[24] 심지어 그는 식민지 주민들에게도 의회에서 대표권을 행사할 권한을 부여할 것을 주장했다. 그는 1775년 10월 26일 윌리엄 스트라한 의원William Strahan MP(스미스와 흄의 출판업자)에게 보내는 편지에서 "제조업에서 연간 약 60~70만 파운드에 달하는 금액을 강요하고 매일같이 더욱 불안정해지는 독점에 대해서는 논쟁할 만한 가치가 없다. 그리고 우리는 미국의 항구들이 모든 국가들에 개방되더라도, 이러한 무역의 대부분을 보존해야 한다"라고 적었다.[25]

스미스가 미국 식민지를 포기함으로써 얻게 되는 경제적 혜택을 강조한 것은 당연한 일이었다. 그는 시장이 효율적으로 작동해야 한다는 자신의 견해에 따라 미국이 더 이상 식민지가 아니더라도 미국과의 무역에는 혜택이 따를 것으로 보았다. 실제로 그는 어떤 국가와도 무역을 하는 데는 찬성했다. 결국 어떤 국가를 다른 국가보다 선호하는 것은 정부 정책의 산물이며, 스미스의 자유 경쟁 시장을 왜곡하는 것이다.

지금까지 한 이야기를 요약하면, 스미스는 정부가 경제를 재조정하는 데 찬성하지 않을 것이다. 재조정이 시장의 기능을 왜곡하는 것을 의미한다면 말이다. 특히, 그는 무역에 열정적이었다. 그는 무역 제한 정책이 시장에 비효율적일 뿐 아니라 다른 국가와의 무역 측면에서 시장을 왜곡하는 것으로 보았다.

2008년 금융 위기 이후로 영국도 미국도 제조업을 향해 경제를 재조정하지 못했고, 무역 적자를 해결하지 못했다. 대신에 서비스 부문이 경제의 대부분을 차지하고 무역 적자가 지속되는 현상이 공업화 이후의 경제를 계속 규정했다. 스미스는 이에 놀라지 않을 것이다. 그의 경제 모델에 따르면, 정부는 경제를 근본적으로 변화시킬 수 없다. 오직 시장이 작동하는 방식을 왜곡시킬 뿐이다.

그러나 스미스는 국가의 경제적 영향력이 형성될 수 없다고는 생각하지 않았다. 그는 시장 효율성을 증진하기 위한 정부 규제와 정책을 지지했다. 그가 살던 시대에 영국은 정부가 정한 조건 아래에서 가능한 중요한 구조적 변화를 겪고 있었다. 산업혁명의 도래 자체는 정부가 영향을 미칠 수 있는 기술 진보가 어떻게 경제와 사회의 특성을 근본적으로 바꾸어놓았는지 보여주는 한 사례였다. 21세기의 디지털 혁명은 서비스 부문이 비생산적이라는 스미스의 견해가 적용되지 않게 만들 수도 있다. 서비스 생산은 사용과 함께 만료되는 것이 아니다. 예를 들어 지금 우리는 좋아하는 음악 CD를 구매하여 끝없이 즐길 수 있기 때문이다.

마지막으로, 자유 무역 시스템이 제대로 정착되지 않은 상태에서 경쟁력을 갖기 위해 국가의 강점을 재편하는 것에 관해서 스미스는 자유화와 개방을 확실히 지지할 것이다. 그러나 세계 경제 시스템이 그의 기준을 충족시키지 못한다면 어떻게 될까?

다음 장에서는, 두 번째로 등장하는 위대한 경제학자 데이비드 리카도라면 지금의 불완전한 국제 무역 체제를 어떻게 볼지, 또 이러한 체제 아래에서 영국과 미국이 대규모 무역 적자를 걱정해야 하는지 살펴볼 것이다.

경제학이라는 유산을 남기다

스미스는 경제학의 창시자로 일컬어진다. 그러나 다른 모든 경제학자와 마찬가지로, 그도 비판의 대상이 되었다. 그 이유는 식민지 주민들에게 의회에서 대표권을 행사할 권한을 부여하자고 주장한 것만이 아니었다.

예를 들어, 그와 동시대를 살았던 친구인 데이비드 흄은 농장 임대료를 생산물 가격의 일부로 반영해야 한다는 스미스의 주장을 반박했다. 흄은 가격이 공급량과 고객 수요에 의해서만 결정되기 때문에 임대료를 시장에서 거래되는 제품의 가격에 포함할 수 없다고 생각했다.

애덤 스미스는 엉뚱한 면모를 보여주기도 했지만, 영향력이 있는 인물이었다. 그는 《국부론》을 구술하면서 벽에 머리를 박기도 했다(그의 필체가 너무 나빠서 다른 사람이 그가 말하는 내용을 듣고 받아써야 했다). 그는 상속인을 지정했지만, 남몰래 많은 돈을 기부하기도 했다.

그가 남긴 가장 위대한 유산은 경제학이다. 스미스는 분명히 경제학의 창시자였고, 자유 경쟁 시장에 관한 그의 아이디어는 여전히 오늘날 우리의 사고를 형성하고 있다. 그리고 그는 무엇보다도 인간의 노력을 믿었다.

모든 개인이 자신의 상태를 개선하고자 하는 자연스러운 노력이 너무나 강력한 원동력이기 때문에, 다른 어떤 도움 없이 그것만으로도 사회에 부와 번영을 가져다줄 수 있을 뿐 아니라, 인류가 만든 어리석은 법률이 가하는 수많은 부적절한 방해도 극복할 수 있다.[26]

Adam Smith
David Ricardo
Karl Marx
Alfred Marshall
Irving Fisher
John Maynard Keynes
Joseph Schumpeter
Friedrich Hayek
Joan Robinson
Milton Friedman
Douglass North
Robert Solow

2장
데이비드 리카도

무역 적자,
왜 중요한 문제인가?

한 국가가 전 세계 다른 국가에 판매하는 것보다 더 많이 구매하는 것이 중요한 문제인가? 이것은 많은 나라가 고민하는 문제지만, 특히 대규모 무역 적자를 지속적으로 기록하는 영국이나 미국 같은 선진국에서 두드러지게 나타나는 문제다. 애덤 스미스를 다룬 이전 장에서 설명했듯이, 무역은 탈공업화와 관련이 있다. 따라서 이것은 다른 나라들도 경제가 발전함에 따라 직면할 수 있는 과제다. 그러나 영국과 미국에서는 이것이 다른 나라에도 교훈이 될 수 있는 시급한 당면 과제이다. 무역 적자가 커지는 것이 경제의 건전성에 관해 무엇을 말해주는가?

이것은 오랫동안 제기된 문제이지만, 2008년 금융 위기 이후 영국의 무역과 투자 흐름을 포함하는 광범위한 지표인 경상수지의 적자가 최고치를 기록하면서 세상의 주목을 받게 된 문제이기도 하다. 영국의 무역 적자에 대한 우려는 틀림없이 있다. 영국의 중앙은행인 잉글랜드 은행은 영국이 EU를 탈퇴하고 나서 외국인이 영국에 투자를 중단할 경우 나타날 결과를 경고했다. 그러면 경상수지 적자를 재정적으로 관리하기가 더 힘들어진다.

미국도 무역 적자 규모가 크지만, 미국 달러화가 세계의 준비 통화 reserve currency라는 특권을 누리고 있다. 이것은 외국인이 미국이 적자를 재정적으로 관리하도록 자금을 기꺼이 빌려줄 수 있다는 뜻이다. 그러나 중국 위안화의 등장으로 달러화의 입지가 계속 흔들리고 있다.

이 문제의 핵심은 이렇다. 영국과 미국의 무역 적자 규모가 크다면, 이것이 중요한 문제가 될까? 이 문제는 수십 년 동안 지속되었다. 지정학적 긴장이 더욱 커질 수 있지만, 이러한 적자의 경제적 지속 가능성이 크게 변하지 않을까?

영국은 무역 문제에 관해서는 수 세기에 걸친 오랜 분석 결과를 갖고 있다. 국제 무역은 18세기 후반 경제학자들이 다루는 첫 번째 주제 중의 하나였다. 세계 경제를 개방하기 위해 보호주의자들이 곡물법을 폐지한 것은 영국의 번영에 기여한 세계화 시대의 출발점이 되었다.

데이비드 리카도가 국제 무역을 다룬 탁월한 책을 쓴 시기가 바로 이때였다. 리카도의《정치경제학과 조세의 원리Principles of Political Economy and Taxation》는 경제학의 고전으로 일컬어진다.

리카도라면 영국과 미국 같은 탈공업화 국가들이 경험하는 지속적인 무역 적자에 대해 어떻게 생각할까? 한 국가는 무역 상대국에 비하여 모든 생산에서 덜 효율적이더라도 무역을 통하여 혜택을 얻을 수 있다는 리카도의 비교우위^{comparative advantage} 이론은 국제 무역을 둘러싼 생각을 바꾸었고, 왜 세계화를 통해 상당한 혜택을 얻을 수 있는지 보여주었다. 리카도의 경제 이론 배경을 이해하려면 먼저 그의 삶을 살펴보아야 한다.

경제학자이자 의회의원으로 활동하다

데이비드 리카도는 모든 시대에 걸쳐 영향력 있는 경제학자이고, 그의 사상은 지금도 경제학계에 널리 퍼져 있지만, 그는 대학 교육을 받은 적이 없다. 1772년에 태어난 그는 퀘이커 교도와 결혼하면서 자신의 유대인 가정으로부터 상속권을 박탈당했지만, 그럼에도 런던 증권거래소에서 입지를 구축하기 위해 아버지의 인맥을 활용했다. 그는 영국에서 손꼽히는 부자가 되었고, 경제학자뿐 아니라 말년에는 의회의원으로도 활약했다.

리카도는 대부분의 경제학자와는 다르게 성공한 투자가였다. 그는 실제로 자기 아버지처럼 주로 국채를 거래하는 증권 중개인이었다. 그는 거의 동시대를 살았던 네이선 메이어 로스차일드^{Nathan Mayer Rothschild}와 마찬가지로 당시에 '대출 계약인'이라는 직업을 가졌다. 이는 정부가 발행하는 채권 중에서 상당량을 떠맡기로 계약한 다음, 위험 부담을 자신이 지고 시장에 내다파는 일을 하는 사람을 말한다. 워털루 전투가 벌어졌을 때, 그는 프랑스가 패배하는 쪽에 내기를 걸고서 영국 국채에 투자했다. 그는 이 한 번의 매입으로 영국에서 손꼽히는 부자가 되었

다. 그가 세상을 떠나면서 남긴 재산은 70만 파운드에 달했다.[1]

리카도는 부동산 투자에도 뛰어난 수완을 보였다. 그는 43세 때 글로스터셔에 있는 갓콤 공원Gatcombe Park을 60만 파운드에 매입했다. 이 공원은 1976년 이래 앤 공주가 소유하고 있다. 리카도가 이 땅을 매입한 것은 지방의 대지주가 되고 싶었기 때문이었을 것이다. 그는 여러 투자를 통하여 매년 2만 8000파운드의 수익을 올렸다. 여기서 1만 파운드는 부동산에서 나왔고, 1만 파운드는 주택을 담보로 한 대부금에서 나왔고, 8000파운드는 프랑스 주식에서 나왔다. 이를 오늘날의 금액으로 환산하면 그의 재산은 3억 5000만~4억 파운드에 달하고, 연소득은 약 1500만 파운드에 달한다. 리카도의 재산과 지위는 사회에서 세 가지 계급(지주, 자본가, 노동자를 뜻한다-옮긴이)에 기반을 둔, 그의 경제 이론을 형성하는 데 도움이 되었다.

리카도는 부자가 되고 나서는 사업에 덜 집중해도 되었다. 그는 우연한 일로 경제학에 관한 글을 쓰기 시작했다. 경제학 혹은 당시에는 정치경제학political economy으로 알려진 분야에 대한 그의 관심은 1799년 배스를 방문한 동안에 애덤 스미스의《국부론》을 우연히 손에 쥐면서 시작되었다. 그 뒤 10년이 지나서야 경제학에 관한 첫 번째 에세이를 썼다. 리카도는 30대 후반에 〈모닝크로니클Morning Chronicle〉이라는 신문에 경제 기사 연재물을 발표했다. 그가 발표한 기사는 1년 뒤에《지금地金의 고가: 지폐의 평가절하를 나타내는 근거The High Price of Bullion》라는 책으로 출간되었다. 영국은 프랑스와 전쟁을 벌인 탓에 금 공급에 압박을 받고 있었다. 따라서 잉글랜드은행은 지폐를 금화로 지불하는 것을 중단했다. 잉글랜드은행이 이 제약에서 벗어나자, 리카도는 중앙은행이 지폐를 너무 많이 찍어내어 당시 인플레이션을 조장했다고 주장했다. 그는 첫 번째 저작에서 이렇게 비판함으로써, 당시 토머스 맬머스Thomas Malthus, 제러미 벤담Jeremy Bentham, 유명한 철학자 존 스튜어트 밀John Stuart Mill의 아버지인 제임스 밀James Mill 같은 주요 사상가에게 많은 관심을 받았다.

1815년 곡물법 아래에서 밀 수입 관세가 인상되자 그는 다음 책 《저곡가가 자본의 이윤에 미치는 영향에 따른 시론Essay on the Influence of a Low Price of Corn on the Profits of Stock》을 서둘러 출간했다. 곡물법에 반대하는 보호주의자들의 주장은 경제학에서 무역 모델의 기초를 확립하는 획기적인 저작의 토대가 되었다. 1817년에 《정치경제학과 조세의 원리》가 출간되었다. 리카도는 곡물법 폐지를 강력하게 주장했을 뿐 아니라 의회의원이 되었다.

그가 《정치경제학과 조세의 원리》를 출간하던 때, 런던의 그로스베너 스퀘어와 갓콤 공원에서 살았다. 그는 1818년에 글로스터셔의 주장관州長官이 되었고, 그해에 의회의원이 되었다. 그리고 몇 년 뒤에 세상을 떠날 때까지 이 자리를 계속 유지했다.

1823년, 비교적 젊은 나이라 할 51세에 그는 귓병으로 갑자기 세상을 떠났다. 유족으로는 부인 프리실라Priscilla와 여덟 자녀 중 일곱 명이 있었다. 두 아들은 그의 뒤를 따라 의회의원이 되었다. 리카도의 재산은 가족에게 분배되었고, 일부는 친구 맬서스와 밀에게도 유증되었다.

경제학자로서 리카도의 경력은 짧았지만, 경제학자로 지내는 동안에 발표한 비교우위 이론은 경제학 역사에서 국제 무역 이론의 창시자라는 입지를 공고히 했다.

리카도는 애덤 스미스와 마찬가지로 격동의 시기를 살았다. 무역에 대한 그의 생각은 분명히 농업 보호주의자들과의 논쟁에서 형성되었을 것이다.

이 시기에 영국이 얼마나 많이 변했는지 살펴보자. 1751년에는 영국 인구의 5분의 1도 안 되는 사람들이 북부 지역에서 살았다. 19세기 초반에는 공업화 덕분에 (영국 인구의) 4분의 1 정도가 이 지역에서 살았다. 1751년에는 영국 인구의 4분의 1이 도시에서 살았지만, 19세기 초반에는 3분의 1이 도시에서 살았다. 영국은 서유럽에서 가장 도시화된 국가가 되었다.

산업혁명 덕분에 영국은 유럽에서 가장 부유한 국가가 되었다. 그러나 농업 생산물은 인구 증가만큼 빠르게 증가하지 않았다. 결과적으로 영국은 식량과 원재료를 수입에 크게 의존했다. 식민지 제국이던 영국은 세계에서 무역 규모가 가장 큰 국가로서 이 두 부문이 수입의 거의 대부분을 차지했다.

그럼에도 널리 알려진 인식과는 다르게, 19세기 초반의 제조업은 여전히 소매업과 수공업에 비해 작은 부분을 차지했다. 가장 인기 있는 직업은 제빵업자, 대장장이, 정육점 주인, 벽돌공, 목수, 석공, 선술집 주인, 구두 제작자, 재단사, 가게 주인이었다. 영국은 번영했지만, 1760년부터 1850년까지 실질 임금 증가, 즉 임금 상승에서 물가 상승을 뺀 수치는 1인당 생산의 증가를 따라가지 못했다. 심지어 1780년부터 1820년까지 1인당 소비는 정체 상태였다.[2]

산업혁명의 결실은 일부 사람에게만 돌아갔다. 지주는 돈을 벌었고, 자본가도 공장이나 기계에 투자했기 때문에 마찬가지였다. 결과적으로 불평등이 심화되었다. 1810년 전체 인구 중 상위 10%가 전체 부의 약 85%를 소유했다. 1900년에는 이 비율이 90%를 넘었다. 19세기가 시작될 때, 전체 가구 중 상위 1%가 국부의 50%를 조금 넘게 소유했다. 20세기가 시작될 때, 이러한 수치는 거의 70%로 상승했다.[3] 60만 파운드가 넘는 재산을 가진 리카도는 영국의 백만장자 179명에는 포함되지 못했다. 그러나 적어도 50만 파운드가 넘는 재산을 가진 338명에는 포함되었다.

리카도가 살던 시대에는 영국 부자 중에서 지주가 절반이 넘었다. 산업혁명을 통해 제조업자들이 부를 창출한 것을 생각하면, 이러한 통계는 상당히 놀랍다. 부자 중에는 지주 외에도 은행가, 주식 중개인, 상인, 선박 소유자처럼 상업과 금융에 종사하는 자들이 있었다. 세계 금융 중심지인 런던 출신으로 엄청난 부동산을 소유한 리카도는 당시 최상류 계급의 양 진영에 발을 담그고 있었다. 사회 밑바닥에는 새롭게 형성되는 임금 노동자 계급이 있었다. 19세기 중반까지 제조업 부문에서 임금을 받는 노동자 비중이 약 80%로 증가하여 100년 동안에 두 배가 넘었다.[4] 따라서 세 계급으로 이루어진 단순한 사회 구조가 리카도 경제 모델의 토대를 형성했다. 예를 들어《정치경제학과 조세의 원리》에서는 세 개의 계급으로 이루어진 자본주의 경제를 설정했는데, 여기서 자본 축적은 영국 제조업을 움직이는 자본가가 벌어들이는 이윤에 달려 있었다.

또한 리카도는 영국 경제의 미래가 보호주의를 주장하는 지주와 사회의 나머지 세력 간 투쟁에 의해 결정되리라고 생각했다. 그는 "지주의 이해관계는 항상 공동체 내 다른 모든 계급의 이해관계와 상충된다"라고 주장했다.[5] 지주들은 곡물법 같은 보호주의자들의 법을 강행했고, 리카도는 이런 법이 그들에게는 도움이 되지만 경제 전체를 해롭게 한다고 생각했다.

리카도 사상의 또 다른 중요한 면은 그가 제러미 벤담이 주장하는 '최대 다수의 최대 행복'이라는 사회를 위한 효용 개념을 따랐다는 것이다. 따라서 그는 자유 무역을 신봉하는 자신의 주장을 뒷받침하기 위해 공리주의 기반을 확립했다. 무역은 가장 생산적인 경제 시스템이기 때문에 벤담의 기준을 충족시킬 가능성이 있다.[6] 리카도의 무역 모델에서는 경제 전체가 국제 무역에서 혜택을 보기 때문에, 분배 문제는 덜 중요하게 취급된다.

리카도의 무역 모델은 정치경제학의 과학적 특성에 관한 그의 믿음을 반영했다. 이것은 널리 수용되는 견해는 아니었다. 리카도가 의회의원이 되었을 때는 대단히 존경받는 인물이었다. 그러나 국가 채무를 상환하기 위해 그의 친구들까지도 '무모한 개념'이라고 여기는 자본세를 제안하고 나서는 사람들의 존경이 사라졌다.[7] 실제로 18세기 경제학자들은 모두 국가 채무는 나쁜 것이고, 이를 상환하기 위해 과감한 조치를 취해야 한다고 생각했다. 리카도가 불행해진 것은 그가 가장 정곡을 찌르는 제안을 했기 때문인지도 모른다.

이후로 그를 바라보는 사람들의 태도가 변했다. 그는 이론가로 통했는데, 이 말은 찬사가 아니라 비아냥에 가까웠다. 리카도는 사실에만 의존하는 사람들에 맞서서 경제 이론을 옹호했다. 실제로 경제사학자 마크 블로그Mark Blaug에 따르면 "추상적 이론과 실질적 작업 사이의 결별은 리카도 경제학의 전성기에 가장 완전한 모습으로 나타났다."[8] 결국 〈이코노미스트The Economist〉의 편집자 월터 배젓Walter Bagehot 같은 중요한 인물이 리카도를 비판하기에 이르렀다. "그는 인생이 끝나는 날까지 자기가 무엇을 하는지 결코 알지 못했다. 그는 추상적인 것만 다루었다. 그것이 어떤 것인지 알지 못하면서 말이다. 그는 자신이 실질적인 것을 다룬다고 철저하게 믿었다."[9]

오스트리아의 경제학자 조지프 슘페터는 '리카도의 악덕Ricardian Vice'이라는 용어까지 만들었다. 이것은 리카도가 대담한 가정을 하는 습관을 부각한 것이었다.[10] 슘페터는 리카도가 자신이 원하는 결과를 얻기 위해 경제를 단순화하여 표현하는 가정을 도입하는 것을 비판했다.[11]

그럼에도 리카도가 경제학에 미치는 영향은 오랫동안 지속되었고, 이는 국제 무역 분야에만 국한되지 않았다. 리카도는 '경제적 지대economic rent' 이론을 만들었다. 토지를 더 많이 개간할수록, 농부는 생산성이 낮은 토지를 경작하게 된다. 그러나 곡물 1부셸bushel(곡물이나 과일의 중량 단위로 8갤런에 해당한다-옮긴이)은 토지의 생산성과는 무관하게 같은 가격에 팔린다. 따라서 농부는 곡물 1부셸을 생산하기 위해 일을 더 열심히 하더라도 더 많이 벌지는 못한다. 따라서 오직 지주만이 희소성 덕분에 오르는 토지 가격에서 이익을 얻는다. 그들은 농부에게 부과되는 높은 지대 수익을 얻기 위해 아무 노력도 하지 않았다. 물론 이것은 지주가 지대 추구자라는 그의 생각에서 나온 것이다.

오늘날 지대 추구는 경제학에서 가장 널리 사용되는 개념이다. 예를 들어, 지대 추구는 일부 산유국에서 정치 부패가 사라지지 않는 이유를 설명한다. 그것은 석유 판매에서 나오는 지대를 사회 전체와 공유하지 않고 축적하려는 동기가 있기 때문이다.

국가에 혜택이 되는 무역은?

국제 무역에 관한 데이비드 리카도의 접근 방식은 자신의 경력에 근거를 두고 있었다. 따라서 경제학에 대한 그의 관심이 《국부론》에서 자극받은 것이기는 하지만, 그가 애덤 스미스의 접근 방식을 더욱 발전시킨 것은 놀랍지가 않다.

스미스는 이렇게 적었다. "만일 외국이 우리에게 어떤 상품을 우리가 직접 만드는 것보다 더 싼 값으로 공급할 수 있다면, 그것을 구매하는 것이 더 낫다."[12]

따라서 리카도는 무엇이 효율성을 발생시키는가에 주목했다. 그는 무역 흑자를 달성하거나 무역 적자를 방지하는 것이 아니라 국가에 혜택이 되는 무역을 증진하는 것에 주목했다. 리카도와 스미스 모두 바람직한 무역수지와 화폐(금과 은)의 축적이 경제 성장에 이르게 한다는 18세기 중상주의 원칙에 반대했다. 그들은 '성장은 경제를 위해 효율적으로 일하고 제품을 생산하는 데서가 아니라 무역 흑자에서 나온다'라는 주장이 갖는 오류를 폭로했다.

무역에 관한 리카도의 저작은 그가 살던 시대의 3대 쟁점에 대한 자신의 생각과 관련된다. 그것은 통화 안정, 국가 채무, 농업 보호였다. 국제 무역 이론은 단순히 수출 혹은 수입 부문이 어떻게 진행되는지 살펴보는 것 이상의 문제다. 리카도는 무역을 국내 기업과 소비자가 국경을 넘어서 제품을 판매하고 소비하는 문제로 생각했다. 따라서 그는 무역 분석이 국내 경제 정책과 관련되어야만 한다고 생각했다. 리카도의 관점을 형성한 사건은 1813년 6월 보호주의자들의 곡물법에 관한 의회 논쟁이었다. 당시 이 법에 따라 국내 곡물 가격을 높게 유지하기 위해 수입 곡물에 관세가 부과되었다(여기서 곡물은 옥수수뿐 아니라 모든 농산물을 말한다).

리카도의 이론에 따르면 "농업에서 발전이 없다면 혹은 곡물을 낮은 가격으로 수입할 수 없다면 전체 이윤은 떨어질 수밖에 없다."[13] 리카도의 모델은 그가 관찰한 것에 근거를 두었다. 수확체감의 법칙law of diminishing returns은 한계 생산물에 대한 이윤이 감소하는 경향을 의미한다. 공급이 증가하면 단위 가격이 감소할 것이기 때문이다. 따라서 영국은 외국과 곡물을 자유롭게 무역하는 것이 경제 성장을 위해 중요했다. 리카도는 보호주의자들의 곡물법을 지지하는 지주들과 나머지 계급 간의 갈등을 이해했다. "지주들의 상황은 결코 곡물이 희소하여 귀할 때만큼 좋아지지 않았다. 반면에 다른 사람들은 곡물을 싼 값으로 얻게 되어 커다란 혜택을 보았다."[14]

자유 무역을 위해 곡물법에 반대하다

곡물법이 시행될 때 영국 정부는 이미 오랫동안 경제에 개입해왔다. 18세기와 19세기 초반에 영국 정부는 규제와 관세를 통하여 무역에

심하게 개입했다. 산업혁명이 진행되는 동안에 영국의 무역 정책은 기본적으로 중상주의였다. 곡물법은 농산물에 높은 관세를 부과했고, 항해 조례Navigation Acts는 영국의 모든 무역이 영국 선박을 통해 이루어지도록 하여 해운업을 보호했다.

윌리엄과 메리의 집권 시기 이후, 영국 정부는 주요 선거구(즉 지주계급을 말한다)에 재정 지원을 해왔다. 영국 곡물은 유럽에서 가장 비싸게 거래되었다. 그런데도 영국은 정부 보조금 덕분에 1760년까지 주요 곡물 수출국이 될 수 있었다.[15] 18세기 후반에 영국과 프랑스 사이에 잠깐 동안 무역 자유화 시기가 있었지만, 나폴레옹 전쟁으로 중단되었다. 그 뒤 1815년에 곡물법이 재도입되었다. 19세기 전반부에는 무역이 그다지 자유롭지 못했다.

애덤 스미스는 자유 무역을 옹호하면서 곡물을 제외했다. 이에 반하여, 리카도는 심지어 나폴레옹 전쟁 동안에도 프랑스 수출업자들의 로비 활동 이후 프랑스가 영국에 곡물을 계속 수출하는 것을 보고는 식량을 외국에 의존하는 것에 대해 크게 염려하지 않았다. 리카도는 곡물에 대한 자유 무역이 곡물 가격의 변동성을 증가시킬 것이라는 주장에 반대했다. 그는 곡물을 거의 전적으로 외국에 의존하면서도 곡물 가격이 안정적인 네덜란드 사례를 들었다.[16]

리카도는 무역이 생산의 효율성을 증대하는 특화를 초래한다고 믿었다. 리카도가 보기에는 곡물에 대한 자유 무역이 "노동자의 실질 임금을 상승시키는 분명한 경향을 갖는다. 농부든 제조업자든 상인이든, 모든 자본가에게 이윤은 크게 증가한다."[17] 비록 어떤 사람은 손해를 보더라도[18], 국가 전체의 경제적 이익이 훨씬 더 중요하다. 리카도는 이런 말도 했다. "특정 계급을 배려하느라 국가의 부와 인구의 증가가 억제된다면 매우 유감스러울 것이다."[19]

무역 규제에 반대하는 리카도의 운동은 결국 그가 세상을 떠난 지 23년이 지난 1846년, 곡물법이 폐지되는 데 중요한 역할을 했다. 또한 그가 잉글랜드은행이 통화를 남발하는 데 반대한 것도 1844년 필 은행 조례Peel Banking Act라고도 불리는 은행 조례Bank Charter Act를 제정하도록 했다. 이는 중앙은행에 대해 인플레이션 방지를 위한 엄격한 통화 기준을 설정한 것이었다.

역사적으로 중요한 이 두 가지 정책 변화 이후로, 영국은 세계 최초의 공업화 국가에 걸맞게 제조업 제품을 수출하여 순식간에 '세계의 공장'이 되었다. 영국은 미국이 등장할 때까지 국제 무역을 지배하면서 세계에서 가장 개방적인 경제 대국이 되었다.

메이드 인 아메리카

영국 경제는 세계화를 지향하고 있지만, 전성기였던 19세기 이후로 대규모 무역 적자를 기록하고 있다. 이에 대해서는 지난 장에서 폭넓게 논의했다. 여기서는 이 문제를 깊이 살펴보자.

2008년 금융 위기 이후, 영국의 대외 적자는 최고치를 기록했다. 2015년 영국의 경상수지 적자는 GDP의 5.2%로, 1948년 이후 가장 큰 규모였다. 경상수지는 제품과 서비스의 무역뿐 아니라 국내로 흘러

들어오거나 외국으로 빠져나가는 화폐까지 포함하는 넓은 개념이다. 따라서 경상수지 적자에는 거대 다국적 기업에 의해 외국으로 빠져나가는 화폐가 포함된다. 이것은 우려할 사항이 아니다. 그러나 화폐를 제외하고도 제품과 서비스에 대한 근원적이고 구조적인 무역 적자는 GDP의 약 2%를 차지한다. 이것이 논의의 초점이다. 이 이유 때문에, 우리는 영국이 외국에 판매하는 것보다 구매하는 것이 지속적으로 더 많은 상황을 걱정해야 하는가를 질문해야 한다.

영국은 이런 현상을 계속 감당할 여력이 있는가?

이처럼 상당한 무역 적자가 과연 정확하게 측정된 것인가?

두 번째 질문은 영국 경제의 대부분이 (국내 생산의 4분의 3이 넘는) 교육이나 금융 같은 서비스로 구성되어 있기 때문에 나온 것이다.

이 두 질문은 서로 연관되어 있다. 영국 경제에서 가장 많은 비중을 차지하는 부문이 정확하게 측정되지 않는다면, 서비스의 수출도 정확하지 않게 기록될 것이다. 따라서 영국의 제품과 서비스의 무역 적자는 공식 통계에 나오는 것만큼 크지 않을 수도 있다. 그러면 우리가 크게 걱정할 필요가 없을 것이다.

영국은 서비스 수출이 엄청나게 많다. 2015년 서비스 수출은 GDP의 5%를 상회할 정도로 사상 최고의 흑자를 기록했다. 이것은 무역 적자가 전체적으로 커지는 현상과는 확실히 대비된다. 영국은 미국의 뒤를 이어 세계 2위의 서비스 수출국이다. 이에 반하여 제품 부문에서는 GDP의 7%를 상회할 정도로 사상 최고의 적자를 기록했다. 그 결과 무역 적자가 GDP의 약 2%가 된 것이다.

서비스 부문의 흑자가 궁극적으로 무역 적자를 균형으로 이끌어줄까? 생각해볼 만한 가치가 있는 질문이다. 하버드대학교 경제학과 교수 리카르도 하우스만Ricardo Hausmann과 공저자 페데리코 스투르제네거Federico Sturzenegger는 미국의 대규모 무역 적자는 '수익을 발생시키지만 눈에 띄지 않는 자산'을 제대로 집계하면 실제로 흑자일 수도 있다고 추정했다.[20] 이것은 영국에도 마찬가지로 적용된다.

영국 경제에서 지배적이지만 눈에 띄지 않는 서비스 부문은 얼마나 부실하게 측정되고 있을까? 서비스 수출이 무역외수지invisible balance라고 불리는 것으로 보아, 이것이 잘못 측정될 가능성이 확실히 크다. 또한 제품과 서비스를 모두 생산하는 공학 기술과 소프트웨어 기업의 생산물처럼 '매뉴-서비스'도 있다. 이것은 통계학자가 잘못 분류하기가 쉽다. 서비스가 더욱 정확하게 측정되면, 무역 적자를 조금 덜 걱정해도 될 것이다.

서비스 수출이 증가할 여지가 아주 많다. 2차 세계대전 이후 국제무역 자유화는 제조업 부문과 다르게 서비스 부문에서 크게 진전되지 않았다. 제조업 제품의 국제 거래는 거의 대부분이 WTO가 감독하는 광범위한 다자간 협정에 의해 다루어진다. 이에 반해, 서비스 부문의 시장 개방은 제조업과 비슷한 정도로 이루어지지 않았다. 영국과 미국이 대규모 서비스 경제 국가이기 때문에 서비스 부문 자유화는 이들의 무역 적자를 개선하는 데 도움이 될 것이다. 현재 영국의 서비스 수출은 제조업 혹은 자원 부문의 무역 장벽보다 더 높은 무역 장벽에 직면하고 있다. 그러나 현재 WTO 회원국 간에 협상 중인 다자간 서비스협정Trade In Services Agreement, TISA이 결실을 맺으면, 서비스 무역을 위한 세계 시장이 제조업 무역과 비슷한 방식으로 개방될 것이고, 서비스에 대한 무역 장벽을 크게 낮추어 영국의 무역 적자가 개선될 것이다.

서비스 무역은 새로운 다자간 무역 협정 없이도 변해가고 있다. 우리가 이미 살펴봤듯이, 신흥 시장에서는 교육이나 법률처럼 영국에 특화되고 고도로 숙련된 전문 서비스에 대한 수요가 증가하고 있다. 제조업 부문의 무역 적자를 해소하기에는 충분하지는 않겠지만, 어쨌든 서비스에 대한 수요는 증가하고 있다.

영국과 마찬가지로 미국 경제의 대부분이 소매, 창조적 산업, 은행과 같은 서비스 산업으로 이루어져 있다. 지난 반세기에 걸친 탈공업화는 보수가 좋고 몸으로 하는 일자리가 사라지고 임금이 정체된 것과 관련이 있다. 이것은 어느 정도는 세계화와 해외로의 업무 외주와 관련이 있다. 이러한 현상에 따라 노동 비용이 저렴한 국가가 저급 제조업 제품의 생산을 담당하게 되었다.

영국과 마찬가지로 미국에서도 무역 적자가 오랜 쟁점이 되었지만, 변화의 조짐이 나타나고 있다. 지난 10년 동안에 해외에 나가 있던 일부 공장들이 미국으로 되돌아왔다. 미국 제조업이 부활하고 있는가?

워싱턴 D.C.의 싱크탱크 브루킹스연구소Brookings Institution에 따르면, 첨단 제조업이 미국의 회복을 주도하고 있다.[21] 이 산업은 연구 개발에 엄청나게 투자하고 기술에 집중한다. 도널드 트럼프 대통령이 내세운 '미국 우선주의America First' 정책 전에 이미 '메이드 인 아메리카Made in America'의 부활이 일어나고 있었다.

테네시주가 제조업 부활을 주도하고 있는 것은 상당히 뜻밖이다. 일본 기업 닛산이 소유한, 북아메리카 지역 최대 자동차 공장은 미시간주가 아니라 컨트리 뮤직의 본고장에 있다. 닛산은 테네시주에서 자동차 생산을 늘려 세계 60여 국에 수출하기로 최근에 결정했다. 그러나 오늘날 자동차 생산 라인은 헨리 포드Henry Ford 시절과는 크게 다르다. 여러 로봇들이 49만 평방미터나 되는 공장 주변에서 부품을 운반하는 동안, 로봇 팔이 자동차를 조립한다. 따라서 제조업이 성장하더라도 예전보다는 일자리가 덜 창출된다.

미국으로 들어오는 외국 기업만이 그런 것은 아니다. 지난 수십 년 동안 제조업 생산이 미국 밖에서 이루어졌지만, 이제는 타국에서 생산을 하던 미국 기업이 미국으로 돌아오고 있다. 스탠리블랙앤데커Stanley Black & Decker는 최초의 전동 공구를 미국에서 최근 25년 넘게 생산했다. 이러한 촉매제는 미국 제조업을 폭발적으로 활성화하는 요인이 되었다. 미국산 셰일에서 석유를 추출할 수 있게 되어 에너지 비용이 감소했고, 미국은 또다시 경쟁력을 갖추게 되었다. 중국 같은 신흥 시장에서 임금이 상승한 것도 한 요인으로 작용했다. 스탠리블랙앤데커는 물류비를 포함하면 중국에서 생산하는 비용과 미국에서 생산하는 비용이 거의 비슷한 것으로 추산했다. 게다가 미국은 기술 강국의 지위를 유지하고 있어서 생산성이 높다.

테네시주는 오랜 세월에 걸친 혁신의 역사를 갖고 있다. 동부 테네시는 원자 폭탄이 개발된 곳이다. 지금은 연방 정부가 첨단 제조업에 재정 지원을 하고 있다. 따라서 이러한 산업이 연구 개발 지출과 과학, 기술, 공학, 수학 분야STEM, science, technology, engineering and mathematics의 고급 인력 중 많은 비중을 차지한다. 예를 들어, 연방 정부는 테네시주 오크릿지국립연구소Oak Ridge National Laboratory에 재정 지원을 하여 '적층 가공additive manufacturing'이라고도 알려진 3차원 인쇄 기술3D printing을 개발해냈다. 이 자동화된 프로세스는 플라스틱을 층층으로 배출하여 로봇 팔 하나만으로도 자동차 차체를 만들 수 있도록 인간의 프로그래밍만을 요구한다. 부품을 공급하고 제품을 유통시키는 관련 제조업자들도 혜택을 얻는다. 자동차 차체가 도로 응력을 견뎌낼 수 있을 정도로 강력하게 만들기 위한 플라스틱을 개발하기 위해 오크릿지와 함께 일하는 기업들은 플라스틱이 녹는 냄새와 이러한 하이테크 공정과 함께 하는 기계들이 요란하게 돌아가는 소리에서 분명히 알 수 있듯이 제조업이 여전히 공장에 기반을 두고 있다는 사실을 상기시켜준다.

따라서 리쇼어링reshoring(해외진출 기업이 다시 본국으로 돌아오는 것-옮긴이)과 재공업화가 정착되려면 제조업을 새로운 관점에서 보는 것이 필요할 것이다. 미국인은 공장 작업장으로 되돌아가는 것을 정말 원할 것인가? 기업은 숙련 노동자가 부족한 것을 우려한다.

나는 테네시대학교 학생들을 대상으로 비공식적인 설문 조사를 실시한 적이 있는데, 대다수가 제조업에 종사하기를 원하지 않는다는 사실을 확인했다. 공장에서 재무 업무를 맡는 것을 원하는 학생들도 있었지만, 자기가 첨단 제조업에 종사할 수 있을 정도로 수학을 잘하지 않는다고 말하는 학생들도 있었다. 그러나 그들 모두 제조업이 갖는 이미지에 문제가 있다는 데는 동의했다. 제조업은 부모 세대에게 적합한 일자리를 제공했지만 그들에게는 그렇지가 않다는 것이었다.

그럼에도 혁신은 왕성하게 이루어지고 있다. 오크릿지국립연구소에서는 매일 100명의 학생들이 학교 수업을 마친 뒤 모여 최고의 로봇을 완성하기 위해 경쟁한다. 내가 본 게시판 중에는 '메이드 인 아메리카'를 한자로 적은 것이 있었다. 이것은 그들의 옷이나 전자제품에 영어로 새겨진 '메이드 인 차이나' 표시가 곧 심각한 경쟁에 직면하게 될 것임을 그들만의 방식으로 알려준다. 데이비드 리카도는 국가 간에 무역이 일어나면서 경쟁과 품질 높은 생산물이 나올 것이라고 예상했다.

첨단 제조업은 어떻게 무역 패턴을 변화시키는가

브루킹스연구소에 따르면, 앞에서 설명했던 닛산의 자동화된 공장과 같은 첨단 제조업은 1980년 이후로 미국 GDP보다 30% 더 빠르게 성장했다. 임금이 더디게 증가하는 시대에, 첨단 제조업의 임금은 미국 평균보다 5배나 더 빠르게 증가했다. 2009년의 대침체 이후로 첨단 제조업의 일자리는 약 100만 개가 증가했다.

그러나 미국 정보기술혁신재단은 제조업 일자리가 다시 증가한 이유는 경제가 침체의 바닥에서 회복된 데 있다고 보았다. 테네시대학교 산업경제연구소도 이 견해에 공감했다. 그들은 제조업 일자리가 다시 감소하고 제조업이 외국과의 경쟁과 자동화에 직면하여 고용을 까먹는 장기적인 추세로 되돌아갈 것으로 보았다. 이것은 미국 제조업 생산이 1950년 이후 절대 수치로는 증가했지만, 서비스 산업이 더 빠르게 성장하면서 GDP에서 차지하는 비중이 감소해왔던 장기적인 추세와 일치한다.

영국에서도 비슷한 패턴이 나타난다. 미국과 마찬가지로 영국 제조업은 지난 수십 년 동안 절대적인 수치로는 증가했다. 그러나 GDP에서 차지하는 비중을 보면, 제조업은 지금 국내 생산에서 약 10분의 1을 차지한다. 지난번의 대침체에도 불구하고, 영국은 여전히 세계 10대 제조업 강국이고, 연구 개발 지출의 70% 이상이 이 부문으로 흘러들어 간다. GDP에서 차지하는 비중과 비교하면, 제조업이 수출에 엄청나게 기여하여 영국이 해외에 판매하는 것의 거의 절반을 차지한다. 그러나 영국은 여전히 제조업 제품을 수출하는 것보다는 수입을 더 많이 한다. 따라서 무역 적자가 발생한다. 또다시 미국과 마찬가지로 외국으로 판매하는 산업이 주로 첨단 산업 부문이고, 따라서 STEM 분야의 고급 인력을 많이 보유한 첨단 기술 기업들이 제조업의 새로운 지도를 만들어간다.

그러나 화학, 제약, 자동차 산업 등 첨단 기술 부문에서 제조업 일자리가 반등하지는 않았다. 대침체 이후로 거의 10년이 지나서 항공우주 산업에서만 일자리가 증가했다. 또한 노동 생산성, 즉 노동자 1인당 생산은 낮다. 영국은 세계 평균보다는 높지만, 미국이나 독일과 같은 국가보다는 뒤처져 있다. 영국에서도 제조업의 리쇼어링이 나타날 수 있는가? 한 가지 문제는 산업 조사에서 영국의 고용주들이 자주 언급하는 장애 요인으로 STEM 분야의 고급 인력이 부족하다는 것이다.

그렇다면, 리쇼어링이 영국과 미국 같은 선진국 경제를 떠나 어디로 갈 것인가? 미국과 영국의 제조업에서 리쇼어링이 나타나더라도 제조업이 경제에서 가장 많은 부분을 차지할 것 같지는 않다. 로봇 공학과 자동화로 고용 압박에 직면할 것이다. 그럼에도 미국이 리쇼어링을 경험한 것은 첨단 제조업에서 경쟁력을 갖게 하는 방법에 관해 영국을 비롯한 여러 국가에 교훈이 될 것이고, 이는 어떤 부문이 성장을 견인하고 한 나라의 무역 포지션을 결정하는가에 대해 의미를 부여할 것이다.

　　1장에서 애덤 스미스가 경제를 재조정하려는 정부에 어떤 말을 해줄지 살펴보았다. 그러면 무역 정책 수립과 관련된 쟁점에 대해서는 어떨까? 데이비드 리카도라면 이러한 추세와 지속적인 대규모 무역 적자에 직면한 정부에 어떤 조언을 해줄까?

리카도의 비교우위 이론

데이비드 리카도의 비교우위 이론은 각 국가가 상대적으로 가장 효율적으로 생산하는 제품을 생산하여 무역해야 한다고 말한다. 중국이 모든 제품을 미국보다 더 저렴한 비용으로 생산하더라도, 미국은 여전히 상대적으로 더 저렴한 비용이 소요되는 제품을 생산해야 한다. 그리고 중국도 마찬가지다. 따라서 특정 제품을 특화 생산하여 더 이상 예전만큼 생산하지 않는 제품과 거래하는 것이 모든 국가에 이익이 된다. 어떠한 국가라도 세계 경제로부터 완전히 고립되어 있지는 않다(북한조차도 중국과 무역을 한다). 무역이 없는 경제 상태를 '폐쇄 경제^{autarky}'라고 한다. 따라서 국제 무역이 경제를 위해서는 효율성을 증진하고, 국민을 위해서는 소비를 증가시켜주기 때문에 모든 국가가 무역을 하려고 한다.

  리카도는 자기 이론을 뒷받침하기 위해 영국산 직물과 포르투갈산 와인의 예를 들었다. 와인을 생산하는 데 포르투갈 노동자가 80명이 필요하고 직물을 생산하는 데 90명이 필요하다면, 직물보다 와인 생산이 더 효율적이기 때문에 와인을 수출하고 직물을 수입해야 한다. 영국에서는 직물을 생산하는 데 100명의 노동자가 필요하더라도 포르투갈은 영국으로부터 직물을 수입해야 한다. 이것은 놀랄 만한 일이다. 그러나 포르투갈은 와인 생산이 더 효율적이기 때문에 와인 생산에 특화한다. 포르투갈은 상대적으로 더 효율적인 제품을 생산하고 덜 효율적인 제품을 수입한다.

  영국의 경우에는 직물과 와인을 생산하는 데 노동자가 포르투갈보다 더 많이 필요하다. 예를 들어 직물을 생산하는 데 노동자가 100명이 필요하고 와인을 생산하는 데 120명이 필요하다. 따라서 영국은 직물 생산에 특화해야 한다. 직물을 상대적으로 더 효율적으로 생산하기 때문이다. 비록 포르투갈이 직물과 와인 모두 노동자를 덜 투입하여 생산하기 때문에 영국이 절대우위를 갖고 있지 않더라도 말이다. 이제 영국은 덜 효율적으로 생산하는 와인을 수입할 것이다.

  양국은 특화 생산을 하고 무역을 함으로써, 모든 것을 스스로 생산할 때보다 더 많이 소비할 수 있다. 이것은 직관적으로 금방 와닿지가 않는다. 노벨 경제학상 수상자 폴 새뮤얼슨은 국제 무역에서 이처럼 기본적인 전제인 비교우위 이론이 경제학 원론에서 틀림없이 진실이지만 높은 지능을 갖춘 사람들에게조차도 쉽게 와닿지 않는 최고의

사례라고 말했다.[22]

　리카도의 비교우위 이론이 우리가 무역 적자를 우려해야 하는지 이해하는 데 도움이 되는가? 우선 그의 이론에 대해 주목해야 할 비판이 몇 가지 있다. 리카도는 동태적인 모델이 아니라 정태적인 모델을 제시했다는 점을 포함하여 국제 무역에서 가장 중요한 쟁점 중 일부를 무시했다는 비판을 받는다. 리카도 모델에서는 국가들이 자국의 비교우위에 영향을 미칠 수가 없다. 예를 들어 자연 자원이 풍부한 나라는 농산물에 특화한다. 그러나 일부 국가들은 그들이 특화하는 제품에 영향을 미치기 위해 비교우위를 만들어간다. 예를 들어 정부는 특정 부문을 장려하기 위한 정책을 추진한다. 이것은 '신무역이론New Trade Theory'으로 알려져 있다. 리카도 모델의 이러한 확장 모델은 무역에 관한 동태 이론을 연구하여 노벨 경제학상을 수상한 폴 크루그먼Paul Krugman에 의해 개발된 것이다. 영국의 경우, 신무역이론은 영국이 인구가 많지 않더라도 여전히 첨단 제조업을 장려할 수 있고 저비용 제조업 국가들에 의해 완전히 밀려나지 않아도 된다는 것을 의미한다.

　또한 리카도는 자본과 노동의 비이동성이라는 비현실적인 가정을 한 것으로 비판받는다. 그의 비교우위 이론은 자본이 국경을 넘어 자유롭게 이동할 수 없기 때문에 효력을 갖는다. 자본이 자유롭게 이동할 수 있다면, 영국 자본이 포르투갈로 이동하여 포르투갈이 와인뿐 아니라 직물도 생산할 수 있다. 리카도는 노동의 이동에 대해서도 거의 언급하지 않았다.

　이것은 리카도가 국제 무역에서 완전한 특화 혹은 불완전한 특화를 생각했는지에 대한 또 다른 문제를 제기한다. 국가는 대체로 어느 한 부문을 완전히 포기하지는 않는다. 따라서 완전한 특화는 흔치 않은 일이다. 그러나 리카도는 불완전한 특화의 결과를 살펴보지 않았고, 교역재의 가격이 어디에서 결정되는지에 대해서도 마찬가지였다. 그는 다만 이 가격이 무역을 하는 두 나라에서의 가격 사이에 있는 중간 지점에서 결정되는 것으로 생각했다.

기술적인 반론보다 더 중요한 것은 리카도가 무역이 '분배'에 미치는 영향과 국가가 언제 무역을 해야 하는가에 대한 정치적인 판단의 문제를 무시한 것으로 여겨진다는 점이다. 예를 들어, 그는 국제 무역의 도입으로 완전 고용과 경제의 여러 부문에 대한 자동 조정을 가정했는데, 이 두 가지 중 어느 하나도 현실적으로 맞지 않다. 또한 그는 특화 이후에 사람들이 자신이 종사하는 산업이 폐기되거나 축소될 때 일자리를 잃게 되는 문제를 다루지 않았다. 늘 그렇듯이, 국가가 부유해지더라도 어떤 사람은 다른 사람보다 혜택을 더 많이 얻게 되어 있다.

또한 리카도는 《정치경제학과 조세의 원리》에서 예로 들었던 국가들인 영국과 포르투갈 간의 불평등한 세력 관계를 무시했다는 비판을 받는다. 케임브리지대학교 경제학 교수 조앤 로빈슨은 리카도식 전통이 "동등한 영향력을 가지고 같은 수준의 개발 상태에 있는 국가 간의 무역을 내포한다. 이것은 경제적 우위를 조장하기 위한 제국주의와 권력의 사용을 배제한다"라고 주장했다.[23] 그녀는 다음과 같이 말한다.

현실적으로 포르투갈은 영국 해군의 지원에 의존한다. 이런 이유 때문에 포르투갈은 직물 생산을 포기하고 제조업 개발을 금지하라는 무역 조건을 받아들여야 한다. 결과적으로 포르투갈은 이전보다 더 많이 의존하게 된다…… 이 이야기에 자본 축적을 도입하면, 포르투갈이 자유무역으로부터 혜택을 얻지 못할 것이라는 사실이 명확해진다. 발전하는 제조업에 대한 투자는 기술 진보, 행동에 의한 학습, 산업의 전문화, 축적의 가속화를 낳는다. 반면, 와인에 대한 투자는 침체로 가는 막다른 골목에 이르게 한다.[24]

여기서 무역 이론이 《정치경제학과 조세의 원리》에서 불과 1개의 장만을 차지한다는 사실을 지적할 필요가 있다. 따라서 리카도가 자신의 중대한 저작에서 다른 경제 이론보다 무역에 더 많이 집중했더라면, 이러한 비판 중에서 일부를 거론했을 것이다.

그럼에도 경제학자들은 리카도의 이론이 국가가 왜, 어떻게 무역을 해야 하는가에 대한 근거를 설명하는 데 도움이 된다는 점에 동의한다. 경제학자들은 국가가 무역을 통하여 전체적으로는 이익을 얻지만, 국가가 더 이상 특화하지 않는 산업에서는 피해자가 발생한다는 점을 인정한다. 또한 그들은 일단 정치적인 판단의 문제를 고려하면 경제 개발 수준이 낮은 국가가 그들에게 원조를 제공하는 부유한 국가와 교역 조건을 협상하는 데 고심하게 될 것으로 본다.

영국과 같은 탈공업화 국가는 제조업 생산 비용이 낮은 개발도상국들과 경쟁을 하기가 어려워서 서비스 부문으로 전환을 서두르게 된다. 따라서 세계화는 경제를 재조정하는 데 어려움을 가중시킨다. 리카도는 이를 불가피하지만 함께 다루어야 하는 관련 쟁점으로 여길 것이다.

데이비드 리카도라면 정부 정책을 경상수지 적자에만 집중하지는 않을 것이다. 리카도 이론의 핵심은 경제 번영을 결정하는 것은 생산과 교환이며, 그가 살던 시절에 무역 흑자를 장려하기 위해 추진했던 중상주의 정책이 아니라는 것이다.[25] 이것은 바람직한 무역수지를 장려하기 위한 이와 같은 노력을 '어리석은 짓'이라고 믿었던 스미스의 생각과도 비슷하다.[26]

대신에 데이비드 리카도는 스미스와 마찬가지로 정책 담당자들에게 국내 경제의 건전성을 살펴보고, 무역 포지션에만 집중하지는 말 것을 촉구할 것이다. 국가가 제품과 서비스를 얼마나 효율적으로 생산하는가가 비교우위를 결정하는 데 도움이 될 것이고, 이것이 무역수지로 이어질 것이다. 리카도는 국내 경제에서 무엇을 해야 하는지 고려하지 않고서 외국으로 수출을 더 많이 하여 무역 흑자를 발생시키는 데만 목표를 둔다면, 경제를 잘못된 방향으로 가게 하는 것이라고 생각할 것이다.

무역 적자의 원인과 개선 방법

데이비드 리카도의 이론이 지금과 마찬가지로 그가 살던 시대를 지배했다는 데는 의심의 여지가 없다. 1830년대에는 무역 장벽이 낮아지기 시작했다. 1843년 제임스 윌슨James Wilson이라는 사람이 자유 무역과 자유 시장의 출현을 옹호하는 〈이코노미스트〉라는 주간지를 창간했다. 윌슨의 사위 월터 배젓이 이 작업을 도왔다. 1846년 곡물법이 폐지되고 나서 영국이 제조업 강국이 되었고 세계의 나머지 국가들이 곧 영국의 뒤를 따랐다. 18세기 후반에 미국이 독립했을 때, 관세 수입이 새로운 정부의 수입에서 거의 100%를 차지했다. 1910년이 되면서 관세 수입이 50%를 차지했고, 이후로 정부 예산의 2%에도 못 미칠 정도로 떨어졌다.[27]

그러나 서비스와 농산물에서 무역 장벽이 계속 유지되고 있는 21세기에도 WTO의 자유화 의제가 교착 상태에 빠져 있다.

따라서 이처럼 불완전한 국제 무역 체제 아래에서 미국과 영국의 비교우위는 리카도가 가정하는 모든 혜택을 전해줄 수 없었다. 또한 리카도는 국제 무역에서 공평한 경쟁의 장이 결여된 것을 우려할 것이다. 그는 특히 상대적으로 닫혀 있는 서비스 부문에서 세계 시장의 개방을 강력하게 촉구할 것이다. 서비스 무역 자유화는 미국과 영국의 무역 포지션에 도움이 될 뿐 아니라 서비스 부문이 세계 GDP의 70% 이상을 차지하기 때문에 세계 경제에도 도움이 될 것이다.

서비스에 대한 무역과 투자가 더욱 개방되면서, 영국이 우세한 부문이 세계 시장에서 매력을 얻을 수 있다면 무역 적자가 개선될 수 있다.

한편, 리카도는 영국이 세계 시장에서 판매하는 것보다 구매하는 것이 더 많은 상황을 두고 크게 우려하지는 않을 것이다. 그는 영국의 무역 적자를 경제 구조에서 나오는 증상으로 바라볼 것이다. 구체적으로 말하면, 영국은 서비스 부문에 특화하고 있고 이것은 제조업 제품과는 다르게 일부는 교역재가 아니다. 따라서 영국이 어느 정도 국내에서 생산하는 제조업 제품을 소비하고 나머지를 수입하게 되는데, 이것이 무역 적자의 원인이 되었다.

어쨌든 리카도는 곡물법 폐지 이후로 영국이 유지해왔던 대외 개방 정책을 계속 유지하도록 주장할 것이다.

결국 리카도가 계급 간의 갈등을 인식하고서 자신의 무역 모델에 대해 더욱 자세히 설명할 기회를 가질 수 있었다면, 지대 추구자를 포함하여 그 밖의 여러 사람이 무역을 통해 챙기는 이익을 무역으로 인하여 피해를 보는 사람들에게 재분배하기 위한 조치들을 당연히 수용했을 것이다. 이것은 경제가 특정 부문에 특화하기 시작하고 다른 부문에는 그러지 않을 때 소외되는 사람들을 돕기 위한 것이다.

마지막 장에서는 이 문제와 함께, 무역에서 피해를 보는 이들을 지원하는 문제, 여러 선진국 경제에서 보이는 반발이 세계화의 미래에 끼칠 영향에 대해 리카도와 여러 위대한 경제학자들의 의견을 살펴볼 것이다.

Adam Smith
David Ricardo
Karl Marx
Alfred Marshall
Irving Fisher
John Maynard Keynes
Joseph Schumpeter
Friedrich Hayek
Joan Robinson
Milton Friedman
Douglass North
Robert Solow

3장
카를 마르크스

중국은
부유해질 수 있을까?

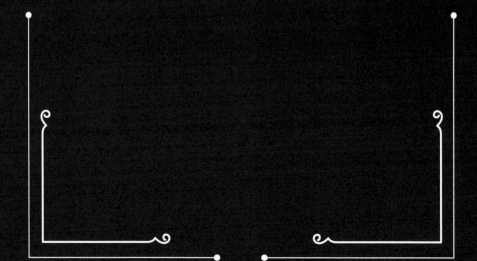

Karl Marx

카를 마르크스는 역사상 가장 영향력이 있고, 가장 논란이 되는 경제학자 중 한 사람이다. 마르크스와 그의 협력자, 프리드리히 엥겔스Friedrich Engels는 《공산당 선언Communist Manifesto》의 첫 문장에서 "지금까지 존재하는 모든 사회의 역사는 계급투쟁의 역사다"[1]라고 주장했다.

마르크스는 모순적인 인물이었다. 그는 노동자 계급을 옹호했지만, 불우한 여건에서도 대체로 품위 있게 살았다. 당시에는 이것이 이상한 일이 아니었다. 19세기 유럽의 혁명가들은 대다수가 중류 계급 지식인이었지 노동자는 아니었다. 예를 들어, 예니 마르크스Jenny Marx는 혁명가의 아내였지만 '폰 베스트팔렌 남작 부인'이라고 새겨진 편지지를 계속 사용했다.[2]

카를 마르크스가 대단한 영향력을 발휘하는 인물이었지만, 당시 유력한 사상가 중 한 사람인 존 스튜어트 밀은 그를 전혀 알지 못했다.[3]

어쩌면 마르크스가 살아 있는 동안 영어로 글을 쓰지 않았기 때문인지도 모른다. 마르크스가 쓴 책 《자본론Capital》은 독일어로 발간되었다. 그는 독일 독자들 사이에는 잘 알려져 있었지만, 영국 독자들에게는 그렇지 못했다.

마르크스가 세상을 떠난 뒤에 그의 공산주의 이론이 세계에서 규모가 큰 일부 국가의 경제를 변모시켰다. 20세기가 시작되면서 공산주의는 러시아와 중국에서 미국 주도의 자본주의 모델에 대한 대안을 추구하면서 일정한 형태로 자리를 잡았다. 러시아에서는 경제적 평등과 공동체의 노력이라는 개념이 마르크스에게 관심을 갖는 이유가 되었다. 1917년 공산주의 혁명으로 소비에트 연방Soviet Union이 설립되었다. 소비에트 연방은 2차 세계대전 이후 1980년대 후반 베를린 장벽이 무너질 때까지 계속된 냉전 시대에 인기를 끌던 경제 모델이 되어 미국 자본주의와 경쟁했다.

마르크스 사상이 가장 두드러지게 성공한 사례는 공산주의 국가 중국이다. 현재 세계 2위 경제 대국이자 인구가 가장 많은 국가인 중국은 1949년 혁명 이후 공산주의를 채택하고 지금까지 계속 공산당이 지배하고 있다. 그러나 지도자 덩샤오핑鄧小平이 경제 침체로 인하여 개혁을 채택하기 시작한 1979년부터 중국은 계획 경제에서 시장에 더 많은 기반을 둔 경제로 변화했다. 이런 개혁은 괄목할 만한 경제 성장을 낳았고, 중국을 세계에서 가장 가난한 국가에서 미국에 도전하는 국가로 발전시켰다. 그러나 중국의 변화는 지금도 진행 중이고, 특정 부문에서 여전히 공산주의 국가가 지배하는 시스템에서 어떻게 경제 성장을 지속시킬 것인가를 포함하여 수많은 난제가 남아 있다.

공산주의 이데올로기의 창시자 마르크스는 중국이 시장 경제로 이행하고 개혁을 추진하는 것을 두고 어떻게 생각할까? 중국 같은 공산주의 국가가 부유해질 수 있을까?

공산주의를 선언한 마르크스

비록 독일에서는 산업혁명이 영국보다 늦게 왔지만, 카를 마르크스는 데이비드 리카도와 마찬가지로 산업혁명 시기에 성년이 되었다. 1818년에 태어난 마르크스는 나중에 공업화된 농업 도시 트리어^{Trier}에서 자랐다. 마르크스의 어린 시절에는 제조업 공장이라고는 없었고, 1860년까지 철도조차도 없던 곳이었다. 마르크스는 자신의 고향에 대해 이렇게 말했다. "우리가 생계를 해결하기 위해 돈을 벌 수 있는 곳이 없었다."[4] 18세기 말까지 이 도시는 '명령 사회^{society of orders}'의 형태로 조직되었다. 권력은 개인이 아니라 출생이나 종교에 바탕을 둔 집단에서 나왔고, 심지어 법적 구속력을 지닌 헌장에서도 나왔다. 이런 체제 아래에서 가톨릭 성직자나 비열한 귀족이 농민에게서 생산물을 거두어들였다. 이것은 결코 공정하지도 평등하지도 않았고, 마르크스의 공산주의 철학에서 자주 등장하는 주제였다.

마르크스는 트리어에서 오랜 세대에 걸쳐서 유대교 지도자를 지낸 집안 출신으로 알려져 있다. 마르크스의 유대인 조상들은 지주들에게 그들의 영지 내에서 거주할 수 있는 권리에 대한 특별세를 납부해야 했고, 상업이나 금융에 종사하는 데도 직업적인 제약을 받았다. 때로는 유대인에게 거주지나 기독교도와의 사회적 관계에도 특별한 제약이 있었다. 트리어에서는 일부 유대인이 '보호료'와 매년 '신년 기부금'을 납부해야 했다.[5]

이러한 사회 체제는 프랑스 혁명 이후 1797년에 트리어가 신성로마제국으로부터 이 지역을 빼앗은 프랑스공화국French Republic으로 넘어가면서 비참한 최후를 맞이하였다. 이제 트리어는 모든 시민이 법 앞에 평등한 지역이 되었다. 1812년 프로이센 총리 카를 아우구스트 폰 하르덴베르크Karl August von Hardenberg 공이 유대인 해방 칙령을 발표하여 유대인에게 거주와 직업의 자유, 군대에 입대할 권리를 부여했다. 카를 마르크스의 아버지 하인리히 마르크스에게는 프랑스 혁명이 기회를 가져다주었다. 그는 과거에는 유대인이 꿈도 꾸지 못했던 직업인 변호사가 될 수 있었다.

그러나 불과 몇 년이 지나서 정부는 칙령을 철회하고는 유대인 변호사의 개업을 불허하기로 결정했다. 하인리히는 종교를 바꾸기로 결심했다. 그만 그런 것이 아니었다. 18세기 독일 유대인 공동체의 지도자적인 집안 중 대다수가 1830년대까지 기독교로 개종했다. 대부분은 구교Catholicism를 선택했지만, 마르크스의 아버지는 토머스 페인Thomas Paine의 저작《인간의 권리Rights of Man》 같은 작품을 서재에 보관하고서 계몽주의를 신봉했기 때문에 신교Protestantism를 선택했다. 그는 중류 계급의 신교도 지식인으로서 계몽주의의 합리론과 종교적 교리와의 조화를 원했다.

그럼에도 마르크스 집안은 존경받았다. 당시 독일 중류 계급 출신이 그랬듯이, 하인리히 마르크스도 부유한 집안에서 자란 신부 앙리에트 프레스부르크Henriette Pressburg가 준비한 지참금을 가지고 변호사 개업을 했다. 카를 마르크스의 어머니는 네덜란드 출신이고, 그의 이모는 라이언 필립스Lion Philips와 결혼했는데, 그의 손자들이 집안의 이름을 따서 네덜란드의 거대 전자 기업 필립스를 설립했다. 또한 하인리히 마르크스는 프로이센 정부로부터 법률 고문관Justizrat이라는 직함을 얻었는데, 이것은 법조인에게 부여되는 가장 명예로운 칭호였다. 그들 집안의 사회적 지위 때문에 카를의 여동생 루이제Louise는 나중에 오빠가 공산주의 지도자가 된 것을 두고 '매우 부끄럽게' 생각한다는 말도 했다.[6]

중등 교육을 받는 사람들이 드문 시절에, 마르크스는 트리어 김나지움에서 공부했다. 이런 대학 예비 교육 기관은 독일 교육 제도의 정점에 있었다. 그는 신학보다는 법학을 공부하기를 원하는 아버지의 뜻에 따라 라틴어와 그리스어를 공부했고 제3외국어로 히브리어 대신에 프랑스어를 선택했다. 이 덕분에 그의 사상에서 프랑스 문화와 역사가 중요한 부분이 되었다. 그는 독일어와 라틴어 시험에서 높은 점수를 받았지만, 조금은 아이러니하게도 근대 경제학에서 중요한 요소를 차지하는 수학에서는 좋은 점수를 받지 못했다.

마르크스는 중등 교육을 마치고 독일 본대학교에 입학했다. 그러나 이후로 얼마 지나지 않아서 1836년에 베를린대학교로 옮겼고, 트리어로 돌아와서는 예니 폰 베스트팔렌Jenny von Westphalen과 약혼했다. 그녀의 아버지 요한 루트비히 폰 베스트팔렌Johann Ludwig von Westphalen은 프로이센의 고위 관료이자 귀족 신분이었다. 프로이센 통치에 반발한 1848~1849년 혁명이 진압당한 이후로, 그녀의 가정은 의붓오빠 페르디난트Ferdinand가 프로이센 내무장관으로 재직하는 동안에 런던에서 10년 동안 정치 망명자로 살았다.

그러나 베스트팔렌 집안과 마르크스 집안의 사회적 격차는 크지 않았다. 예니 아버지의 수입은 하인리히 마르크스보다 적었다. 따라서 예니는 지참금을 많이 가져오지 못했고, 마르크스는 10년 동안 일정한 수입이 없는 상태로 지내야 했다. 이런 점에서 보면, 그의 약혼은 19세기 부르주아 사회에 대한 일종의 반항으로 여겨질 수 있다. 이에 대해서는 앞으로 더 많은 이야기가 나올 것이다.

마르크스의 박사 학위 논문은 그리스 철학자들의 저작에 나오는 자연 철학의 차이를 비교한 것이었다. 그는 논문을 천천히 작성했고, 이 작업을 마칠 무렵에는 규정에 나오는 최대 4년을 이미 초과한 상태여서 연장 신청을 할 수도 없었다. 대신에 그는 이 논문을 예나대학교에 제출하기로 결심했다. 이 학교는 독일에서 수업 연한이 없고 논문에 대한 공식적인 질의 응답을 요구하지 않는 유일한 학교였다. 또 마르크스는 1841년 4월에 박사 학위를 받았는데, 이 학교가 박사 학위 취득 비용이 가장 적게 드는 곳이었다.

마르크스는 대학 시절에 게오르크 빌헬름 프리드리히 헤겔Georg Wilhelm Friedrich Hegel의 사상을 우연히 접하고서 청년 헤겔파Young Hegelians 라는 단체에 가입한 이후로 스물세 살 나이에 프리랜서 작가로 일하기 위해 자기가 살던 곳으로 돌아왔다. 헤겔이 1831년에 죽은 뒤 학생들이 결성한 이 단체는 프로이센의 상황에 환멸을 느끼고 혁명 사상으로 체제를 허물고자 했던 급진주의자들의 모임이었다.

마르크스는 청년 헤겔파의 다른 조직원과 마찬가지로 학자의 길을 가려는 생각을 접었다. 그의 아버지는 비록 아들이 잘못된 길을 가고 있다고 생각했지만, 아들에게 화를 내지는 않았다. 그러나 그는 아들의 지나친 소비를 두고는 못마땅하게 생각했다. 이 때문에 마르크스가 부모님이 살아 계신 동안에 재정 지원을 받지 못한 것에 대해 불만을 품게 되었다. "나는 가족과 사이가 벌어졌다. 그리고 어머니가 살아 계신 동안, 나는 내 재산에 대한 권리를 전혀 갖지 못했다."[7] 마르크스는 수입이 거의 없던 시절, 자산도 유산도 받을 가망이 없는 상태에 놓여 있었다.

카를 마르크스는 박사 학위를 받고 1년이 지나 첫 직업을 찾았다. 그는 1842년부터 1843년 사이에 6개월 동안 〈라인신문Rhineland News〉의 비공식 편집장으로 일했는데, 그는 이때 공산주의 사상을 접했다. 마르크스는 신문사 편집장 생활을 좋아했다. 저널리스트라는 직업은 그의 삶에서 오랫동안 생계의 수단이 되었을 뿐 아니라 정치적 행동주의의 기반이 되었다. 마르크스는 이렇게 적었다. "독일에서는 경제적으로 독립한 사람들이 가난하다. 교육받은 젊은 사람들의 90%가 자신의 미래를 위해 국가에 빵을 구걸해야 한다. 우리의 강은 방치되어 있다. 선박 운송은 비참한 상황이다. 과거에 발달했던 상업 도시들이 이제는 더 이상 번성하지 않는다."[8]

1844년 마르크스는 평생의 협력자 프리드리히 엥겔스를 만났다.

당시 마르크스는 파리에 살고 있었다. 독일에서는 일자리를 구하기가 쉽지 않았고, 결혼한 지 얼마 안 된 부인과 함께 사상에 개방적인 프랑스로 떠나기로 결심하고는 1년 전에 파리에 왔다. 엥겔스와 마르크스는 이전에도 이미 편지를 주고받으면서 비슷한 사상을 공유했다. 엥겔스가 영국에서 독일로 가던 도중에 마르크스를 만나기 위해 파리에 잠깐 들르기로 했다. 이렇게 잠깐 만나려고 했던 것이 열흘 동안에 걸친 만남이 되었다.

엥겔스는 맨체스터에서 가족 회사를 위해 열심히 일하면서, 공산주의 사상에 점점 공감하게 되었다. 맨체스터는 영국 산업혁명의 세계적인 상징이자 중심지였다. 엥겔스의 내연녀 메리 번스Mary Burns는 아일랜드 출신 이민자로서 공장 노동자이면서 집안일을 돕는 하녀였다. 엥겔스는 그녀와 함께 가족 회사인 에르멘앤드엥겔스Ermen & Engels 방적 공장에서 일하면서, 공업화가 엄청난 부富뿐 아니라 고통스러운 삶까지도 발생시킨 것을 보았다. 자본가가 모여 사는 교외 주택가와 공장 노동자가 모여 사는 슬럼가는 극명하게 대비되었다.

1845년 엥겔스는 자신의 경험을 바탕으로《영국 노동자 계급의 상황The Condition of the Working Class in England》을 발간했다. 여기서 그는 자본가가 부를 창출하기 위해 제조업 노동자를 고용하여 착취하는 모습을 묘사했다. 따라서 엥겔스는 이중적인 삶을 살았다. 그는 부르주아 가정 출신의 전형적인 자본가였지만, 마르크스같이 정치적으로 위험한 사람들과 연대하고 재정 지원을 하는 혁명가이기도 했다.

1845년 1월 카를 마르크스는 프로이센 정부가 그의 논평 기사 중 일부를 항의하자 프랑스에서 추방되었다. 그가 프로이센 영토에 발을 들여놓는 순간 당장 체포하라는 지시가 내려졌다. 그는 프랑스 정부로부터 불과 열흘 이내에 떠나라는 지시를 받았기 때문에, 임신 중인 아내에게 프랑스에 머물면서 남아 있는 일을 처리하게 하고 먼저 떠나야 했다. 마르크스 가정은 독일의 다른 반체제 인사들이 거주하는 벨기에로 이주하여 그곳에서 3년간 머물렀다.

1846년 중반에 마르크스는 재정 상황이 악화되면서 모든 재산을 저당잡혀야 했다. 마르크스와 함께 독일 노동자들을 조직하기 위해 브뤼셀에 온 엥겔스도 마찬가지로 어려운 상황이어서, 그의 아버지가 매달 보내주는 생활비에 의지하고 있었다. 마르크스는 아파트를 포기하고 어느 호텔의 가구가 딸린 방으로 이사가야 했기 때문에 하인을 예전만큼 여럿 데리고 있을 수가 없었다. 평생 동안 마르크스에게 경제적 '고통'이라는 것은 체면을 유지할 수 있을 정도로 극심하지 않은 가난이었다.

그는 큰 뜻을 품은 정치 지도자였기 때문에 추가 비용이 발생했다. 추종자들은 재정 지원을 기대했고, 손님으로 편의를 제공받았다. 아이러니하게도, 마르크스의 반反부르주아 성향과 공산주의 사상은 예전에 그에게 재정 지원을 해주던 쾰른의 부유한 친구들이나 후원자들에게 계속 의지하는 것을 꺼리게 만들었다. 마르크스는 프리랜서 작가로 자립하려고 했다. 그러나 당시 독일의 언론 검열 때문에 그의 저작은 발간 자체가 거의 불가능한 일이었다.

그는 이 시기에 공산주의자동맹의 요청으로 엥겔스와 함께《공산당 선언》을 집필했다. 이 책은 1848년 2월에 발간되었는데, 여기에는 다음과 같은 글이 나온다. "모든 지배 계급을 공산주의 혁명 앞에 떨게 하라. 프롤레타리아가 잃을 것은 쇠사슬밖에 없으며 얻을 것은 온 세상이다."⁹ 마지막 문장에서는 이렇게 선언한다. "만국의 노동자여, 단결하라!"¹⁰ 이것은 때로는 다음과 같이 번역되기도 한다. "세계의 노동자여, 단결하라!" 혹은 "모든 땅의 노동자여, 단결하라!" 이 권고의 말은 마르크스의 묘비에 새겨져 있다.

마르크스와 엥겔스는《공산당 선언》에서 미래의 공산주의 정부를 위해 상속권 폐지와 신용을 독점하는 국영 은행 창설을 포함하여 10대 지침을 제시했다. 그들이 제시하는 공산주의는 새로운 정권을 창출하는 혁명의 과정을 강조한다. 이것은 사회주의라는 경쟁적인 형태와는 크게 다르다. 실제로 그들은 자본주의에 대한 단순히 반동적인 비판으로서의 사회주의에 반대했다.

마르크스는 자본가가 공산주의 정부와 협력하지 않을 것으로 예상했다. 이것은 정부가 더욱 급격한 조치를 취하게 만드는 경제 위기를 초래할 것이다. 마르크스는 이 위기가 1792년에 군주제를 무너뜨리고 프랑스 제1공화국을 선포했던 것과 같은 혁명에 이르게 할 것으로 믿었다(제1공화국은 오래가지 못했다. 1804년 나폴레옹 보나파르트 Napoleon Bonaparte가 1815년에 막을 내린 프랑스 제1제정 황제로 등극했다).

《공산당 선언》 발간 이후, 역사적으로 비슷한 시기에 마르크스가 지원하던 1848년 혁명이 프랑스 제2공화국 수립으로 이어졌다. 이것은 혁명가에게 환영받는, 유럽에서 가장 새롭고도 급진적인 정부였다.

마르크스는 이를 기념할 여유가 없었다. 1848년 3월 그는 다시 한번 추방되었는데, 이번에는 불과 24시간 이내에 벨기에를 떠나라는 것이었다. 경찰은 그의 부인을 먼저 체포하고 난 뒤 그를 체포했다. 두 사람은 그 다음 날 석방되었지만, 모든 재산을 포기하고서 자녀들과 함께 곧장 벨기에를 떠나야 했다.

불과 몇 주 뒤, 마르크스와 공산주의자동맹의 주요 지도자들이 프랑스공화국 초청으로 파리에 왔다. 독일과 오스트리아도 혁명의 물결에 빠져들었다. 당시에는 마르크스처럼 추방당한 독일의 급진주의자가 고국으로 돌아올 수 있었다. 그는 쾰른으로 와서 〈뉴라인신문New Rhineland News〉의 편집장이 되었다. 이 자리는 그가 독일에서 노동자 혁명을 촉구하고 《공산당 선언》 사상을 전파하는 연단이 되었다. 독일에서 노동자 혁명은 일어나지 않았다. 대신에 마르크스는 반란을 일으킨 혐의로 재판을 받아야 했고, 그 다음 해에 독일에서 추방되었다.

1849년에 그는 1848년 혁명의 여러 활동가와 함께, 정치 망명자에게 관대한 정책을 유지하던 런던으로 왔다. 마르크스는 당시 공산주의자동맹과 사이가 틀어졌다. 그는 겨우 31세였고, 독일로 돌아가 혁명 활동을 계속하고자 했다. 그러나 그는 죽을 때까지 영국에 머물렀다.

당시 런던 인구는 240만 명으로 세계에서 인구가 가장 많은 도시였다. 영국의 수도는 자본주의의 중심지였다. 잉글랜드은행과 런던 증권 거래소에서 벌어지는 모든 일은 세계 경제에 영향을 미쳤다.

마르크스는 독일 이민자 대다수가 모여 사는 런던 이스트엔드East End의 노동자 거주지에서 시간을 보냈다. 그는 가족과 함께 당시 런던 중심부에서 이민자와 자유분방한 사람들이 모여 사는 지역인 소호Soho에서 살았다. 그는 쾰른에서 편집했던 〈뉴라인신문〉과 비슷한 간행물을 발간하여 독일 전체에 배포하려고 했다. 그러는 동안에, 마르크스 가정은 점점 가난해졌다. 예니 마르크스는 이렇게 말했다. "이곳 상황은 독일과는 완전히 다르다. 우리 여섯 식구 모두가 작은 서재가 붙어 있는 원룸에서 산다. 독일에서 이보다 훨씬 더 큰 집에 살면서 냈던 월세보다 더 많은 돈을 매주 내고서 말이다."[11]

마르크스 가족은 생활비를 마련하기 위해 분투했지만, 자녀들에게는 가정교사와 하녀가 있었다. 이는 가난하지만 체면을 유지하면서 살아가는 사람들에게는 이상한 일이 아니었다. 그러나 그들에게는 비극이 있었다. 브뤼셀에서 태어난 세 자녀 중 두 명은 성년이 될 때까지 살아남았지만, 런던에서 태어난 네 자녀 중 세 명은 성년이 되기 전에 죽었다.

그가 하던 일에서도 안 좋은 사건이 벌어졌다. 1851년 프랑스에서 루이-나폴레옹 보나파르트 Louis-Napoléon Bonaparte가 쿠데타를 통하여 정권을 장악했다. 나폴레옹 보나파르트의 조카인 그는 프랑스공화국 대통령으로 재직하는 동안에, 스스로 황제가 되어 나폴레옹 3세라 일컬었다. 마르크스는 이에 반발하여 《루이 보나파르트의 브뤼메르 18일 The Eighteenth Brumaire of Louis Napoleon》이라는 소책자를 썼는데, 이 책은 "역사는 반복된다. 처음에는 비극으로, 그 다음에는 희극으로"[12]라는 문구로 시작된다. 그러나 쾰른에서 마르크스가 추방되고 그의 추종자들이 투옥되는 바람에 이 책은 큰 영향을 미치지 못했다.

마르크스 가족은 재정이 금방 좋아졌다. 1853년부터 1862년까지 마르크스는 여러 신문사에서 기자로 일했고, 런던 북부 켄티시 타운에 있는 새집으로 이사를 갔다. 그는 크리미아 전쟁(1853~1856)과 그 밖의 외국에서 벌어진 사건에 대한 기사로 기자로서 명성을 얻기도 했다. 특히 그는 자신이 관찰한 것을 바탕으로 이런 글도 썼다. "부르주아는 피와 먼지, 고통과 수모를 통하여 사람들을 끌어들이지 않고서 진보에 영향을 미친 적이 있는가?"[13]

크리미아 전쟁을 겪으면서 그는 혁명이 경제 위기에 의해 촉발된다는 믿음을 확인했다(첫 번째 세계 경제 위기는 1857년에 발생했다). 1857년 미국 철도 주가가 폭락하면서 공황이 발생하자 미국뿐 아니라 전 세계 투자자가 몰락을 맛보았다. 금융 시장이 서로 연계된 뒤로 영국, 프랑스를 포함하여 유럽의 여러 은행도 영향을 받았다. 예니 마르크스는 이 위기가 1855년 여덟 살 아들의 사망 이후 오랫동안 침울해 있던 마르크스에게 어떻게 활력을 불어넣었는지 보았다. 엥겔스는 마르크스에게 다가오는 혁명을 준비하기 위해 승마와 사격에 집중하라는 말까지 했다. 그러나 1년이 지난 1858년에 경제가 회복되면서, 경제 위기는 혁명으로 이어지지 않았다. 그러나 마르크스는 이 경제 위기를 통해 다시 한번 정치 활동을 왕성하게 펼쳤다.

이 경제 위기 탓에 마르크스의 고용주 〈뉴욕트리뷴New-York Tribune〉은 유럽에서 활동하는 기자 수를 줄였다. 마르크스는 절망적인 상태에서 1862년에는 기업체에 취직하려고도 했다. 그는 익숙지 않은 세계에 처음 발을 담그기 위해 런던의 어느 철도 회사에 지원했지만 거절당하고 나서 다시 한번 엥겔스에게서 재정 지원을 받았다(이것이 마지막이 아니었다).

이로부터 1년이 지난 1863년 11월, 마르크스의 어머니가 사망했고 그는 유산을 물려받았다. 정치적 동지였던 빌헬름 볼프Wilhelm Wolff도 맨체스터에서 망명 생활을 하던 중 갑자기 세상을 떠나면서 재산의 많은 부분을 마르크스에게 유증했다. 마르크스는 여전히 안정적인 수입이 없었지만 이제 마르크스 가족은 더 넓은 집으로 이사갈 수 있었다. 그해에 마르크스의 건강이 갑자기 악화된 것은 행운이었다. 그는 스트레스로 더욱 악화되는 피부의 종기 때문에 고생했다. 그는 미국의 남북 전쟁과 폴란드에서 러시아 통치에 불만을 품은 세력이 일으킨 반란을 포함하여 이후 2년 동안 정치적 격변기에 활발한 참여자가 아니라 관측자가 되었다.

그럼에도 마르크스의 영향력은 확산되었다. 그는 제1인터내셔널이라고도 알려지고 유럽의 노동 운동 세력이 결성한 국제노동자협회 International Working Men's Association, IWMA에 관여했다. 이 단체는 1889년의 사회주의 인터내셔널 혹은 제2인터내셔널, 1919년의 공산주의 인터내셔널 혹은 제3인터내셔널로 이어진다. IWMA는 특히 그의 생전에 발간된 2권의 책(1859년에 발간된《정치경제학 비판A Contribution to the Critique of Political Economy》과 1867년에 발간된《자본론 1권: 정치경제학 비판Capital: Critique of Political Economy》)에 나오는 마르크스의 이론을 도입했다.《자본론》2권과 3권은 마르크스 사후에 엥겔스가 편집했다.

아이러니하게도 마르크스의 딸 라우라Laura가 IWMA 구성원으로 망명 생활을 하던 프랑스의 급진주의 학생과 깊은 관계에 빠졌다. 마르크스는 자기 딸들을 부르주아 집안과 결혼시킬 생각이 있었기 때문에 이런 사실을 두고서 고민이 많았다. 결국 이 두 사람은 결혼했고,

엥겔스는 마르크스의 딸네 가족까지 지원하게 되었다.

자본주의의 위기

1857년 세계 경제 위기 이후로 마르크스는 정치경제학에 관한 논문 《정치경제학 비판》을 썼다. 이 책은 1859년에 발간되었다. 그는 토머스 맬서스, 장 바티스트 세^{Jean-Baptiste Say}, 제임스 밀, 존 스튜어트 밀뿐 아니라 특히 애덤 스미스와 그의 주요 추종자인 데이비드 리카도 등 당시에 저명한 정치경제학자들의 사상을 분석했다.

마르크스는 조금은 놀랍게도 리카도를 '19세기의 가장 위대한 경제학자'[14]라고 치켜세우면서 존경의 뜻을 표했다. 리카도가 자본주의자이기는 했지만, 마르크스는 자본주의가 갖는 갈등의 과정에 대한 그의 믿음을 공유했다. 2장에서 살펴봤듯이, 리카도가 국제 무역 때문에 계급 간에 나타나는 불가피한 갈등을 인식한 것을 생각해보라. 마르크스주의의 중심에는 복잡한 계급 사회가 있는데, 여기에 내재된 불평등이 자기 파괴의 씨앗을 제공한다. 마르크스는 이것이 자본주의의 종말을 이르게 할 것이라고 예언했다. 그는 리카도가 분석은 했지만 결론을 내지 않았을 뿐이라고 믿었다.

마르크스의 '잉여가치 이론'은 그가 노동조합에 관여한 사실과 자본주의의 종말이 어떻게 발생하는지 설명하는 데 도움이 된다. 그는 생산비에서 기계, 연료, 원재료 등의 투입이 노동자에게 지급되는 임금과 비교하여 점점 더 많은 비중을 차지한다고 주장했다. 이와 함께 생산이 기계화되면서, 노동 수요가 감소하고 실업이 발생한다. 실업자들은 '산업 예비군'을 형성하여 모든 노동자의 임금을 하락시킨다. 높은 임금을 요구하는 노동자를 대체하기 위해 실업자를 고용할 수 있기 때문이다. 또한 공장이 비싼 기계를 도입하면 이윤을 내기 위해 오랜 시간 동안 가동시켜야 한다. 반면에, 노동조합은 노동 시간을 단축시키려고 하는데, 이것은 노동자에게는 이익이 되지만 자본가의 이윤을 감소시킨다. 마르크스는 이윤 저하와 노동 불안이 자본주의 체제를 끝장내리라고 믿었다.

1857년 세계 경제 위기가 혁명으로 이어지지 않자 마르크스는 자본주의의 종말을 초래하는 데 경제 위기의 중요성을 강조하지 않았다. 마르크스는 처음에는 불안과 위기로 규정되고 결국 파멸의 길을 가는 자본주의 체제의 등장을 예상했다. 이제 그는 불평등의 중요성, 특히 노동자 계급의 비참한 생활을 강조하기 시작했다. 그는 1840년대 중반부터 1860년대 중반까지 특히 영국에서 제조업 생산이 상류 계급의 부를 빠른 속도로 증식시키는 것과는 극명하게 대조되는 현상으로서 착취와 빈곤의 다양한 사례를 기록했다. 1863년에 그는 왕실 무도회를 준비하는 여성들이 입을 옷을 세탁하기 위해 그야말로 죽을 정도로 일하는 어떤 여자의 사례를 들기도 했다[15](비록 자신이 에르멘앤드엥겔스 방적 공장의 자본가, 그 공장의 노동자에게 생계를 의지하고 있다는 사실을 언급하지는 않았지만 말이다).

마르크스와 엥겔스는 혁명이 가장 앞서가는 경제에서 일어날 것이라고 생각했다. 그곳에서 자본주의의 위기가 발생할 가능성이 가장 높기 때문이다. 그들이 생각하기에는 노동자들이 권력을 평화적으로 얻을 수 있을 것 같지는 않았다. 폭력 혁명이 뒤따를 것이다. 마르크스는 노예 반대론자들이 정권을 잡자 남부의 노예 소유자들이 전쟁을 일으킨 미국의 남북 전쟁에서 유사성을 보았다.

마르크스가 마침내 공산주의 이론이 실행에 옮겨지는 것을 본 것은 19세기가 끝날 무렵이었다. 이 무렵에는 물가 하락과 함께 불황이 수시로 발생했다. 이 시기는 19세기의 장기 불황Long Depression 혹은 대공황Great Depression 으로 일컬어진다. 1870년대에 경제 위기가 유럽, 북아메리카 대륙을 괴롭혔다. 주식 시장 폭락이 깊은 불황으로 이어졌고, 이것이 고실업, 노동 불안, 파업을 발생시켰다. 장기 불황 시기에 유럽에서는 노동조합 연맹뿐 아니라 사회주의 정당과 노동자 정당이 19개가 설립되었다. 공업화의 부정적인 면이 유럽뿐 아니라 세계 도처에서 등장한 노동 운동을 위한 길을 열어주었다.

또한 이 시기에는 마르크스의 사상이 러시아에서 자리를 잡았다. 러시아에서는 《자본론》이 최초로 번역되었다. 독자 중에는 블라디미르 일리치 울리야노프Vladimir Ilich Ulyanov도 있었다. 울리야노프는 비록 마르크스를 만난 적이 없지만, 1895년에 '상트 페테르부르크 노동자 계급 해방을 위한 투쟁 연맹'을 창립하기 위해 마르크스주의자를 조직하는 작업을 지원했다. 울리야노프는 투옥되었다가 몇 년 동안 시베리아에서 유배 생활을 하고 나서는 자신의 혁명 과업을 계속하기 위해 1900년에 서유럽으로 떠났는데, 이때부터 필명으로 '레닌Lenin'이라는 이름을 썼다.

1903년 레닌은 러시아에서 추방된 마르크스주의자들을 런던에서 만나고는 볼셰비키당을 결성했는데, 이 당은 당원들이 목표를 달성하기 위해 혁명을 주장한다는 점에서 사회주의 정당과는 달랐다. 1905년에 러시아 혁명이 발생하여 차르 니콜라스 2세Tsar Nicholas II를 권좌에서 몰아냈을 때, 레닌은 고국으로 돌아왔다. 이후로 10년이 넘게 정치 불안이 계속되다가, 1917년에 레닌이 권력을 잡았다. 그 후 레닌이 권력 기반을 다지고 나서는 1922년에 러시아가 소련Soviet Union 혹은 소비에트 사회주의 공화국 연방Union of Soviet Socialist Republics, USSR이 되었다. 소련은 레닌이 마르크스주의자의 세상을 의도했다는 점에서 첫 번째 마르크스주의 국가가 되었다.

레닌이 집권하던 시기의 소련은 마르크스주의를 가장 두드러지게 채택했지만, 마오쩌둥毛澤東이 집권한 중국은 인구가 가장 많았다. 소련의 지원을 받은 마오쩌둥의 공산당은 미국의 지원을 받은 장제스蔣介石의 국민당과의 내전에서 승리한 이후로 1949년에 공산주의 체제를 채택했고, 마오쩌둥의 사망 이후로도 이를 계속 유지하여 중국에서 공산주의 체제가 들어선 지가 반세기가 넘었다. 그러나 1950년대에 중국은 소련과 사이가 벌어지면서, 레닌 사상과 결별하고 마오쩌둥 사상을 채택했다.

소련이 1990년대 초반에 붕괴되었고 마오쩌둥 과격주의 사상이 사라진 지 오래되었지만, 중국은 여전히 공산당이 집권하고 있다. 우리가 오늘날의 세계에서 마르크스를 생각하려면, 마르크스주의를 중국식 공산주의로 변모시킨 세계 2위의 경제 대국 중국을 살펴보는 것이 가장 도움이 된다.

그러나 시장 기반 경제로 가는 중국식 진화 과정은 마르크스가 예상하지 못한 것이었다. 자본주의 체제로의 전환과 함께 민주화를 위해 공산주의를 버린 러시아와는 다르게, 중국은 시장 경제로의 의미 있는 전환을 했지만 주요 부문에 대해 국가가 소유하는 것을 포함하여 마르크스 사상의 여러 요소들을 유지하고 있다.

1979년 중국이 시장 지향적인 개혁을 채택한 것은 공산주의 원리를 따랐던 중앙 계획 경제에서 커다란 문제가 발생했기 때문이었다. 경제 침체 때문에 중국은 30년에 걸친 계획 경제를 버렸다. 그 다음에는 거의 40년 동안 괄목할 만한 성장을 구가하면서 경제 규모에서 미국에 이은 세계 2위의 경제 대국으로 발전했다. 이제 중국은 앞으로도 계속 성장세를 유지하여 선진국 반열에 오르기 위해 야심찬 개혁에 착수했다. 현재 중국의 1인당 평균 소득은 미국의 6분의 1 수준에 불과하다.

마르크스가 이 모든 상황을 지켜보았다면 어떻게 생각할까? 공산주의 국가가 부유해지는 것이 가능할까?

중국의 성장 모델은 무엇이 다른가

중국은 극빈국에서 세계 2위의 경제 대국으로 탈바꿈하는 놀라운 위업을 40년도 안 되어 달성했다. 1979년 시장 지향적인 개혁을 시작한 이후로, 중국 경제는 연평균 9%가 넘게 성장했다. 중국 통계는 크게 믿을 만한 것은 아니지만, 가구 조사와 기타 여러 조사에 따르면 중국의 GDP 혹은 국내 생산과 국민 소득이 거의 8년마다 두 배로 증가했을 뿐 아니라 수억 명의 국민이 비참한 빈곤에서 벗어났다. 세계은행 World Bank은 인구가 세계 인구의 5분의 1 수준인 13억 명으로 세계에서 가장 많은 사람이 살고 있는 국가, 중국이 일당 1.90달러가 안 되는 돈으로 생활하는 극심한 빈곤을 종식시켜가고 있는 것으로 추정했다.

중국은 국영 기업과 국영 은행 중 상당수를 해체하여 계획 경제로부터 변화를 시도하고 있지만, 이와 동시에 인구의 절반이 여전히 농촌 지역에서 살고 있는 개발도상국이라는 점에서 특별한 면이 있다. 또한 중국 경제는 세계 시장과 통합된 '개방 경제'다.

중국은 여전히 공산당이 지배하는 공산주의 국가다. 따라서 사법부가 독립되어 있지 않기 때문에 사유 재산 보호를 위한 법규나 그 밖의 시장 지원 제도가 취약한 것이 놀랍지가 않다. 이는 중국이 잘 정비된 제도 없이도 높은 성장을 달성했기 때문에, 이른바 '중국 패러독스China paradox'를 일으킨다. 따라서 중국의 경제 성장은 여러모로 인상적일 뿐 아니라 당혹스럽기까지 하다. 또한 이런 성장이 빠르게 성장하는 다른 국가에서 장기적으로 보장되지도 않는다.

중국의 특별한 성장 모델의 사례를 보면, 중국이 개혁을 시작했을 때가 다른 개발도상국과는 다르게 보일 수 있다. 중국은 이들 국가와는 다르게 1949년부터 1979년 사이의 계획 경제 시기에 처음부터 공업화를 이루었다. 1950년대와 1960년대에는 농경 사회에서 제조업 경제로의 이행에 초점을 맞춘 소련 방식의 공업화 계획을 추진했다.

중국은 중앙 계획 시스템에 따라 이전까지 아무것도 없던 곳에서 제조업을 창출하는 국영 기업을 설립했다. 중국은 1970년대 후반에 시장 지향적인 개혁을 도입한 이후로, 국가 소유의 낙후된 공장과 부지를 주로 민간 소유의 선진화된 기계와 공장으로 변모시키는 재공업화 과정을 겪었다. 애덤 스미스가 잘 알고 있었듯이 공업화는 빠른 성장을 촉진한다. 따라서 중국은 지난 수십 년 동안에, 공업화를 위해 분투하던 대부분의 개발도상국보다 더 빠르게 성장할 수 있었다.

공업화는 공장과 연구 개발 등에 대한 투자를 동반하는데, 이것이 성장을 더욱 가속시킨다. 시장 지향적인 개혁이 시작된 이후로 여러 해에 걸친 투자로부터 축적된 자본의 증가가 중국 경제 성장에 관해 약 절반을 설명해줄 것이다. 다시 말하면, 중국의 성공은 투자와 같은 표준적인 경제 요소로 설명될 수 있지만, 특히 당시 중간소득 이하 국가에서 재공업화가 진행되었다는 예외 상황에서 나오는 부가적인 특징으로도 설명될 수 있다.

중국의 성장 모델이 갖는 또 다른 특징은 생산성이 '요소 재배치'로 증진된다는 것이다. 예를 들어, 노동이 효율이 떨어지는 국영 부문에서 생산성이 높은 민간 부문으로 이동하게 된다. 요소 재배치의 과정은 해당 산업 부문 내에서만 이루어진다. 따라서 이 과정이, 대체로 농촌의 농업 노동자가 도시의 제조업으로 이동함으로써 성장하는 개발도상국식 도시화와 공업화 과정으로는 포착되지 않는다.

더구나 중국은 세계 경제로 '개방'하는 것이 경제 성장과 연결된다고 주장하는 이론들의 직설적인 해석을 반박한다. 이런 해석은 데이비드 리카도가 설명했듯이, 폭넓은 개방과 고도성장 간의 양의 상관관계에 주목한다. 대외 개방 경제는 세계 시장에서 수출했던 경험이 경쟁력 강화를 초래하기 때문에 고도성장을 달성하게 된다. 또한 국내 기업들도 외국 투자자로부터 선진 기술과 경영 노하우를 배울 수 있다. '개방'은 중국과 같은 개발도상국들이 외국 자본이 구현한 기존 기술을 모방할 수 있다면 성장률을 추격하여 더욱 빠르게 성장하게 하고, 어쩌면 궁극적으로는 선진국의 생활 수준을 향유하도록 해준다.[16]

중국은 대외 개방 경제이지만, 여러 부문에서 외국 기업과의 직접적인 경쟁을 가로막는 통제 요소를 행사한다. 중국은 외국인 직접투자Foreign Direct Investment, FDI를 겨냥한 정책을 추진하는데, 이것이 국내 기업들을 발전시키고 이들이 다국적 기업으로서 세계로 진출할 수 있도록 적극적인 산업 정책을 촉진한다. 단순한 개방 조치 자체가 1979년에 대외 부문에서 시장 지향적인 개혁을 최초로 도입했고 1992년 이후로 이를 가속했고 2001년 WTO 가입을 통하여 절정에 이르게 했던 중국의 '문호 개방' 정책의 특징을 완전히 설명하지는 않는다.

국제 무역을 위한 경제 개방이 성장에 미치는 영향을 측정하는 데는 몇 가지 지표가 필요하다. 예를 들어, 개혁의 출발점에서 중국이 가계 저축률이 GDP의 10%에 불과할 정도로 낮은 가난한 국가였을 때는 외국인 투자가 국내 투자를 보완하여 총투자의 3분의 1 정도를 차지했다. 이후로 가계 저축률이 GDP의 50%에 달했다. 이것은 주거용 주택을 건설했지만 사람이 살고 있지 않은 '유령 도시'처럼 자금이 생산적이지 않은 투자에 사용되는 경우가 있기 때문에 틀림없이 지나치게 높은 수치다. 중국 기업과 외국 기업이 합작 회사나 그 밖의 외국인 투자 기업을 설립하는 외국인 직접 투자는 분명히 수출을 위한 것이었고, 이때 중국 산업이 외국과 경쟁하는 것을 방지하기 위해 국내 시장에서의 판매를 금지했다.

외국인 투자 기업들은 처음에는 동아시아 주변 국가들과 비슷하게 수출가공구역으로서 창설된 경제특구에 위치했다. 따라서 중국이 지역적, 세계적 생산 체인과 결합되어 마침내 세계에서 가장 큰 무역 대국이 되었기 때문에 동아시아와 통합되었다. 분명히 외국인 투자와 수출 지향은 중국의 경제 성장에 도움이 되었다. 그러나 중국의 정책은 항상 중국의 상황에 맞게 독자적으로 수립되면서 쉽게 범주화하기 힘들다.

2000년대 후반, 중국은 아시아와 중동의 석유 수출국에서 흑자가 계속 증가하고 미국의 무역 적자가 계속 증가하는 '세계 거시 경제 불균형'의 원인을 제공했다. 이런 불균형과 '중국 효과(혹은 노동 비용이 낮은 '중국 가격'이 제조업 제품의 세계 가격을 낮추는 현상)'등 다른 면들이 대규모 개방 경제 국가로서의 중국을 살펴봐야 할 필요성을 지적한다. 다시 말하면, 중국이 하는 것은 대부분의 국가들과는 다르게 세계 경제에 영향을 미친다는 점에서 중국은 미국과 비슷하다. 따라서 개방이 틀림없이 중국의 경제 성장에 기여했지만, 그 방식에서는 미묘한 차이가 있었다.

경제 성장에 필요한 기술 진보의 다른 부분은 국내 혁신에서 나왔고, 외국 기술에만 의존한 것은 아니었다. 혁신 기술을 내놓으려면 연구 인력과 연구 개발 투자가 요구된다. 중국은 1990년대 중반 이후부터 경제 성장을 지원하기 위한 노력의 일환으로 특허와 연구 개발 투자에 자원을 집중했다. 중국에는 과학 기술 연구 인력이 많이 있지만,

혁신이 얼마나 진전되었는지에 대한 증거는 뒤섞여 있다.

그럼에도 이것은 중국이 성장을 계속 유지하고 부유한 국가가 되기 위해서는 중요한 영역이다. 지적 재산권 보호도 우려해야 할 사항이다. 상황이 나아지고 있다고는 하지만, 효과적인 규정이 없던 관계로 우려를 가중시켜왔다.

실제로 중국의 성장에서 가장 복잡한 영역은 법률 제도의 역할이다. 많은 사람이 재산권 보호와 담보 계약 규정 같은 시장 지원 제도가 성장을 위해 중요하다고 생각한다. 중국은 취약한 법률 제도 아래에서 강력한 경제 성장이라는 패러독스를 실현한 국가로 인식되었다. 그러나 '아웃라이어'라 할 중국에 대해서는 취약한 공식적인 법률 제도 아래에서 시장이 어떻게 작동할 수 있었는가에 관하여 좀 더 자세히 살펴볼 필요가 있다. 구체적으로 말하면, 관계에 입각한 계약에 의존하는 것, 따라서 당신이 신뢰하는 사람과 거래하는 것이 사법 제도에 대한 의존을 줄이는 데 도움이 될 수 있는데, 이런 사법 제도는 중국 기업들이 자신의 발명품을 보호해줄 것을 거세게 요구하면서 점진적으로 개선되고 있다. 따라서 훌륭한 법률 제도가 성장에 중요하다는 제도 이론은 중국에도 적용된다. 그러나 여기서도 다시 한번 생각해야 할 미묘한 차이가 있다.

사회적 자본 같은 비공식적인 제도의 역할도 간과해서는 안 된다. 중국 기업가들은 잘 정비된 법률과 금융 제도가 취약한 상황을 극복하기 위해 관시關係라고 알려진 사회적 네트워크에 의존한다. 사람과 사람 사이의 관계를 추구하는 문화적 성향이 사회적 자본이 자영업의 발달과 민간 부문의 인상적인 출현을 촉진하는 데 중요한 부분을 차지하게 만든 것도 사실이다. 중국이 공산주의 체제 아래에서 기업가들이 등장할 수 있도록 한 것은 어쩌면 마르크스가 예상하지 못한 것일 수도 있다.

중국은 2000년대 초반에 '중간소득국의 지위'에 도달한 이후로, 더욱 안정적으로 성장하기 위해서는 경제를 재조정해야 할 필요성을 인식했다. 중국이 상위 중간소득국에 도달한 국가가 이후로는 성장이 완만해지고 결코 부유해지지 않는다는 '중간소득국의 함정'을 극복할 수 있는 능력은 이것에 달려 있다.[17]

가난한 국가는 값싼 제조업 제품을 수출하여 성장하는 경향이 있다. 중간소득국은 주로 중산층의 자체 소비가 성장을 견인하여 수출과 외국 소비자들에게 크게 의존하지 않는 다변화된 경제에 이르게 된다. 중국의 경우에는 과거의 성장 동력에서 빠져나와 경제를 재조정하는 것이 국내 수요(소비, 생산적인 부문에 대한 투자, 사회 서비스를 제공하는 정부 지출)를 부양하여 이것이 수출보다 더 빠른 속도로 증가하는 것과 관련이 있다. 또한 중국은 현재의 '세계의 공장'이 제조업 부문보다 서비스 부문이 더 많은 비중을 차지할 수 있도록 서비스 부문으로 방향을 돌렸다. 중국은 여전히 제조업을 강화하고 해외 투자를 확대하고 금융 부문을 더욱 개방하고 있다. 또한 자국 통화인 위안화의 국제화를 도모하고 있다. 또한 이런 목표들을 달성하기 위해서는 국영 기업의 역할과 법률 제도를 포함하여 경제의 제도적 프레임워크를 검토해야 할 것이다.

대규모 국영 기업을 유지하여 이들 국영 기업과 맞서 있는 외국과 국내의 민간 기업을 위한 '공평한 경쟁의 장'이 결여된 문제는 중국 시장의 효율성, 따라서 성장 능력에 의문을 제기하게 만들 것이다. 따라서 중국이 경제적 잠재력을 실현하기 위해서는 경제 구조에 대한 중요한 변화가 요구될 것이다.

또한 금융 안정의 문제도 있다. 경제 위기는 원인에 따라서는 장기적인 침체를 일으킬 수 있다. 물론 마르크스는 이것이 자본주의 경제에서 불가피한 것으로 보았다. 중국의 경우에는 과도한 부채 혹은 은행 시스템에서 그 밖의 다른 문제와 관련된 금융 위기가 놀랍지는 않을 것이다. 결국 모든 국가나 위기를 경험한다. 국제결제은행과 그 외 여러 기관이 추정한 중국의 부채 비율은 GDP의 약 260%에 이른다고 한다. 이것은 유럽 국가나 미국과 비슷한 규모다. 그러나 중요한 차이는, 중국에서는 기업 부채의 규모가 크다는 데 있다. 이것은 은행 시스템을 무너뜨릴 대규모 부도의 위험이 있다면 정부 부채보다 더 걱정스러운 것이다.

이런 부채의 일부는 대출이 일반 은행 밖에서 이루어지는 그림자 금융 시스템shadow banking system을 통해 빌린 것이다. 이곳은 사채업자 등을 포함하여 은행 면허가 없이도 자금을 빌려주는 사람들이 포함된 매우 어두운 곳이다. 당연히 그림자 금융 시스템에서의 부채는 정확하게 측정되지 않는다. 따라서 중국의 전체적인 부채 수준은 우려해야 할 상황에 있다.

그림자 금융의 성장은 중국 정부가 국영 은행 시스템에 충분한 경쟁을 도입하지 않은 것과 관련이 있다. 시간이 갈수록 민간 기업의 주도로 빠르게 성장하는 경제는 신용을 요구한다. 민간 기업이 주로 국영 기업에 대출하던 공식적인 은행 시스템이 제공하기를 꺼리는 자금을 구하려고 하면서, 무면허 대출이 증가했다. 그림자 금융은 2008년 서구의 금융 위기 이후로 큰 인기를 끌었다. 중국의 수출이 미국과 EU의 불황으로 타격을 받게 되면서, 이것이 성장에 영향을 미쳤고, 따라서 중국 정부는 민간 기업의 성장을 장려했다.

민간 기업들 중 일부는 그림자 금융을 통하여 자금을 빌리는 방식으로 성장을 도모했다. 지방 정부도 사회 기반 기설 프로젝트에 투자하여 지역 경제를 활성화하려고 했다. 따라서 그들도 자금을 빌렸다. 그들은 지역에 의존하여 재원을 마련하여 지출하는 방식으로 대규모 재정적 경기 부양책을 계획했던 중앙 정부의 지시를 따랐다. 중국에는 지방 정부가 채권을 발행하여 자금을 조달할 수 있는 채권 시장이 제대로 정착되어 있지 않기 때문에, 그들 중 일부도 그림자 금융 시스템에 의지했다.

2009년 서구에서의 대침체가 끝난 이후로, 중국 정부는 그림자 금융을 엄격하게 단속했다. 중국은 일본이 1990년대 초반에 경험했던 것과 같은 부채 위기의 위험을 인식했다. 이것은 앞으로 중국이 성장 궤도에서 벗어나게 할 수도 있었다. 일본과 중국의 공통점은 부채의 거의 대부분이 국내 부채라는 것이다. 따라서 비록 세계 2위의 경제 대국이 경제 침체에 이르게 할 정도로 심각한 금융 위기를 겪는다면 분명히 커다란 영향을 미치겠지만, 중국에서의 금융 위기가 반드시 중국 국경을 넘어 멀리까지 퍼져갈 것이라고 단언할 수는 없다.

중국 정부는 차입자들이 그림자 금융에 의지하지 않도록 기업이나 지방 정부가 자금을 조달하기 위한 (회사채와 국채를 위한) 채권 시장의 형성과 같은 다른 수단을 개발하려고 했다. 이것은 다른 주요 국가에서처럼 기업과 지방 정부가 그림자 금융이 아닌 자본 시장에서 채권을 발행하여 성장을 위한 자금을 조달할 수 있도록 해줄 것이다. 또한 중국의 은행 시스템이 주로 국가 소유가 아니고 신규 은행의 진입으로 경쟁이 강화된다면, 이것은 그림자 금융에 대한 또 하나의 대안을 제공할 것이다.

중국의 금융 시스템을 지배하는 국영 은행에 대한 개혁이 이미 진행되고 있지만, 국영 은행 경영으로부터 혜택을 보는 강력한 기득권 세력 때문에 더디게 진행되고 있다. 이것은 공동 소유 제도가 시장 경제의 점진적인 발전을 저해하고 공산주의 체제 아래에서 개혁이 얼마나 어려운지 보여주는 한 사례다.

따라서 중국이 경제 성장을 지속시키려면, 일련의 개혁이 필요할 것이다. 중국이 직면한 과제들 중 일부는 공산주의 정치 제도, 국가 소유제의 유지와 관련된다. 이런 것들을 극복할 수 있을까? 공산주의 국가가 부유해질 수 있을까?

마르크스는 중국을 인정할까?

중국의 혁명은 마르크스의 패러다임에 어울리는 것으로 보였다. 단 농촌 농민들이 1949년 중국 공산주의자들의 반란을 주도했다는 점에서 1917년 소련에서의 프롤레타리아 혁명과는 차이가 있었다. 마르크스는 1849년 이후로 세계 각지의 대도시에서 살았지만, 결국 혁명을 하려면 자본주의 경제에서 농업의 의미와 농촌 지역에서 사회적 갈등이 중요함을 확신했다. 그는 어느 정도는 프랑스 중농주의자, 데이비드 리카도, 토머스 맬서스에게서 이런 견해를 얻었다. 이들 모두가 발전 과정에서 농업이 중요한 역할을 한다고 생각했다. 따라서 마르크스가 보기에는 자본주의 경제에서 농업이 갈등의 원천이었다. 마르크스는《자본론》에서 노동자, 자본가, 지주 계급에 관해 서술했다. 그러나 19년 전에 썼던《공산당 선언》에서는 자본주의 사회에서 부르주아와 프롤레타리아라는 두 계급에 주안점을 두었다.

이런 관점에서 마르크스의 세 가지 계급 사회는 러시아보다는 중국을 더욱 정확하게 규정한다. 소련은 프롤레타리아 반란으로 등장했지만, 중국 공산주의자들은 중국 내전에서 지주 계급을 타도했던 농촌 출신이었다. 이들은 마오쩌둥의 지도 아래 자본가와 지주 계급에 대항하여 봉기한 농촌 노동자들이었다. 이것은 마르크스가 예언했던 혁명의 유형이었다. 다시 말하면, 착취당한 노동자 계급과 자본가 계급 간의 사회적 갈등이 구체제를 전복하고 공동 소유 혹은 공산주의 체제를 채택하도록 한 것이다.

마르크스는 생산 수단의 사적 소유에 반대했고, 은행가를 '기생충 집단'으로 묘사했다.[18]《공산당 선언》에는 '소유권, 부르주아적 생산 조건에 전제적인 침해를 가하는 프로그램'이 나온다.[19] 여기에는 다음과 같은 내용이 포함된다.

1. 토지 소유권을 박탈하고, 모든 지대를 국가 경비에 포함한다.

2. 누진소득세를 강화한다.

3. 상속권을 폐지한다.

4. 모든 망명자와 반역자의 재산을 몰수한다.

5. 국가 자본과 배타적인 독점권을 보유한 국영 은행을 통하여 신용을 국가의 수중에 집중한다.

6. 모든 통신과 수송 수단을 국가의 수중에 집중한다.

7. 국가 소유의 공장과 생산 도구를 확대한다. 공동 계획에 따라 토지를 개간하고 개량한다.

8. 모든 사람이 평등한 노동 의무를 갖는다. 특히, 농업을 위한 산업군 industrial armies(만인 평등의 노동 의무에 따라 새롭게 생산에 참여하게 된 주민을 노동을 위한 집단으로 편성한 것을 뜻한다-옮긴이)을 설립한다.

9. 농업과 제조업의 조화를 이룩한다. 전체 인민에게 공평하게 분배하여, 도시의 농촌 간의 차이를 점진적으로 해소한다.

10. 공립학교가 모든 아동에게 무료 교육을 제공한다. 오늘날 나타나고 있는 아동의 공장 노동을 금지한다. 교육과 산업 생산의 조화를 이룩한다.

중국은 혁명 이후로 1949~1979년까지 30년에 걸친 계획 경제 시기에, 한동안 소련식 공산주의 모델을 채택했다. 1953년 1차 5개년 계획에서 소련식 중앙 계획이 시작되었다. 예전의 민간 기업은 국영 기업이 되었다. 그리고 중국의 최고 정책 기구이며 약 20명의 각료로 이루어진 국무원이 중앙에서 이들을 관리했다. 중국 경제는 도시의 제조업을 확립했고, 장기 계획에 착수했고, 과학 기술 교육을 제공했다는 점에서 '스탈린 방식'이라고 할 수 있다. 그러나 중국과 소련의 관계는 10년도 안 되어 틀어지고 말았다.

두 나라의 차이는 니키타 흐루시초프Nikita Khrushchev와 마오쩌둥이 마르크스주의를 해석하는 데 있었다. 흐루시초프는 자신이 국가의 공업화를 시도하는 데 '경솔한' 정책이라고 표현했던 1958년의 '대약진운동'을 위한 자금을 조달하기 위해 중국이 소련의 원조 자금을 유용했다는 비난까지도 했다.[20] 1962년까지 지속되었던 대약진운동은 공업 제품용 강철을 생산하기 위해 '토법고로土法高爐(대약진운동 당시 중국인이 사용한 수제 용광로이다. 각 인민공사의 뒤뜰마다 건설되었다-옮긴이)'에서 냄비를 녹이라는 마오쩌둥의 지시를 따르다가 농업을 소홀히 취급하면서 수천 만 명의 중국인이 굶어죽는 처참한 결과를 낳았다.

중국은 서구 세계와도 관계가 틀어졌다. 예를 들어 마오쩌둥은 흐루시초프가 추진하던 미국과의 공존 정책에 반대했다. 1960년대 후반에는 중국과 소련 사이에 국경 충돌이 있었고, 심지어 상대방을 향해 핵미사일을 배치하기도 했다. 중소 분쟁 이후 마오쩌둥주의자들이 독자적인 길을 가면서, 중국의 경제 정책도 소련과는 다른 길을 가게 되었다.

그럼에도 중국은 한동안은 《공산당 선언》과 《자본론》에 명시된 원칙의 일부를 따랐다. 예를 들어 마르크스는 노동자들의 여건은 사유재산제를 폐지함으로써 개선될 수 있다고 믿었는데, 중국은 기업과 은행을 포함하는 국영 부문을 창출했다. 중국이 1949년 이후 민간 기업을 없앤 것은 생산 수단의 국유화를 의미한다. 따라서 마르크스가 신봉하던 대로 모두가 노동자가 되었다.

또한 마르크스는 공산주의 사회의 초기 단계에서는 노동자들이 현금이 아니라 노동 시간이 표시된 증서를 받을 것이라고 생각했다. 보수는 투자와 유지를 위한 '공동 기금'을 공제한 뒤에 노동 시간에 맞게 지급될 것이다. 이런 증서는 제품을 구매하는 데 사용될 수 있다. 여기서 제품 가격은 제품 생산에 투입된 노동 시간에 따라 결정된다. 이런 시스템은 평등주의에 입각한 것이고, 여기에는 노동자를 착취하는 자본가가 존재하지 않는다. 1949년 이후로 중국의 고용 시스템은 제품으로 교환할 수 있는 1일 노동 점수work point(노동량과 노동 보수를 계산하는 단위이다-옮긴이)를 받는 노동자에 기반을 두는데, 이것은 마르크스가 제안했던 것과 비슷한 시스템이다.

또한 마르크스는 여성의 정치 참여를 지지했다. 마오쩌둥 통치 아래에서는 여성의 노동 참여율이 남성과 비슷했다. 그러나 이상하게도 여성이 '하늘의 절반을 떠받치고' 있는데도 임금은 그렇지가 않았다. 남성의 1일 노동 점수는 10점인데 비해 여성은 8점을 받았다.[21]

계획 경제의 결점 하나는 노동자가 무엇을 생산했는가와는 상관없이 국가가 1일 노동 점수를 부여하기 때문에 아무도 일을 열심히 하지 않는다는 것이다. 마르크스는 이런 상황을 예상하지 못했다. 그는 힘든 일을 하는 사람에게 노동 점수가 더 많이 부여되므로 보수가 공정하게 지급된다고 생각했다. 실제로 마르크스는 소득의 '공평한' 분배에 반대했다. 또한 마르크스의 시스템에서는 노동자들이 자신이 만든 생산물에 대한 가치를 완전히 지급받지 않는다. 잉여 가치는 공용 서비스를 통하여 사람들에게 일괄적으로 돌아갈 것이다.[22]

그러나 어떠한 공산주의 경제에서도 이처럼 집단적인 사고를 가진 단계는 결코 도달하지 않았다. 중국이나 베트남과 같은 곳에서는 중앙 계획 경제 아래에서 일하려는 동기가 결여되어 성장이 둔화되었고, 이는 개혁의 필요성을 초래했다. 이것은 마르크스가 마음속에 그리던 것이 아니었다. 산업 국유화도 중앙 계획자가 시장 수요와 공급뿐 아니라 모든 수량과 가격을 효과적으로 설정할 수가 없기 때문에 비효율성과 지속적인 결핍을 낳았다. 중국은 수십 년에 걸친 임대차 계약을 허용하기 때문에 여전히 명목상으로는 재산의 공동 소유를 유지하고 있다. 특히, 토지 사유화와 남아 있는 국영 기업의 개혁에 대해서는 이 두 쟁점이 경제 성장을 저해하는 비효율성의 원천이기 때문에 뜨거운 논쟁이 벌어지고 있다.

마르크스의 분석을 지탱하는 중요한 개념이며 이론과 현실의 차이가 나타나는 원인을 밝혀주는 것이 이윤율에 대한 가정이다. 시간이 지나면서 이윤율이 저하하는 경향이 있는 것을 처음 주장한 사람은 애덤 스미스였다. 이후로 데이비드 리카도와 존 스튜어트 밀이 이를 발전시켰다. 이윤율이 떨어지면 이윤이 크게 떨어져서 신규 투자의 수익성이 사라지기 때문에 경제가 성장을 멈추는 '정상 상태 stationary state'에 이른다. 비록 마르크스의 이윤율 개념은 노동자의 봉기가 일어나고 공산주의 체제가 도래할 것을 예상하는 것이기는 하지만, 그들 모두 이런 현상이 자본주의 체제가 침체된 상태에서 정점에 이르는 것으로 보았다.

중국과 소련의 경우에는 예상대로 이윤이 하락했다. 일하고자 하는 동기의 결여는 낮은 생산성을 초래했다. 그러나 국영 기업들은 생산 할당량을 채워야 했다. 이들은 투자 자금을 유치하기 위해 국영 은행에 손을 벌렸는데, 이것이 투자의 수익성이 점점 낮아지고, 부채가 증가하게 만들었다. 이윤율의 저하는 시장 개혁의 필요성을 시사했다. 경제 침체는 마르크스의 원칙을 버리는 계기가 되었다. 아이러니하게도, 자본주의 경제에 대해 예상했던 결과가 실제로는 공산주의 경제에서 실현되었다.

마르크스는 중국이 정치적으로는 공산당 통치 아래 있으면서도 주로 시장에 기반을 둔 경제로 바뀌는 모습을 예상하지 않았을 것이다. 마르크스에게는 공산주의와 자본주의가 공존할 수 없었다. 또한 중국은 매우 불평등한 나라였다. 21세기 초반 엄청난 성장률을 기록하던 동안의 어느 시점에서는 공산주의 국가 중국이 자본주의 국가 미국보다 더 불평등했다. 이것은 공산주의 사회를 향한 마르크스의 비전과는 정면으로 배치되었다.

중국은 지금의 개혁 단계에서 중간소득국에 적합하게 성장 동력을 재조정하고 투자보다는 소비에, 수출보다는 국내 수요에, 농업과 저급 제조업보다는 첨단 제조업과 서비스 부문에 더 많이 의존하고 있다. 여기서 특히 마지막 특성이 마르크스를 화나게 만들 것이다. 서비스 부문 노동자에 대한 그의 생각은 분명했다. "매춘부에서부터 교황에 이르기까지, 그런 쓰레기들이 많이 있다."[23]

이점에서 그는 애덤 스미스와 생각이 같았다. 마르크스는 성직자나 변호사에게서 가치를 보지 않았다. 그들은 가치가 있는 것을 생산하지 않기 때문이다. 마르크스가 생각하기에는 돈과 서비스의 교환만이 있을 뿐이었다. 무형 생산물이 제조업 제품처럼 가치가 있다는 생각은 마르크스나 그전 시대를 살았던 다른 위대한 경제학자들의 머릿속에는 없었다. 이런 관점에서 보면, 마르크스는 중국이 서비스 경제로 전환한 것, 특히 공동 생산과 농업에서 벗어난 것에 찬성하지 않을 것이다.

마르크스는 오늘날의 중국을 자신의 원칙을 구현한 국가로 인정하지 않을 것이다. 따라서 마르크스가 중국이 앞으로 취하게 될, 경제에 자유 시장 방식을 도입하기 위한 조치들을 용납할 것 같지는 않다. 그는 자본주의가 가장 발달한 국가인 미국과 함께 불평등 같은 문제들을 공유하는 공산주의 정치 제도가 유지된다는 사실에 관심을 가질 것이다. 중국이 이런 문제들을 극복하고 자본주의 체제 아래에서 부유한 국가가 된다면, 마르크스는 공산주의 국가 중국을 지도하는 데 자신의 원칙이 했던 역할을 재검토할 것이다. 마르크스 이론에서는 자본주의가 정착되고 나면 장차 노동자 반란과 혁명이 일어날 여지가 항상 있기 때문이다.

마르크스는 살아생전에 지구상의 어느 한 곳에라도 마르크스주의가 정착된 세상을 보지 못했고, 공산주의 국가 소련과 자본주의 국가 미국이 대립하는 냉전 상황이나 중국이 세계 2위의 경제 대국으로 등장하는 모습도 보지 못했다. 그는 부인이 세상을 떠난 지 불과 1년이 조금 더 지난 1883년에 결핵으로 세상을 떠났다. 그의 아버지와 형제자매 중 네 명도 이 병으로 세상을 떠났다. 카를 마르크스와 예니 마르크스는 런던 북부의 하이게이트 묘지에 묻혀 있다.

2008년 세계 금융 위기로 어떤 사람들은 자본주의에 대한 환멸을 느꼈고, 마르크스주의가 얼마간 다시 유행하기도 했다. 이번 위기의 여파로《카를 마르크스는 어떻게 미국 자본주의를 구하는가How Karl Marx Can Save American Capitalism》라는 책이 발간되었는데, 이 책을 보고 많은 사람들이 마르크스를 떠올렸다.[24]

정도의 차이는 있지만, 위대한 경제학자들은 당대의 정책 논쟁에 참여했다. 애덤 스미스와 데이비드 리카도는 정부에서 일했고, 보호주의자들의 법률 폐지를 포함하여 경제 정책을 새로운 형태로 만드는 데 적극적으로 나섰다. 물론 마르크스도 혁명을 꿈꾸었고, 더 나아가 노동자들이 자본가들에 대항하여 봉기하기 위한 조직을 건설하는 데 인생을 바쳤다.

마르크스에게 경제학은 해석을 하고 정책에 영향을 주려고만 했던 철학적 원리를 뛰어넘어야 하는 것이었다. 그가 말했듯이 "지금까지 철학자들은 단지 세상을 해석했을 뿐이다. 그러나 중요한 것은 세상을 바꾸는 것이다."[25]

Adam Smith
David Ricardo
Karl Marx

Alfred Marshall

Irving Fisher
John Maynard Keynes
Joseph Schumpeter
Friedrich Hayek
Joan Robinson
Milton Friedman
Douglass North
Robert Solow

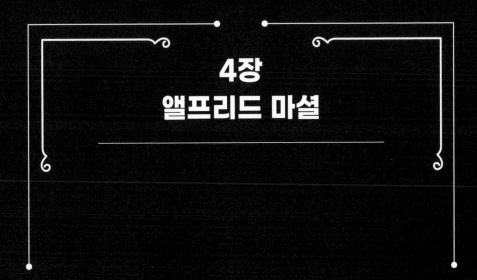

4장
앨프리드 마셜

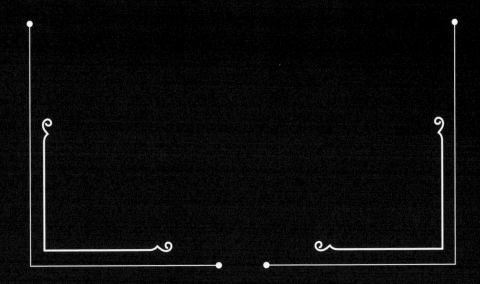

불평등을 극복할
방법은 없는가?

Alfred Marshall

불평등이 정책 의제에서 높은 위치를 점하고 있는 것은 의심의 여지가 없다. 예를 들어, 영국에서 소득 불평등을 거론하는 것은 항상 되풀이되는 일이었다. 영국의 현재 총리는 '단지 유지만 하고 있는 사람들 Just About Managing'에 대한 우려를 표했고, 그의 연설문 집필자는 그들을 '잼스JAMs(소득 하위 50%에 속하는 가정을 뜻한다. 영국의 싱크탱크 폴리시 익스체인지Policy Exchange는 이들을 '매달 그럭저럭 살아가기만 하는 사람들로서 경제적 충격에 대한 복원력이 높지 않은 계층'이라고 규정했다–옮긴이)'라고 불렀다. 사람들이 얼마나 잘 살아가고 있는가는 경제 성장의 속도가 아니라 경제 성장의 질과 관련된다.

얼마 전, 불평등을 주제로 프랑스 경제학자 토마 피케티가 쓴 책이 놀라운 베스트셀러가 되었다. 상세한 경제 연구를 다룬 685쪽짜리 책이 〈뉴욕타임스〉 베스트셀러 목록에 오를 것이라고 누가 생각했겠는가? 이 책이 인기를 끈 것은 지금 미국의 불평등이 19세기 후반 도금 시대 만큼이나 극심한 것에 대해 광범위하게 퍼져 있는 우려를 반영한다.

노벨 경제학상 수상자 조지프 스티글리츠는 세계 금융 위기의 뒤를 이은 2009년 대침체 이후로 회복이 더디게 진행되는 이유 중 하나로 불평등을 꼽는다. 그는 불평등이 심화된 사회는 성장의 혜택이 소비보다는 저축을 더 많이 하는 부자들에게 주로 돌아가기 때문에 회복 속도가 느리다고 주장했다. 저축이 아니라 소비가 경제 회복의 속도를 높인다.[1] 자본주의 경제는 항상 불평등한가? 그렇다면 어떻게 해야 하는가? 1945년 윈스턴 처칠Winston Churchill이 영국 하원 의회 연설에서 "자본주의에 내재된 악습은 풍요의 불평등한 분배요, 사회주의에 내재된 미덕은 가난의 평등한 분배다"라고 했던 말이 정말 옳은가?

처칠이 연설을 하기 꽤 오래전에, 앨프리드 마셜은 신고전파 경제학을 정립했다. 그는 애덤 스미스, 데이비드 리카도를 비롯한 여러 경제학자들의 고전파 경제학을 시장을 지배하는 자유방임의 원칙에 기초하여 더욱 분석적인 프레임워크로 각색했다.

마셜은 경제에서 얼마나 다양한 요소들이 제품과 서비스의 가격과 수량을 변화시킬 수 있는가에 대한 우리의 관점을 바꾸어놓았다. 경제학에 대한 이런 기본 프레임워크는 이 케임브리지 경제학자에 의해 만들어졌다. 그렇다면 마셜은 자본주의 경제 아래에서 소득 불평등이 심화되는 모습을 어떻게 바라볼 것인가?

경제학을 그래프로 설명하다

앨프리드 마셜은 1842년 하류층이 모여 사는 런던의 버몬지Bermondsey
에서 잉글랜드은행 직원의 아들로 태어났다. 5남매 중 둘째였고, 사립
학교를 다녔다. 장학금과 삼촌의 재정 지원을 받아서 수학을 공부하기
위해 케임브리지대학교에 입학했다.

대학교 졸업 후, 그는 1865년 케임브리지대학교 세인트존스 칼리
지 도덕학 연구원이 되었고, 1868년에 강사가 되었다. 그는 그곳에서
자기 강의를 수강하던 메리 페일리Mary Paley를 만나 결혼했다.[2] 그녀의
아버지와 증조부는 모두 케임브리지대학교 교수였다. 그녀는 케임브
리지대학교의 여자 칼리지인 뉴넘Newnham에서 경제학을 혼자서 공부
했다. 두 사람이 결혼하면서, 대학 규정에 따라 마셜이 학교를 떠나야
했다. 그리고 그는 브리스틀 칼리지의 정치경제학 교수 겸 학장에 취
임했다. 이 학교는 이전 해에 설립되었는데, 후에 영국의 명문대 중 하
나인 브리스틀대학교가 되었다.

1879년 그가 부인과 함께 쓴 《산업경제학》이라는 교과서가 발간
되었다. 그의 부인은 나중에 브리스틀 칼리지에서 경제학을 가르치는
최초의 여성 강사가 되었고, 영국에서도 최초의 여성 강사 중 한 사람
으로 꼽혔다. 이후로 2년이 지나서 그는 브리스틀 칼리지를 사임하고,
유럽 대륙에서 1년을 보냈다. 이때 그는 획기적인 저작 《경제학 원리
Principles of Economics》를 쓰기 시작했다. 부부는 영국으로 돌아왔고 마셜
이 브리스틀 칼리지에서 다시 가르치기 시작했다. 그러나 이 시기는
오래가지 않았다.

1883년에 그는 옥스퍼드대학교 발리올 칼리지에서 학생들을 개별 지도하는 연구원이 되었다. 그는 자신이 학생들을 이 대학교에서 경제학을 연구하도록 유인하는 데 회의적이었다. 경제학이 중요한 과목으로 취급되고 있지 않다고 생각했기 때문이다.[3] 철학, 정치학, 경제학은 1920년대가 되어서야 정규 학위 과정으로 개설되었다. 그는 그곳에서 몇 학기 동안 가르쳤지만 오래 있지 않았다. 그러나 발리올 칼리지는 앨프리드 마셜과 애덤 스미스를 모두 동문으로 취급했다! 마셜은 자리를 수월하게 옮기기 위해 존 메이너드 케인스의 아버지인 존 네빌 케인스John Neville Keynes에게 부탁했다. 케인스는 그를 상대로 간단한 테스트를 하고는 케임브리지대학교로 데려오기로 결심했다. 여기서 케인스가 옥스퍼드대학교에 있었고 그의 아들도 옥스퍼드대학교에서 공부했다면, 과연 역사가 어떻게 달라졌을까를 생각하는 것도 흥미로운 일이다.

1885년 학교 규정이 결혼을 허용하는 쪽으로 바뀌면서, 마셜은 교수가 되어 케임브리지대학교로 돌아왔다. 마셜은 1861년부터 1865년까지는 세인트존스 칼리지에서 학부생으로, 1865년부터 1877년까지는 연구원으로, 1885년에 취임하여 1908년 퇴직할 때까지는 정치경제학 교수로서 경력의 대부분을 케임브리지대학교에서 보냈다. 그는 1924년 세상을 떠날 때까지 명예 교수로 남아 있었다. 1903년에 그는 널리 인정받는 케임브리지대학교 경제학 학부 과정을 설립했고, 이에 따라 경제학과와 정치학과가 분리되었다.

앨프리드 마셜은 후기 빅토리아 시대의 지식인이었다. 당시는 주요 경제 문제에 대한 정치적인 합의가 있던 때였다. 예를 들어 당시는 자유 무역을 보편적으로 수용하던 때였다. 리카도를 다루던 2장에서 설명했듯이 1846년에 곡물법 폐지된 것을 생각해보라. 이것은 자유 무역 시대의 시작을 알리는 것이었다. 반세기가 지나서 마셜도 역시 또다시 위협받고 있던 자유 무역을 옹호했다.

당시 주요 경제학자들 중 어느 누구도 1830년대와 1840년대 맨체스터 학파의 '극단적인 자유방임'을 지지하지는 않았다.[4] 이들을 추종하는 사람들은 주로 유럽 대륙과 북아메리카에 있었다. 대부분의 경제학자들은 작업장에서의 규정과 정부의 제한적인 역할을 포함하는 시스템을 지지한다는 점에서 마셜과 같은 입장이었다.

마셜이 40대가 되면서 주요 경제 문제에 대한 합의가 깨지기 시작했다. 1880년대의 장기 불황 시기에 경제학에 대한 재검토가 이루어졌고, 여기서 마셜이 획기적인 기여를 하게 되었다. 마셜의 이론은 경쟁적 시장 경제의 구성 요소들을 공식화했다. 그는 좀 더 탄탄한 결론에 이르게 하는 엄밀한 분석을 구체화했다. 그는 수요와 공급 등 근대 경제학의 주요 개념을 설명하는 데 그래프를 사용한 개척자였다. 이 그래프는 지금도 경제학 수업에서 사용된다.[5]

마셜은 경제를 위한 생산과 소비가 어떻게 결정되는가를 보여줌으로써 무엇이 적절한 경제 정책을 구성하는가에 대한 논의를 분명하게 했다. 생산 측면에서 보자면 마셜의 그래프는 자본과 노동의 추가 단위에 대한 수확이 체감하는 효과를 설명한다. 그는 추가되는 비용이 추가되는 수익과 같은 지점에 도달하면 추가 혹은 한계 단위가 생산되는 곳에서 균형이 이루어진다는 것을 증명했다. 예를 들어 어떤 도구를 생산하는 기업은 비용이 판매할 수 있는 가격을 초과하지 않는 지점까지 생산하려고 할 것이다. 균형에 어떻게 도달할 것인가는 오늘날의 경제학의 기초를 떠받치는 기본 개념이 되었다.

소비 측면에서 보면 한계 효용 분석은 소비자가 어떻게 행동하는지 설명한다. 사람들은 비용이 임금으로 보상받는 노동 시간이라는 것을 알고 일을 할 것인지 혹은 여가를 즐길 것인가를 결정한다. 여가에는 효용 혹은 즐거움이 따르지만 이것이 소득의 감소와 균형을 이루어야 한다. 모든 사람의 효용을 더하면 사회의 행복을 평가할 수 있다. 이것은 마셜이 왜 경제학을 사회경제학이라고 일컬었는지 보여주는 이유가 된다.

마셜이 쓴 교과서 《산업경제학》과, 기업과 사람들이 어떻게 최적의 의사 결정을 하는지 보여주는 그래프로 그는 당대 영국에서 최고 경제학자의 반열에 올랐다. 그러나 그의 획기적인 저작은 아직 나오지 않았다. 1890년 《경제학 원리》 1권이 발간되었는데, 이것은 애덤 스미스의 《국부론》에 비견되었다. 그가 태어난 지 100년이 되던 해에 《경제학 원리》에 대해 나온 평가는 다음과 같다.

이러한 종류의 아이디어는 어떤 경우든 영국 정치경제학에 스며들 가능성이 아주 높았다. 당시에는 이러한 아이디어가 떠돌고 있었다. 그러나 단순하고도 역사적 사실은 이러한 아이디어가 널리 유행한 것이 바로 마셜 덕분이라는 것이다. 마셜의 《경제학 원리》는 영국에서 애덤 스미스의 《국부론》과 리카도의 《정치경제학과 조세의 원리》와 함께 경제

사상의 발전에서 3대 분수령으로 평가된다. 이런 자격으로 보면, 우리는 영국 정치경제학의 역사를 고전파, 리카도학파, 마셜학파 혹은 수정 리카도학파라는 세 개의 뚜렷한 시대로 구분할 수 있다. 마셜의 《경제학 원리》는 현대 미국 경제학의 초석으로 평가되어야 한다.[6]

《국부론》의 저자 애덤 스미스와 마찬가지로, 마셜이 《경제학 원리》를 쓰는 데 10년이 걸렸다. 그는 2권을 쓰려고 계획했지만 포기하고, 1920년에 8판을 발간하기까지 중요한 개정판을 냈다. 이전 8판까지의 모든 수정을 표시한 9판이 그의 사후에 1961년 왕립경제협회에 의해 '2권'으로 발간되었다. 결국 마셜은 그래프가 중심이 된 자신의 저작을 위해 거의 40년을 보냈다. 거의 반평생을 획기적인 저작을 쓰는 데 바친 셈이다.

후기 빅토리아 시대의 지식인이 그랬듯이, 앨프리드 마셜이 경제학자가 된 것은 복지와 기회의 균등에 대한 관심에서 비롯되었다. 마셜에게 이 두 가지는 사회가 발전하기 위한 토대로 여겨졌다. 이런 관심은 마셜이 임마누엘 칸트Immanuel Kant의 원문을 읽기 위해 독일어를 배우려고 독일로 가는 계기가 되었다. 당시 마셜은 카를 마르크스와 페르디난트 라살레Ferdinand Lassalle의 저작을 읽을 수 있었다. 나중에 마셜은 학생들에게 이런 말을 자주 하곤 했다.

때때로 우리는 우리가 인간 사회의 개선하기 위해 분투하는 모든 사람을 사회주의자라고 말한다. 어쨌든, 그 사람이 이런 작업의 대부분이 개인의 노력보다는 국가에 의해 더 잘 수행될 수 있다고 믿는다면 말이다. 이런 의미에서 지금 세대의 거의 모든 경제학자들은 사회주의자인 셈이다. 또한 이런 의미에서 나는 경제학을 알기 전에 사회주의자였다. 그리고 실제로 국가와 그 밖의 기관들에 의한 사회 개혁에서 실행 가능한 것은 무엇인지 알고 싶었다. 이것이 내가 40년 전에 애덤 스미스, 존 스튜어트 밀, 마르크스, 라살레의 저작을 읽게 된 계기였다. 이후로 나는 점점 확신에 찬 사회주의자가 되었다.[7]

그러나 마셜은 마르크스가 신봉했던 공동 소유 제도 혹은 변화를 일으키기 위한 혁명 같은 그들의 신념을 모두 받아들이지는 않았다. 그 대신에 사회 복지를 증진하고 기회를 제공하기 위한 정부의 규정된 역할을 믿었다. 예를 들어 그는 가난한 아이들도 학문을 익히고 일자리를 얻기 위한 경쟁을 할 수 있도록 국가가 대학 교육을 제공해야 한다고 주장했다. 또한 마셜은 사회적 조건을 개선하기 위해서는 그의 필생의 저작에서 나오듯이, 가난한 사람들의 임금을 올려주는 수요 공급이라는 시장의 힘을 믿었다. "비숙련 노동자의 수가 충분히 감소하면, 이들이 임금을 많이 받을 수 있을 것이다."[8]

마셜의 저작은 효용 이론에 바탕을 두고 있지만, 그가 이런 주의主義를 모두 고수한 것은 아니었다. 제러미 벤담의 개념은 효용 이론을 지지한다. "최대 다수의 최대 행복이 옳고 그름을 따지는 기준이다."[9] 《경제학 원리》에서 마셜은 19세기 경제학의 진화에서 벤담의 영향을 지목했다.

그러나 마셜의 생각은 벤담과는 달랐고, 효용을 극대화하는 '경제인economic man'을 내세우는 존 스튜어트 밀의 생각과도 달랐다. 마셜은 최대 다수의 최대 행복을 추구한다는 개념에 비판적이었다. 대신에 그는 전체가 부분의 합보다 더 클 수 있다고 주장했다. 나중에 살펴보겠지만, 전체 사회의 효용 극대화에 집착하는 것은 효용의 분배에 관심을 덜 기울이게 하여 일부 자본주의 국가에서 불평등이 빠른 속도로 심화되는 원인이 될 수 있다.

불평등과 빈곤에 대한 관심이 마셜의 저작에 스며들어 있다. 1893년 그는 왕립빈민위원회에 가서 이렇게 말한 적이 있다. "저는 지난 25년 동안 빈곤 문제에 전념해왔습니다. 그리고 제가 지금까지 해온 연구는 거의 모두 이 문제와 직결되어 있습니다."[10]

앨프리드 마셜이라면 21세기 초반에 미국과 같은 선진국에서 자신이 도금 시대에 목격했던 것만큼 불평등이 만연하고 있는 현상을 보며 어떤 생각을 할까?

경기 회복을 가로막는 불평등

정책 의제로 떠오르고 있는 소득 불평등에 대한 통계 중 일부는 놀라울 정도다. 상위층에 돌아가는 소득 비중이 엄청나게 증가하여 미국의 상위 1% 부자들이 전체 소득의 5분의 1을 차지한다. 미국의 상위 10% 부자들은 전체 소득의 절반을 차지한다.

토마 피케티에 따르면 유럽은 조금 더 낫다고 한다. 그럼에도 영국은 상위 10% 부자들이 전체 소득의 40%를 넘게 차지한다. 독일과 프랑스의 경우에는 3분의 1을 넘게 차지한다. 유럽에서는 1970년대 이후 이 비중이 증가했지만, 도금 시대에 필적할 정도는 아니다. 그러나 미국에서는 이런 비중이 증가하여 사람들이 이 시대를 두고 '2차 도금 시대'라 일컫게 되었다.

이런 현상은 부유한 국가에만 국한된 것은 아니다. 개발도상국에서 빈곤이 급격하게 사라졌고 1990년 이후로 10억 명이 빈곤으로부터 벗어났지만, 1960년 이후로 소득 불평등은 대부분 변하지 않았다.[11] 국가 내에서 보면, 서구 국가뿐 아니라 중국과 같은 국가에서 대체로 불평등이 심화되었거나 크게 개선되지 않았다. 반면에 국가 간 불평등은 신흥국들이 비교적 빠르게 성장하면서 완화되어, 선진국과 개발도상국 간의 소득 격차가 좁혀졌다.

2009년 대침체 이후로 불평등 문제가 특히 미국에서 쟁점이 되었다. 미국에서는 1950년대의 경제 호황기에 상위 1%가 증가된 소득 이익income gain(이자나 배당에 의한 수입을 뜻한다-옮긴이)의 약 5%를 차지하여 나머지 사람들보다 조금 더 나은 정도였다. 그러나 대침체 이후로 상위 1%가 소득 이익의 95%를 차지했고, 나머지 99%가 불과 5%를 차지했다. 경제 침체기에는 금리를 낮추어서 자금을 손쉽게 빌릴 수 있도록 하여 경기 회복을 촉진하게 된다. 그 결과 주식 시장이 상승한다.

2008년 위기 이후 미국 주식 시장은 여러 번 최고치를 경신하면서, 소득 이익이 주로 미국 가계의 절반에 해당하는, 주식을 소유한 가계에 돌아갔다. 미국 가계의 상위 10% 중에서 93%가 주식을 소유했다. 반면에 하위 20% 중에서 주식을 소유한 가계는 11%에 불과했다.

불평등이 경기 회복에 얼마나 많은 영향을 미칠까? 이에 대한 답은 명쾌하지 않다. 노벨 경제학상 수상자인 폴 크루그먼과 조지프 스티글리츠는 2008년 금융 위기 이후 경기 회복이 더디게 진행된 데 불평등이 중요한 역할을 했는가에 대해 서로 다른 의견을 내놓았다.

스티글리츠는 불평등이 경제 성장을 저해한다고 주장했다. 부자는 가난한 자보다 소득에 비하여 세금을 적게 낸다. 따라서 불평등이 심화되면 조세 수입이 기대만큼 증가하지 않는다. 또한 가난한 자는 부자보다 소득에 비하여 지출이 더 많다.

존 메이너드 케인스는 부자들의 '한계소비성향marginal propensity to consume'이 감소하는 현상을 처음 확인했다. 다시 말하면 가난한 자들은 가처분소득이 적어서 음식과 같은 필수재에 가처분소득을 많이 지출한다. 부자들은 지출할 수 있는 돈이 더 많기 때문에 가처분소득 중에서 더 작은 비율을 지출한다. 이는 가난한 자들을 위해 소득을 증가시키는 것이 이에 비례하여 소비를 더 많이 발생시키고, 이것이 경제 성장을 촉진한다는 것을 의미한다.

반면에 크루그먼은 부자들의 '과소 소비underconsumption'에 대한 증거를 본 적이 없다고 말한다. 어떤 의미로는 부자들이 가난한 자들보다 더 많이 지출한다. 소득 1만 파운드 중에서 20%를 지출하는 사람은 경제에 2000파운드를 보태지만, 소득 10만 파운드 중에서 3%만 지출하는 사람은 경제에 3000파운드를 보탠다. 또한 크루그먼은 이런 비교가 정태적인 것임을 지적한다. 우리는 소득 수준이 다른 두 사람이 특정 시점에서 어떻게 행동하는지 측정할 수 있다. 그러나 어떤 사람의 소득이 증가하면 그 사람의 지출이 어떻게 변할 것인지 예측하기는 어렵다.

스티글리츠와 크루그먼이 경기 회복이 더디게 진행된 데 불평등이 얼마나 많은 역할을 했는가에 대해 서로 다른 생각을 가질 수 있다. 그러나 그들은 소득 불평등의 심화가 경제뿐 아니라 사회적인 이유로도 문제를 일으킨다는 점에서는 의견이 일치한다.

소득 불평등은 오랫동안 문제가 되어왔다. 도금 시대와 광란의 1920년대 이후로, 특히 평균 소득의 지표인 1인당 GDP가 크게 증가하여 경제 성장의 황금기라 불리는 1950년대와 1960년대에 불평등은 완화되었다. 그러나 1970년대가 시작되면서 소득 격차가 더 이상 좁혀지지 않았고, 1980년 이후로 급격하게 벌어져서 지금 미국은 그 어느 때보다 더 불평등한 국가가 되었다.

기회의 땅이 정말 가진 자와 가지지 못한 자로 이루어진 사회가 되었는가? 이제 미국 경제는 부자를 더욱 부자가 되게 만들고 있는가? 이런 논쟁 전반에 걸쳐 분명한 주제가 하나 있다. 부자가 더욱 부유해지면서 중산층이 사라지고 있다는 것이다. 어쨌든, 1970년대 초반 이후로 처음으로 미국에서 중산층 인구가 노동자 계층과 상류 계층 인구보다 더 적다.[12] 실제로 세계의 많은 국가에서 소득 불평등이 심화되었고, 특히 상위 1%와 나머지 사람들의 소득 격차는 더욱 심화되었다. 스콧 피츠제럴드F. Scott Fitzgerald는 엄청난 부자들은 당신과 나와는 다르다고 말했다. 그러나 이 부자들은 세계적으로 보면 서로 같지 않을까?

상하이의 프랑스 조계지의 좁은 길을 걷다보면 이 도시가 왜 한때

'동방의 파리'라고 불렸는지 당장 알 수 있을 것이다. 프라다 같은 명품점이 식민지 시대의 오래된 주택 구역에 있는데, 고층 아파트가 도시 스카이라인을 지배하는 중국에서 이런 모습은 흔치 않다. 1920년대에는 아시아에서 가장 국제화된 도시에서 중국인과 외국인이 섞여 살았다. 지금은 중국이 빠른 속도로 부유해지면서 도금 시대로 진입하는 듯 느껴진다.

난징루南京路는 상하이에서 드물게도 차량 통행이 금지된 지역으로, 황푸강黃浦江을 따라 자리 잡은 산책로 와이탄外灘의 서쪽으로 통한다. 난징루 양쪽으로는 상점, 호텔, 카페가 빽빽하게 들어서 있다. 중국에서 새롭게 등장한 중산층은 하루 종일 바쁘게 지내면서 마침내 서구인이 당연하게 여기는 라이프 스타일을 즐긴다. 그러나 명품점 출입구에는 거지들이 웅크리고 있다. 공산주의 국가 중국은 자본주의 국가 미국만큼이나 불평등하다.

놀랍게도 중국에는 10억 달러 자산가가 미국보다 많다. 이 자산가의 수도 빠른 속도로 증가하고 있다. 10년 전만 해도 중국에는 10억 달러 자산가가 3명에 불과했지만, 지금은 수백 명에 이른다. 이는 1인당 평균 소득이 코스타리카와 비슷한 국가에서 엄청난 변화다.

〈포브스〉 선정 세계 부자 명단에 오른 중국의 부자들은 자산이 점점 더 증가하고 있다. 예전부터 이 명단에서 빠지지 않았고 거의 최고의 자리에 있는 사람은 왕젠린王健林이다. 그는 부동산과 엔터테인먼트라는 전통적인 방법으로 돈을 벌었다. 1960년대와 1970년대의 문화혁명 시기에는 국가가 재산을 몰수했다. 따라서 왕젠린 같은 사람들은 아무것도 없는 상태에서 재산을 형성해야 했다. 지금 그는 중국 최고의 부동산 거물이고, 디즈니를 능가할 세계적인 엔터테인먼트 제국을 건설할 계획이다.

그는 1990년대 중국에서 소비자 시장이 열리고 중산층이 새롭게 등장한 것을 십분 활용했다. 불과 한 세대 만에 엄청나게 많은 사람들이 빈곤에서 벗어났다. 그리고 왕젠린은 사무실, 엔터테인먼트, 영화에 대한 그들의 수요를 충족시켜주면서 세계적인 부자가 되었고, 중국에서 저명인사가 되었다. 그가 롤스로이스에서 내리면, 사람들이 그의 모습을 사진으로 찍기 위해 멈춰 선다.

새로운 기업가 세대도 디지털 혁명의 결과로 재산을 모았다. 〈포브스〉 선정 세계 부자 명단에 새로 올라오는 사람들 중 약 4분의 1이 중국인이고 이들은 매우 젊다. 이들은 주로 기술 분야에 종사하는데, 이 분야에서 알리바바阿里巴巴의 마윈馬雲 같은 젊은 기업가 군단이 부를 창출했다. 특히 마윈은 알리바바의 주식공모Initial Public Offering, IPO를 결정하고, 뉴욕 증권거래소에서 처음으로 일반인에게 주식을 발행하여 250억 달러라는 기록적인 자금을 모집했다.

새로운 중산층의 요구에 부응하는 기업가들은 부동산을 통하여 돈을 벌었던 앞선 세대의 기업가들과는 달랐다. 대부분의 부동산이 국가 소유이기 때문에 그들은 중국 정부와 좋은 조건으로 계약할 것을 요구했다. 그러나 왕젠린 같은 사람들이 1990년대 중국에서 부동산의 사유화를 활용한 것과 마찬가지로, 이 신세대 기업가들은 정부가 기업 부채로 인하여 부동산 투자보다는 중산층 소비를 성장의 동력으로 채택하면서 중국 경제가 소비지상주의consumerism로 변해가는 과정을 따랐다(마르크스를 다룬 3장을 참조하라).

중국 부자의 절반 이상이 기업가다. 나머지는 투자자와 높은 급료를 받는 소수의 경영자다. 이들의 공통점은 문화 혁명 때문에 물려받은 재산이 없는 상태에서 거의 모두가 자수성가한 사람들이라는 것이다(세계의 갑부들과 마찬가지로 중국 부자들도 주로 남자다).

그러나 이제 자녀 세대가 성인 연령이 되고 있다. 중국에서 부는 다시 한번 상속되고 있다. 이 상속자들은 '푸얼다이富二代'라고 불리는데, 부유한 2세를 의미한다. 부의 불평등은 부자들의 자녀들에게서 가장 두드러진다. 눈길을 끄는 이들은 이른바 귀공자라고 불리는 공산당 간부의 자녀만이 아니다. 왕젠린의 아들 왕쓰총王思聰도 중국판 트위터라 할 웨이보微博를 통해 자신의 라이프 스타일을 사람들에게 보여준다. 부모 세대는 검소하게 살지만, 푸얼다이는 일도 열심히 하면서 놀기도 잘한다. 언론에서는 그들의 명품 자동차와 사치스러운 생활을 두고 비난하기도 한다.

그들의 라이프 스타일은 사회주의의 덕목이 여전히 남아 있는 사회에서 좋게 받아들여지지 않는다. 내가 BBC 텔레비전 프로그램에서 왕젠린을 인터뷰했을 때, 그는 사회에 중산층이 많아지면서 부자에 대한 중산층의 반감이 커지고 있다고 말했다. 또한 그는 싱가포르와 홍콩에서도 사회가 부유해지면서 이런 반감이 생겨났다고 말했다.

그의 주장은 불평등과 빈곤이 상대적인 개념이라는 것을 밝힌 연구 결과와 같은 맥락에 있다. 실제로 복지를 위해 중요한 것은 부자의 소득과 가난한 자의 소득의 절대적인 차이만이 아니다. 이것은 일반적으로 지니계수 같은 지표로 측정된다. 지니계수는 모든 사람의 소득이 같으면 0이고, 어느 한 사람이 한 나라의 소득을 모두 차지하면 1이다. 그러나 사회에서 중산층의 비중이 점점 커지면, 이런 비교는 상대적인 것이 된다. 실제로 선진국에서 빈곤을 정의하는 것은 중위소득(소득 범위 내에서 중간에 있는 사람의 소득) 대비 소득이다. 이 기준에 따르면, 영국에서 (가처분소득에서 주거비를 제하여 측정할 때) 중위소득의 60%가 안 되는 소득으로 생활하는 거의 200만 명에 달하는 연금 생활자들은 가난한 사람들이다.

중국에서는 불평등에 대한 사회적 인식의 변화가 최근의 중산층 사회로의 전환으로부터 나온다. 비교적 최근이라 할 2001년에 중국의 1인당 연간 소득이 세계에서 가장 가난한 국가 수준인 1000달러를 넘었다. 2010년이 되어서야 중국인의 평균 소득이 상위 중간소득국을 정의하는 수준인 4000달러를 넘었다. 지금도 중국은 평균 소득으로 국가 순위를 매기면 표의 중간에 위치한다.

물론 평균이라는 것은 소득 분포를 제대로 반영하지 않는다. 중국은 공산주의 국가인데도, 지난 수십 년 동안 불평등한 사회가 되었다. 상위 5%가 전체 소득의 약 25%를 차지하고 있다. 도시와 농촌 간에도 소득 격차가 많이 나서, 도시가구 소득이 농촌가구 소득의 세 배에 이른다. 해안 지역이 내륙 지역보다 소득이 빠르게 증가한다. 그러나 이제는 불평등의 양상이 완화되고 있다. 소득 불평등은 2008년에 정점에 도달했다가 이후로는 완화되고 있다. 그럼에도 중국은 다른 신흥국과 마찬가지로 짧은 기간에 여러 면에서 아주 불평등한 국가가 되었다.

왜 지난 세기에 불평등이 심화되었는가

중국 같은 국가에서 공업화와 도시화가 이루어지면서 불평등이 심화된 이유 중 하나는 성장 속도가 더 빨랐다는 데 있다. 제조업 지역이나 도시로 이주한 사람들이 그렇지 않은 사람보다 돈을 더 많이 번다. 따라서 경제 개발과 함께 소득 불평등이 심화되는 경향이 있다. 그러나 정부는 소득 재분배 정책을 통하여 소득 불평등을 완화할 수 있다. 사회 복지 제도가 없다면, 소득 불평등이 미국, 영국, 유럽 대부분의 국가보다 훨씬 더 심화될 것이다. 사회 복지 제도가 잘 정착되지 않은 것도 중국의 불평등이 심화되는 한 요인이다.

선진국에서는 다양한 요인이 작동한다. 우선 세계화가 중앙값 임금을 끌어내렸고, 국제 무역으로 혜택을 보는 사람들, 즉 숙련 노동자와 자본가의 소득이 증가했고, 비숙련 혹은 반숙련 노동자의 소득은 감소했다. 또 다른 요인으로는 '숙련 쪽으로 치우친 기술 변화'를 들 수 있다. 경제가 더욱 기술주도형으로 나아가면서, 또다시 가장 숙련된 노동자가 가장 많은 보상을 받는다. 물론 이 두 가지는 서로 연관되어 있다.

토마 피케티는 자본 수익률이 경제 성장률을 능가할 때 불평등이 심화되는 것으로 생각한다. 이 경우 장기적으로 자본(부동산, 기업, 주식 등) 소유자의 소득이 평균 소득보다 더 빠르게 증가한다.

피케티와 다르게 생각하는 이들도 있다. 예를 들어, 프랑스와 영국에서는 1970년대 이후 소득의 한 부분으로서 사적 자본의 가치가 500%가 넘게 증가했고, 미국에서도 400%나 증가했다. 이러한 재산이 상속되면서 부자와 가난한 자의 격차가 커지고 따라서 상속 재산이 불평등의 또 다른 요인이 된다. 폴 크루그먼은 미국 10대 부자의 약 절반이 재산을 물려받은 사실을 지적한다.

근로 소득도 불평등의 또 다른 요인이다. 예를 들어 미국 500대 상장기업S&P 500 CEO의 소득은 자기가 일하는 기업의 노동자의 평균 소득보다 평균적으로 200배가 넘는다. 1960년대에는 이것이 20배 정도였다. 왜 이런 현상이 일어났는가? 미국 노동부 장관을 지냈던 로버트 라이히Robert Reich는 노동조합이 힘을 제대로 발휘하지 못하여 노동자들의 임금 교섭력이 약화된 것을 한 요인으로 꼽는다.[13]

이 모든 견해는 각각 타당성이 있고, 불평등이 심화되는 요인으로는 그 밖에도 여러 가지가 있다. 각 요인에 따라 다른 정책 방안이 나온다. 예를 들어 부자의 소득에 가난한 자보다 높은 세율을 부과하는 누진세는 임금 격차를 줄이는 데 도움이 된다. 기술 변화가 불평등을 심화한다면 소득 재분배를 위한 재정 시스템을 가동할 수 있다. 이것은 과거 오바마 대통령 집권기에 대통령경제자문위원회 위원장을 지냈던 제이슨 퍼먼Jason Furman이 권고했던 내용이다. 그러나 베인캐피털Bain Capital의 설립자 에드 코나드Ed Conard는 불평등을 완화하기 위해 세금을 올리는 것은 장기적인 해결 방안이 아니고 기업에 피해를 줄 수 있다고 주장한다.

정부의 통제 범위 밖에서 작용하는 세계적인 요인으로는 어떤 것이 있는가? 피케티는 더욱 급진적인 해결 방안을 제안한다. 그것은 자산에 국제적으로 통합된 세금을 부과하는 것이다. 그러나 선진국을 위한 싱크탱크인 OECD의 사무총장 앙헬 구리아Angel Gurría는 이에 동의하지 않는다. 그는 불평등 문제를 세계가 아니라 국내의 노동 시장 정책과 조세 정책으로 다루어야 한다고 주장한다. 구체적으로 말하면, 고용을 촉진하기 위한 감세 정책이 환경세를 포함한 특정 세금의 증가로 상쇄된다는 것이다.[14]

조세 정책을 통한 소득 재분배를 주장하는 사람들과 정부 개입에 반대하는 사람들 간에는 견해 차이가 있다. 정부 개입에 찬성하는 사람들은 최저임금의 인상과, 반숙련 노동자를 위한 보수가 좋은 일자리 창출을 비롯한 임금 인상 정책에도 찬성한다. 다른 생각을 가진 사람들은 조세 정책과 사후 소득 재분배 정책보다는 모든 이에게 생계를 유지할 기회를 제공하여 시장의 힘을 통하여 불평등을 완화하는 정책을 입안할 것을 제안한다. 이들은 소득 재분배 정책이 부자에게 세금을 부과하여 가난한 자에게 보조금을 제공함으로써 잘못된 유인 동기를 갖게 하고, 따라서 부자와 가난한 자 모두에게 일을 열심히 하지 않게 만들 것을 우려한다. 정치인 사이에는 이런 농담이 유행한다. "공화당과 민주당의 차이를 어떻게 알 수 있는가? 공화당원이 물에 빠진 사람을 보면, 너무 짧은 밧줄을 던지고는 '나머지는 당신에게 달려 있다'라고 외친다. 민주당원은 너무 긴 밧줄을 던지고는 손에 쥐고 있던 것을 슬며시 놓는다."

지금은 이것이 해결되지 않은 논쟁이라고만 말해두겠다. 신고전파 경제학의 창시자는 불평등의 심화를 보면서 어떤 생각을 할까? 이것은 불평등의 발생을 용인하는 자본주의 체제의 타당성에 대해 사람들이 의문을 품는 쟁점이기도 하다.

빈곤과 불평등을 해소하려면

앨프리드 마셜은 불평등 문제를 다룰 때 정부의 역할을 논의하면서 다음과 같은 사항을 고려해야 한다고 주장했다.

> 좀 더 균등한 부의 분배가 바람직하다는 것을 당연하게 받아들인다면, 이것이 사유재산제도의 변경이나 자유 기업에 대한 제한을 어느 정도까지 정당화할 수 있는가? 이런 변경이나 제한이 부의 총량을 감소시킬 가능성이 클 때도 말이다. 다시 말하면, 빈곤층의 소득 증가와 노동 시간의 감소가 국가의 물적 부를 감소시키는데도 이를 어느 정도까지 목표로 삼아야 하는가? 공정한 원칙에 반하지 않고, 발전을 이끌어가는 지도자의 기세를 꺾지 않으면서 이런 목표가 어느 정도까지 수행될 수 있는가? 조세 부담은 사회의 다양한 계층 사이에 어떻게 분배되어야 하는가?[15]

이것이 논쟁의 핵심이다. 마셜은 평등한 소득 분배를 위한 정책과 이것 때문에 발생하는 일을 하기 위한 동기의 결여 사이의 상충 관계를 보았다. 그의 생각은 이러했다.

> 사회주의의 가장 커다란 위험은 평등한 소득 분배에 있지 않고(나는 이에 대해서는 전혀 나쁠 것이 없다고 생각한다), 세상이 미개 상태에서 점진적으로 발전하게 만드는 정신 활동이 제대로 이루어지지 않게 만드는 데 있다.[16]

존 스튜어트 밀이 그랬던 것처럼 마셜도 생산과 재분배 간의 차이를 구별했다. 밀은《정치경제학의 원리Principles of Political Economy》에서 생산을 지배하는 경제법은 개정하기가 쉽지 않지만, 정부가 수립한 재분배 정책은 개정하기가 쉽다고 주장했다.[17] 그러나 마셜은 처음에는 조세를 통한 '재정적' 재분배 정책을 지지하지 않았다. 그는 소득세가 근로에 미치는 영향 때문에 이것을 비효율적인 것으로 보았다. 그러나 1894년 상속세의 선구가 되는 누진적인 유산세(상속 재산이 많은 경우 높은 세율을 적용한다)의 도입 이후로, 근로 의욕을 꺾는 효과는 없었다. 이것이 마셜로 하여금 생각을 바꾸도록 했다. 그가 예전에 제안했던 것, 즉 자선 활동을 장려하는 것이 불평등을 해소하기에는 충분하지 않기 때문이었다.

1차 세계대전을 겪은 뒤로 마셜은 누진세의 효과를 믿게 되었다. 그는 재정적 재분배 정책을 점차 받아들였다. 그가 지지하지 않았던 것은 광범위한 재분배 정책을 통하여 소득을 평등하게 만드는 것이었다. 이것은 기껏해야 아주 제한적인 실적만을 낼 것이다. 장기적으로 보면, 이런 정책은 사람들의 근로 의욕을 꺾어서 성장을 저해할 것이고, 이는 재분배를 위한 재원이 부족한 결과를 낳을 것이다. 오늘날 재분배 정책은 마셜이 우려하는 바에 따라 소득을 평등하게 만드는 데까지는 나아가지 않는다.

누진세는 오늘날 소득 재분배를 위해 사용하는 표준적인 정책 수단 중의 하나다. 그러나 재분배의 정도는 국가마다 다르다. 예를 들어 복지 시스템이 잘 갖추어진 유럽보다 미국에서 재분배가 덜 이루어진다. 그럼에도 큰 정부는 마셜의 주장과는 잘 부합되지는 않는다.

마셜은 정부의 역할에 대해서는 재화와 서비스의 제공자보다는 규제자에 더 무게를 두었다. 기업이 합법적으로 활동하고, 생산물의 품질이 우수하고, 가격이 공정하게 매겨질 수 있도록 보장하는 것이 정부가 해야 할 역할이다. 그리고 정부 관료가 많아서는 안 된다. "정부의 역할은 가능한 한 적게 통치하는 것이다. 그러나 정부가 하지 않는 것은 가능한 한 적어야 한다.[18]

또한 마셜은 분권화를 지지했다. 그는 실험과 지역 간 경쟁의 장점을 보았다. 그러나 그는 중앙 정부에서 위임을 받은 행정관으로서의 지방 정부에는 강력히 반대했다. 그가 생각하기에는 교육과 도시 계획이 지역 주도권을 위한 가장 커다란 여지를 제공했다. 그러나 물, 전기, 가스의 공급처럼 규모가 큰 과제는 민간 부문이 효율적으로 맡을 수 없을 때만 정부가 맡아야 할 것이다.

마셜이 정부가 빈곤 해소에 도움을 줄 수 있다고 믿었던 부분은 가난한 이들에게 기술을 가르쳐서 시장에서 경쟁력을 높이는 것이었다. 앞에서 말했듯이, 그는 비숙련 노동자의 수가 충분히 감소하여 이들이 임금을 많이 받을 수 있도록 교육을 시키는 것을 지지했다. 또한 그는 경쟁을 제한하기 위해 이주를 통제할 것을 제안했다.

빅토리아 시대의 다른 지식인과 마찬가지로 마셜은 빈곤과 불평등을 해소하기 위한 정책이 개인의 성향에 미치는 영향을 강조했다. 자선에만 의존하는 것을 우려했기 때문에 자연히 자립과 상호 지원을 강조했고, 이것이 빅토리아 시대 지식인의 보편적인 생각이었다. 그러나 마셜은 불안정한 고용, 실업, 질병, 고령과 같은 요인이 '당연히 도움을 받아야 할' 가난한 사람들에게 일반적으로 나타나는 현상이라는 것을 인식했다.

마셜의 제자이며 케임브리지대학교 정치경제학 교수 후임자이자 유고遺稿 관리인이던 아더 세실 피구Arthur Cecil Pigou는 마셜이 2차 세계 대전 이후에 소득 평등을 촉진하기 위한 정부의 노력에 찬성했을 것이라고 믿었다. 마셜은 저축에 높은 세금을 부과하는 것을 제외하고는 근로 의욕을 꺾는 효과를 덜 걱정하게 되었다. 따라서 그는 사회주의 형태의 정책이 경제적으로 해롭지 않는 한, 이를 더욱 수용하게 되었다. 그럼에도 마셜은 '관료주의 방식의 폐해'가 생산성에 미치는 부정적인 영향을 우려했다.[19]

예를 들어 마셜은 전기, 가스, 수도처럼 어느 한 기업이 공급하는 것이 효율적인 자연 독점 형태의 공공 산업을 제외하고는 원칙적으로 국유화에 반대했다. 그리고 정부가 효율적으로 수행할 수 있는 과제인 경우에만 정부 개입을 인정했다. 이것은 경제 번영이 경쟁의 힘에 달려 있다는 그의 생각과 같은 맥락에 있다. 따라서 그는 생산에서 사회주의자들의 실험을 지지하지 않을 것이지만, 빈곤을 해소하기 위한 재정 정책을 수용하게 되었다. 이런 관점에서 보면 그는 소득 재분배에서 국가의 역할을 수용할 것이다.

따라서 우리는 마셜이 근로 의욕을 꺾는 효과가 발생하지 않도록 하면서 불평등을 신중하게 줄이기 위한 의도를 가지고 조세 문제를 판단했을 것으로 짐작할 수 있다. 고용을 장려하기 위해 감세 정책을 추진하라는 OECD의 권고는 마셜의 생각과 일맥상통할 것이다. 마셜이 항상 증거를 찾으려고 했다는 점을 감안할 때, 그가 2차 세계대전

이 끝나고 복지국가가 등장한 이후로 채택되었던 재정적 재분배 정책에 관한 연구 결과로부터 영향을 받을 것이다. 국제통화기금International Monetary Fund, IMF은 온건한 재분배를 표방하는 조세 정책을 검토하면서 이런 정책이 경제적으로 해롭지 않으며, 소득 불평등을 완화하는 데 도움이 될 것이라는 결론을 내렸다.[20]

마셜은 불평등을 어느 정도 수준에서 받아들일 수 있는가에 대한 결정이 궁극적으로는 정치권에 달려 있으며, 여기서 경제학은 고려해야 할 비용과 편익을 결정하기 위한 분석 도구만을 제공할 뿐이라는 점을 인식할 것이다. 미국은 특히 북유럽 국가처럼 복지 정책을 바탕으로 세계에서 가장 평등한 사회로 인정받는 유럽보다 소득 재분배에 신경을 덜 쓴다. 미국은 기회의 평등을 도모하는 데 집중하여 누구든지 열심히 노력하면 좋은 직장과 집을 가질 수 있다는 아메리칸 드림American Dream을 일으켰다. 중국은 미국과 비슷한 생각을 갖게 하는 차이나 드림Chinese Dream을 표방하면서 미국의 길을 가고 있는 것으로 보인다.

그러나 지난 수십 년 동안에 미국에서 불평등이 급격하게 심화된 것은 미국식 접근 방식이 도전받고 있음을 시사한다. 유럽식 접근 방식은 예산이 많이 소요되는 복지 정책(이런 정책의 일부만이 소득 재분배 정책과 관련이 있다)을 감당하기가 어렵다는 점에서 미국과는 다른 문제를 갖고 있다. 예를 들어 고령 사회가 되면서 노인에게 지급해야 할 연금이 증가하고 있다. 따라서 자본주의 경제에서 불평등 문제를 다루는 방식을 재검토하는 것이 여러 나라에서 시급한 쟁점이 되었다.

경제학의 엄밀성을 높인 경제학자

1908년 5월, 마셜은 66회 생일을 맞이하기 직전에 《경제학 원리》 2권을 쓰기 위해 대학 교수직에서 물러났다. 그는 이 책의 저술 계획을 거의 20년 전에 발표했지만 아직 완성하지 못한 상태였다(그는 1901년에 좀 더 일찍 물러나고 싶었지만 사정이 여의치 않았다). 그러나 그는 퇴직 후에 2권의 저술을 포기했다. 1910년에 《경제학 원리》 6판에서 '1권'이라는 표현이 삭제되었다. 대신에 그는 1919년부터 1924년까지 세 권의 지침서를 썼다.

이렇게 된 한 가지 이유는 많은 저명 경제학자들과 마찬가지로 마셜이 퇴직 후에 매우 바쁘게 보냈다는 것이다. 그는 《경제학 원리》의 개정판을 쓰면서 의회 위원회 활동도 해야 했고, 서신도 써야 했고, 그 밖에도 시간을 잡아먹는 다양한 활동을 맡아야 했다. 메리 페일리는 남편에 대해 이렇게 썼다. "그 사람은 연구 외에 다른 일에는 관심이 없다. 그는 세상을 이롭게 하기 위해 자기가 할 수 있는 모든 것을 하게 되어 기쁘다는 말을 했다."[21]

그는 정말 세상을 이롭게 했다. 마셜은 퇴직하고도 거의 20년 동안 활발하게 활동했다. 그는 1924년에 82회 생일을 2주일 앞두고 집에서 심부전증으로 숨을 거두었다.

마셜이 케임브리지대학교에서 마지막 10년을 재직하면서 가르쳤던 제자 중에는 존 메이너드 케인스라는 유명한 경제학자가 있었다. 피구와 함께 케인스는 마셜 사상을 추종하는 케임브리지 학파를 창설하는 데 중요한 연결 고리 역할을 했다. 케인스가 당시 케임브리지대학교의 많은 학생들과 마찬가지로 경제학 정규 과정을 거치지 않은 것은 널리 알려진 사실이다. 그들은 주로 정규 과정으로 수학을 전공했고, 그 과정에서 자기가 정말 관심이 가는 분야를 알게 되었다. 케인스에게 경제학 교육은 마셜의 저작을 읽는 것과 함께 마셜과 피구에게서 한 학기 정도 강의를 듣고 지도를 받는 것이었다. 그는 영국에서 제공되는 최고의 경제학 교육을 받았을 것이다. 더욱 전문적인 런던 정치경제대학은 1895년에 가서야 설립되었다. 따라서 특히, 경제학이 정책 해결 방안을 제시해야 할 필요성의 측면에서 보면, 케인스 거시경제학에는 마셜의 생각이 근저에 녹아들어가 있다.

이는 마셜과 그와 동시대를 살았던 사람들이 그들의 전공 과목명을 '정치경제학'에서 '경제학'으로 변경하도록 자극했다. 마셜은 자신의 전공이 국가적 목표가 아니라 정치적 판단과 관련되는 것을 피하기 위해 이 변경에 찬성했다. 이것이 경제학의 범위를 좁히기 위한 의도는 아니었다.

앞에서 설명했다시피 그는 경제학을 '사회경제학'이라고 부르는 것도 괜찮다고 생각했다. 마셜의 경제 이론은 정책에 대한 인간의 반응을 반드시 고려해야 하는 사회과학 속에 깊이 뿌리를 내리고 있다. 따라서 불평등 문제를 다루기 위한 재정적 수단은 이런 조치를 시급하게 만드는 사회적 불만이 커지는 상황 속에서 그의 경제학적 믿음과 부합되어야 할 것이다.

마셜이 자신이 살던 시대보다 훨씬 더 불평등한 또 다른 도금 시대를 낳은 자본주의 체제를 받아들일 것 같지는 않다. 그는 자기 생각을 확실히 밝힐 것이다. 그의 조카 클로드 기유보^{Claude Guillebaud}는 마셜의 제자들과의 점심 자리에 초대받았을 때 느꼈던 두려움을 떠올렸다. 그들이 완전히 엄밀하지 않은 분석이나 의견을 제시하면 마셜 교수는 혹독하게 비판했다고 한다.

마셜은 경제학의 엄밀성을 높인 경제학자이지만, 그는 학생들에게 경제학을 도구나 사고 분석법을 제공하는 과목으로 보아야 하며, 교과서가 현실 세계를 반영한다고는 믿지 말라고 가르쳤다. 그는 자신의 접근 방식을 다음과 같이 설명했다.

경제적 가정을 취급하는 훌륭한 수학 정리는 훌륭한 경제학이 되지 못할 가능성이 상당히 높다. 그리고 나는 다음과 같은 원칙을 따랐다.

1. 수학을 탐구의 원동력이 아니라 간단명료한 언어로 사용한다.
2. 이 작업이 끝날 때까지 이런 입장을 계속 유지한다.
3. 글로 옮겨본다.
4. 그 다음에 현실 생활에서 중요한 사례를 가지고 설명한다.
5. 수학을 지운다.
6. 4에서 성공하지 못하면, 3을 지운다. 이 마지막 단계는 내가 자주 했던 것이다.[22]

The Great Economists

Adam Smith
David Ricardo
Karl Marx
Alfred Marshall
Irving Fisher
John Maynard Keynes
Joseph Schumpeter
Friedrich Hayek
Joan Robinson
Milton Friedman
Douglass North
Robert Solow

5장
어빙 피셔

우리는 또다시 세계 대공황을 맞이할 위험에 처해 있는가?

Irving Fisher

대폭락 Great Crash(1929년 10월 29일 뉴욕 증권 시장이 대폭락한 사건을 말하며 1930년대 세계 공황의 시발점이 되었다-옮긴이)이 발생하기 직전인 1929년 10월, 미국의 경제학자 어빙 피셔는 불명예스럽게도 주식 가격이 '영원히 하락하지 않을 고원'에 도달했다고 선언했다.[1]

불과 며칠 뒤, '검은 목요일'로 불리는 10월 24일에 주식 가격이 폭락했다. 이것은 더 큰 붕괴를 알리는 전조에 불과했다. '검은 화요일'로 알려진 10월 29일에 주식 시장이 완전히 무너졌다. 불과 며칠 사이에 주식 가치의 4분의 1이 사라졌다.

피셔는 깜짝 놀란 전국신용인협회 청중에게 펀더멘틀 fundamental(기초적 조건을 뜻한다-옮긴이)에서는 아무것도 변하지 않았고, 시장의 일시적인 동요를 극복해야 한다고 말했다. "바닥이 가까워졌고, 이후로 반등이 일어나서 시장이 과거의 고점을 향해 금방 돌아갈 것이다."[2]

그러나 우리가 알다시피, 피셔의 예상은 잘못되었다. 대폭락은 대공황으로 이어졌고, 그 결과 시장의 붕괴로 피셔의 재산 1000만 달러가 사라졌다. 평생 낙관주의자였던 그는 여전히 낙관했거나 아니면 완전히 자포자기 심정으로 주식 시장과 미국 경제가 회복할 것이라고 계속 전망했다. 그러나 1930년대 말까지는 그런 일이 일어나지 않았다.

피셔의 손실은 단지 금전적인 것만이 아니었다. 그의 명성은 돌이킬 수 없을 정도로 손상되었고, 피셔 자신은 사업가와 정치인에게 따돌림당하기 시작했다. 그토록 공개적으로 그리고 굉장히 잘못된 것으로 입증된 사람의 주장을 진지하게 받아들이고 싶어하는 사람은 거의 없었다. 결과적으로 피셔는 거의 모든 것을 잃었다. 피셔는 자신을 실패자라고 생각했다.

그러나 역사는 이보다 훨씬 더 관대하여 피셔가 경제학에 대단한 기여를 한 사실을 인정했다. 오스트리아의 위대한 경제학자 조지프 슘페터는 피셔가 미국이 배출한 가장 위대한 경제학자일 수도 있다고 했다.[3] 실제로 현대 경제학의 많은 부분이 피셔의 연구에서 비롯되었다.

그는 어떻게 보더라도 미국 최초의 경제학자였다. 19세기 후반 미국에는 상대적으로 경제사상가가 몇 명 없었다. 미국 정부가 경제에 별로 개입을 하지 않기에, 정책 수립에서 경제학이 제한적인 역할을 했기 때문이었다. 피셔의 연구는 경제학의 중심지가 유럽에서 미국으로 넘어가게 되는 전환점이 되었고, 이 과정에서 경제학이 수학, 통계학과 확고하게 연계되었다. 1930년 피셔는 경제학에서 정량적 방법을 개발하는 학자들의 모임인 계량경제학회Econometric Society의 공동 설립자 겸 초대회장이 되었다. 노벨 경제학상 수상자의 거의 모두가 이 학회 회원이었다.

피셔는 경제학을 다음과 같은 관점에서 바라보았다.

> 경제학자는 경제적 요소의 상호 작용을 관찰하고 묘사하는 작업을 한
> 다. 이 요소들이 분명하게 보일수록 좋은 것이다. 경제학자가 한꺼번
> 에 많은 요소를 파악하여 마음속에 담아둘수록 좋은 것이다. 경제 세계
> 는 시계視界가 흐릿한 곳이다. 첫 번째 탐험가는 아무 도움을 받지 않고
> 서 앞을 내다보았다. 수학은 희미하게 보이던 것을 확실하고 선명하게
> 보이게 하는 회중전등 같은 것이다. 이전의 환영은 사라진다. 우리는 더
> 잘 볼 수 있다. 또 더 멀리 볼 수 있다.[4]

주목할 만한 것은 오늘날 대학 교육에서 가르치는 현대 경제학의
많은 부분이 어빙 피셔에 의해 정립되었다는 사실이다. 그런데도 그는
경제사상사를 다루는 책에 좀처럼 등장하지 않는다. 그 이유는 그가,
예를 들면 존 메이너드 케인스의《고용·이자 및 화폐에 관한 일반 이
론The General Theory of Employment, Interest and Money》처럼 자신의 생각을 하나
의 이론으로 통합하지 않았기 때문일 것이다. 또한 피셔는 제자가 많
지 않았다. 그는 주로 혼자 연구했고 대학원 학생들을 지도하는 경우
가 드물었다.

1930년에 출간된《이자론The Theory of Interest》이《고용·이자 및 화
폐에 관한 일반 이론》과 같은 유형의 저작에 가장 가까울 것이다. 피
셔는 다양한 방식으로 예전의 연구를 정리했고, 1930년대 후반부터
1950년대까지 거시 경제학자들이 했던 연구의 많은 부분을 예상했다.

그러나 그는 이 작업을 끝까지 해내지는 않았다. 그는 케인스가 몇 년 뒤에 했던 것처럼 국민 소득 수준과 그 변화를 설명하는 이론을 정립하는 데는 관심이 없었다.[5] 케인스와는 대조적으로 피셔는 실제적인 가치가 아닌 학술적인 과제로 생각하면서 연구를 추진하지는 않았다.

그는 젊은 시절에 결핵으로 사경을 헤맨 적이 있다. 이 때문에 장기 과제를 완수할 수 없을 것이라는 두려움이 생겼고, 단기간에 끝낼 수 있는 연구 과제에 중점을 두게 되었다.[6] 그는 매년 책을 한 권씩 쓰겠다는 목표를 달성하지는 못했지만, 수십 편의 논문과 수백 편의 대중적인 글을 포함하여 2년마다 한 권씩은 책을 출간했다.

그는 학문에만 몰입하는 학자가 아닌데도 많은 글을 남겼다. 또한 다양한 활동에 참여하면서도 때때로 학문 활동을 잠시 접기도 했다. 그는 대중에게 상당히 알려진 인물이었지만, 사람들은 피셔를 경제학자가 아닌 공중 보건 전문가, 국제연맹League of Nations 지지자, 금주법 옹호자로 생각하기도 했다. 또한 그는 사업가이기도 했고 기업 이사이기도 했으며 대폭락으로 재산을 잃기 전까지 엄청난 재산을 모은 사람이기도 했다.

어떤 면에서 보아도 피셔는 자신감 강한 사람이었고, 자기 생각이 잘못된 것으로 밝혀지는 것을 싫어했다. 그는 대공황을 겪으면서 자신의 잘못을 깨달았다. 그는 어떻게 자신이 재산을 잃게 되었는지, 왜 경제와 주식 시장이 불황의 늪에서 빠져나오지 못했는지 알고 싶었다. 그래서 그는 1932년부터 1937년 사이에 보수를 받지 않고서 미국 대통령 보좌관으로 일했다. 처음에는 허버트 후버Herbert Hoover 대통령을 위해 일했고, 그 다음에는 프랭클린 루스벨트Franklin D. Roosevelt 대통령을 위해 일했다. 확실히 그에게는 미국 경제를 바로 잡고 이를 통하여 잃어버린 자기 재산을 회복하려는 동기가 있었다. 그는 '부채 디플레이션' 연구에 박차를 가했다. 소비자와 기업이 부채를 상환할 때까지 소비를 하지 않고 투자를 하지 않기 때문에 경제가 작동을 멈추면서 물가가 하락하여 디플레이션의 소용돌이 속으로 영원히 빠져들게 된다는 생각이었다.

2008년 위기 이후로 디플레이션에 대한 두려움이 정책 담당자들의 마음속에 또다시 자리를 잡게 되면서, 피셔의 연구가 반향을 불러일으켰다. 세계 경제는 더디게 성장했고 물가 상승률은 중앙은행의 목표치 아래로 계속 떨어졌다. 역사 전체를 통해 볼 때, 디플레이션 현상은 매우 드물었다. 그러나 1990년대 초반 이후 일본이 경험한 '잃어버린 수십 년'은 금융 위기의 여파로 앞으로 일어나게 될 현상에 대한 경고등이 되기에 충분했다.

2008년 위기 이후로 선진국 경제는 위기 이전의 성장 추세를 회복하기 위해 분투했다. 그리고 세계적으로 물가 상승률이 떨어지면서 많은 국가가 디플레이션의 위험에 처하게 되었다. 공공 부문과 민간 부문에 쌓인 엄청난 부채로 인하여 세계 경제가 피셔가 대공황의 원인이라고 설명했던 부채 디플레이션 속으로 빠져드는 것처럼 보였다.

우리는 1930년대의 경험을 반복할 위험에 처해 있는가? 어빙 피셔는 우리가 이 상황에서 어떻게 하라고 말해줄 것인가?

사회 문제에 적극적으로 개입하다

어빙 피셔의 아버지 조지 화이트필드 피셔George Whitefield Fisher는 뉴잉글랜드 지역 청교도 교회 목사였다. 1865년에 그는 부인 엘라Ella와 함께 뉴욕주 허드슨강 주변의 소거티스에 위치한 제일회중교회로 자리를 옮겼다. 그로부터 2년 뒤에 피셔가 태어났다.

1883년에 피셔의 아버지는 결핵을 앓았다. 당시에는 거의 사형 선고와도 같았고, 피셔가 고등학교를 졸업한 지 얼마 되지 않은 이듬해 6월에 아버지가 세상을 떠났다. 어린 시절부터 수학에 뛰어난 재능을 보인 피셔는 1884년에 예일대학교에 입학했다. 이때부터 그는 미국에서 가장 권위 있는 대학교와 평생에 걸쳐 관계를 맺기 시작했다.

아버지가 남겨놓은 재산이 500달러에 불과했기 때문에, 가장이 된 그는 학비를 스스로 마련하면서 어머니와 동생, 허버트Herbert를 부양해야 했다. 대학 시절에 그는 수학 가정교사를 하면서, 라틴어, 그리스어, 대수학 경시 대회에 참가하여 상금을 받았다.

그는 예일대학교에서 금방 재능을 인정받았다. 1888년 졸업 후에 대학원 과정을 밟기 위해 학교에 남았다. 그러나 그의 관심은 수학을 훨씬 뛰어넘었다. 그가 예일대학교에서 제공하는 자연과학과 사회과학 과목을 모두 공부했다는 소문도 떠돌았다. 그는 법학이나 경제학을 공부하고 싶어했다. 그는 이렇게 말했다. "나는 하고 싶은 것이 너무 많았다! 나는 내가 원하는 것을 성취할 시간이 부족하다고 생각했다. 나는 많은 책을 읽고 싶었다. 나는 많은 글을 쓰고 싶었다. 나는 돈을 벌고 싶었다."7 1891년 그는 수리경제학 박사 과정에 입학하기로 결심했다.

그는 박사 학위 논문 〈가치와 가격 이론에 대한 수학적 고찰 Mathematical Investigations in the Theory of Value and Prices〉을 불과 1년 만에 완성했는데, 이는 상당히 획기적인 논문으로 평가받았다. 이 논문에서 그는 경제에서 가격과 상품 수량을 계산하는 방법을 제시했다. 노벨 경제학상 수상자 폴 새뮤얼슨은 이 논문을 두고 "지금까지 경제학에서 나온 가장 뛰어난 박사 학위 논문"이라고 극찬했다. 이 논문은 경제학에 수학을 적용함으로써 큰 진전을 이루었다.[8]

이듬해 그는 예일대학교 수학과에서 강의를 맡았고, 얼마 지나지 않아서 마거릿 해저드 Margaret Hazard 와 결혼했다. 집안에서는 그녀를 마지라고 불렀다. 마지의 아버지 롤랜드 Rowland 는 부유한 모직물 제조업자였는데, 로드아일랜드주의 작은 마을 피스 데일 Peace Dale 에서 유지로 통했다. 그는 1860년대에 회중교회를 설립하고 조지 화이트필드 피셔를 목사로 청빙했다. 피셔 집안은 1868년 8월에 그곳으로 이사갔는데, 어빙 피셔는 그곳에서 자랐다. 비록 어린 시절에 마지와 친구 사이로 지내지는 않았지만 말이다.

예일대학교 시절, 청교도 집안에서 자란 피셔는 경솔한 행동을 삼갔다. 스물네 살이던 1891년 가을에 친구 집에 저녁 초대를 받았다. 마지도 그곳에 있었는데, 피셔는 첫눈에 그녀에게 마음이 끌렸다. 이후로 약혼을 하고, 1893년 6월에 결혼식을 올렸다. 두 사람은 14개월에 걸친 신혼여행을 떠났는데, 이 기간에 유럽에서 일도 하면서 세 자녀 중 첫 아이를 낳았다.

피셔는 1894년 가을에 예일대학교로 돌아와서 수학과 조교수로 임명되었다. 1년 뒤에 신설된 경제학과에 정규직 교수 자리가 생겼는데, 피셔에게 의향을 물어왔다. 두 학과 사이에 잠시 실랑이가 있었지만, 경제학과가 승리했다. 피셔는 실제적인 가치에 관한 연구를 하고 싶었는데, 수학은 상당히 추상적인 학문으로 보였다.

당시 미국 대학교에서는 독일학파가 경제사상을 주도하고 있었다. 그들의 접근 방식은 역사에 기반을 둔 것이었다. 이론은 과거에 있었던 모든 것에 대한 철저한 이해를 보여줄 수 있는 것들이 수용되었다. 그러나 수리경제학의 선구자였던 피셔는 급진적인 인물로 비쳐졌고, 결과적으로 다른 교수들과 가깝게 지내지 못했다.

예일대학교 경제학과가 피셔를 데려오기 위해 열심히 싸우고 나서는 그와 아주 소원한 관계를 유지했다는 것은 아이러니한 일이기도 했다. 그는 동료 교수들에게서 깊은 인상을 받지 않았다. 그는 그들이 인간의 여건을 개선하기 위해 경제학 지식을 응용하기보다는 교실 속에서 안주하기를 원한다고 생각했다. 그는 예일대학교와 오랫동안 관계를 맺었지만, 그곳에 없을 때가 많았다. 강의도 많이 맡지 않았고, 동료 교수들과도 좋은 관계를 유지하지 않았다.

1898년에 그는 정교수로 임명되었고, 연봉 3000달러(현재 가치로 약 8만 5000달러)를 받는 종신재직권을 보장받았다. 여건은 좋아졌다. 처가는 부유했고, 마지가 가져온 돈 덕분에 두 사람은 아주 편안한 삶을 누릴 수 있었다. 뉴헤이번 프로스펙트 스트리트 460번지에 위치한 집은 처가에서 마련한 혼수품이었다. 집은 꽤 넓었고 가구가 완전히 갖추어져 있었고 시중드는 하인도 많았다. 피셔 자신도 연구 활동이나 사회 활동을 도와줄 비서들을 고용할 정도로 여유가 있었다.

그러나 피셔가 직장에서 성공하고 가정에서 행복한 생활을 누리기 시작하면서, 곧 재앙이 닥쳤다. 서른 살 나이에 그는 결핵이라는 심각한 질병을 앓았다. 그는 이 병을 아버지에게서 물려받았는데, 잠복기에 있다가 그제야 발병했다고 생각했다. 피셔는 병을 이겨내고 건강을 회복하는 데 3년이 걸렸지만, 이것이 그의 생활 방식을 바꾸는 계기가 되었다.

피셔는 아버지를 존경했다. 비록 자기 신앙을 공공연히 드러내지는 않았지만 그는 아버지에게서 강직한 도덕적, 청교도적 규범을 물려받았다. 특히 몇 년에 걸친 질병으로 정신적 충격을 받고 나서는 음식과 건강에 집착하게 되었다. 그는 금연, 금주를 실천했고 커피와 차도 마시지 않았다. 초콜릿도 전혀 먹지 않았고, 고기도 좀처럼 먹지 않았다. 매일 오전 7시에 일어나서 가벼운 아침 식사를 하기 전에 집 주변을 천천히 달렸다. 정오가 되면 집에 설치한 헬스장이나 뒷마당에서 또다시 운동을 했다. 때로는 늦은 오후에 공원에서 걷거나 천천히 달렸다. 오후 10시 30분이 되면 미용 체조를 하고 나서 잠자리에 들었다. 그는 여행을 가서도 자신의 건강 수칙을 고수했고, 자기만의 식단을 고집했다. 때로는 요리사에게 특별 지시를 하기 위해 호텔 주방에 들어가기까지도 했다.[9]

그는 건강 전문가로서 미국 전역에 널리 알려졌다. 1915년에는 공중위생에 관한 기본 원칙을 제시하는 《어떻게 살 것인가How to Live》라는 책을 공동 집필했다. 이 책은 미국에서만 40만 부가 팔렸고, 10개 언어로 번역 출간되었다. 그의 경제학 저서 중에는 이처럼 성공한 책이 없었다. 피셔는 인세 7만 5000달러를 건강한 삶과 정기적인 건강 진단을 장려하기 위해 2년 전에 공동 설립한 수명연장연구소에 기부했다.

그가 관여했던 협회 중 일부는 논란을 일으키기도 했다. 그는 미국 우생학협회와 우생학연구협회의 회장을 역임하기도 했다. 우생학에 대한 그의 믿음은 인류의 유지와 발전에 근거했다. 그러나 그가 이것이 인종적 우월주의와 관련이 있다는 사실을 인정하지 않았거나 일부러 외면했던 것으로 보인다.

그가 평생에 걸쳐 했던 주요 활동 중에는 금주법 옹호 운동이 있다. 1920년에 시행된 미국 헌법 수정 조항 제18조에 따르면 주류 판매가 금지되었는데, 이 조항은 13년 동안 시행되다가 수정 조항 제21조에 따라 폐지되었다. 그는 술을 생산성을 좀먹는 독약 같은 것으로 보았다. 음주는 자해 행위와도 같은 것이다. 금주는 경제와 사회 전체를 위한 것이다. 그는 1926년에 발간한《최악의 상황에서의 금주법Prohibition at its Worst》에서 금주법이 완전한 효력을 갖지 않더라도(그는 금주법이 야기하는 범죄와 주류 밀매가 불만스러웠다), 사회는 주류 판매를 합법화할 때보다 훨씬 더 낫다고 주장했다. 문제는 금주법 자체가 아니었다. 금주법이 일반 대중에게 그 장점을 충분히 알리기 전에 너무 일찍 도입되었다는 것이었다. 그는 주류 판매를 금지하는 수정 조항 제18조에 찬성하는 대통령 후보를 지지했고, 1933년에는 폐지되는 것에 결사반대했다.[10]

피셔가 사회 문제에 적극적으로 개입한 것은 경제학자는 대중을 위해 봉사해야 한다는 믿음에서 나왔다. 정치 제도에 대한 불신에서 비롯되었을 수도 있다.

> 정치 권력이 다수에 귀속되고, 경제 권력이 계급에 귀속되는 한, 우리 사회는 항상 불안정하고 폭발성을 지닌 혼합물로 남을 것이다. 결국 이런 권력 중 하나가 통치를 할 것이다. 금권 정치가 민주주의를 매수하거나 투표에 의해 민주주의가 금권 정치를 추방할 것이다. 이러는 동안 부패한 정치인이 이 두 권력 사이에 숨어 있는 중개업자가 되어 출세할 것이다.[11]

또한 피셔는 경제학자들의 약점을 잘 인식했다.

> 학문에 몰두하는 경제학자들은 개방적인 자세 때문에 자기도 모르게 자기가 살고 있는 공동체가 갖는 편견에 끌려가기 쉽다.
> 자신의 사회적 세계가 월스트리트인 경제학자들은 월스트리트의 관점을 취하기 쉽다. 반면에 농업 지역의 주립대학교에서 근무하는 경제학자들은 농민의 이익에 대한 열렬한 지지자가 되기 쉽다.[12]

피셔 가족은 뉴헤이븐에서 안락한 삶을 살았다. 예일대학교 교수였던 어빙 피셔는 중산층보다 임금을 더 많이 받았다. 게다가 그가 하는 다양한 활동에서도 수입이 들어왔다. 그러나 그는 지출해야 할 것도 많았다. 특히 직원과 비서도 여러 명이 있었는데, 피셔는 그들에게 많은 일을 위임했다. 그러나 그가 하인을 여러 명 거느리고 큰 집에서 산 것과 자녀들에게 사교육을 시킨 것은 무엇보다도 처가가 부유했기 때문이라고 봐야 한다. 피셔가 그 정도의 생활 수준을 유지할 수 있었던 것이 주로 처가 재산 덕분이라는 사실은 피셔 자신도 부정할 수가 없을 것이다.

피셔는 발명이 사유 재산을 형성하는 열쇠라고 항상 생각했다. 그는 여러 번 발명을 시도했다. 그가 만든 일람식 색인카드시스템은 간단한 아이디어였고 획기적이었다. 그는 색인카드의 맨 아래에 새김 표시를 넣었다. 이것을 금속 조각에 부착하여 수직으로 혹은 수평으로 쌓아놓거나 원형 드럼 위에 쌓아놓을 수 있다. 이것은 기록을 찾기 위해 카드 상자의 카드를 넘기는 것보다 훨씬 더 효율적인 방법이었다. 그는 1910년에 이 아이디어를 내놓았지만, 이 장치를 제조할 기업을 찾을 수가 없었다. 결국 1915년에 직접 제조하기로 결심했다. 비록 매일 회사를 경영할 수는 없어서 이 작업을 관리자와 직원에게 위임했지만 말이다.

1919년까지 이 일람식 색인카드 회사는 피셔 가족이 3만 5000달러를 넘게 투자했는데도 여전히 수익을 내는 데 어려움을 겪었다. 그러나 피셔가 현명하게도 미리 특허를 낸 이 아이디어는 간단하면서도 실용적이었다. 그리고 미국 경제가 빠르게 성장하면서 문서 보존이 중요해짐에 따라, 피셔의 아이디어가 미국 전역의 기업에서 채택되었다. 광란의 1920년대가 탄력을 얻으면서, 이 일람식 색인카드 회사의 수익도 탄력을 얻었다. 1920년대 초반, 피셔는 뉴욕에 사무소를 열었고, 심지어 뉴욕주의 전화 회사에도 이 시스템을 채택하도록 설득했다.

1925년에 그는 자기 회사를 나중에 레밍턴 랜드Remington Rand에 합병된 회사에 매각했다. 이 회사와 특허의 가치가 66만 달러에 달했고, 여기에다 새로운 회사로부터 주식을 받았다. 피셔는 58세가 되던 해에 드디어 자신의 노력으로 작은 재산을 형성했다. 그러나 작은 재산을 큰 재산으로 전환하는 데는 특별한 계기가 필요했는데, 이것은 주식 시장의 엄청난 상승 덕분에 가능했다.

피셔는 주식 시장에 많은 돈을 투자했는데, 주로 혁신 제품을 가진 신생 기업을 골라서 투자했다. 수익금과 배당금은 모두 빠르게 성장하는 시장에 재투자했다. 그러나 그는 여기서 더 나아갔다. 주식을 매입하기 위해 돈을 빌렸던 것이다. 이것은 신용 매입buying on margin이라고 알려진 관행인데, 투자자가 자신의 포트폴리오에 대해 차입금으로 투자하는 것을 말한다. 예를 들어 당신이 자기 자본 1000달러만을 내고서 잔액을 빌려서 주식 1만 달러어치를 매입했다고 하자. 주식 가격이 20% 상승하면 당신은 당신의 투자 자금 1000달러에 대해 2000달러의 수익(여기에 차입금 9000달러에 대한 이자를 제한다)을 얻는다. 이런 식으로 차입금으로 투자하면 강세 시장에서 아주 빠른 속도로 엄청나게 많은 주식 자산을 형성하는 것이 가능하다. 피셔는 이 방식으로 1000만 달러라는 엄청난 자산을 축적했다.

신용 매입의 단점은 약세 시장에서 나타난다. 이제는 주식을 매입할 때 발생했던 부채가 자산보다 더 많아진다. 이처럼 차입 투자는 좋은 시절에는 엄청난 수익을 낳지만, 상황이 나빠지면 치명적인 손실을 낳는다.

1920년대 말 피셔의 행동은 여러모로 볼 때 거의 100년이 지나서 금융 부문 전체에서 발생하게 될 현상의 전조가 되었다. 차입 투자를 엄청나게 많이 하면서 재정적으로 건전하게 보였던 기관들이 자산 가치가 폭락하자 갑자기 어려운 상황에 처하게 되었다. 1929년에 주식 시장이 붕괴되자 피셔는 재정 파탄에 빠졌다.

그는 1920년대 내내 주식 시장의 상승을 강력히 주장했다. 1928년 말에는 〈뉴욕헤럴드New York Herald〉에 1929년에도 이런 상승이 계속 이어질 것이라고 예상하는 기사를 썼다. 1929년이 시작되면서 폭락을 우려하는 목소리가 점점 커졌지만, 피셔는 변치 않는 자신감을 보였다. 분명히 그는 자기 생각을 솔직하게 표현했겠지만, 불행하게도 그것이 사람들을 비극의 길로 안내했다. 아이러니하게도 나중에 그는 대폭락의 근본 원인을 주식 가치에 대한 다른 사람들의 억측 탓으로 돌렸다.

또 다른 아이러니는 피셔가 경제 데이터 개발에 앞장섰다는 것이다. 1923년에 그가 설립했던 지수연구소Index Number Institute, INI는 경제 활동과 물가에 대한 주간과 월간 지수를 발표했다. 이 사실만으로도 피셔는 농업, 주택, 제조업 부문에서 경제를 악화시키는 취약성과 불균형을 제대로 관찰할 수 있는 위치에 있어야 했다.

역사가 말해주듯이 1929년 10월 29일 혹은 '검은 화요일'은 최악이 아니었다. 주식 시장은 이후 3주 동안 계속 하락했다. 은행이 속속 문을 닫고 폭락은 공황으로 이어졌다. 1929년에만 659개의 은행이 문을 닫았다. 이 수치는 이후로 3년 동안에 여덟 배로 증가했다.

이번 폭락은 피셔 가족의 재정에도 커다란 영향을 미쳤다. 채권자들에게서 전화가 왔다. 피셔가 그들에게 주식으로 빚을 갚았지만, 주식 가치는 이미 크게 떨어져 있었다. 게다가 미국 국세청이 찾아와서 호황기에 신고하지 않은 소득을 조사하기 시작했다.

해저드 집안이 다시 한번 피셔에게 생명줄을 던져주었다. 마지보다 열한 살 많은 처형 캐롤라인Caroline이 가족 재산에서 많은 부분을 상속 받았다. 이번 폭락이 그녀에게 심대한 영향을 미쳤지만, 재산이 워낙 많아서 여전히 여유가 있었다. 그녀는 피셔가 채권자들에게 빚을 갚기 위해 차입금을 더 많이 확보할 수 있도록 담보로 사용할 주식을 빌려 주었다. 캐롤라인이 도와주지 않았더라면 피셔 가정은 1930년에 파산 했을 것이다.

이후 10년 동안 그는 파산을 모면하기 위해 처형에게 계속 의지하 곤 했다. 캐롤라인이 걱정하는 것은 어린 여동생의 행복이었을 것이 다. 피셔에게서 도와달라는 요청이 계속 들어오자, 그녀는 피셔를 보 는 것이 짜증이 났다. 피셔가 인척이기는 했지만, 그와의 금전적 문제 를 대리인에게 맡겼다.

1935년 68세가 된 피셔는 예일대학교에서 퇴직해야 할 나이가 되 었다. 이제는 프로스펙트 스트리트 460번지의 주택담보대출금을 갚 기가 어려워진 그는 이 집을 예일대학교에 팔았는데, 학교 측은 피셔 와 마지가 남은 인생을 세입자로 살도록 허락했다. 결국 피셔는 임대 료조차도 부담이 되어 이 집을 떠나 아파트를 구했고, 그곳에서 삶을 마감했다.

피셔가 1930년에 파산 신청을 했더라면 더 나은 삶을 살지 않았을 까? 그랬더라면 그는 집과 함께 주식 자산을 잃었을 것이다. 그러나 그는 집도 잃기 싫었고, 주식 자산도 잃기 싫었다. 그는 경제가 곧 좋 아질 것이고, 자신의 주식 가치도 상승할 것이라는 믿음을 버리지 않왔다. 그는 여전히 경제 회복과 금융 회복이 금전적인 어려움에서 벗어날 가장 가능성이 높은 해결책이라고 보았다. 이처럼 낙관적인 태도는 상당히 인상적이었다. 그러나 불행하게도 그가 전환점에 도달했다고 주장할 때마다 대체로 상황은 훨씬 더 나빠지기만 했다.

1941년 피셔의 자산은 24만 4000달러였지만, 부채는 처형에게서 빌린 약 100만 달러를 포함하여 110만 달러에 달했다. 순자산으로 치면 87만 달러 적자였다. 1945년 3월 캐롤라인 해저드가 세상을 떠났을 때, 유언으로 그의 부채를 탕감해주었다.

교환방정식과 불황에 대한 처방

1903년 결핵에서 회복되어 예일대학교로 돌아온 뒤 어빙 피셔는 경제학에 가장 소중한 기여를 하게 된다. 그는 중요한 저작 두 권을 발간했는데, 하나는 1906년에 발간된 《자본과 소득의 본성The Nature of Capital and Income》이었고, 다른 하나는 1907년에 발간된 《이자율The Rate of Interest》이었다. 주로 투자와 이자율을 다루는 이 두 권의 책은 널리 알려진 경제 이론 저작으로 1930년에 발간된 《이자론》의 근간을 이루었다.

가장 영향력이 있는 기여는 교환방정식equation of exchange일 것이다. 이것은 화폐 공급이 변했을 때 물가 수준에 어떤 현상이 일어나는지 예측하는 방정식이다. 경제에서 통화량과 물가 수준에는 일정한 관계가 존재한다는 화폐수량설Quantity Theory of Money이라는 것이 이전 수세기 동안에 알려져 왔다. 유럽에서 16세기와 17세기에 걸친 오랜 인플레이션 시기는 브라질의 금광과 페루의 은광의 발견과 시기적으로 일치했다. 이런 이론은 일반적인 통념의 한 부분이었지만, 피셔가 등장하고 나서야 비로소 공식화되고 실제적으로 쓰이게 되었다.

교환방정식의 핵심은 수학적으로 MV=PQ로 표현할 수 있다. 이것은 경제에서 여러 사람들의 손을 거친 화폐의 총량은 판매되는 재화와 서비스의 총가치와 같다는 것이다. 방정식 왼쪽은 총화폐공급량M에 경제에서 화폐가 얼마나 자주 유통되는지 측정한 유통 속도V를 곱한 것이다. 오른쪽은 총판매량Q에 판매 가격P을 곱한 것으로 경제에서 모든 재화와 서비스에 대한 총지출을 의미한다. 피셔가 이 관계를 처음으로 공식화하지는 않았지만(캐나다 태생의 미국 천문학자이자 수학자 사이먼 뉴컴Simon Newcomb이 1885년 자신의 저서 《정치경제학의 원리Principles of Political Economy》에서 이미 MV=PQ이라고 썼다.[13]) 어떤 목적을 가지고 이 이론을 제공하고 이것을 입증할 통계적 방법론을 제시한 사람은 바로 그였다.

피셔는 장기적으로는 유통 속도가 습관, 사업 관행, 지급과 신용 시스템과 같은 제도적 요인에 의해 결정된다고 보았다. 또한 그는 경제에서 생산은 노동과 자본에 의해 결정된다고 보았다. 이것은 물가 혹은 화폐 공급과는 무관한 요인이다. 따라서 V와 Q가 고정되고 MV=PQ라면, 화폐 공급M의 변화와 물가 수준P의 변화에는 직접적인 관련성이 있어야 한다. 이것이 화폐수량설의 핵심이다.

화폐 공급의 변화는 장기적으로 물가 수준에 직접적이고도 비례하는 영향을 미칠 것이다. 이 이론이 인과 관계의 방향에 대해 화폐 공급에서 출발하여 물가 수준으로 향해간다는 강력한 사전적事前的 가정을 하고는 있지만, 경제에서 통화량 증가는 인플레이션을 초래할 뿐이고 실물 경제 성장에는 아무 영향을 미치지 않는다고 주장하는 유력한 이론으로서, 통화주의의 핵심 신조가 되었다. 나중에 밀턴 프리드먼은 이것을 염두에 두고서 이렇게 말했다. "인플레이션은 언제 어디서나 화폐적인 현상이다."[14]

화폐수량설에서 경제가 장기 균형 상태에 있다는 가정은 매우 중요하다. 대다수의 경제학자들은 경제가 주로 과도기 상태에 있다고 주장할 것이다. 게다가 경험적으로 보면, 유통속도가 그처럼 안정적이지 않은 경향을 나타낸다. 따라서 V와 Q가 변할 수 있다면, 화폐 공급과 물가 수준 사이에 직접적이고도 안정적인 관계가 반드시 존재하는 것은 아니다.

그러나 이 이론은 화폐 공급과 물가 수준이 국내 생산에 어떻게 영향을 미쳤는지, 이 단기 변동이 경기 순환에 어떻게 영향을 미쳤는지 살펴보아야 하는 여지를 남겼다. 그는 일반 대중이 물가 상승을 유통되는 통화량의 증가가 아니라 경제 성장에 따른 수요의 증가에 의한 것으로 혼동할 수 있다고 믿었다. 이 경우에 소비자들이 경제가 호황이라고 인식하면 물가 상승이 일시적으로 구매를 자극할 수 있는데, 그는 이처럼 잘못된 인식을 두고 '화폐 환상Money Illusion'이라고 불렀다. 그는 이 명제를 검증하기 위해 물가 수준과 생산 간의 단기적인 상관관계를 예상했다.

그는 시차분포모형을 도입했는데, 이에 따르면 현재 생산이 7개월 이내의 시차로 물가 변화에 따라 움직인다는 것이었다. 그는 단기적인 생산 변화 중에서 90%가 물가 수준의 최근 변화에 의한 것이라는 결론을 내렸다. 그는 이렇게 얻어낸 결론에 자신감을 갖고서 다른 모든 경기 순환 이론에 타격을 가했다. 경기 순환의 겨우 10%만을 물가 수준의 변화가 설명하지 못하기 때문이었다. 그런데 피셔 자신은 특히 물가 수준과 생산과의 인과 관계의 방향을 가정하면서 자기 주장을 강력하게 펼쳤다. 주류 경제학자들이 그의 연구를 흥미롭게 생각했지만, 그렇다고 해서 그의 결론을 수용하는 것은 아니었다.

피셔는 경제에서 물가가 어떻게 결정되는지 오랫동안 관심을 가져왔다. 1911년 그는 《화폐의 구매력 The Purchasing Power of Money》이라는 책을 발간했다. 그는 일반 대중에게 화폐 공급과 인플레이션의 영향에 관해 가르쳐주고 싶어 했는데, 그 이유는 사람들이 이 두 가지를 연결짓지 못하여 인플레이션의 영향으로부터 스스로를 보호하지 못한다고 생각했기 때문이었다.

나중에 그는 1차 세계대전 이후 유럽에서 나타난 극심한 인플레이션(하이퍼인플레이션)에 주목했다. 경제학자들이 많은 원인을 거론했지만, 피셔가 가장 중요하다고 생각했던 원인, 즉 화폐 공급의 무절제한 확대는 거론되지 않았다. 또한 그는 사람들에게 인플레이션에는 어떠한 피해가 있는지, 이를 통제하는 것이 왜 중요한지 이해시키고 싶었다. 인플레이션은 화폐를 저축한 사람에게서 화폐를 빌린 사람에게로 부를 재분배한다. 인플레이션 때문에 화폐를 저축한 사람은 구매할 수 있는 제품의 양이 줄어들지만, 화폐를 빌린 사람은 빌린 화폐의 실질 가치가 감소하여 혜택을 보기 때문이다. 또한 고정 임금을 받는 노동자들은 실질 임금이 하락하게 되고, 가격이 불변이라는 잘못된 전제 아래에서 계약을 체결한 기업도 어려움을 겪게 된다.

피셔의 화폐수량설은 안정적인 통화 공급이 물가 안정의 열쇠라고 주장한다. 그는 안정적인 통화란 경제에서 이용 가능한 재화와 서비스에 대해 안정적인 구매력을 지닌 화폐를 의미한다고 했다. 그는 일정한 양의 재화와 서비스를 구매할 수 있는 달러를 표현하기 위해 '일정한 달러', '달러 표준화', '축소되지 않는 달러', '상품 달러' 같은 용어를 썼다. 그가 말하는 '상품 달러'는 일반 대중이 가격을 설정하고 계약을 체결할 때 달러의 구매력에 관해 생각하게 만들었다.

피셔의 생각은 당시 경제 정책으로 실제 적용되던 금본위제와는 직접적인 대조를 이룬다. 금본위제는 달러가 고정된 양의 금으로 교환이 가능해야 할 것을 요구한다. 그러나 이것이 물가 안정을 달성하는 데 항상 성공적인 것은 아니었다. 상품 달러에 대한 피셔의 생각은 상품군에 대해 달러 가치가 고정되어야 하고, 달러의 구매력을 유지하기 위해 달러에 상응하는 금의 양이 조정되어야 할 것을 요구한다.

피셔는 1873년부터 1896년 사이에 미국 물가가 하락하면서 달러 가치가 상승한 것을 관찰했다. 그는 화폐 공급이 금의 양에 의해 결정되므로, 화폐 공급이 경제 성장을 유지하기 위해 필요한 거래 횟수를 충족시키는 데 요구되는 양보다 더 느린 속도로 증가하여 장기 불황에 이르게 한 것이라고 주장했다. 확실한 해결 방안은 달러 가치를 하락시키기 위해 달러에 상응하는 금의 양을 줄이는 것이다. 이것이 지나친 인플레이션을 초래하면, 달러에 상응하는 금의 양을 늘릴 수가 있다. 실제적으로 말하면, 피셔의 생각은 유통되고 있는 금화를 거두어들이고 이것을 금의 예치를 입증하는 금화 증권으로 교체하여 유통시키자는 것이다. 이렇게 하면, 유통되고 있는 달러에 상응하는 금의 양을 금의 고정된 양으로부터 단절시킬 수 있다. 이 생각은 달러의 구매력을 유지하기 위해 달러에 상응하는 금의 양에 변화를 주자는 것이다. 혹은 피셔가 말했듯이, 달러에 상응하는 금의 무게가 물가 수준에 따라 변할 것이다.

《화폐의 구매력》은 세계적으로 많은 관심을 받았다. 케인스는 이 책이 다른 어떤 책보다 화폐 이론에 대해 잘 설명하고 있다고 했다. 그러나 피셔는 금본위제의 폐지를 요구하면서 정치계와 산업계 사람들과 마찰을 빚었다. 피셔의 생각에 반대하는 사람들은 최소한 그 논리는 이해했지만 실행에 옮기기에 쉽지 않거나 현실적이지 않다고 생각했다.

또한 그들은 이미 물가 안정에서는 잘못되기 쉬운 시스템으로 드러난 금본위제의 작동에 대한 신뢰가 무너지는 것을 우려했다. 그들에게 금본위제를 손질하자는 것은 좋은 생각이 아니었다. 이것이 완전하지 않다거나 달러 가치가 조정될 수도 있음을 인정하는 것은 체제를 무너뜨리고 금본위제의 작동과 달러 가치에 대한 신뢰를 손상시키는 것으로 생각되었다.

피셔는 우드로 윌슨Woodrow Wilson 대통령에게 자기 계획의 장점을 설득하는 데 실패하고는 자신이 직접 여론을 형성해야 한다고 생각했다. 그는 전문가가 아닌 대중을 위해 《화폐의 구매력》을 요약하여 1914년에 《왜 달러 가치가 하락하고 있는가Why is the Dollar Shrinking》를 발간했다. 또한 피셔는 1917년에 '달러의 안정'을 주제로 히치콕식 강연도 했는데, 나중에 같은 제목의 책으로 발간되었다.

1927년에는 화폐 환상 문제를 주제로 제네바에서 강연도 했다. 이 강연의 내용이 일반 대중을 염두에 두고 큰 활자체로 된 얇은 책으로 발간되었다. 이 책의 1부는 화폐 환상이 어떻게 경기 순환을 발생시키는가에 중점을 두었다. 2부에서는 통화 당국은 무엇을 해야 하는지, 개인은 실질적 생활 수준을 유지하기 위해 어떻게 화폐 환상을 피할 수 있는지 설명하면서 정책 처방을 제시했다.

그의 노력은 결실을 거두지 못했다. 1912년부터 1934년 사이에 책을 계속 발간하고 수많은 강연을 했지만, 그는 정책 담당자들이 상품 달러의 원칙을 도입하도록 설득하지 못했다.

상품 달러 아이디어가 결코 빛을 발하지는 못했지만, 지수 연동 임금과 연금처럼 이와 비슷한 개념은 널리 채택되었다. 경제학에서 물가 지수와 수량 지수의 개발은 주로 피셔 덕분이었다. 그는 전시戰時 인플레이션이 실제로 집으로 가져가는 임금을 보호하기 위해 임금에 대한 물가연동제를 촉구하게 만든 것이라고 주장했다. 그는 이미 자기 직원들에게는 이 개념을 적용했다.

1922년에 그는 전문적인 저작 중 하나인 《지수작성법The Making of Index Numbers》을 출간했는데, 이 책에서 물가 지수와 생산 지수의 변동을 측정하는 방법을 설명했다. 1년 뒤에는 지수연구소를 설립했는데, 이것은 경제 지수를 작성하여 발간하기 위한 작업이었다. 1926년에 지수연구소에 경제 분석 부서를 신설했고, 1929년에는 이 연구소가 작성한 통계 중 일부가 500만 명이 넘는 신문 독자들에게 보급되었다.

물가연동제의 개념은 부채에도 적용될 수 있었다. 따라서 투자자의 수익은 인플레이션으로부터 보호된다. 레밍턴 랜드 이사 시절에, 피셔는 투자자가 물가 상승률과는 상관없이 정해진 실질 수익을 올릴 수 있는 물가연동채권을 처음으로 개발했다. 이것은 당시 대부분의 투자자가 이 채권의 의미를 이해하지 못했다는 단순한 이유로 관심을 끌지 못했다. 오늘날 대부분의 채권은 여전히 인플레이션을 고려하지 않고서 명목치를 기준으로 발행된다. 그러나 물가연동채권이 전 세계의 정부가 발행하는 채권에서 일부를 차지하고 있다.

물가연동제가 지금은 상당히 널리 퍼져 있지만, 피셔의 주장을 가장 많이 수용하는 국가는 바로 칠레일 것이다. 칠레에서는 1967년에 UF Unidad de Fomento(칠레에서 학비, 부동산, 의료보험료 등에 사용하는 가상화폐 단위이다-옮긴이)가 도입되었다. 칠레에서는 UF가 명목상 통화이지만, 인플레이션에 의해 조정된다. 오늘날 이것은 예를 들어, 임금 계약에 사용되고 있다. 따라서 임금 인상이 실질치에 맞게 이루어진다. UF는 물가연동이 투명하게 이루어지도록 했고, 칠레는 세계에서 물가연동제가 가장 잘 이루어지는 국가가 되었다.

노벨 경제학상 수상자 로버트 쉴러Robert Shiller는 어빙 피셔의 정신에 따라 미국에서 계약을 소비자 수요의 실질 가치 혹은 피셔의 용어에 따라 소비자들이 구매하는 상품군의 실질 가치를 반영하는 바스켓 방식basket(원래는 여러 가지 통화를 조합해서 새로운 합성 통화 단위를 만드는 방식을 뜻하지만, 여기서는 여러 가지 제품을 조합하여 새로운 합성 제품 단위를 만드는 방식을 말한다-옮긴이)으로 진행할 것을 제안했다. 또한 그는 정부가 채권을 발행하고 판매하고, 이에 대해서는 명목 GDP에 대한 비중으로 환산한 단위를 써서 액수를 매기고, 이 비중을 트릴즈Trills라고 부르자고 제안했다. 각 채권에 대해서는 분기별로 국내 생산의 1조분의 1에 해당하는 배당금이 지급되는데, 이 경우에 배당금은 인플레이션의 변화에 따라 자동으로 조정된다.

피셔의 저작을 지배하는 지적 추구는 대공황 시기에 재산을 잃은 경험에서 비롯되었다. 각각의 사건들이 그를 당혹스럽게 하자, 그는 이들을 어떻게 설명해야 할 것인지 고민했다. 그는 자신이 틀렸다는 것을 인정하고 싶지 않았다. 그리고 도대체 무슨 일이 일어나고 있는지 이해하려고 했다. 그는 시장과 경제가 회복될 것이라는 믿음을 버리지 않았다. 그러나 우선 대폭락의 드라마를 설명해야 할 강력한 필요성을 느꼈다.

피셔는 1930년에 발간된 저서《주식 시장의 폭락과 그 이후The Stock Market Crash-and After》에서 주식 시장이 폭락하기 이전 몇 년 동안에 지나치게 과열된 원인을 밝혔다. 먼저 극성스러운 소액 투자자가 시장을 기본적인 가치를 뛰어넘도록 상승시켰고, 신용을 이용하여 부채 과다 상태에 빠져들었다. 또한 일부 주식에는 신용 매입의 영향도 작용했다(물론 이것은 정확하게 피셔 자신이 해온 일이다).

1932년까지 미국 경제는 회복 국면과는 거리가 멀어졌고, 1929년 대폭락 이후로 피셔가 예상했던 신속한 회복은 일어날 것처럼 보이지 않았다. 1929년 4% 수준을 맴돌던 실업률이 25%로 상승했다. GDP는 40% 넘게 하락했다. 대폭락 이후로 문을 닫은 은행만 거의 6000개에 달했다. 이처럼 끔찍한 소식이 들려오는데도, 피셔는 여전히 불황이 바닥을 쳤고, 1933년에는 경제가 곧 불황에서 벗어날 것으로 믿었다. 그러나 그의 믿음대로 되지 않았다.

피셔는 1930년대를 경험하고 나서 이전 저작에 나오는 통화주의 형태와는 다른 경기 순환 이론을 만들었다. 이것이 바로 1932년 저작 《호황과 불황Booms and Depressions》에서 설명하고, 1년 뒤에 〈이코노메트리카Econometrica〉에 《대공황에 관한 부채 디플레이션 이론The Debt-Deflation Theory of Great Depressions》이라는 제목으로 발표한 유명한 논문에서 요약해놓은 불황에 대한 부채 디플레이션 이론이다. 피셔는 모든 대규모 불황들이 부채 과다에서 출발한다고 설명했다.

> 수익을 얻기 위해 채무 상태에 빠져드는 사람들은 어느 정도 특징적인 몇 가지 심리 상태를 경험한다.
>
> a. 먼 미래에 실현될 것으로 예상되는 엄청난 배당금 혹은 수익에 대한 유혹
> b. 가까운 미래에 수익을 남기고 판매하거나 자본 이익을 실현할 것이라는 희망
> c. 무분별한 광고의 유행, 사람들이 커다란 기대를 하는 습관의 이용
> d. 속기 쉬운 사람들을 이용하는 완전한 사기 수단의 개발[15]

대공황의 경우에는 부채 과다가 투자은행의 공격적인 판매 전략으로 자신감을 얻은 기업들이 자금을 무분별하게 차입한 데서 비롯되었다. 당시 부채 버블이 무너지면서 자산 가격이 폭락하는 자기 영속적

인 악순환을 낳았고, 피셔가 경험을 통해 알게 되었듯이, 이것이 기업의 부채 상환을 어렵게 만들었다. 또한 부채 버블의 붕괴는 투매投賣를 조장했고, 은행의 대차대조표에서 대여금이 악성으로 변질되면서 파산과 심지어 뱅크런이 만연하게 했다.

당시 피셔는 부채 디플레이션 과정을 설명했는데, 부채를 줄이기 위해 자산을 현금화하려는 시도는 그 결과로 나타나는 물가 하락이 부채의 실질 가치를 훨씬 더 높이기 때문에 자기 파멸적이라고 했다. 다시 말하면, 차입에 따르는 실질 비용은 명목 이자율에 인플레이션을 뺀 것인데, 인플레이션이 부채 비용을 감소시키지만 디플레이션은 이것을 증가시킨다. 피셔는 이렇게 설명했다.

아직 상환되지 않은 부채 1달러의 실질 가치가 1달러보다 커진다. 그리고 부채 과다 상태가 더욱 심해지면 부채를 청산하더라도 이것이 초래하는 물가 하락을 따라갈 수 없게 된다. 따라서 부채 청산 자체는 자기 파멸적이다. 부채를 청산하면 갚아야 할 달러 금액이 감소되지만, 갚아야 할 1달러 가치를 증가시키는 속도만큼 빠르게 감소되지 않을 수도 있다. 그러면 부채를 청산하기 위해 쇄도하는 군중 효과가 갚아야 할 1달러의 가치를 증가시키기 때문에, 부채 부담을 줄이려는 사람들의 노력 자체가 부채 부담을 늘리게 된다.[16]

피셔는 이 위기에서 빠져나오기 위한 간단한 방법이 부채의 실질 가치를 줄이기 위한 물가 수준에 대한 리플레이션reflation(디플레이션에서 벗어났지만 심한 인플레이션에 이르지 않은 상태로 통화재평창을 뜻한다-옮긴이)

이라고 보았다. 피셔의 저작은 나중에 가서야 유행했지만, 사람들이 1936년에 《고용·이자 및 화폐에 관한 일반 이론》을 발표한 존 메이너드 케인스의 손을 들어주면서 피셔의 처방은 대체로 무시되었다. 케인스는 저축 과다와 총수요의 부족을 불황의 원인으로 꼽았고, 정부에 재정 적자를 통한 정부 지출을 확대하여 완전 고용을 회복할 것을 촉구했다.

벤 버냉키와 금융 가속기

피셔의 부채 디플레이션 이론에 대한 비판 중 하나는 물가 변화가 채무자와 채권자 사이에 소득 재분배 효과가 있다는 것이다. 물가가 하락하면 부채의 실질 가치가 증가하여, 부가 채무자에서 채권자에게로 이동한다. 따라서 채권자는 이익을 보고 채무자는 손해를 보지만, 사회 전체에 미치는 영향은 제로에 가까울 것이다.

2006년부터 2014년까지 연방준비제도이사회 의장직을 연임하면서 2008년 세계 금융 위기를 맞아 미국 중앙은행의 대응을 감독했던 벤 버냉키는 이전에는 대학에서 대공황을 연구하던 경제학자였다. 1983년에 발표한 어느 논문에서 그는 신용 경색Credit Crunch이라는 아이디어를 보완하여 피셔의 부채 디플레이션 가설에 힘을 실어주었다.[17] 이것은 디플레이션과 명목 소득의 급격한 감소 사이에서 빠진 고리가 될 것이다.

물가가 하락하면 채무자들의 실질적인 채무 부담이 증가한다. 그러나 이것은 채권자들에게 이익이 되기는커녕 실제로는 피해를 주게 된다. 자산 가격의 하락, 대손巨損의 증가, 파산으로 은행 대차대조표상의 자산 가치가 하락하기 때문이다. 이 부차적인 효과가 채권자들에게 대출을 꺼리게 하여 신용 경색을 초래한다. 그 다음에는 이 현상이 경제에서 소비와 투자의 감소를 통하여 총수요에 영향을 미친다.

이런 아이디어가 재정 여건이 경기 순환에 어떻게 영향을 미치는가를 설명하는 '금융 가속기' 개념의 핵심을 이룬다. 이것은 주로 정보의 비대칭성이라는 개념에 근거한다. 투자를 위해 자금을 빌리고자 하는 사람은 투자 프로젝트에 대해 채권자보다 훨씬 더 많이 알고 있다. 따라서 양자가 채무 계약서를 작성할 때, 때로는 프로젝트를 수행하는 채무자에게 저당 잡히는 자산으로서 담보물을 지정하도록 요구하게 된다. 예를 들어 채무자는 은행에서 돈을 빌리기 위해 자기 집을 담보물로 잡힐 수 있다. 따라서 담보물이 채무자에게는 순자산으로 처리된다. 자산 가격이 하락하면, 순자산이 감소한다. 따라서 경제가 침체되면 재정 여건이 긴축 국면으로 접어들 수 있고, 신용 거래가 어려워질 수 있다.

대공황과 그 결과로 발생한 부채 디플레이션은 채무자들에게 담보물 지정을 어렵게 만들어 엄청난 고통을 주었다. 그러나 채무자의 평균적인 재정 건전성이 악화되면서 채권자에게도 위험을 가중시켰다. 이는 경제에서 신용 흐름을 방해한다. 1930년대 금융 공황으로 은행들은 예금자들이 예금을 찾기 위해 몰려오는 뱅크런의 위험에 직면하여 문을 닫았다. 이것은 은행들이 고객들을 차단하여 채무자와 채권자 사이에 정보의 비대칭성 문제를 심화시켰고, 이는 가계와 기업을 대상으로 하는 정상적인 대출 행위를 더욱 어렵게 만들었다.

이후로 70년이 지나서, 금융 가속기 효과가 2008년 세계 금융 위기의 전 단계와 그 영향에 중요한 역할을 한 것이 분명했다. 주택담보대출이 주택의 가치에 근거하여 인진을 보장받기 때문에, 주택 가격의 상승은 채무 불이행 위험이 감소하면서 채권자의 재정 여건을 개선시킬 수 있다. 이는 주택담보대출을 더욱 장려하고, 이것이 주택 가격을 더욱 상승시키는 효과를 갖는다. 이런 대출은 모기지 시장에서 위험한 부분, 즉 서브프라임 대출 혹은 프라임 신용도보다 낮은 대출을 향할 수도 있다. 주택 가격이 상승하면서, 주택담보대출비율Loan-To-Value Ratio, LTV이 증가하고, 이는 주택 소유자들에게 금리가 더 낮은 주택담보대출로 바꿀 기회를 제공한다.

오늘날 은행이 스스로 자금을 조달하는 방식 때문에 금융 가속기 효과가 대출 행위에 미치는 영향이 더 커질 수도 있다. 역사적으로 보면, 은행은 돈을 저축한 사람(예금자)과 돈을 빌리는 사람(차입자) 사이에서 중개 역할을 하는 기관으로 인식되었다. 그러나 오늘날 은행은 신용 창출에서 예금에 덜 의존한다. 세계 금융 시장은 엄청나게 커져서 금융 기관들에게 기업을 상대로 하는 도매 금융을 위한 다양한 원천을 제공한다.

이것이 의미하는 바는 은행도 채무자와 다르지 않다는 것이다. 자본금이 많은 은행은 그렇지 않은 은행보다 도매 금융을 위한 자금을 낮은 금리로 조달할 수 있을 것이다. 은행이 공개 시장에서 신규 자본을 유치하려면 대체로 비용이 많이 드는 편이다. 따라서 은행의 대차대조표는 주로 수익과 자산 가치에 의해 결정된다. 결국 규제 수준 대비 은행 자본의 수준은 은행의 자금 조달 비용을 결정하는 중요한 요소가 될 수 있다. 그러나 은행의 자본 적정성capital position은 호황일 때는 자산 가치가 증가하고 불황일 때는 감소하기 때문에 상당히 경기 순행적이다. 이것은 금융 위기의 전 단계에서 모기지 부채가 쌓이고 금융 부문에서 차입 투자가 유행할 때 보았던 금융 가속기 효과의 잠재적인 위력을 더욱 증가시켜준다.

또한 이것은 은행 시스템이 부채가 지나치게 많고 계약 불이행 대출로 부담을 떠안고 자본이 충분하지 않다는 사실을 스스로 깨닫게 했던 금융 위기의 여파로, 신용 흐름에서 급격한 위축이 있을 수 있다는 것을 의미한다. 이것은 일본에서 은행과 기업의 재정 문제가 성장을 멈춘 잃어버린 수십 년의 원인이 되었던 시절에 일어난 일이다.

1980년대에 일본 경제는 눈부시게 발전했다. 일본은 연평균 4.5% 성장을 달성했고, 세계 경제 대국으로서 미국을 추월할 것이라는 믿음이 널리 퍼져 있었다. 그러나 일본의 호황은 부동산 시장과 주식 시장의 엄청난 상승으로 탄력을 받은 것이었다. 그동안 일본은 1991년에 이러한 시장에서 발생하여 성장의 정체와 물가의 하락으로 점철된 잃어버린 수십 년을 예고했던 급격한 조정 국면에서 회복하기 위해 노력해왔다.

1992년 이후 일본 경제는 연평균 불과 0.9% 성장을 기록하여 1991년 이전의 1분기 성장률에도 못 미쳤다. 명목치로 살펴보면, 2016년이 되어서야 일본 국내 생산이 1997년 수준을 넘겼다. 이것은 부진한 실질 성장이 물가 하락을 동반했기 때문이다. 종합주가지수도 1990년대폭락한 뒤 회복하지 못했다. 1990년이 시작되면서 3만 8000을 상회하여 정점을 찍었던 니케이 225 지수는 1992년 8월에 1만 4000으로 떨어졌다. 이 지수는 한때 2만까지 회복했시만, 최근 금융 위기 이후로 9000 아래까지 떨어졌다. 일본 주식 시장은 최근에 호황을 누렸는데도 그 가치는 폭락 이전과 비교하여 여전히 절반 수준에 머물렀다.

일본의 경제 회복은 인구의 급속한 고령화와 아시아 주변 국가와의 힘든 경쟁으로 난항을 겪고 있다. 그러나 물가 하락으로 떨치기 힘든 디플레이션 심리 상태를 낳았고, 이에 따라 경제가 고질적으로 취약할 것이라는 기대가 만연하고 있다. 이 비관적인 기대는 가계와 기업이 지출을 억제하게 만들고, 그 결과 그들이 두려워하는 디플레이션을 낳게 되는 자기충족적인 현상이 될 수 있다.

디플레이션 함정에서 빠져나오기

어빙 피셔의 불황에 대한 부채 디플레이션 이론은 1837~1841년과 1873~1879년의 디플레이션, 1930년대의 대공황이라는 짧은 기간에 걸쳐 전개된 불과 세 개의 작은 표본에 근거했다. 특정 부문 혹은 상품 시장에서 가격이 하락하는 것은 흔히 있는 일이지만, 일반 물가 수준 혹은 평균 물가 수준이 지속적으로 하락하는 일이 일본에서 일어나기 전까지는 실제로 보기 드문 현상이었다.

이런 상황에서 피셔가 내놓은 해결 방안은 루스벨트 대통령과 참모진에게 보낸 편지에서 여러 번 권고했듯이, 기본적으로는 리플레이션이었다. 그는 중앙은행이 화폐수량설에 근거한 공식에 따라 통화 공급을 확대하여 물가 수준을 거의 1926년 수준으로 증가시킬 것을 제안했다. 또한 그는 정부가 해롭고도 파괴적인 뱅크런을 억제하기 위해 은행 예금에 대한 지급 보증을 제공하여 금융시스템을 안정시킬 것도 제안했다. 그는 금본위제를 채택한 것이 유통되는 달러화가 금의 양에 의해 제한을 받기 때문에 불가피한 통화 팽창 정책을 방해한다고 믿었다. 금본위제를 포기하면, 달러화에 대한 제한을 풀어서 불황 기간에 그 가치를 하락시켜 수출을 증진하고 따라서 경제에 활력을 불어넣을 수 있다.

또한 그는 노동력을 확대하는 고용주에게 각종 혜택이나 융자를 제공할 것도 제안했다. 한편, 그는 재정 정책이나 공공사업 프로그램에 대해서는 열의를 갖지 않았다. 단순히 민간 부문의 부채를 공공 부문의 부채로 전환하는 것이라고 생각했기 때문이었다. 재정적 경기 부양책은 단기적으로(약 2년) 생산과 고용을 증진시킬 수는 있지만, 불황의 근본 원인을 해결할 수는 없다. 재정 정책은 그 자체로는 치료제가 아니라 진통제일 뿐이다.

미국은 달러화의 가치를 평가절하하고 금본위제에서 탈퇴했지만 1933년까지도 경제가 회복되지 않았다. 피셔는 신뢰가 경제를 당장 번영의 길로 돌아가게 해줄 것으로 믿었지만 상황은 그렇지 않았다.

거의 100년이 지난 뒤 일본의 경험에서 알 수 있듯이, 리플레이션 정책이 피셔가 생각했던 만큼 쉽지가 않은 것이 분명했다. 일본은 중앙은행이 양적완화Quantitative Easing, QE(금리가 제로나 마이너스로 낮아졌는데도 시중에 돈이 돌지 않아 중앙은행이 채권 등을 매입하여 통화를 공급하는 정책을 말한다-옮긴이) 정책을 통하여 현금을 주입하는 공격적인 통화 정책을 여러 번 추진했다. 이것은 단순히 중앙은행의 강력한 조치만으로는 디플레이션과의 전쟁에서 승리할 수가 없다는 것을 보여준다.

디플레이션과의 싸움은 소비자의 태도와 기업의 행동에서 변화를 요구한다. 따라서 이것은 겉보기보다는 더 복잡한 과정이다. 벤 버냉키는 2002년 어느 연설에서 일본은 '헬리콥터로 돈을 뿌리는 것'을 고려해야 한다고 주장했다.[18] 이것은 경제에 돈을 직접 주입하는 것을 말한다. 본질적으로는 국민에게 돈을 공짜 선물로 주는 것을 의미한다. 이것은 영구적인 선물과 마찬가지로, 소비자와 생산자의 인플레이션에 대한 기대에 강력한 영향을 미칠 수 있다.

지금까지 어느 중앙은행이나 재무부가 버냉키의 제안을 받아들인 적은 없었다. 그의 제안은 확실히 독특했다. 그러나 부채 과다로 발목이 잡힌 경제에서는 급진적인 해결 방안을 고려해볼 만하다.

실제로 일본은 디플레이션 외에도 경제 성장을 방해하는 여러 장애물에 직면했다. 첫째, 공공 부문의 부채가 정부가 재정 정책을 사용하는 것을 꺼리게 할 만큼 과다한 상태다. 둘째, 경제에서 구조 변화와 금융 개혁이 요구된다. 2002년 버냉키는 일본의 디플레이션이 그처럼 오랫동안 지속된 이유는 정책 수단의 부족보다는 정치적 제약에 있다고 주장했다.

버냉키는 2000년부터 2002년 사이에 닷컴 버블 붕괴 이후 미국이 일본처럼 디플레이션 전철을 밟을 것인가 하는 우려에 대해, 그럴 가능성은 거의 없다고 정확하게 예상했다. 그의 주장의 핵심은 미국 경제가 일본 경제와 비교하여 구조적으로 안정적이어서 충격을 흡수하고 성장할 수 있는 강력한 힘이 있다는 것이었다. 특히 그는 상대적으로 젊은 노동력, 유연한 노동 시장, 기업가 정신, 기술 변화에 개방적인 자세가 모두 복원력에 기여한다고 보았다. 다시 말해 일본에는 이런 요소들이 없다. 버냉키는 얼마 지나지 않아서 세계 금융 위기 이후로 발생한 2009년 대침체를 통하여 자신의 이론을 검증할 기회를 맞이했다. 그리고 1930년대를 또다시 반복할 가능성이 어렴풋이 보이기 시작했다.

민스키 붕괴를 대비하라

어빙 피셔의 통찰은 1990년대에 하이먼 민스키에 의해 되살아났다. 민스키는 주로 거시경제 모델에서 무시되었던 민간 기업의 부채가 금융 위기를 초래한다는 자신의 이론을 정립하기 위해 피셔와 그 밖의 경제학자들의 아이디어를 받아들인 인물로서, 자산 가격에 거품이 낀 상태에서 나타나 경제 전체에 영향을 미치는 투기적 버블을 경고했다.

피셔의 부채 디플레이션 이론이 신용 버블이 경제를 무너뜨려서 불황과 공황으로 끌고가는 과정을 설명한다면, 민스키의 금융 불안정성 가설은 신용 버블이 어떻게 형성되는지 설명한다.[19] 민스키는 자본주의 경제는 장기 호황이 끝나고 나면 안정적인 금융 구조가 점점 더 투기적인 폰지 금융Ponzi finance(신규 투자자의 돈으로 기존 투자자에게 이자나 배당금을 지급하는 방식의 다단계 금융을 뜻한다-옮긴이)이 지배하는 불안정적인 금융 구조로 변해간다고 믿었다. 그는 자본주의 경제에는 이런 주기가 만연하며, 이것의 심각도는 금융시스템의 역학과 경제를 관리하는 규제에 달려 있다고 보았다.[20]

피셔는 1996년에 77세의 나이로 세상을 떠났기 때문에, 2008년 서브프라임 모기지 버블이 〈이코노미스트〉가 '민스키 모멘트Minsky's Moment'라고 부른 현상을 초래한 것을 보지 못했다.[21] 그가 살아 있는 동안 그의 저작은 관심을 끌지 못했다. 그러나 세계 금융 위기가 민스키와 그의 사상에 대한 관심을 불러일으켰다.

최근 연방준비제도이사회 의장을 지냈고, 2009년 대침체 동안에 의장 벤 버냉키를 보좌하여 부의장을 지냈던 재닛 옐런Janet Yellen은 당시 〈민스키 붕괴: 중앙은행에 주는 교훈A Minsky Meltdown〉이라는 주제로 강연을 하면서 이렇게 말했다. "민스키의 금융 불안정성 가설이 지적했듯이, 낙관이 넘치고 투자를 위한 자금이 풍부할 때, 투자자는 위험한 투기적 폰지 게임의 종말로 옮겨가는 경향이 있다. 돌이켜보면 이와 같은 전개 과정이 채권 가격과 주택 가격의 계속 유지될 수 없는 상승을 초래했다는 것이 전혀 놀랍지가 않다. 일단 이런 가격이 하락하기 시작하면, 우리는 순식간에 민스키 붕괴의 한가운데에 있게 된다."[22]

피셔와 아주 비슷하게 민스키의 처방에도 시장 과열을 초래하는 데 부채의 중요성에 대한 인식을 강조하는 내용이 담겨 있을 것이다. 옐런도 이에 동의하면서 이렇게 말했다. "버블을 가라앉히기 위한 통화 정책을 바라보는 관점과 상관없이, 감독 기능과 규제 정책이 지금 우리가 직면한 문제를 예방하는 데 도움이 되는 것은 분명하다. 실제로 이것이 금융 불안정성을 완화하기 위한 민스키의 주요 처방 중의 하나였다."[23]

최근 세계 금융 위기로 피셔와 민스키에 대한 관심이 되살아나고 있다. 그러나 지금까지는 금융 불안정성 가설에서 부채 디플레이션 단계가 현실이라기보다는 위협으로 머물러 있다.

1930년대의 교훈

대침체가 대공황을 떠올리게 한 것과 마찬가지로, 2008년 세계 금융 위기 이후로 부채가 또다시 경제의 주요 쟁점으로 되돌아왔다. 2015년 말, 일본의 정부 부채는 GDP의 243%에 달했고 미국은 105%, 유로화 지역은 92%, 영국은 90%에 달했다. 여기에 민간 부문의 부채를 더하면 부채 수준은 이보다 두 배가 넘을 것이다.

이를 1930년대와 비교하면 다른 양상을 보여준다. 1930년대에는 디플레이션 때문에 상환해야 할 부채의 가치가 상승하면서 GDP 대비 부채 비율이 급등했다. 지금은 차입금이 최근 너무 많아졌기 때문에 이 비율이 급등한 것이다.

물론 부채가 많은 것이 부채 디플레이션에서 필요조건이다. 그러나 물가 상승률이 중앙은행이 설정한 2% 목표 수준 아래로 떨어지더라도, 실제 디플레이션은 여전히 아직 짖지 않은 개와도 같다. 그러나 이 것이 우리가 부채 디플레이션을 피해간 것을 의미하는가? 정책 담당 자들은 1930년대에서 어떤 교훈을 배웠는가? 그들은 앞으로 무엇을 해야 하는가?

어빙 피셔에 따르면, 물가 상승률이 낮고 경제가 무너지면 중앙은 행은 디플레이션의 시작을 막기 위해 평소보다 더욱 공격적인 조치를 취해야 한다. 실제로 중앙은행은 금리를 거의 제로 수준까지 인하하면서 이를 실행에 옮겼다. 그러나 이것은 금리에 대한 '제로 하한zero lower bound'이라는 부가적인 문제를 낳았다.

버냉키가 말했듯이, 중앙은행이 정책 금리가 제로 수준으로 떨어진다고 해서 실탄이 없는 것은 아니다. 이 경우 디플레이션 상황이 중앙은행에 일본이 경험했던 전면적인 물가 하락을 방지하기 위해 비전통적인 정책을 생각하라고 요구할 수 있다. 중앙은행이 마이너스 금리를 설정하여 시중 은행이 자금을 예치할 때 이런 금리를 부과할 수도 있다. 이것은 시중 은행이 그 자금을 중앙은행에 예치하지 않고 대출을 하도록 유도하기 위한 것이다. 이것이 비전통적인 통화 정책으로, 유럽중앙은행과 일본은행 등이 채택했던 것이다.

금리가 제로 수준에 근접하더라도 여전히 정책 대응이 있어야 한다. 단순히 통화를 찍어내는 것은 항상 선택지에 있다. 양적완화 같은 자산 매입을 통하여 경제에 통화를 주입할 수도 있고, 헬리콥터로 돈을 뿌려서 훨씬 더 공격적으로 나올 수도 있다. 재정 정책을 통하여 대응할 수도 있다. 예를 들어 감세 정책을 추진하거나 정부 차입에 의존하지 않고서 중앙은행이 통화를 찍어내는 식으로 자금을 조달하여 정부 지출을 증가시킬 수도 있는 것이다. 피셔는 경제를 원래 있어야 할 곳으로 되돌려 놓기 위한 리플레이션 정책이 항상 가능하다고 믿었다. 피셔가 보기에는 중앙은행이 디플레이션에 맞서 싸울 때, 그들이 가진 무기를 모두 다 사용하지 않는 것으로 여겨졌다.

또한 피셔는 1930년대에 통화 당국이 부채 디플레이션 과정을 중단시키고 신용 시스템을 복구하기 위해 금융시스템을 안정시키기 위한 최종대출자lender of last resort(시중 은행이 지급불능상태에 빠지는 경우 중앙은행이 이에 대처하게 되는데, 이와 같이 최종적으로 대출을 하게 되는 중앙은행의 역할을 말한다-옮긴이)의 역할을 해야 한다고 주장했다. 그는 극심한 금융 위기와 총수요와 물가 수준의 총체적인 하락에 따른 자산의 염가 판매 사이의 관련성에 주목했다. 따라서 그는 2008년 3월 투자은행 베어스턴스Bear Stearns에 대한 구제 금융 지원에 동의했을 것이다. 이것은 이 은행의 파산과 함께 일련의 채무 불이행과 자산 가격 폭락이 시작되지 않았을 것임을 의미한다.

그러면 불과 몇 달 뒤 리먼 브라더스에도 구제 금융을 지원했더라면 세계 금융 위기를 완전히 예방하는 데 도움이 되었을까? 당시 연방준비제도이사회 의장이었던 벤 버냉키는 리먼 브라더스가 베어스턴스와 똑같은 수준으로 시스템 전체에 위험을 일으키지는 않을 것으로 믿었다. 아마도 피셔는 이 은행을 구제하면 당시 금융 위기의 계기로 작용할 수 있는 일련의 채무 불이행을 방지하게 될 것인지 생각했을 것이다. 그러나 세계 금융 위기가 대신에 다른 무엇인가가 계기가 되어서 일어난 것은 아닌가?

피셔는 우선 조정이 잘된 금융시스템이 규모가 크고 유지할 수 없는 부채의 형성을 방지하여 부채 디플레이션을 예방할 것이라는 데는 동의했을 것이다. 잘 설계된 규제와 감독 권한은 금융 안정을 유지함으로써 디플레이션을 방지하는 역할을 한다. 이런 권한은 위험한 금융 혁신, 관행, 태도에서 나오는 풍부한 자금줄에 고삐를 쥘 수도 있다. 또한 규제와 개혁은 중앙은행이 최종대출자 역할을 하는 것과 함께 잠재적인 도덕적 해이를 방지하는 데도 필요하다. 다시 말해 중앙은행이 항상 은행에 구제 금융을 지원하기 위해 존재한다면, 은행은 신중하게 영업하려는 동기를 갖지 않는다. 규제는 이런 위험을 줄일 수 있다.

이 관점으로 보면, 피셔는 중앙은행에 부여된 물가 안정이라는 기존 의무와 함께, 2008년 금융 위기 이후로 금융 안정을 목표로 하면서 거시건전성macro-prudential(금융기관 단위가 아닌 전체 경제에 문제가 발생하지 않도록 금융시스템 전반의 장애를 예방하는 것을 목적으로 하는 금융 규제를 뜻한다-옮긴이)을 위한 새로운 규제 권한에 찬성할 것이다.

재평가가 필요한 최고의 경제학자

피셔는 1933년부터 1939년까지 미국이 처한 문제와 자신의 재정 난국을 해결하기 위해 엄청난 노력을 기울였다. 그는 이 두 가지에 모두 실패했다. 미국은 그의 권고를 따르지 않았고, 그의 자산 가치는 결코 회복되지 않았으며 부채는 결코 사라지지 않았다.

처형이 세상을 떠나고 피셔가 그녀에게 갚아야 할 100만 달러가 넘는 부채가 탕감되던 1945년까지 그의 삶은 계속 침체되기만 했다. 1940년에 마지가 갑자기 세상을 떠났고, 그해에 피셔는 집세를 낼 수가 없어서 프로스펙트 스트리트 460번지에서 나와야 했다. 73세에 홀로 남게 된 피셔는 멀리 떠나지 않을 때는 작은 아파트에서 살았다.

그의 죽음은 여러모로 슬픈 일이었고, 피셔의 성품을 고스란히 드러냈다. 1945년 9월에 그는 장폐색이 자신이 15년 전에 경험했던 장 하부에서의 비틀림 때문이라고 믿었다. 당시에는 어느 정도 불편함을 겪었지만 결국 저절로 나았다. 그는 건강을 유지하는 데는 자기만의 엄격한 식단과 운동만으로 충분하다고 생각하고는 의사를 찾아가지 않았다.

1946년 가을에 건강이 급격하게 악화되었고, 엑스레이 검사 결과

대장에 수술이 불가능한 종양이 발견되었는데 이미 간에도 퍼져 있었다. 1년 전에만 의사를 찾았더라면 대장암은 치료가 가능했을 것이고 몇 년 더 살았을 것이다. 그는 1947년에 숨을 거두었고, 예일대학교가 있는 코네티컷주 뉴헤이븐에서 부인과 딸 옆에 묻혔다.

그의 사후에 그가 보유한 재산의 순가치는 6만 달러 정도였다. 아마도 그는 재산이 별로 없는 것에 실망했을 것이다. 이것으로는 경제학과 공중 보건에 관한 자신의 업적을 기리기 위해 그가 소망했던 어빙피셔연구소Irving Fisher Institute를 설립하기에는 확실히 부족했다. 그럼에도 금전이 아니라 지적인 면에서 그가 남은 유산은 엄청나게 많다. 1891년부터 1942년까지 그는 책을 30권 썼다. 영어판과 외국어판을 합치면 150종이 넘었다.

사진을 보면 그는 항상 딱딱한 표정을 짓고 있다. 그는 평생 모든 면에서 절제된 삶을 살았다. 진지한 태도, 사회 활동, 때로는 논란을 일으킬 만한 신념 때문에 동료 경제학자들을 포함하여 많은 사람들이 그를 별나고도 멋없는 사람으로 생각했다.[24]

그에 대한 평가가 높아지고는 있지만, 그는 여전히 저평가되어 있고, 그의 저작에 걸맞을 만큼 위대한 경제학자로 칭송되고 있지 않다. 피셔는 현대 경제학의 선구자이고, 특히 은행 시스템 전체가 붕괴될 위험에 처해 있을 때 경제를 책임지고 있던 중앙은행가들에게 영감을 주었다. 오늘날 그의 사상이 계속 살아서 움직이고 있다는 데는 의심의 여지가 없다.

Adam Smith
David Ricardo
Karl Marx
Alfred Marshall
Irving Fisher
John Maynard Keynes
Joseph Schumpeter
Friedrich Hayek
Joan Robinson
Milton Friedman
Douglass North
Robert Solow

6장
존 메이너드 케인스

투자를 할 것인가,
하지 않을 것인가?

"2008년 금융 위기의 여파로 영국 정부와 유럽 각국의 정부는 공공 지출을 줄이고 긴축 정책을 펴나가야 하는가?"

이것은 은행의 붕괴 이후로 가장 많이 나왔던 질문이다.

1929년 대폭락의 여파에 시달리던 1930년대에도, 이것이 영국에서 한창 논쟁을 일으켰던 질문이었고, 이 논쟁이 경제학에서 케인스 혁명Keynesian revolution을 낳았다. 존 메이너드 케인스는 불황 시기에 적극적인 재정 정책을 추진하는 데 반대했던 신고전파 경제학자들과는 확실히 결별하고서 정부 지출을 옹호했다. 케인스는 이렇게 주장했다.

만약 재무부가 낡은 병들에 지폐를 가득 채우고 그 병들을 폐탄광에 적당한 깊이로 묻은 뒤에 그 위를 지표면에 이르기까지 도시의 쓰레기로 덮은 다음에 충분한 시험을 거친 자유방임의 원칙에 따라 민간 기업으로 하여금 그 은행권을 다시 파내는 일을 하게 하면…… 더 이상 실업이 존재할 이유가 없고, 그 파급 효과 때문에 공동체의 실질 소득은 물론이고 아마도 자본과 부도 실제 수준보다 훨씬 더 커질 것이다.[1]

그는 이것이 이상적이지는 않지만 필요한 것이라고 인식하고서 이렇게 덧붙였다. "사실 주택 등을 짓는 것이 더 합리적이겠지만, 그렇게 하는 데 정치적이거나 현실적인 어려움이 있다면, 차라리 위와 같이 하는 것이 아무것도 하지 않는 것보다는 더 나을 것이다."[2]

오늘날 이 논쟁은 1930년대 이후로 최악이라 할 금융 위기의 여파로 경제 회복이 더디게 진행되는 가운데, 정책 담당자들이 높은 수준에 도달한 공공 부문의 부채와 씨름하는 상황에서 정부 지출의 역할에 대해 또다시 제기되었다. 따라서 케인스 경제학이 다시 세상의 주목을 받게 되었다.

케인스는 지적 기여만을 통하여 영향력을 발휘한 것은 아니다. 그는 매력적인 작가였고 자기만의 표현 방식으로 유명했다. 일례로 다음과 같은 표현이 있다. "경제학은 치과 의술과 마찬가지로 전문가가 다루는 영역이어야 한다. 경제학자가 치과의사 정도로 겸손하고 유능한 존재로 평가받을 수 있도록 일을 잘 처리할 수 있다면, 더할 나위 없이 좋다!"[3] "투기꾼은 자신이 알고 있는 위험을 감수하는 사람이고, 투자자는 자신이 알지 못하는 위험을 감수하는 사람이다."[4]

존 메이너드 케인스는 2차 세계대전까지 영국 경제학을 주도했다. 그러나 그의 영향력은 전 세계로 확대되었다. 대서양을 넘어 미국인으로서 처음으로 노벨 경제학상을 수상한 폴 새뮤얼슨은 미국에서 케인스 경제학의 기수였다. 그는 케인스 사상과 신고전파 경제학을 통합하는 데 기여했는데, 이것이 '신고전파 종합Neoclassical Synthesis'이라고 알려졌다(이 용어는 분명히 그가 만든 것인데, 이것이 현대 경제학의 토대가 되었다). 따라서 명시적인 표현이 없다면, 케인스 사상이 이번 주제에 스며들어 있다. 확실히 케인스 사상은 위기 이후의 긴축과 최선의 경제 정책에 관한 격렬한 토론에서 중요한 배경이다.

똑똑한 경제학자이자 투자자

1883년에 태어난 케인스는 자신의 사회 계급에 대해 '교육받은 부르주아educated bourgeoisie'라고 표현했다.[5] 그는 여러 사회 계급에 관해 이렇게 말했다. "귀족은 부조리하다. 프롤레타리아는 항상 미천하다. 우리 삶에서 좋은 일은 중산층에서 나왔다."[6]

그는 장학금을 받고 이튼 칼리지를 다녔다. 그 다음에는 또다시 장학금을 받고 케임브리지대학교 킹스 칼리지를 다녔다. 이후로 영국 정부의 인도 사무소에서 근무하고 나서, 1909년에 케임브리지대학교 강사로 돌아왔다. 1911년에 킹스 칼리지 연구원이 되었고, 1946년 세상을 떠날 때까지 그곳에서 계속 근무했다.

그의 아버지는 케임브리지대학교의 경제학자 존 네빌 케인스였다. 메이너드 케인스의 저명한 전기 작가 로버트 스키델스키Robert Skidelsky는 존 네빌 케인스에 대해 이렇게 적었다. "학문적으로 성공하는 데 진정한 장애물은 창의성의 결여가 아니라 불안감에 있다."[7]

네빌 케인스는 1894년에 시카고대학교 교수직 제의를 거절했다. 아마도 케임브리지대학교의 익숙한 환경에서 떠나는 것이 내키지 않았을 것이다. 그는 이곳에서 학적 담당(케임브리지대학교 행정관으로서 최고 지위에 보수도 많은 직책이다)으로서 편안한 삶을 누리고 있었다. 그는 평생 동안 두 권의 책을 썼는데, 두 번째 책으로 38세에 박사학위를 받았다. 이후로 그는 60년을 더 살았는데, 저작을 거의 남기지 않았다. 그런데도 앨프리드 마셜은 네빌 케인스를 가장 뛰어난 학생으로 여겼다. 그리고 그에게 1890년에 창간된 권위 있는 〈이코노믹저널Economic Journal〉의 편집을 맡아줄 것을 제안했다. 그는 이 제안을 거절했다. 그러나 그의 아들 메이너드 케인스는 킹스 칼리지의 연구원이 될 때 이를 받아들였다. 메이너드 케인스는 다른 면에서도 그의 아버지보다 학문적인 업적이 뛰어났다.

언젠가 케인스의 증조할머니가 증손자에게 이렇게 말했다고 한다. "너는 아주 똑똑한 사람이 될 거야. 케임브리지를 떠나서는 안 돼." 메이너드 케인스는 증조할머니의 기대를 저버리지 않았다. 그는 어릴 때부터 뛰어났다.[8] 그는 사립 초등학교 시절에 다른 아이들보다 키가 더 컸고 정신적으로도 성숙했다.[9] 이튼 시절에 그는 상을 39개나 받았는데, 역사, 영어에서는 최고상을 받았고 수학에서는 중요한 상을 휩쓸었고 심지어 화학에서도 상을 받았다. 그는 부지런히 공부했고, 자기 시간을 어떻게 쓰고 있는지를 유심히 살펴보는 아버지의 습관을 물려받았다. 그는 부모님에게 보내는 편지에서 이렇게 적었다. "이제 1분 15초가 지나면 불을 꺼야 하고, 저는 그전에 해야 할 일이 많습니다."[10]

케인스는 졸업하고 나서 공무원이 되어 인도 사무소에서 2년 동안 근무했다. 그가 공무원 시험을 볼 때, 얄궂게도 경제학 점수가 나빴다. 경제학 점수만 아니면 수석 합격을 할 수도 있었지만, 차석에 만족해야 했다. 시험 성적은 중요했다. 합격자들은 시험 성적 순서에 따라 다양한 부서마다 비어 있는 자리 중에서 선택을 할 수 있기 때문이었다. 재무부는 좋은 자리였지만, 그해에는 한 자리만 비어 있었고, 옥스퍼드 출신으로 수석 합격을 한 오토 니에마이에르Otto Niemeyer라는 똑똑한 고전주의자가 그 자리를 차지했다. 따라서 케인스는 인도 사무소로 만족해야 했다. 케인스가 수석 합격을 하고 재무부로 들어갔더라면, 그냥 거기에 머물렀을 것이다. 그랬다면 우리는 경제학에서 케인스 혁명을 결코 맞이하지 못했을 것이다.

이후로 세월이 지나서 1920년대와 1930년대에 케인스가 '재무부의 전통적인 견해'에 맞서 정부 지출을 주장하면서 자기만의 이단의 정책을 밀어붙이려고 할 때, 재무부와 잉글랜드은행에서 케인스의 주적은 다름 아닌 대영제국 대십자 기사 훈장과 바스 사령관 기사 훈장 수상자인 오토 니에마이에르 경이었다. 《옥스퍼드 영국인명사전》에 따르면 그는 "전후 가장 뛰어난 재무부 공직자"로 기록되어 있다. 나중에 케인스는 《고용·이자 및 화폐에 관한 일반 이론》서문에 이렇게 적었다. "어려움은 새로운 생각을 하는 데 있는 것이 아니라 낡은 생각을 버리는 데 있다. 우리 대부분이 그렇듯이, 전통적인 방식대로 길러진 사람들에게는 낡은 생각이 정신의 구석구석까지 가지를 뻗치고 있기 때문이다."[11]

케인스는 인도 사무소에서 근무하면서, 직속 상사인 배절 블래킷Basil Blackett에게 많은 인상을 남겼다. 블래킷은 나중에 재무부로 자리를 옮겼다. 그리고 1914년 8월 금융 혼란기에 케인스를 떠올리고는 잠시 도움을 요청했다. 그는 결국 전쟁 동안에 계속 재무부에 머물게 되었다. 따라서 케인스는 재무부에 들어가서 상당한 특권을 가졌음에도 프리랜서 같은 자리에 있었다. 그는 전시 재정을 지휘하는 역할을 했고, 최고의 정치인과 교류했고, 파리평화회의에는 재무부 수석대표로 참가했다.

1차 세계대전의 여파는 케인스의 유명한 사상을 위한 배경을 제공했다. 그 결과《평화의 경제적 귀결The Economic Consequences of the Peace》이라는 저작이 나왔는데, 이 책은 케인스의 이후 활동을 규정했다. 이 책에서 존 메이너드 케인스는 독일이 1919년에 연합국이 요구하는 전후 배상금을 지급할 능력이 없다고 주장했다. 미국과 영국에서 이 책의 판매량은 기록을 경신했고, 결국 케인스는 이 책 덕분에 유명 인사가 되었다.

케인스는 인도 사무소에서 일하는 것이 편하기는 하지만 따분하다고 생각했다. 이 사실이 그가 학자가 되기 위해 케임브리지대학교로 돌아오기로 결심한 계기가 되었을 것이다. 그가 정부에서 보낸 시간은 나중에 두 번에 걸친 세계대전 동안에 경제 정책에 적극적으로 헌신하게 되면서 소중한 인연이 되었다.

그는 앨프리드 마셜의 권고로 케임브리지대학교로 돌아와서 강사로 근무했다. 마셜은 케인스의 경제학 정규 교육에 해당하는 대학원 과정 초창기에 그를 지도했다. 당시 케인스는 친구인 작가 리튼 스트레이치Lytton Strachey에게 보내는 편지에서 이렇게 적었다. "마셜은 나한테 경제학자가 되라고 계속 졸라대고 있어. 너는 그게 괜찮다고 생각하니? 나는 회의적이야."[12]

케인스는 런던에서 이름깨나 떨치던 지식인 모임인 블룸즈버리 그룹Bloomsbury group의 일원으로 런던에 자주 갔다. 이 그룹의 구성원들이 주로 런던에서 살았고, 이들 중에는 버지니아 울프Virginia Woolf와 E. M. 포스터E. M. Forster뿐 아니라 스트레이치도 있었다. 모두가 발레를 포함하여 예술을 좋아했다. 케인스는 몇 년 동안 동성애로 시간을 보내다가, 1921년 러시아 발레리나 리디아 로포코바Lydia Lopokova의 공연을 보고 나서 그녀와 사랑에 빠졌다. 이들의 사랑은 불륜이었는데, 4년 뒤에 로포코바가 남편과 이혼하고 나서 정식으로 결혼했다. 당시 케인스는 42세였고 로포코바는 33세였다. 이 결혼은 케인스가 세상을 떠날 때까지 유지되었다.

다른 경제학자들과는 상당히 다르게 케인스는 (이전의 리카도와 피셔와 마찬가지로) 투자자이기도 했다. 그는 투자를 통해 돈을 많이 벌기도 했지만, 여러 번에 걸쳐서 거의 파산지경에 이르기도 했다. 1936년에 그의 자산은 50만 파운드가 넘었다. 이 돈은 오늘날의 가치로 환산하면 무려 2700만 파운드에 달한다. 그 다음에 케인스는 주식 시장에서 차입 투자를 지나치게 많이 했던 1937~1938년의 불황 시기에 이 돈을 거의 다 날렸다. 그럼에도 그가 1946년에 세상을 떠날 때, 투자 자산이 40만 파운드(오늘날의 가치로 환산하면 1200만 파운드)에 달했고 가치가 8만 파운드(오늘날의 가치로 환산하면 250만 파운드)에 달하는 예술

품과 도서를 소장하고 있었다.[13]

케인스는 전후 호황과 이후의 경제 침체를 경험하면서 세계관을 형성했다. 경제가 충격에 신속하게 반응한다고 믿는 고전파 경제학자들과는 다르게, 케인스는 그런 반응이 훨씬 더디게 나타난다고 믿었다. 예를 들어 저축은 새로운 장비를 구매하는 것과 같은 투자에 사용되지 않는다. 대신에 케인스는 저축이 투기를 조장하는 데 사용되는 것을 직접 보았다. 당시 투자자는 주식을 구매할 때 주식 가격의 15%만을 예치하면 되었다. 지나친 차입 투자가 투자자들이 계속 베팅을 하도록 자극하면서 투기 열풍을 일으켰다.

이런 경험은 케인스가 투자와 투자자의 역할에 대해 '야성적 충동 Animal Spirits'이라고 했던 유명한 표현이 나오도록 했다. 그는 '야성적 충동'을 '수량화된 이익에 수량화된 확률을 곱해서 얻은 가중 평균 결과가 아니라, 오직 행동하지 않고 가만히 있기보다는 행동하고자 하는 자연 발생적인 충동'이라고 정의했다.[14] 이것은 투자자에 대한 그의 생각을 나타낸다.

전문적인 투자는 100장의 얼굴 사진을 제시하고 시합 참여자에게 얼굴이 예쁜 순서로 6장씩을 골라내게 하고, 참여자 전체의 평균적인 선호에 가장 가깝게 선택한 참여자에게 상금을 주는 신문지상의 시합과 같다고 할 수 있다. 이런 시합에서는 참여자가 가장 예쁜 얼굴을 골라내기보다 자기가 생각하기에 다른 참여자의 마음에 들 가능성이 높은 얼굴을 골라내야 한다. 참여자가 모두 똑같은 관점에서 문제를 바라본다. 그것은 참여자가 최선의 판단을 해서 정말로 가장 예쁜 얼굴을 골라내는 상황도 아니고, 평균적인 견해를 가진 사람이 진심으로 가장 예쁘다고 생각하는 얼굴을 골라내는 상황도 아니다. 우리는 평균적인 견해를 가진 사람이 평균적인 견해가 어떻게 되리라고 예상하는지를 예상하는 데에 생각을 집중해야 하는 세 번째 단계에 도달해 있다. 그리고 네 번째 단계, 다섯 번째 단계 혹은 이보다 더 높은 단계의 예상을 하기 위해 머리를 굴리는 사람도 일부 있다고 나는 믿는다.[15]

케인스가 언젠가 비꼬는 식으로 말했듯이 "세속의 지혜는 비전통적인 방식으로 성공하는 것보다 전통적 방식으로 실패하는 것이 평판에는 더 낫다고 가르친다."[16]

요람에서 무덤까지 국민을 돌보다

두 번의 세계대전 사이 대공황과, 이후로 경제 회복이 더디게 진행되던 시기에 케인스 혁명이 시작되었다. 케인스의 획기적인 저작은 대공황에서 비롯되었다. 실업이 쟁점이 된 것은 그때가 처음은 아니었다. 19세기 후반 장기 불황 시기에 경제에 대한 우려 때문에 1888년에 《옥스퍼드 영어사전》에 '실업'이라는 용어가 처음 등장했다. 그러나 대공황 시기에는 실업의 규모가 달랐다. 1929~1933년까지 미국의 실업률은 3%에서 25%로 치솟았다. 1933년의 소득은 1922년보다도 낮았다. 영국도 장기적인 불황으로 접어들어 실업률이 두 배인 20%로 치솟았다.

케인스는 수동적인 자세로 회복만을 기다리는 재무부의 고전주의적인 견해를 비판했다. 그들은 경제가 장기적으로는 자동 조정될 것으로 믿었다. 고전파 경제학자들에게 '장기'란 정말 오랜 시간을 의미했다. 현대의 경제학자들은 장기가 고정 자본을 조정하는 데 필요한 시간이라고 생각하지만, 당시 고전파 경제학자들은 인구를 조정해야 하는 것으로 생각했다. 따라서 출생과 사망도 장기 조정에서 한 부분을 이루었다.

케인스의 업적이 장기에 집중하던 것에서 단기에 집중하는 것으로 인식을 바꾼 것이라는 사실에는 의심의 여지가 없다. 단기적으로는 조정이 더디게 진행되고 따라서 정부가 역할을 할 수 있다는 것이다. 널리 알려진 바와 같이 그는 이렇게 말했다. "장기는 최근 상황에 대해 잘못 안내한다. 장기적으로 보면 우리는 모두 죽는다. 거센 폭풍이 몰아칠 때 경제학자들이 우리에게 폭풍이 걷히고 오랜 시간이 지나면 바다는 다시 잠잠해질 것이라는 말만 한다면, 그들은 너무나도 태평하고 쓸모없는 일을 하는 사람들이다."[17]

케인스는 1936년에 발간된《고용·이자 및 화폐에 관한 일반 이론》에서 단기에 집중했다. 그는 가계 소비와 기업 투자의 부족을 포함한 수요 부족에 관심을 쏟고는 이것을 대공황을 일으킨 결정적인 원인으로 보았다. 그는 평상시에도 투자하려는 동기가 너무 빈약하고 현금을 비축하려는 경향이 너무 강하다고 주장했다. 필수적인 투자가 없다면, 경제는 모든 노동력을 생산적으로 활용하는 완전 고용일 때보다 덜 작동한다. 주식 시장 붕괴처럼 투자 수요에 대한 '충격'이 가해지기라도 하면, 생산과 고용이 위축되고, 그 결과 경제가 침체된다. 따라서 케인스는 정부가 경제를 완전 고용 수준으로 되돌리기 위해 부채를 증가시킬 것을 제안했다. 그는 경제가 잠재 수준 이하에서 작동할 때 정부가 지출을 하기 위해 돈을 빌리는 것이 인플레이션을 일으키지 않는 점을 강조했다. 그리고 불황기에 정부가 지출을 하기 위해 돈을 빌리고 호황기에 이를 갚는 적자 지출을 주장했다. "불황이 아니라 호황 시기가 긴축을 위한 적절한 때다."[18] 현실적인 경제학자였던 그는 다른 형태의 투자가 감소할 때를 대비하여 투자 프로젝트를 준비하는 공공 투자위원회를 설립하자고 제안했다.

케인스는 자기 생각의 일부가 현실화되는 것을 보았다. 비록 바라는 수준에는 미치지 못했지만 말이다. 그는 1933년 프랭클린 루스벨트 대통령이 제안하고 흔히 뉴딜New Deal이라고 알려진 전국산업부흥법이 미국의 은행 시스템과 교통 기반시설을 개선할 것이라고 믿었다. 그러나 루스벨트 대통령의 계획에 따른 정부 지출 혹은 재정적 경기 부양책의 규모가 케인스가 생각하는 GDP 혹은 국내 생산의 11%에 크게 못 미쳤다. 따라서 그는 회복보다는 개혁을 우선시하는 법안에 비판적이었다. 케인스가 보기에 영국은 상황이 훨씬 더 나빴다. 영국 정부는 균형 재정을 추구했다. 정부 지원이 부족한 데도 환율의 평가절하와 저금리가 회복을 가능하게 했다. 그러나 이것은 일시적이었다. 1937~1938년에 미국과 영국 경제는 또다시 급격한 불황에 빠져들었다.

지금과 마찬가지로 당시에도 정부 지출의 증가가 재정 적자와 높은 수준의 정부 부채에 어떤 의미인지 열띤 논쟁이 있었다. 어떤 해에 정부 수입보다 정부 지출이 더 많으면 재정 적자가 증가한다. 정부 부채는 오랜 시간 동안 누적되는 적자 총액을 의미한다. 케인스는 영국 재무부가 자본 지출을 정부의 '재정 적자'와 혼동하고 있다고 비판했다. 케인스는 공공 투자가 최대 잠재력 이하에서 작동하는 경제를 바로잡기 위한 도구라고 주장했지만, 그를 비판하는 사람들은 이것이 재정 적자가 훨씬 더 증가하게 만들 것이라고 생각했다.

또한 케인스는 투자를 망설이게 하는 불확실성을 우려했고, 금리의 역할에 대해 신고전파 경제학자들과는 다르게 생각했다.[19] 그들은 금리를 저축과 투자의 균형을 이루게 하는 가격과도 같은 것으로 보았다. 이에 반해 케인스는 저축은 소득에 따라 상승하거나 하락하는 것이라고 주장했다. 케인스는 불확실성이 사람들이 현금을 붙들게 만드는 이유라고 생각했다. 비록 이것이 가장 현명한 투자 결정이 아니더라도 말이다. "그것은 현금이 부에 대해 결실이 별로 없는 저장 기능이라는, 널리 인정받는 특징을 가지고 있기 때문이다. 반면 실제로 부를 저장하는 다른 모든 방식은 어느 정도 이자나 수익을 발생시킨다. 정신병원 밖에 있는 모든 사람이 도대체 무엇 때문에 부를 저장하는 방식으로서 현금을 원하는가?"[20]

케인스는 계속해서 이렇게 말했다. "어느 정도는 이성적으로, 또 어느 정도는 본능적으로, 우리가 부의 저장 수단으로 현금을 보유하려는 욕구는 미래에 관한 계산과 관습에 대한 불신의 정도를 나타내는 지표이기 때문이다."[21] 이 말은 적자 지출이 국민 소득의 증가를 초래하고, 이것이 저축 증가로 이어지고, 그 다음에는 더 많이 누적된 정부 부채를 갚게 해줄 것이라는 뜻이다.

케인스가 정부 정책에만 관여한 것은 아니었다. 2차 세계대전 동안에 케인스는 국민을 '요람에서 무덤까지'를 돌보아주는 종합적인 사회 보험 제도를 도입하여 영국 복지 정책의 근간이 된 〈베버리지 보고서Beveridge Report(1942)〉의 작성에도 관여했다. 이것은 재정 정책이 어떻게 경제에 영향을 줄 것인지 고민하는 케인스의 이론에도 잘 부합되었다. 다시 말하면, 실업 수당은 불황 시기에 정부가 아무런 조치를 취하지 않고도 정부 지출을 증가시키는 '자동안정장치'의 기능을 했다.

결국 케인스 혁명은 경제가 완전 고용과 이에 따른 생산에 있지 않은 경우가 많다는 것을 제안함으로써 경제학의 모습을 바꾸어놓았다. 수요가 감소하여 생산된 것이 모두 판매되지 않을 때는 정부 지출이 경제를 바로잡는 데 중요한 역할을 한다.

케인스 경제학은 원유 가격이 급격하게 상승한 두 번의 오일 쇼크 탓에 극심한 인플레이션이 시달리던 1970년대까지 경제학계를 지배했다. 영국 경제는 침체되었지만, 인플레이션과 원유와 그 밖의 제품에 대한 수입 가격을 인상시키는 파운드화의 평가절하로 고통받았다. 1976년 가을 영국은 IMF에 구제 금융을 요청했다. IMF는 40억 달러를 지원하면서 영국 정부에 부채를 줄이기 위해 정부 지출을 크게 삭감할 것을 요구했다.

1976년 영국 총리 제임스 캘러헌James Callaghan은 영국 정부는 불황에서 빠져나오기 위한 지출을 더는 할 수 없다고 선언하고는 "그것은 지금까지 경제에 점점 더 많은 인플레이션을 주입하는 것으로만 작용

했다"라는 말까지 덧붙임으로써 영국에서 케인스 시대는 확실하게 종말을 고했다.[22]

1970년대는 보통과는 다르게 실업률도 높은 시기였다. 이처럼 스태그플레이션이라고 알려진 높은 인플레이션과 높은 실업의 조합은 표준적인 관계와는 모순되었다. 이 시대에는 밀턴 프리드먼 같은 새로운 고전주의자New Classicists이자 통화주의자가 등장했다. 이들의 이론이 스태그플레이션을 설명했고, 여기서 프리드먼이 무대 위에 등장했다. 케인스 사상은 무대 밖으로 사라지고 말았다. 이런 흐름은 1930년대에 케인스 사상이 유행했던 것이 실업이라는 당시의 시급한 쟁점을 설명할 수 있었기 때문이라는 점에서 닮은 점이 있다.

1980년에 로널드 레이건Ronald Reagan이 대통령으로 당선되면서 자유방임이 미국에서 지배적인 이론이 되었다. 당시 현직 대통령으로 민주당 후보였던 지미 카터Jimmy Carter에 맞서 공화당 후보였던 레이건은 이렇게 빈정댔다. "당신 이웃이 일자리를 잃어버리면 불황이라고 합니다. 당신이 일자리를 잃어버리면 공황이라고 합니다. 경기 회복이란 지미 카터가 일자리를 잃어버릴 때를 말합니다." 결국 레이건이 승리했다.

그런데도 1980년대에는 노벨 경제학상 수상자 조지프 스티글리츠 같은 신케인지언New Keynesian도 등장했다. 이는 레이건과 캘러헌의 뒤를 이은 토리당 출신의 마거릿 대처Margaret Thatcher 집권 시기의 경제 개혁의 여파로 실업 문제가 또다시 쟁점이 되었기 때문이다. 신케인지언은 실업률이 오랫동안 높은 수준을 유지할 수 있기 때문에 제한적인 정부 개입을 정당화했다. 그러나 경제가 균형으로 돌아가는 데는 시간이 걸리는 이유를 설명하기 위해 사람들이 어떻게 행동하는가에 대해서는 새로운 고전파New Classical 이론을 받아들였다.

20세기가 끝날 무렵에, 1950년대에 신고전파 종합 접근 방식이 등장했을 때와 마찬가지로 '새로운 신고전파 종합'이 등장했다. 새로운 신고전파 종합은 경제의 작동 원리를 설명하기 위해 각 이론의 구성 요소를 수용한 하나의 프레임워크에, 신케인지언 이론과 새로운 고전주의자이자 통화주의자의 이론을 통합한 것을 의미한다.

새로운 신고전파 종합은 '합리적 기대' 이론을 통합할 뿐 아니라 소비자들이 시간에 걸쳐서 어떻게 의사 결정을 하는가에 관한 새로운 고전파 이론을 포함한다. 합리적 기대 이론은 소비자들이 현재의 감세가 미래의 증세를 의미할 것이라는 사실을 안다고 가정한다. 따라서 그들은 자신의 행동을 변경하지 않는다. 그 결과 감세는 소비를 증가시키지 않고 성장을 촉진하지 않을 것이다. 흥미롭게도 예견할 수 없는 정부 정책만이 효과를 볼 것이다.

합리적 기대라는 개념은 소비자가 완전히 합리적으로 행동하고 엄청난 양의 정보를 처리할 수 있다는 가정 때문에 정당성을 의심받아 왔다. 실제로 케인스가 지지하는 정부의 '예견할 수 있는' 재정 정책이 효과를 발휘한다. 비록 소비자들이 감세 정책에 대응하여 완전하지는 않더라도 어느 정도는 합리적으로 행동한다는 증거가 있기는 하지만 말이다.

21세기가 시작되면서, 2009년 대침체 이후로 재정 적자와 공공 지출이 다시 논쟁의 쟁점으로 등장하기 시작했다. 케인스는 또다시 세상의 주목을 받고 있다.

재정 적자를 축소하기 위한 긴축 정책

2008년 금융 위기 이후로 영국의 재정 적자가 절반 수준으로 감소했지만, 2014/15년 의회 회기가 끝나는 시점을 기준으로 여전히 GDP의 5% 수준에 있었다. 여기서 1976년 영국이 IMF에 구제 금융을 지원받았을 때 재정 적자가 GDP의 6.9%에 달했다는 사실을 기억할 필요가 있다. 그러나 이번에는 이 적자가 크게 우려할 만한 수준은 아니었고, 실제로 1993년에는 전쟁 이후로 가장 높은 7.8%에 달했다. 이러한 모습은 영국이 세계 주요 국가에서 정부 부채 수준을 끌어올린 세계 금융 위기에 영향을 받았기 때문이다.

2008년 금융 위기 이후, 영국의 부채는 GDP의 약 90%로 증가했다. 이는 EU 마스트리히트 조약EU Maastricht Treaty (유럽공동체EC 회원국들이 1992년 2월 7일 네덜란드 마스트리히트에서 서명한 조약으로, 1991년 12월 최종 협상을 통해 채택되었으며 1992년 2월 7일 서명한 뒤 1993년 11월 1일 발효되었다. 마스트리히트 조약 발효와 함께 유럽연합EU이 정식으로 출범했다-옮긴이)에서 요구하는 60% 수준을 크게 웃도는 것이다. 주요 신용조사기관 세 곳 중 두 곳에서 이러한 부채 수준을 AAA 최고신용등급에 부합되지 않는 것으로 보았다. 2016년, EU를 떠날 것인지 묻는 EU 국민투표가 끝나고서 영국은 과거에 유지하던 AAA등급에서 격하되었다.

영국 정부는 연간 적자를 줄이고 전체적인 부채 수준을 일정하게 유지하기 위해 정부 지출 증가율을 낮추었다. 긴축 정책이 과연 옳은 것인가? IMF는 영국 경제가 완전히 회복되기 전에는 긴축 정책 시행을 재고할 것을 촉구했다. 영국에게만 그런 것은 아니다. 경제가 회복되던 처음 몇 년 동안에는 유럽 국가와 미국 정부가 민간 수요가 위축된 상태에서 공공 지출을 삭감했다. 영국에서는 회복이 더디게 진행되었고, 때로는 생산이 축소되기까지 했다. 불황의 공식적인 정의는 GDP 증가율이 마이너스가 되는 분기가 두 번 연속으로 나타나는 것인데, 실제로 2012년에는 영국이 불황이 아닌데도 불구하고 GDP 증가율이 마이너스가 되는 분기가 두 번에 걸쳐 비연속적으로 나타나기도 했다.

영국에서는 경제 상황에 따라 긴축의 속도가 완만해지기는 했지만, 긴축 정책이 반드시 필요한 것인가? 정부 지출을 삭감해야 하는 근거는 영국이 재정 적자를 축소하고 있는 것을 보여주지 않는다면 투자자가 영국에 자금을 빌려주는 것을 주저하는 데 있다. 영국이 그렇게 하지 않으면 영국 정부의 부채는 유지할 수 없는 수준으로 증가할 것이다. 이러한 견해는 2010년 초에 발생한 유로화 위기 상황이 닥치면서 반감을 불러일으켰다. 영국이 물론 이러한 위기의 당사자가 아니었고, 심지어 투자자가 비유로화 국가에서 좀 더 안전한 투자를 추구했기 때문에 혜택을 볼 수도 있었다. 그러나 이런 배경은 적자와 긴축에 관한 일부 견해에 힘을 실어주었다.

대침체가 한창이던 2009년 말에 그리스는 정부 회계가 신뢰할 수 없다는 사실을 인정하고서 구제 금융을 요청했다. 투자자는 그리스 정부 채권을 싸게 팔아치우려고 했고, 결과적으로 정부 부채 수준이 높은 다른 유로화 지역 국가들도 차입 비용이 높아지는 것을 확인했다. 그리스에 자금을 빌려주려는 투자자가 거의 없자, 그리스 정부가 정상적인 운영을 위한 재원을 조달하기 위해 자금을 빌리는 데 비용이 더 많이 들었고 최종적으로는 이것이 불가능해졌다.

포르투갈도 비슷한 문제에 직면했다. 키프로스, 아일랜드, 스페인은 상황이 달랐다. 이 국가들은 자국 은행을 구제했다. 그러나 이렇게 함으로써 재정 적자가 급증했고, 결국 단일 통화를 공유하는 국가에 대한 구제 프로그램을 관리하는 일명 '트로이카' 즉 EU, 유럽중앙은행, IMF에 지원을 요구하기에 이르렀다.

유럽 각국의 정부는 투자자의 신뢰를 회복하기 위해 재정 규율이 필요한 것으로 믿었고, 이에 따라 긴축 정책을 추진했다. 위기 이전에는 채권 시장이 유로화 지역을 하나의 실체로 보았기 때문에 그리스도 독일처럼 유리한 금리로 자금을 빌릴 수 있었다. 이것은 그리스 정부가 자금을 지나칠 정도로 많이 빌릴 수 있도록 했다. 비록 이런 시나리오가 반복될 것 같지는 않더라도, 유로화 지역 지도자들은 재정적 제한을 강화하기 위한 추가적인 개혁안을 내놓았다. 그들은 회원국들이 단일 통화를 공유하고 공동의 통화 정책을 추진하려면 재정 규율을 채택해야 할 필요성을 강조했다.

지금은 유럽위원회가 중앙에서 시행하는 재정 적자에 관한 규칙을 뛰어넘어 하나의 재정 연합을 창설하려는 움직임도 있다. 이것은 목표를 달성하지 못한 국가에 가하는 벌칙을 정할 수 있다. 심지어 유로화 지역의 중앙 재정 당국으로서 유럽 재무부European Treasury를 설립하자는 논의도 있었다. 확실히 이것은 긴축 논쟁에 정치적 차원을 더해주고, 또한 EU가 국가와 초국가적 기관 간의 재정 권한을 분할한 연방제를 향해 갈 것인가 하는 문제도 제기한다.

유로화 위기의 극심한 단계가 지나가고, 경기 침체에 대한 우려는 유럽중앙은행이 대침체 기간에 거부했던 것들을 하도록 촉구하기에 이르렀다. 2015년 유럽중앙은행은 처음으로 양적완화 정책을 추진하여 정부 채권을 매입함으로써 경제에 현금을 대량으로 주입했다. 이렇게 빌려줄 수 있는 현금의 증가는 수요와 공급의 단순한 역학을 통하여 차입 비용을 낮추고 이후로도 계속 저렴한 상태를 유지하게 만드는 효과를 발생시킨다. 이것은 성장이 완만하게 진행되는 여건 속에서 예상할 수 있는 상황, 즉 전 세계적으로 정부 채권에 대한 수익률이 낮아지는 상황에 이르게 한다.

완만한 성장과 낮은 차입 비용의 조합은 긴축 논쟁에 새로운 차원을 더해준다. 정부는 투자를 위해 저금리의 장점을 더 많이 활용해야 하는가? 경제가 계속 더디게 성장할 때는 재정 적자와 부채가 부차적인 고려 대상이 되어야 하는가?

공공 투자와 저금리의 효율적인 활용

이 문제는 유럽과 미국에서 제기되었다. 미국에서는 의회에서 공화당 의원들이 여전히 재정 적자의 증가를 우려했지만, 사회기반기설에 대한 투자를 강화하려고 했다. 물론 공화당은 전통적으로 비개입주의 철학을 따르고, 투자와 경제에 대한 정부의 역할에 대체로 회의적이다. 공화당 출신으로 대통령을 지냈던 로널드 레이건은 정부 개입에 대해 이렇게 말했다. "경제를 바라보는 정부의 시각을 간단하게 요약할 수 있다. 경제가 움직이면, 세금을 매긴다. 계속 움직이면, 규제를 가한다. 그러다가 경제가 움직이지 않으면, 보조금을 준다."[23] 그리고 이런 말도 여러 번 했다. "영어에서 가장 나쁜 말은 '내가 당신을 돕기 위해 정부에서 왔다'라는 것이다."[24] 이것은 미국의 투자 계획이 프로젝트의 재원 조달을 지원하기 위해 민간 투자자에게 의지하는 이유를 설명해준다.

대서양 건너편에서는 투자에 대한 논의가 정치적인 공감대를 찾는 방향으로 이루어졌다. 2016년 6월에 영국에서는 EU를 떠날 것인지 묻는 EU 국민투표가 실시되었는데 이는 잉글랜드은행이 차입 비용을 계속 낮게 유지하도록 해주는 양적완화를 재개하는 결과를 낳았다. 그 후로, 이 논의의 초점이 새로운 방향으로 옮겨졌다. 길트 gilt라고 알려진 10년 만기 정부 채권 수익률이 브렉시트 Brexit 투표 이후로 불과 1%라는 사상 최저치로 기록했다. 20년과 30년 만기 정부 채권 수익률도 사상 최저치를 기록했다. 이것은 영국 정부가 처음으로 10년 동안 약 1%의 이자를 지급하는 조건으로 채권을 판매할 수 있다는 것을 의미한다.

2017년에 은행 위기 이후 처음으로 금리를 인상했지만, 차입 비용은 여전히 상당히 낮은 수준으로 유지되었다. 그렇다면 저금리는 정부가 투자를 위해 지금 자금을 빌려야 할 것인가의 문제에 영향을 미치는가?

케인스는 경제가 잠재 수준 이하에서 작동할 때는 민간 투자에 '크라우딩아웃 crowding out' 효과가 존재하지 않는 것을 지적했다. 크라우딩아웃은 투자를 위한 정부 차입이 민간 기업의 투자를 위한 차입을 어렵게 만드는 것을 말한다. 정부의 차입 수요가 금리를 올려서 민간 기업의 차입 비용이 상승하기 때문이다. 그러나 2008년 불황 시기에 영국 경제의 국내 생산이 6% 넘게 감소했고, 대출 금리가 낮기 때문에 크라우딩아웃이 일어날 가능성은 별로 없었다. 영국 경제의 생산이 크게 감소하여 공공 부문과 민간 부문의 자금 수요가 차입 비용을 상승시키기 전에 이 부문에서 투자할 여지가 상당히 많기 때문이다.

또한 공공 투자의 증가가 '크라우딩인crowding in' 효과를 발생시킬 수 있기 때문에 경제 성장에 기여할 수 있다. 다시 말하면, 정부 투자가 민간 투자를 더욱 효율적으로 만들 수 있다. 예를 들어 훌륭한 이동통신 사회기반기설은 서비스를 더욱 신속하게 전달할 수 있도록 광섬유망을 제공함으로써 민간 기업의 투자 수익을 증가시켜준다.

영국에서는 공공 투자가 엄청나게 축소되었다. 주로 공공 부문 서비스가 차지하는 경상 예산을 삭감하는 것보다 고속도로 보수와 같은 프로젝트에 대한 자본 지출을 삭감하는 것이 더 쉽다. 2008년부터 2011년까지 긴축 정책이 최고조에 달하던 시기에, 국내 생산에 대한 공공 투자의 비율이 3.3%에서 1.9%로 떨어졌다. 40%나 하락한 것이다. 고속도로가 보수될 것인가? 다시 말하면, 공공 투자가 이처럼 낮은 추세가 반전될 것인가?

이것은 공공 투자가 정부가 그날그날 지출하는 것과는 분리되어야 한다는 케인스의 생각을 받아들이는 것을 의미할 것이다. 케인스라면 투자가 경상 지출과는 다르게 미래의 수익을 발생시키고, 정부 예산을 평가할 때 공무원에게 지급하는 일상적인 지출과 한덩어리로 취급되어서는 안 된다고 주장할 것이다. 실제로 영국 정부는 2015년에 국가 사회기반시설위원회를 설립하고, 차입 비용이 낮아진 상황에서 투자를 활성화하여 공공 투자가 감소하는 추세를 반전시키기 위해 노력하고 있다.

EU도 적극적으로 움직였다. EU는 재정 적자의 급증을 초래하지 않는 선에서 저금리를 활용하는 쪽으로 방향 전환을 했다.

2015년에 유럽위원회 위원장 장 클로드 융커Jean-Claude Juncker가 추진한 사회기반기설 투자펀드로서 흔히 융커 플랜Juncker Plan이라고도 알려진 유럽전략투자기금European Fund for Strategic Investments, EFSI이 창설되었다. 이 펀드는 디지털, 교통, 에너지를 비롯하여 그 밖의 사회기반시설 개발 프로젝트의 재원을 조달하고 중소기업을 대상으로 자금 지원을 확대하기 위해 채권을 발행하는 유럽투자은행European Investment Bank, EIB과 공동으로 3년에 걸쳐 총 3150억 유로라는 엄청난 금액을 모집했다. 이것은 실제로는 비교적 소액을 활용하여 대규모의 공동 기금으로 전환하기 위한 방법이다. EU도 160억 유로를 투자했고, 이후 50억 유로를 EIB에 예치했다. 이때부터 최고등급 AAA를 받은 EIB가 초기의 210억 유로를 활용하여 이제 막 시동이 걸린 유럽의 경제 성장 속도를 올리기에 충분한 규모의 기금으로 전환하기 위해 저금리를 활용하여 채권을 발행할 수 있게 되었다. 유럽위원회는 EFSI의 규모와 존속 기간을 늘릴 계획을 가지고 있다. 유럽의 정책 담당자들은 초기의 성공에 고무되어 많은 국가에서 특히 빠르게 변하는 디지털 시대에 기업의 요구에 부응하기 위해 새롭게 정비해야 할 사회기반시설의 확충에 열을 올리고 있다.

EFSI는 민간 기업의 투자를 장려하기 위해 야심찬 시도를 하고 있다. 이를 통하여 사회기반시설 지출이 정부의 재정 상황에 미치는 영향을 상당히 줄일 수 있을 것이다. 그러나 이것은 공공 부문과 민간 부문의 파트너십에 의존하는 것을 의미하는데, 철도와 같은 장기적인 사회기반시설 프로젝트를 유지하는 것에는 평가가 엇갈리고 있다.

그럼에도 이 펀드가 금융 위기 이후로 은행 시스템이 복구되는 동안에 유럽에서 최고의 일자리 창출자이지만 은행을 통하여 차입하기가 어려워서 힘든 상황에 처해 있는 중소기업에 집중한 것은 적절했다.

이 중소기업들도 새롭게 정비된 사회기반기설에서 혜택을 볼 수 있다. 지난번 불황 시기에 EU 회원국들은 영국과 마찬가지로 긴축 프로그램의 일부로서 공공 투자를 축소했는데, 이것이 사회기반시설 지출을 크게 축소하는 결과를 낳았다. 유로화 지역에서 투자는 위기 이전 수준에 비하여 약 15% 정도 축소되었다. 따라서 OECD와 그 밖의 기관들이 공공 투자의 증가가 경제 성장을 촉진하고, 그 결과 정부 부채까지도 축소시킬 것이라고 주장해왔다.

그러면 위기 이후로 투자를 증가시키는 것이 왜 그처럼 어려웠는가? 한 가지 제약은 주로 자본 투자로 발생하는 재정 적자에 집중하는 정부가 짊어져야 할 재정 긴축의 부담이었다. 경제 성장이 다시 우선시되는 것도 최근의 일이다. 지금 이야기는 주로 공공 부문을 설명하지만, 불황 이후로 민간 투자도 크게 위축되었다.

예를 들어 독일 기업들은 지난 10년 동안 현금 보유량을 두 배로 늘렸다. 다른 기업들도 마찬가지였다. 미국 다국적 기업들은 대차대조표에서 현금을 사상 최고 수준으로 쌓아놓았다. 이 기업들이 왜 투자를 하지 않는지 이해하는 것이 성장의 한 축인 투자가 회복 기간에 제대로 이행되지 않은 이유를 이해하는 데 중요한 열쇠가 된다.

정부 지출과 소비자 지출이 심한 타격을 받았고 이 지출이 더디게 회복되면서 공공 부문과 민간 부문의 수요가 부족해졌다. 그 결과, 기업들이 미래 매출을 낙관하지 않아 투자 의욕을 갖지 않았다. 대침체가 워낙 심한데다가 오래간 것도 투자 자금을 앞으로 계속 맡겨도 되는가에 대한 불확실성을 낳았다. 또한 유럽과 미국에서 대량 학살을 당한 은행 시스템이 복구되는 데 오랜 시간이 걸린 탓에 기업들이 은행 대출이 어려운 시기에 현금이 필요할 경우를 대비하여 이익금을 사내에 보유하게 되었다. 게다가 투자자에게는 현금을 투자하고 싶은 더욱 매력적인 곳이 있었다. 예를 들어 주요 주식 시장에서 저금리 기조에 따라 주식 가격이 계속 치솟았다. 그러나 이후 세계 주식 시장은 들뜬 분위기를 자아내던 최고점에서 계속 하강하고 있다.

그리고 다른 나라보다 먼저 금리를 정상화하기(인상하기) 시작한 미국에서 불확실성이 몰려오고 있다. 이것은 사회기반기설에 대한 투자처럼 고정 수익률을 발생시키는 투자가 상대적으로 더 매력적일 수 있다는 뜻이다. 통상적으로 도로나 에너지에 대한 투자는 비록 안정적인 수익을 제공했지만, 고수익을 제공하지 않았다. 공공시설, 유료 도로와 같은 사회기반시설에 대한 투자 수익률은 대체로 규제 기관에 의해서 3~4%로 정해진다. 저금리 기조에서는 이것은 나쁘지 않은 수익률이다. 물론 여러 문제점 중의 하나가 주요 공공 프로젝트들에 대한 승인 절차가 더디게 진행된다는 것이다. 그럼에도 EU 회원국이 제안하는 프로젝트가 아주 많이 있다. 어쨌든, 세계에서 가장 규모가 큰 경제 실체의 성장은 세계 경제에 기여하게 될 것이다.

유럽위원회뿐 아니라 한 나라의 정부가 성장에 새롭게 집중하는 것은 케인스가 지적했던 투자와 성장의 연관성을 다시 한번 생각하기 위한 더 많은 기회를 제공한다. 정부가 스스로 투자를 위한 차입을 더 많이 해야 할 것인가, 케인스가 제안했듯이 자본 지출을 예산에서 따로 떼어내어 살펴봐야 할 것인가에 대한 논쟁은 아직 해결되지 않았다. 케인스라면 정부 투자에 대한 논쟁으로 변해버린 현재의 긴축 논쟁을 바라보면서 어떤 생각을 할까?

경제에서 정부 역할의 필요성

케인스는 경제 성장의 둔화에 반작용하기 위한 수단으로서 정부 지출에 대한 찬성론을 폈다. 특히 불황이나 공황에서 회복되는 동안에는 민간 부문의 수요가 부족하다. 따라서 총수요가 완전 고용을 유지하기에 충분할 정도가 되려면 추가적인 정부 지출이 요구된다. 케인스는 심각한 위기나 불황이 아닌 시기의 투자를 위한 정부 차입에 관한 논쟁을 보면서 어떤 생각을 할까?

케인스가 예상했던 현금 보유는 위기 이후의 경제에서 분명하게 나타났다. 금리가 아주 낮은 데도 많은 기업이 투자 자금을 빌리지 않았는데, 이것이 성장이 둔화되는 원인이 되었다. 앞에서 살펴본 여러 이유 때문에, 투자가 평상시와는 다르게 금리에 반응하지 않을 때는 통화 정책이 경기를 부양시키기에 충분하지 않다. 투자를 늘리고 성장을 일으키는 데 재정 정책도 필요하다는 뜻이다.[25]

케인스가 확인했듯이, 투자는 경제에서 총수요의 수준을 구성하는 요소 중의 하나다. 일반적으로 소비가 투자보다 더 안정적인 것으로 알려져 있다. 소득이 증가하면 소비가 증가하지만 증가한 소득만큼 증가하지는 않는다. 또한 소득이 감소하면 소비가 감소하지만 감소한 소득만큼 감소하지는 않는다. 소득의 일부를 저축하고 나머지를 소비하기 때문에, 완전 고용을 유지하려면 투자가 소비와 생산의 격차를 메워야 한다.

고전파 경제학자들은 저축이 자동적으로 투자가 될 것으로 보았다. 케인스의 통찰은 저축을 명료하게 취급하는 데 있었다. 그는 많은 사람이 저축을 함으로써 경제에서 총저축이 실제로 감소하는 '절약의 역설'을 확인했다. 이것은 저축이 증가하고 소비가 감소하면 총생산이 감소하고, 결과적으로 저축의 대상인 소득이 감소하기 때문에 나타나는 현상이다. 이 문제는 부자들이 소득에서 더 많은 부분을 저축하기 때문에 사회가 부유해질수록 더 악화된다. 케인스가 특히 노력 없이 얻은 부를 저축보다는 소비하려는 성향이 더 강한 사람들에게 재분배하기 위한 '무거운 상속세'를 주장한 것도 이 이유 때문이다.[26] 따라서 부자들의 부를 재분배하는 것은 투자에 도움이 된다. 그러나 케인스는 지나친 재분배가 성장을 저해할 것을 우려했다.

케인스는 한계저축성향marginal propensity to save이 투자 동기보다 더 강할 것이라고 믿고서 투자를 위한 정부 차입을 지지했다. 이것은 그가 경제가 대체로 잠재 수준 이하에서 작동하고 따라서 공공 투자가 민간 투자를 보완해야 한다고 생각했기 때문이다. 케인스의 생각은 높은 수준의 공공 투자 혹은 준공공 투자를 유지하기 위해 재정 정책을 활용하자는 것이었다.

투자는 전반적인 생산 수준을 높이고 그 결과 소비를 위한 소득을 높여서, 소비를 촉진할 것이다. 소비가 많을수록 국민 소득이 높아지고, 따라서 투자 자금을 조달하기 위해 사용할 수 있는 사회의 저축이 더 많아진다. 공공 부문의 직접 투자가 영구적으로 높은 수준을 유지하면 민간 투자에서의 변동을 상쇄할 것이고, 경제가 '준호황'을 유지하는 데도 기여할 것이다.[27]

케인스는 비록 베버리지의 복지국가에 소요되는 비용을 우려했지만, 앞에서 논의했던 사회안전망을 제공하는 국가의 역할에 근거하여 국가를 일종의 투자자로 인식했다.

케인스는 투자 프로젝트의 속도를 필요에 따라 올리거나 늦추기 위해 정부가 조치를 취할 것을 제안했다. "나는 정부가 직접 나서서 투자를 체계화하는 데 과거 어느 때보다도 더 많은 책임을 지는 모습을 보고 싶다. 따라서 나는 다소 포괄적인 투자의 사회화가 완전 고용에 가까운 상태에 이르게 하는 유일한 수단이 될 것으로 생각한다."[28]

케인스는 요구가 분명하게 드러남에 따라 정부가 투자에서 더 많은 역할을 할 것을 촉구했다. 그가 제시한 '투자의 사회화' 개념에는 투자 프로젝트의 순조로운 출발을 지원하기 위해 정부가 지원하는 사회기반시설 은행 혹은 펀드가 당연히 포함될 것이다. 그가 민간 부문의 참여를 반드시 필요한 것으로 간주하지는 않겠지만, 사회기반시설을 조성하기 위해 정부와 함께 공동 출자하려는 민간 투자자를 기꺼이 포함시키려고 할 것이다. 이것은 앞에서 설명했던 민간 자금을 유치하기 위해 공공 기금을 활용하는 EU 투자기금과 비슷하다.

이런 정책이 지속적인 재정 적자를 초래할까? 이것은 케인스를 비판하는 사람들의 주장이다. 이 이유 때문에 정부가 투자를 위한 차입을 꺼리게 된다. 정부는 채권 투자자가 자금을 빌려주면서 높은 수익률을 요구하여, 그 결과 차입 비용을 증가시켜 경제 성장을 위태롭게할 것이라는 두려움을 갖는다.

이 논쟁은 아직 결론이 나지 않았다. 시카고학파의 통화주의자들은 케인스의 경기대응 정책이 즉각적이든 짧은 시간이 지나서든 그 효과가 예상되기 때문에 실패하게 되어 있다고 주장한다. 하버드대학교 경제학 교수 로버트 배로Robert Barro는 정부의 적자 지출을 부담하기 위한 미래의 조세 증가는 투자자와 저축자에 의해 장기 금리에 반영될 것이라고 주장한다. 이것은 미래의 금리 상승을 초래하여 정부 차입에 따르는 비용이 상승하고 재정 적자를 감당하기 어렵게 할 것이다.

이런 견해는 데이비드 리카도까지 거슬러 올라갈 수 있다. 리카도 동등성 정리Ricardian equivalence에 따르면, 합리적인 개인은 정부 부채가 언젠가는 조세 증가의 형태로 상환되어야 한다는 사실을 알고서 미리 저축을 하고 성장을 촉진시킬 수 있는 현재의 소비를 증가시키지 않는다. 그럼에도 투자를 증가시켜 성장을 촉진해야 할 필요성을 인식하면, 위기가 아닌 시기에도 여론의 향방이 케인스가 했던 주장에 더욱 가까워지게 된다. 또한 정부 계정에서 자본 지출을 경상 지출과 구분하여 투자를 일상적인 공공 지출과는 다르게 회계 처리하려는 경향도 점점 커지고 있다. 저조한 투자, 낮은 차입 비용, 성장에 대한 우려를 주제로 하는 논의를 감안하면 공공 투자에 대한 케인스의 덜 알려진 견해가, 잘 알려진 정부의 적자 지출 주장보다 경제 구조에 더욱 커다란 영향을 미칠 수 있을 것이다.

모든 경제 문제에는 해결책이 있다

케인스는 전후 브레튼우즈체제Bretton Woods System 구축에 기여하고는 1946년에 세상을 떠났다. 이 기여에는 이 체제에 기초하여 두 자매기관인 IMF와 세계은행을 설립한 것도 포함된다. 케인스 추도식은 말년에 상원의원을 지냈던 의회와 가까운 곳에 있는 웨스트민스터 사원에서 열렸다. 그의 부인 리디아 로포코바는 케인스가 세상을 떠난 뒤에도 영국예술위원회에서 계속 근무했고, 혼자서 36년을 살았다.

그녀는 케인스 학설이 쇠퇴하던 대처 총리 시대가 시작될 때 세상을 떠났다. 그러나 케인스가 지지를 얻든 그렇지 않든, 그는 경제학에 지속적인 영향을 미쳐왔다. 케인스 자신도 예상했던 것이었다. 《고용·이자 및 화폐에 관한 일반 이론》의 마지막 문단에는 이런 내용이 나온다.

경제학자와 정치철학자의 사상은 옳을 때나 틀릴 때나 일반적으로 알려진 수준보다 더 강력한 힘을 발휘한다. 실제로 세상을 지배하는 것은 이 것 말고는 별로 없다. 자신은 그 어떤 지적인 영향력에서 완전히 벗어나 있다고 생각하는 현실적인 사람도 대개는 이미 죽은 경제학자의 노예다. 하늘의 목소리가 들린다고 하는 권좌의 광인은 몇 년 전에 어떤 학자가 휘갈겨 놓은 글을 통하여 자신의 광기를 뽑아내고 있는 것이다. 나는 사상의 점진적인 침투에 비하여 기득권 세력의 힘이 지나치게 과장되고 있다고 확신한다. 일찍 드러나든 늦게 드러나든, 좋은 것에 대해서든 나쁜 것에 대해서든, 위험한 것은 기득권 세력이 아니라 사상이다.[29]

케인스는 처리하기 어려운 경제 문제는 없고, 잘 운영되는 경제가 번영을 가져다준다고 믿었다. 1930년의 저작에서, 그는 이렇게 예언 했다. "100년 안에 경제 문제가 해결되거나 적어도 해결책이 가시권 에 들어올 것이다. 이것은, 만약 우리가 미래를 본다면, 경제 문제가 인류의 영원한 문제가 아니라는 것을 의미한다."[30]

이것은 우리가 주당 15시간 노동을 기대할 수 있다는 것을 의미한 다. 즉 하루 3시간 노동으로 충분하다는 것이다.[31] 그러나 이것은 훨씬 더 어려운 문제에 이르게 한다.

인간은 전통적인 목적을 잃을 것이다. 그리하여 인간은 세상에 창조된 이후로 처음으로 진정한, 영구적인 문제에 직면하게 될 것이다. 그것은 경제적으로 절박한 상황에서 풀려난 자유를 어떻게 누릴 것이며, 과학 과 복리複利가 안겨줄 여가를 어떻게 채우면 인생을 알차게 살 수 있는 가를 말한다.[32]

Adam Smith
David Ricardo
Karl Marx
Alfred Marshall
Irving Fisher
John Maynard Keynes
Joseph Schumpeter
Friedrich Hayek
Joan Robinson
Milton Friedman
Douglass North
Robert Solow

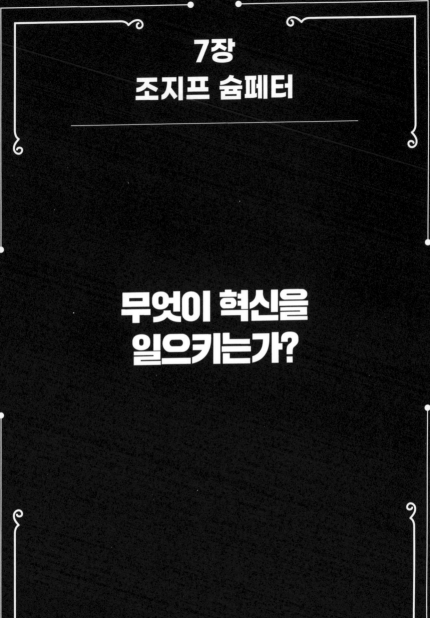

7장
조지프 슘페터

무엇이 혁신을
일으키는가?

Joseph Schumpeter

혁신은 경제 성장의 엔진이다. 혹은 조지프 슘페터가 말했듯이, 자본주의 경제에서 혁신은 '창조적 파괴의 영속적인 강풍'이다.[1] 슘페터는 신기술이 도입되어 경제가 장기 순환을 경험하면 기존 기술은 쓸모없게 된다고 믿었다. 그리고 이 신기술이 경제 성장을 촉진한다.

조지프 슘페터는 1942년 자신의 가장 중요한 저작 《자본주의, 사회주의, 민주주의Capitalism, Socialism and Democracy》에서 '자본주의의 엔진capitalist engine'을 처음으로 정의한 경제학자이다.[2] 일반적으로 알려진 것과는 다르게 '자본주의'라는 용어를 만든 사람은 애덤 스미스가 아니었다. 이 단어는 《허영의 시장Vanity Fair》의 작가 윌리엄 메이크피스 새커리William Makepeace Thackeray가 1854년에 발표한 소설 《뉴컴 일가The Newcomes》에서 처음 등장했다. 《옥스퍼드 영어사전》에 따르면, 새커리가 자본을 소유한 자를 일컬어서 '자본가'라는 용어를 사용했다. 카를 마르크스는 1867년 저작 《자본론》에서 '자본주의'를 언급했는데, 이후로 이 단어가 '마르크스주의'의 반의어로 자주 사용되었다.

슘페터에 따르면 '창조적 파괴'는 자본주의에 관한 필연적인 사실이다.[3] 그는 자신의 이론 전반에 걸쳐 자본주의를 '자본주의의 엔진이 어떻게 경제에 동력을 전달하는가'라는 문제에 짜맞추었다. 경제는 기술 혁신의 파도로부터 영향을 받아 끊임없이 움직인다. 이는 시간이 지나면서 국가의 생산성이 높아지고 또 국가가 부유해지는 방식을 설명한다. 슘페터가 생각하기에는 "안정적인 자본주의라는 표현 자체가 모순이다."[4]

예를 들어 증기기관, 전기, 컴퓨터는 우리가 일하는 방식을 바꾸어 놓았다. 혁신은 생산성을 증진하고, 생산성 증대는 경제의 성장 잠재력을 확대한다. 마르크스와 달리 조지프 슘페터는 가치중립적이고 분석적인 입장을 취했다. 따라서 슘페터의 연구는 이데올로기의 영향을 받지 않는다. 슘페터의 저작은 혁명이 아니며 개척자적 발명을 책임지는 기업의 상세한 면을 탐색한다. 그 다음에 혁신과, 혁신을 통해 경제가 발전하고 생활 수준이 향상되는 방식의 관계를 규명한다.

슘페터가 기업 세계와 경제 정책 분야에서 경험을 쌓은 것도 도움이 되었다. 그는 20대에 법조계와 학계에 몸을 담았고, 30대에는 오스트리아의 재무장관을 역임했으며 이후로 학계에 돌아오기 전에는 은행가였다. 그는 많은 재산을 모았지만 주식 시장 붕괴로 모두 날려버렸는데, 이 때문에 그가 경제학자로 돌아가게 되었으니 전화위복인지도 모른다. 나중에 그는 하버드대학교 교수가 되었고 경제학 분야에서 가장 영향력이 있는 책을 저술했다.

슘페터는 자신의 경험에 근거하여 일부 산업의 파탄과 쇠퇴를 단순히 경기 순환의 한 부분으로 보았는데, 이때 성장은 수많은 사람에게 혜택을 준다. 그는 이런 경우를 관찰했다. "사실상 모든 기업이 존재하는 순간부터 위협받고 방어 태세를 취한다."[5] 그리고 또 다른 경우도 관찰했다. "자본주의 생산의 전형적인 업적은 저렴한 옷감, 면직물, 레이온 직물, 부츠, 자동차 등이다. 우연의 일치가 아닌 메커니즘을 통해, 자본주의 과정은 일반 대중의 생활 수준을 점진적으로 향상한다."[6]

그러나 슘페터는 자본주의 체제를 당연한 것으로 여기지는 않았다. 그는 자본주의가 활기찬 기업가 정신과 신중한 규제를 요구한다고 믿었다. 이런 의미에서 자본주의는 실제로 일종의 엔진이다. 자본주의는 물리적 엔진과 마찬가지로 연료가 필요하다. 연료가 없으면 작동을 멈춘다.

이 '창조적 파괴'의 창조자는 오늘날 세계 주요 경제에 널리 퍼져 있는 혁신 과제에 대해 어떤 말을 해줄까? 슘페터라면 주로 서비스 그리고 점점 확대되는 디지털 경제를 혁신하는 과제에 대해 어떻게 생각할까? 이것은 영국, 미국, 독일을 포함하여 대규모 제조업 기반을 보유하고 있지만 서비스 부문이 여전히 경제에서 가장 많은 부분을 차지하는 대부분의 공업화 이후 국가들의 상황이다. 그리고 슘페터는 중국이 선진국이 될 수 있는가의 측면에서 중요한 요소인 중국의 혁신에 대해서 어떤 생각을 할까?

창조적 파괴의 창조자

조지프 슘페터는 1883년에 오스트리아-헝가리(혹은 합스부르크) 제국 프라하 동남부의 작은 마을 트리쉬에서 태어났다. 이 제국의 영토는 상당히 광범위해 오늘날의 오스트리아, 헝가리, 체코공화국, 슬로바키아, 슬로베니아, 크로아티아와 함께 폴란드, 우크라이나, 이탈리아, 루마니아의 일부를 포함했다. 슘페터의 조부와 증조부는 둘 다 시장이자 사업가였는데, 이 가족이 운영하던 직물 기업이 마을에 처음으로 증기 기관을 들여왔다.

슘페터는 자본주의 동력으로 사회가 한창 변모하던 시대에 성장했다. 전동기와 내연기관은 예전에 증기기관이 그랬던 것만큼이나 경제를 급격하게 변화시켰다. 전화, 철도와 함께 여러 발명품이 경제 성장을 촉진했고, 예전의 사업은 시대에 뒤떨어진 것이 되고 말았다.

1901년 세계 3대 제조업 기업은 유나이티드 스테이츠 스틸United States Steel, 아메리칸 토바코American Tobacco, 스탠더드 오일Standard Oil이었다. 철강 부문의 크루프Krupp와 티센Thyssen, 전기 장비 부문의 지멘스Siemens, 화학 부문의 바이엘Bayer, 훽스트Hoechst, 바스프BASF와 같은 독일 기업들은 모두 제조업 부문에서 실세로 등장했다. 그러나 오스트리아-헝가리 제국에서는 대부분의 국민이 여전히 농업에 종사했고 소규모 기업들은 미국, 독일, 영국과 같은 제조업 강국의 저렴한 제품에 밀리고 있었다.

1913년 독일계 오스트리아 공화국German Austria의 1인당 국민 소득은 헝가리의 두 배였지만 영국에 비하면 절반 정도였다. 대부분의 사람들이 옥내 화장실, 정수淨水된 물, 대량 생산된 신발 혹은 옷을 이용해보지 못했다. 부자들만 전화와 중앙 난방을 이용할 수 있었다. 타자기가 보급된 지 20년이 지났지만 오스트리아 관리들은 여전히 문서를 직접 손으로 작성했다.

슘페터가 급격한 변화의 시기에 자랐기 때문에, 그의 제자이자 노벨 경제학상 수상자인 폴 새뮤얼슨은 슘페터를 가리켜 "소외된 이방인으로서 사회적으로 중요한 역할을 할 수 있는 완전한 자격을 갖춘 사람"으로 표현했다.[7]

슘페터가 다섯 살이 되던 해에 아버지가 사망하자, 어머니는 그를 데리고 오스트리아-헝가리 제국에서 몇 안 되는 대학교 중 하나가 있는 그라츠로 이사갔다. 당시에는 남편이 세상을 떠나고 홀로 남은 젊은 여자가 다른 도시로 이사가는 것이 흔치 않은 일이었다. 그곳에서 어머니는 오스트리아 귀족과 재혼했다. 남자는 65세의 퇴역 장군으로, 나이가 슘페터 어머니보다 서른 살 이상 많았다. 그라츠로의 이사와 어머니의 재혼은 슘페터가 최고의 학교에 다닐 수 있게 했다. 슘페터는 그리스어와 라틴어를 포함하여 6개 국어를 구사했다. 슘페터 가족은 나중에 비엔나로 이사갔는데, 이는 이 도시에서 가장 좋은 대학교에 입학했다.

당시에는 독일어를 사용하는 대학교가 세계 최고의 대학교였고, 비엔나대학교는 경제학 분야에서 최고 수준이었다.[8] 당시 유럽의 다른 대학교와 마찬가지로, 비엔나대학교의 경제학 교수들은 법학부 소속이었다. 슘페터가 1906년에 받은 학위는 경제학이 아닌 민법과 로마법이었는데, 이 덕분에 그는 역사에 해박한 지식을 갖게 되었다. 나중에 그는 변호사로 개업했고 이를 통하여 기업 세계를 잘 알 수 있었다.

오스트리아학파는 공공 정책의 개혁에 관심이 있던 경제학자들과는 다르게, 경제학을 더욱 엄밀하게 만들고 경제학과 정치학을 완전히 분리하는 데 관심이 있었다. 이를 통해 슘페터는 경제학에서 자기 생각을 정립했다. 그는 경제학이 '중립적'이어야 하고, 객관적인 분석을 가로막는 정치로부터 자유로워져야 한다고 믿었다.

슘페터는 연구를 하면서 경제학에 대한 세 가지 주요 접근 방식을 마주했다. 첫째는 애덤 스미스가 창시하고 데이비드 리카도와 존 스튜어트 밀이 널리 퍼뜨린 고전파 경제학이었다. 이처럼 주로 영국 출신의 경제학자들이 공공 정책에 적극적으로 개입했다. 그러나 슘페터는 그들을 두고 상상력이 결핍되었다고 비판했다. "이 저자들은 역사상 가장 눈부신 경제 발전이 시작되는 시기에 살았다. 엄청난 가능성이 성숙하여 그들의 눈앞에 펼쳐졌다. 그런데도 그들은 생계를 위하여 점점 줄어드는 성공을 추구하는 답답한 경제만을 보았다."9

카를 마르크스는 자본주의를 거부했고 자기 학파에 소속되어 있었지만, 슘페터에게 영향을 미친 자본주의 체제의 역동성을 강조한 유일한 사람이었다.

다양한 산업과 제도의 역사를 구체적으로 조명한 독일 역사학파도 슘페터에게 영향을 미쳤다. 베를린을 중심으로 역사학파를 주도했던 경제학자는 구스타프 폰 슈몰러Gustav von Schmoller였고, 이 학파 소속으로 널리 알려진 사회학자로는 《프로테스탄트 윤리와 자본주의 정신The

Protestant Ethic and the Spirit of Capitalism》을 저술한 막스 베버Max Weber가 있었다. 슘페터는 역사학파가 경제 이론을 충분히 신뢰하지 않는다고 생각했다. 그러나 그는 데이터에 근거한 것이라면 기꺼이 이론을 세우려고 했던 베버를 존경했다. 따라서 독일학파와 오스트리아학파가 서로 충돌했는데도 불구하고, 때로는 협력했다.

그들이 공감한 것은 한계효용 이론marginalism이라는 새로운 원리였다. 이것은 개인이 노동과 소비에 대한 결정을 최적화하는 방법을 살펴보는 것이다. 19세기가 끝날 무렵에는 한계효용 이론이 경제학의 기반을 바꾸어놓았고, 이것이 신고전파 혁명의 초기 버전을 예고했다. 이 분야에서는 스탠리 제번스W. Stanley Jevons, 카를 멩거Carl Menger, 레옹 발라스Leon Walras가 중요한 인물로 거론된다.

오스트리아학파가 등장한 것은 오스트리아-헝가리 제국의 특별한 역사와 밀접한 관계가 있다. 이 제국은 영토가 광대하고 보수적이며 귀족적이었다. 경제 정책은 통제 경제dirigiste에 입각했다. 오스트리아-헝가리 제국은 유럽에서 가장 강력한 국가로 인식되었고, 스스로도 그렇게 생각했다. 이 제국은 거의 모든 중부 유럽 지역을 지배하며 중요한 산업을 엄격하게 규제했다.

이런 현상이 지닌 장점은 성과주의에 입각한 큰 규모의 공직 사회가 형성된 것과 학계와 공직 사회를 들락거렸던 재무장관 오이겐 폰 뵘바베르크Eugen von Böhm-Bawerk 같은 전문가들이 정치인을 대신하여 중요한 자리를 차지한 것이다(슘페터도 그의 전철을 밟아서 전후 공화국의 재무장관이 되었다). 이런 정책 덕분에 오스트리아-헝가리 제국은 경제학의 주요 중심지가 되었다. 이 사회는 잘 조직되어 있었고, 상당히 안정적이었다.

물론 오스트리아-헝가리 제국은 취약한 면도 있었다. 모든 일이 느리고도 경직되어 돌아갔고, 변화를 싫어했다. 기업가는 경제적 자유를 실질적으로 누리지 못했다. 그 결과 경제는 변화에 적응하지 못했고 투자는 위축되었으며 신흥국인 프러시아를 포함한 다른 유럽 국가와 비교하여 크게 뒤떨어졌다. 한편으로는 1차 세계대전의 충격이 이런 체제를 무너뜨릴 때까지 사회적 긴장이 커지고 있었다.

오스트리아학파는 이 모든 것에 대한 반작용으로 등장했다. 따라서 그들을 특징짓는 요소는 기업가 정신, 반균형, 반계획이었다. 이는 다른 모든 경제 이론과 마찬가지로 그 시대에 근거를 두었다. 애덤 스미스가 18세기 영국 정부의 비효율성에 대한 반작용으로 등장했듯이, 오스트리아학파는 19세기 오스트리아 정부의 취약성에 대한 반작용으로 등장했다.

오스트리아학파를 이끈 사람들은 슘페터의 스승들이었다. 1905년 슘페터는 멩거의 제자이자 오스트리아 제국 재무장관을 세 번이나 역임했던 폰 뵘바베르크가 이끄는 세미나에 등록했다. 슘페터와 함께 세미나에 등록한 친구들 중에는 자신의 저작과 제자 프리드리히 하이에크의 저작을 통하여 20세기 자유 시장 경제학을 주도했던 루트비히 폰 미제스Ludwig von Mises도 있었다.

슘페터는 5년에 걸친 학부생 시절에 논문을 세 편이나 발표했다. 이 논문들이 발간될 때 슘페터는 불과 스물두 살이었다. 그는 자신의 멘토 폰 뵘바베르크처럼 교수와 공직자의 길을 모두 가고 싶었다. 그러나 그는 돈이 없었고 중산층 출신이라는 장애물이 있었다.

결혼과 함께 상황이 변했다. 1907년 스물네 살이 된 슘페터는 영국 국교회 관리의 딸인 서른여섯 살의 글래디스 리카디시버Gladys Ricarde Seaver와 결혼했다. 슘페터 어머니의 재혼이 그랬던 것처럼 슘페터는 신분이 높은 글래디스와의 결혼으로 귀족이 되었다.[10]

당시 영국의 보호국이었던 이집트의 카이로에서는 경력 없이도 변호사로 일할 수 있었다. 비엔나나 런던에서는 불가능한 일이었다. 이렇게 하여 이 신혼부부는 카이로로 떠났고, 슘페터는 거기서 10개월 만에 가족이 여러 해 동안 먹고살 만큼의 돈을 벌었다.

두 사람은 비엔나로 돌아왔는데, 여기서 1908년에 슘페터는 《이론 경제학의 본질과 내용The Nature and Content of Theoretical Economics》이라는 책을 발간했다. 이 책은 유럽 대륙 경제학계의 싸움을 종식시키기 위해 독일 역사학파와 오스트리아 한계주의자들을 화해시키려는 그의 노력에서 나온 것이었다. 이것은 마셜이 새로운 한계효용 이론과 스미스, 리카도의 고전파 전통을 결합하면서 했던 작업과 비슷했다.

이 책은 많이 팔리지는 않았지만, 슘페터가 비엔나대학교에서 자신의 능력을 보여주는 데는 기여했다. 슘페터는 시험을 통과하고 시리즈 강의를 훌륭하게 해낸 뒤 오스트리아-헝가리 제국의 어떤 대학교에서도 강의를 할 수 있는 자격을 얻었다.

그는 비엔나에 남고 싶었지만, 지금은 우크라이나에 있는 체르노비츠대학교로 가게 되었다. 슘페터는 제국의 동쪽 끝 국경에 있는 멀리 떨어진 곳으로 가고 싶지는 않았고, 거기서 오랫동안 있지도 않았다. 스물여덟 살이 되던 해 그는 이 제국에서 비엔나대학교에 이어 두 번째로 규모가 큰 그라츠대학교의 가장 젊은 정치경제학 교수가 되기 위해 그곳을 떠났다.

1911년에 《경제발전의 이론Theory of Economic Development》이 출간되었다. 이 책은 슘페터의 이름을 널리 알린 경제학의 고전이 되었다. 나중에 1934년에 하버드대학교에서 출간된 영어판은 '기업가 이윤, 자본, 신용, 이자 및 경기 순환에 관한 연구'라는 부제를 달고 발간되었다. 이처럼 초기 저작에 나오는 생각들이 슘페터 경제학의 핵심을 이루었고, 나중에는 《경기 순환Business Cycles》(1939)과 그의 가장 유명한 저작인 《자본주의, 사회주의, 민주주의》(1942)에서 발전된 모습으로 나타났다.

슘페터는 미국에서 5개월 동안 강의했다. 이 경험은 이력에 커다란 도움이 되었지만, 귀국하고 얼마 지나지 않아서 1차 세계대전이 일어났다. 글래디스는 영국으로 돌아왔지만 결국 남편과 떨어져서 지내야 했다. 1920년까지 슘페터는 부인과 이혼하지는 않았지만 자신을 미혼이라고 소개하고 다녔다.

슘페터는 32세 때까지 세 권의 중요한 저서와 20편의 논문을 썼다. 게다가 〈조세 국가의 위기Crisis of the tax state〉라는 강의로 그의 경력은 더욱 돋보이게 되었다. 그는 이 강의에서 기업가들이 세율이 낮은 국가로 이주하게 만들어 결과적으로 혁신을 저해하는 조세 정책을 비판했다.[11] 또한 그는 사회 서비스에 대한 과도한 수요가 자본주의 체제를 약화시킨다고 강조했다. 이 강의를 마치고 그는 오스트리아 제1공화국의 재무장관이 되었다. 36세의 정치 신인이 정부 고위 관료가 되는 것은 상당히 이례적인 일이었지만, 당시는 예외적인 시기였다. 1차 세계대전 탓에 오스트리아는 거의 하루아침에 유럽에서 가장 유서 깊고 광대하고 안정적인 국가에서, 경제가 지극히 비관적으로 예상되고 혁명 직전 상황에 있는 국가가 되어버렸다.

슘페터는 1919년에 공직을 떠나고는 비엔나에 머물면서 편안하게 살고 싶었다. 그래서 그는 은행가와 전문 투자자가 되었다. 비더만방크Biedermann Bank에 대한 경영 면허를 받았는데, 그는 이것을 두고 자신의 재무장관으로서 짧고도 도전적인 복무에 대한 보상으로 여겼다.[12] 심지어 그는 1921년에 그라츠대학교에서 사직하기까지 했다.

슘페터는 새로운 직업을 통하여 기업가에게 자금을 제공할 수 있는 신용을 창출하는 은행의 역할에 대해 통찰을 얻었다. 1920년부터 1922년 말까지 오스트리아에는 극심한 인플레이션이 발생했지만, 그는 40세까지 엄청난 재산을 축적했다. 그러나 1년이 지난 1924년에 비엔나 주식 시장이 폭락하면서, 주식 가치가 4분의 3이나 떨어졌다. 슘페터도 가치가 떨어진 자신의 주식을 팔아치우는 것을 꺼렸기 때문에, 마찬가지로 손해를 보았다. 심지어 그는 실패한 기업, 특히 기업가 정신이 충만한 기업에 대한 믿음을 여전히 갖고 있었다. '창조적 파괴'의 창조자조차도 기업이 실패하도록 내버려두기가 어려웠던 것이다.

슘페터는 비더만방크에서 여전히 자리를 유지하고 있었지만, 빚을 지게 되면서 어쩔 수 없이 사퇴해야 했다. 그는 친구들에게서 돈을 빌려 이 은행에 대한 채무를 변제했다. 친구들에게 진 빚을 갚는 데 거의 10년이 걸렸다고 한다. 슘페터는 사업과 정치에서 모두 실패하면서, 본인 스스로 나중에 저술하게 될 기업가 정신의 전형이 되었다.

모든 것이 불행하지는 않았다. 이 모든 일이 진행되는 동안에, 그는 애너 조세피나 라이징거Anna Josefina Reisinger와 사랑에 빠졌다. 그녀의 어린 시절부터 둘은 계속 알고 지냈다. 애너는 슘페터가 성장기를 보낸 비엔나 아파트의 관리인 딸이었는데, 슘페터보다 스무 살 넘게 어렸다. 그녀의 부모님은 처음에는 반대했지만, 그녀가 열여덟 살이 되자 마지못해 결혼을 허락했다.[13]

슘페터는 명문 대학인 본대학교에서 교수직을 얻었고, 이를 통하여 안정적인 수입원이 생긴 두 사람은 결혼할 수 있었다. 양가 부모는 모두가 이 결혼에 반대했다. 슘페터의 어머니는 애너가 노동자 계급 출신이라고 반대했고, 애너의 부모는 슘페터가 나이가 많고 여성 편력이 심한 것을 우려했다. 당시 슘페터는 글래디스와 결혼한 상태였는데, 그는 그녀가 모르게 민사상의 포기 서류를 확보했다.

두 사람은 마침내 1925년 11월 5일에 양가 부모님이 참석하지 않은 상태에서 결혼식을 올렸다. 이때 슘페터는 42세였고 애너는 22세였다. 1년이 지나서 애너가 아들을 낳다가 사망했다. 그 즈음에 슘페터의 어머니도 세상을 떠났다. 그해 슘페터는 정신적인 스트레스에서 헤어나지 못하고 일에 파묻혀 지냈다.[14]

그는 본에서 7년을 지내는 동안 왕성한 저술 활동을 하면서 논문을 65편이나 발표했다. 또한 그는 대중적인 기사를 쓰고 기업가를 대상으로 강연을 하면서 돈을 벌었고, 이 돈으로 빚을 갚고 애너의 부모에게 돈을 보냈다. 특히, 애너의 부모에게 슘페터는 자신의 여생 동안 계속 송금했다. 그는 자신의 믿음에 충실하게도 정책 처방을 쓰는 것을 싫어했다. 그 이유는 자신의 객관주의적인 성향과 타협할 수 있기 때문이었다.

1930년대에는 정책에 연루되지 않는 것이 쉽지 않았다. 그는 세계와 독일 경제가 대공황으로 어려움을 겪으면서 정책과 관련된 일련의 논문을 썼다. 그는 시대에 뒤떨어진 산업 혹은 저성장 산업에 대한 구제 정책을 비판했지만, 성장 잠재력이 높은 기업들을 지원하기 위한 정부 개입을 지지했다. 그러나 그는 공공 지원의 조건으로서 이들이 혁신을 실천할 것을 주장했다.

슘페터는 이처럼 어려운 시기에도, 놀랍도록 대대적인 비즈니스의 재창조를 목격했으며, 이는 혁신 기업들이 번성하는 곳에서 벌어지는 '창조적 파괴'라는 자신의 이론에 반영되었다. 독일의 중소기업들은 주로 가족 소유였는데, 운영을 개선하여 품질이 세계적으로 알려졌다. 이러한 미텔슈탄트mittelstand(독일 경제의 핵심인 중소기업을 일컫는 말-옮긴이) 중에는 호너Hohner 하모니카, 크로네스Krones 상표 부착기, 질샌더Jil Sander 패션 상품처럼 지금까지 이어져 오는 기업이 많다.

대기업도 스스로 재창조를 시도했다. 슘페터가 본으로 이사 갈 당시에 독일 10대 기업 중 5개가 철강 생산 기업이었다. 그가 본을 떠날 때는 몇몇 기업이 합병하여 유럽에서 가장 규모가 큰 철강 및 광산 기업인 페라이니히테 슈탈베르케Vereinigte Stahlwerke(연합철강)를 설립했다.

슘페터는 왕성한 연구 활동으로 좋은 평판을 얻게 되면서, 하버드 대학교를 포함하여 여러 학교로부터 교수 제의를 받았다. 그는 본대학교에서 교수직을 유지하면서, 1927~1928년에는 최고 수준의 하버드 대학교 경제학과로부터 연봉을 많이 받는 조건으로 1년짜리 초빙 교수 제의를 받아 이를 수락했다. 초빙 교수직을 얻은 사람들이 흔히 그렇듯이, 슘페터도 하버드대학교가 더 낫다고 생각하며 1932년에 정규 교수 제의를 수락했다. 슘페터는 그동안의 업적을 바탕으로 하버드대학교 교수에 어울리는 최고 수준의 연봉을 받았고, 그 결과 유럽에 있는 친구들과 예전 제자들에게 정기적으로 돈을 송금하여 비엔나에 남아 있는 빚을 갚을 수 있었다.

슘페터는 첫 번째 노벨 경제학상을 공동 수상했던 노르웨이 경제학자 랑나르 프리슈Ragnar Frisch, 예일대학교의 어빙 피셔와 함께 1930년에 계량경제학회Econometric Society를 설립했다. 이들은 경제학에서 수학적, 통계적 방법의 도입을 촉진했고, 이것을 두고 프리슈가 '이코노메트릭스econometrics'라는 이름을 붙였다. 슘페터는 계량경제학회가 1933년에 창간했고 오늘날 주요 저널로 인정받는 〈이코노메트리카〉의 창간호 첫머리 기사를 썼다.

모든 교수가 강의와 연구를 둘 다 좋아하지는 않는다. 그리고 두 가지를 다 잘하는 사람은 아마도 극소수일 것이다. 슘페터는 이 극소수에 드는 사람이었다.

그는 떠오르는 스타 학자들인 7인의 현인으로 구성된 슘페터 그룹Schumpeter Group of Seven Wise Men을 포함하여 여러 개의 소규모 토론 그룹을 결성했다. 이 그룹에는 더글러스 브라운Douglas V. Brown, 에드워드 체임벌린Edward Chamberlin, 고트프리드 하벌러Gottfried Haberler, 시모어 해리스Seymour Harris, 에드워드 메이슨Edward Mason, 오버톤 테일러Overton H. Taylor, 나중에 러시아 출신의 노벨 경제학상 수상자가 된 바실리 레온티예프^{Wassily Leontief} 등 하버드대학교 경제학과 최정예 멤버들이 포진되어 있었다.[15] 그의 제자들 중에는 미국의 첫 번째 노벨 경제학상 수상자이면서 슘페터의 수학적 오류를 바로잡았던 폴 새뮤얼슨과 같은 뛰어난 인재들이 있었다.

슘페터는 겉으로는 붙임성 있게 행동하는 인기 있는 교수였다. 그러나 내면적으로는 근심과 낙담으로 많은 고통을 받았고, 연구를 자기 삶의 중심에 놓았다. 슘페터 자신도 이렇게 말했다. "나는 오로지 연구에만 관심이 있다."[16] 그는 심지어 일주일 동안 매일 자신의 생산성에 0, 4/6, 0, 0, 1/3, 5/6, 1 같은 식으로 평점을 매기기도 했다.[17]

그러나 학문 활동의 모든 면이 슘페터에게 잘 맞는 것은 아니었다. 그는 경제학과 교수 회의를 싫어했고, 동료 교수들에게서 '풀스 fools'(풀 프로페서즈^{full professors}의 '풀^{full}'을 독일식으로 발음한 것을 가지고 장난친 것이다), '아세스^{asses}'('부교수 및 조교수'라는 뜻)라고 불리기도 했다.[18]

1933년에 아돌프 히틀러^{Adolf Hitler}가 독일 총통이 되고 나서 슘페터는 미국 대학교의 교수 모집에 적극적으로 나섰다. 독일인 특히, 유대인 경제학자를 위한 자리를 마련하고자 열심히 뛰어다녔다. 두 대전 사이에 많은 학자가 비엔나대학교를 떠났고, 이 학교 경제학과 교수진은 계속 감소했다.

이 무렵에 슘페터는 뉴잉글랜드의 뼈대 있고 유복한 가정 출신 하버드대학교 경제학과 대학원생인 35세 로메인 엘리자베스 부디 피루스키^{Romaine Elizabeth Boody Firuski}를 만났다. 1920년에 그녀는 하버드대학교 내의 병설대학으로 여자 대학인 래드클리프 칼리지를 최우등으로 졸업했다. 그녀는 불행했던 결혼 생활을 마감하고, 매사추세츠주 케임브리지로 돌아와서는 슘페터와 다른 교수들의 연구 조교로 일하면서 영국 무역에 관한 학위 논문을 쓰기 시작했다.

슘페터는 엘리자베스의 공동 지도교수가 되었고, 그녀는 1934년에 래드클리프에서 박사 학위를 받았다. 1933년에 슘페터의 나이가 50세였고 엘리자베스가 슘페터보다 열다섯 살이나 어렸지만, 두 사람은 학문적인 파트너가 되었고 곧 그 이상의 관계로 발전했다. 두 사람은 1937년 8월 뉴욕에서 결혼식을 올렸다. 이것이 슘페터에게는 세 번째 결혼이었는데, 이 결혼은 1950년 그가 세상을 떠날 때까지 계속 유지되었다.

슘페터의 3대 저작《경기 순환: 자본주의 동향에 관한 이론적, 역사적, 통계적 분석Business Cycles》(1939),《자본주의, 사회주의, 민주주의》(1942) 그리고 1954년 그의 사후에 발간된《경제 분석의 역사History of Economic Analysis》는 모두 하버드대학교 재직 시절에 완성되었다.

슘페터는《경기 순환》을 쓰는 데 몰두했지만, 이 책이 폭넓게 호평을 받은 것은 아니었다. 슘페터는 이 책이 획기적인 저작이라고 생각하고 7년 동안 공들여서 썼기 때문에, 크게 낙담했다. 엎친 데 덮친 격으로, 학생들이 이 책을 가지고 토론하기 위해 하버드대학교에서 세미나를 조직했는데, 결국에는 존 메이너드 케인스의 1936년 저서《고용·이자 및 화폐에 관한 일반 이론》에 관한 토론을 하는 것이 되고 말았다. 슘페터의 장황한 문체는 케인스의 간결한 문체와 크게 대비되었고, 이것이 학생들의 선택에 영향을 미쳤을 것이다. 몇몇 사람들은 슘페터가 그처럼 화를 내는 모습을 본 것이 그때가 처음이자 마지막이

었다고도 했다.[19]

케인스의 대표작이 1936년에 발표된 이후로, 영어권 경제학자들이 슘페터보다 더 돋보였다. 케인스는 슘페터나 유럽 대륙의 다른 경제학자들의 경기 순환 연구에 관해 많이 언급하지는 않았다. 슘페터는 이에 대한 반응으로 이 책의 제목에 나오는 '일반general'이라는 단어에도 문제를 제기했다. 그가 케인스의 이론이 불황기 경제에만 좁게 적용된다고 생각했기 때문이다.[20]

《고용·이자 및 화폐에 관한 일반 이론》은 세계 경제가 앞으로 나아갈 길을 제시하기 위해 대공황에 관한 새로운 해석을 시도했다. 이에 반하여 슘페터는 경제 정책에 대한 처방을 믿지 않았고, 정치가 객관적인 경제 분석을 어렵게 만든다는 오랜 견해를 일관되게 유지했다. 슘페터는 《경기 순환》의 서문에서 이렇게 적었다. "나는 정책도 계획도 전혀 제시하지 않을 것이다."[21] 이 말은 대중이 역사상 최악의 경제 불황에 대한 대답을 촉구하고 있던 시기에 이 책에 대한 관심을 잃게 만들었다.

슘페터는 유럽의 경제 정책에 오랫동안 적극적으로 개입했다. 따라서 그에게 의견이 없는 것은 아니었다. 그는 프랭클린 루스벨트 대통령의 뉴딜 정책을 지지하지 않았고 적자 지출로 재원을 마련하자는 케인스의 재정적 능동주의에 반대했지만, 미국이 공공 투자를 요구한다고는 믿었다. 1933년 실업률이 엄청나게 상승하여 25%에 달하였다. 뉴딜 정책의 도입으로 실업률이 하락하고 나서도, 1930년대에 찾아온 2차 불황 이후로 또다시 상승하여 1939년에 17%가 넘었다. 당시 슘페터는 이 주제에 관해 발자취를 남길 만한 책을 쓰기 시작했다.

《자본주의, 사회주의, 민주주의》는 혼란의 시기에 대처하기 위한 여러 편의 에세이로 시작된다. 이 책은 대공황, 자본주의에 도전하는 마르크스주의의 등장, 2차 세계대전을 포괄한다.

이 책은 1942년에 출간되었다. 그러나 2차 세계대전 때문에 이 책이 유명해진 것은 2판(1947년)과 3판(1950년)이 출간되고 나서부터였다. 이 책은 당시의 중요한 논쟁을 포착했기 때문에 대중에게 커다란 관심을 받았다. 당시 세계 인구의 40%가 공산주의 통치 아래에서 살고 있었고, 또 다른 25% 정도가 적어도 어느 정도는 사회주의화된 경제에서 살고 있었다.

기업가 정신으로 성장 엔진에 시동을 걸다

조지프 슘페터의 가장 영향력 있는 저작인 《자본주의, 사회주의, 민주주의》는 경제의 작동 원리에 관한 근본적인 문제를 다루었다. 그는 마르크스의 주장대로 자본주의가 결국 실패하게 될 것인지 궁금했다. 사회주의가 자본주의를 대체한다면, 경제는 발전할 것인가? 책 제목의 민주주의는 '민주주의가 자본주의와 함께 갈 것인가 혹은 사회주의와 함께 갈 것인가'를 의미한다.

슘페터는 자본주의를 위한 변론을 힘주어서 했다. 그는 '창조적 파괴' 덕분에 사람들의 삶이 엄청나게 개선되었다고 주장했다.

국내외에서 새로운 시장 개척, 수공업 작업장과 공장에서 유에스스틸US

Steel 같은 기업에 이르는 조직상의 발전은, 생물학 용어를 사용해도 좋다면 '산업상의 돌연변이'라는 동일한 과정을 예시한다. 이것은 부단히 옛것을 파괴하고 새로운 것을 창조하여 내부에서 경제 구조를 혁신하는 것을 말한다. 이 창조적 파괴 과정이 자본주의의 본질이다.[22]

슘페터가 말하는 기업은 경제 여건에 영향을 미칠 수 없을 정도로 무기력하지는 않아 표준 경제 모델과는 대조적이다. 슘페터는 '기업 전략business strategy'이라는 용어를 사용하면서 모든 기업이 동일하고, 동질의 제품을 판매하기 때문에 전략 결정을 할 필요가 없다는 '완전 경쟁perfect competition'의 가정에 문제를 제기했다. 그는 기업이 경제 성장에 영향을 미치는 고용, 생산, 투자에 관한 의사 결정을 내린다고 보았다. 또한 그는 변호사, 회계사 혹은 실제 사업에서 나타나는 다양한 경영상의 측면에 대한 전문가의 도움 없이도 거래가 매끄럽게 진행된다고 보는 경제 모델에 동의하지 않았다.

또한 그는 당시 미국 사회에 만연한 반反대기업 정서에도 공감하지 않았다. 미국은 세계적인 거대 기업의 약 절반 정도가 본사를 두고 있는 곳이고, 그러면서도 강력한 기업가 문화를 지닌 곳이다. 슘페터는 이처럼 '트러스트화(독점적 대기업 또는 독점적 대기업을 형성하는 기업 합동을 트러스트trust라고 한다-옮긴이)'된 자본주의가 혁신을 억압하지도, 새로운 기업의 성장을 저해하지도 않는다고 주장했다. 미국의 다국적 기업과 함께 수천 개의 새로운 기업이 등장했다.

'창조적 파괴'의 과정을 통하여 대부분의 혁신은 살아남는다. 슘페터는 1897년부터 1904년까지 4227개의 미국 기업들이 합병을 통하여 257개의 대기업으로 합쳐진 것에 주목했다. 이 대기업에는 굿이어 Goodyear, 펩시코Pepsico, 켈로그Kellogg, 질레트Gillette, 몬산토Monsanto, 3M, 텍사코Texaco처럼 널리 알려진 기업들도 포함되었다.

슘페터는 '창조적 파괴' 덕분에 장기적으로 살아남은 독점 기업은 거의 없는 것으로 보았다. 성공한 혁신 기업은 얼마 동안은 독점 이윤을 얻을 수 있다. 그러나 같은 산업의 다른 기업들이 곧 그 제품을 모방하려고 할 것이다. 기업가는 특허, 또 다른 혁신, 광고를 통하여 이윤을 가능한 한 오랫동안 지키려고 할 것이다. 이 모든 것이 '앞으로 나타날 실제 경쟁자들을 겨냥한 공격적인 행위'다.[23]

그러나 경쟁자들이 결국에는 혁신을 모방하여 시장 가격을 하락시킬 것이기 때문에 모든 기업의 이윤은 일시적인 것이다. 슘페터가 '경쟁적 하락competing down'이라고 불렀던 결과는 정부가 보호하는 산업을 제외하고는 모든 산업에서 관찰된다. 이것은 몇 년이 걸릴 수도 있고 관찰되기 어려울 수도 있지만, 필연적이다. 슘페터가 보기에는 높은 이윤이 일시적이더라도 가능하기 때문에 대기업이 혁신 그리고 결국 경제 성장에 긍정적으로 기여한다는 것이다.[24] 왜 독점 기업들이 수시로 세상의 주목을 받는가? 슘페터의 생각은 이러했다. "왜 모두가 독점에 관해 말하는가? 이 나라 경제학자, 공직자, 저널리스트, 정치학자는 독점이란 단어를 확실히 좋아한다. 왜냐하면 대중의 반감을 자극하기 때문이다."[25]

또한 슘페터는 자본주의가 취약한 시스템이라고 믿었다. 대기업이 등장하여 노동자들에게 충성심을 요구하는 중소기업을 약화시키고 그들의 업계에서 정치적인 영향력을 행사하는 경향이 있다. 또한 혁신이 현재 상황을 무너뜨릴 수 있기 때문에 사회가 혁신을 거부할 가능성이 있다. 그는 이렇게 말했다. "기업가들이 반드시 교살당하는 것은 아니나. 그러나 그들의 목숨이 위태로울 때가 수시로 있다."[26]

예를 들어 영국에서 수공업 길드가 중세법에 호소하여 공장과 기계 장치를 불법화하기 위한 규제를 청원했던 적이 있다. 1830년대 초반에는 농부들이 생계를 위협하는 새로운 기계, 탈곡기를 부수었다. 실제로 "자본주의의 역사는 격렬한 파열과 재앙으로 점철되어 있다."[27] 또한 슘페터는 사람들이 자신의 이념 때문에 경제적 이익에 반하는 행동을 할 수도 있다고 생각했다. "그들에게는 사회주의의 빵이 단지 사회주의의 빵이라는 이유만으로 자본주의의 빵보다도 더 달게 느껴질 것이고, 그들이 그 빵 안에서 쥐를 발견하더라도 역시 그럴 것이다."[28]

따라서 슘페터는 이렇게 경고했다. "나의 역설적인 결론, 즉 '자본주의는 자신이 거둔 업적에 의해서 사멸한다'에 이르려면 독자에게 상당한 번거로움을 끼쳐야 하지만…… 내 의무라고 생각한다."[29]

따라서 정치적인 관리와 감독이 요구된다. 슘페터는 기업가에 의해 초래되는 격변이 자본주의의 엔진을 멈추게도 할 수 있는 사회 혼란을 야기할 수 있다고 보았다. 따라서 경제 성장은 안정적인 정부, 특히 법규와 사유 재산 보호를 요구한다. 슘페터가 가장 원했던 시스템은 입헌군주제와 양원제 의회를 시행하는 영국 시스템이었다. 그는 정치에 중립적인 영국 공직자들을 아주 호의적으로 바라보았다. 이들이 자본주의 체제에 안정성을 부여했기 때문이다. 이런 시스템에서만 슘페터의 '창조적 파괴'가 꽃을 피울 수 있다.

슘페터의 시스템에서 "새로운 생산 방식을 도입하고 새로운 시장을 개척하는 것[실제로는 대체로 새로운 기업 결합business combination(개개의 기업이 경쟁 제한, 시장 독점, 경영 합리화, 금융·기술적 협조 등의 다양한 목적으로 결합 관계를 형성한 복합적 기업 형태를 말한다-옮긴이)을 성공적으로 수행하는 것을 말한다]은 이 모두가 위험을 감수하고, 시행착오를 경험하고, 저항을 극복하고, 판에 박힌 일상에서 찾아볼 수 없는 요소들을 경험하는 것을 의미한다."[30]

이처럼 판에 박힌 일상을 무너뜨리는 것은 왜 경제가 확장되고 '파괴'의 시기를 겪는지 설명한다. 슘페터는 특정 산업에서의 혁신이 부품 제조업자, 유통업자 그리고 궁극적으로는 고객과 같은 경제의 다른 부분에 영향을 미친다고 주장했다. 19세기와 20세기 초반에는 일련의 획기적인 발전이 경제 성장을 주도했다. 구체적으로 말하면 면직물, 철도, 철강, 자동차, 전기로 이루어진 5개 부문의 산업이 경제 발전을 이끌었다. 이런 산업 고유의 혁신은 "다른 사람의 뒤를 따르는 것이 아니라 발전을 창출하는 것이다."[31]

슘페터가 생각하는 혁신은 경제가 원래 자리로 되돌아가는 균형에 관한 경제적 개념보다는 경제 전반에 파급력을 갖고서 산업을 변화시키는 기업가가 주도하는 지속적인 불균형과 관련이 있다.

슘페터는 기업 혁신가에게 능력을 부여하기 위해 자본주의 체제에서 신용의 중요성을 강조했다. 그는 사람들이 기업 설립 자금을 확보하기 전에 기업가가 될 수 있도록 하는 유일한 시스템이 자본주의라고 믿었다. "중요한 것은 소유권이 아니라 리더십이다."[32]

기업이 계속 움직이기 위해 필요한 것은 은행의 신용 한도액뿐 아니라 신규 사업을 위한 자금이다. 이 자금은 신생 기업이 전체 경제 시스템을 위태롭게 하지 않고 실패하더라도 손실을 초래할 수 있다. 슘페터는 은행가와 투자자로 일하는 동안, 재산 손실이 초래되더라도 정확하게 이런 기업에만 투자했다.

또한 그는 이 이유 때문에 경제가 대기업의 등장으로 혜택을 보았다는 믿음을 가졌다. 이들이 혁신에 도박을 할 여력이 있기 때문이다. 또한 이들은 사내유보금뿐 아니라 채권 시장에서 채권을 발행하여 동원한 자금을 가지고 자본 시장에도 쉽게 접근할 수 있었다. 따라서 보수적인 은행 대출에 크게 의존할 필요가 없었다.

예를 들어 20세기 초반에 AT&T American Telephone and Telegraph, GE General Electric, 이스트먼코닥 Eastman Kodak, 듀폰 DuPont 같은 기업들이 신제품을 개발하기 위해 연구 개발부를 설립했다. 이들은 혁신을 사업에서 중요한 부분으로 삼았다. 이후로 전 세계의 많은 대기업이 이들의 선례를 따랐다.

혁신과 경제 성장에 관한 슘페터식 개념의 가장 좋은 사례를 20세기 중반에 '성장 기적'을 이룬 일본, 한국, 타이완, 싱가포르같은 동아시아 지역에서 찾을 수 있다.[33] 슘페터는 1931년 초 일본 전역에서 성황리에 강연을 한 적도 있다. 당시 언론은 슘페터의 경제 강연을 크게 다루었는데, 오늘날에는 상상할 수 없는 수준이었다.

일본의 정책 담당자들은 슘페터식 접근 방식을 채택한 것으로 유명하다. 그들은 저축과 투자를 강조했고, 산업 전반에 걸쳐서 광범위한 혁신을 적극 장려했다. 소니, 산요, 혼다와 같은 다수의 새로운 다국적 기업이 세계적인 경쟁력을 갖게 되었다. 1960년대부터 1980년대까지 일본은 가장 높은 수준의 성장률을 유지하여 세계 2위의 경제 대국이 되었다. 일본의 혁신 기업들이 성장을 주도했으며, 그 결과 미국의 입지에도 커다란 위협이 되었다.

슘페터의 저작은 비록 기업가 정신 자체를 간단한 수학 모형으로 만들지는 않았지만, 자본주의 경제에서 기업가들이 중요한 역할을 한다는 것을 입증했다. 슘페터는 "혁신은 지적 업적이 아니라 의지의 산물이다. 리더십이 낳은 사회 현상의 특별한 사례다"[34]라고 주장했다. 슘페터의 정의에 따르면, 기업가는 기업의 경영진 혹은 성공한 기업의 소유주나 최고책임자가 아니다. 기업가는 "혁신의 강점을 집요하게 추구하는 현대적 형태의 '산업계 거물'을 말한다."[35] 이러한 기업가를 식별하기가 어려울 수도 있다. "어느 사람도 항상 기업가인 것은 아니다. 그리고 아무도 유일한 기업가가 될 수는 없다."[36]

특히, 대기업에서는 기업가가 혁신을 추구할 뿐 아니라 경영도 수행한다. 간단히 말하면, 슘페터는 기업가 정신을 성장 엔진에 시동을 거는 중요한 요소로 보았다. "혁신이 없으면 기업가는 없다. 기업가적 성취 없이는 자본주의 사회의 수익도 추진력도 없다."[37]

슘페터는 "자본주의의 발전은 혼란을 초래한다. 자본주의는 본질적으로 경제 변화의 과정이다"[38]라고 생각했다. 이러한 변화는 혁신적인 기업가에게서 나온다. 그는 기업가에게서 나오는 혁신의 다섯 가지 유형을 요약했다.[39]

- 소비자가 아직 모르는 새로운 재화 또는 새로운 품질의 재화를 생산

- 새로운 생산 방법을 도입

- 새로운 시장을 개척

- 원재료 혹은 반제품의 새로운 공급원 획득

- (예를 들어, 트러스트에 의한) 독점적 지위 형성 혹은 독점 타파 같은 산업 내에서의 새로운 조직 실현

정리하면, 슘페터는 기업가 정신을 경제 성장을 촉진하는 기술 진보와 '본질적으로 같은 것'으로 보았다.[40]

혁신 기업으로 살아남는 법

노키아와 블랙베리

창조적 파괴 과정에서 혁신 제품은 과거의 제품을 밀어낼 것이다. 전체적으로 보면, 기술 혁신의 수준을 높이기 위한 기업의 노력이 경제가 성공하기 위한 열쇠다. 그러나 옛것에서 새로운 것으로의 변화가 원활하게 진행되는 경우가 드물고, 변화에는 개별 기업뿐 아니라 산업 전체의 흥망성쇠까지도 포함된다.

노키아와 블랙베리는 슘페터의 창조적 파괴를 보여주는 훌륭한 사례다. 노키아는 한때 기업 가치가 1500억 달러였지만, 결국에는 불과 70억 달러에 매각되었다. 이처럼 높았던 시장 가치가 어떻게 거의 다 사라져버렸을까?

핀란드의 노키아는 빠른 성장과 빠른 패망의 결정체였다. 노키아

는 1987년에 자사 휴대폰을 처음 개발하여 1998년에 모토롤라를 따라잡고는 휴대폰 판매에서 세계 시장을 선도했다. 2005년 노키아의 휴대폰 판매량은 총 10억 대에 이르렀다. 아마도 노키아의 절정기는 2007년이었을 것이다. 이때까지 세계 휴대폰 시장에서 노키아의 점유율은 당시 스마트폰 시장에서 거의 절반을 차지한 것을 포함하여 40%에 달했고, 시가총액은 1500억 달러에 이르렀다. 매각되기 전까지, 노키아의 세계 시장 점유율은 15%로 하락했고 이것마저도 주로 저가 휴대폰이 차지했다. 스마트폰 세계 시장 점유율은 3%까지 떨어졌다.

캐나다의 RIM^{Research in Motion}도 비슷한 스토리를 들려준다. RIM은 2003년에 블랙베리를 출시했다. 블랙베리는 이메일 발송 기능으로 금방 인기를 끌었고, 안정적인 네트워크를 통하여 기업과 정부 기관으로부터 호평을 받았다. 이 전화기가 지닌 중독성 덕분에 '크랙베리 CrackBerry(마약의 일종인 '크랙'과 '블랙베리'를 결합한 용어이다-옮긴이)라는 별명을 얻었다. 2008년 중반 RIM의 기업 가치는 약 700억 달러에 달했다.

이후로 RIM은 기업 가치가 갑자기 하락하는 경착륙을 하게 된다. RIM은 설립된 지 불과 10년이 지나서 10억 달러의 손실을 보았고, 전 세계 종업원의 40%를 해고해야 했다. 빠져나간 현금과 팔리지 않고 쌓인 휴대폰의 가치를 합하면 9억 3000만 달러에 달했다. 그러다가 결국 2013년에 토론토에 본사가 있는 사모펀드회사 페어팩스파이낸셜Fairfax Financial이 이끄는 컨소시엄에 겨우 49억 달러에 매각되었다. 노키아와 RIM을 합치면 약 2000억 달러가 증발한 셈이었다. 어떻게 이런 일이 일어났을까?

2007년 스티브 잡스Steve Jobs는 샌프란시스코 모스콘 센터의 무대에 등장하여 호주머니에서 아이폰을 꺼내고는 모든 것을 바꿔버릴 혁신 제품을 소개했다. 그 뒤의 이야기는 모두가 잘 안다. 구글의 안드로이드 시스템과 함께 애플의 도약은 노키아와 RIM의 쇠퇴를 의미했다.

노키아와 RIM은 어디에서 무엇을 잘못했을까? 이들은 그저 디지털 시대 '창조적 파괴'의 가장 최근 희생자인가?

첫 번째 희생자는 이들이 아니다. 2012년 1월, 130년 역사를 간직했던 코닥이 파산 신청을 했다. 이 미국 기업은 한때 미국 필름 시장에서 90% 이상을 차지했고, 노란색의 작은 제품상자는 세계 도처에 널려 있었다. 종말의 이유는 코닥이 1세기가 넘게 선도했던 바로 그 기술에서 혁신에 뒤처졌기 때문이다.

아이러니하게도 코닥은 이미 1975년에 디지털 카메라의 시제품을 개발했다. 그러나 디지털 카메라가 시장의 판도를 바꾸어버렸고, 때는 이미 늦었다. 일본의 캐논과 후지가 디지털 카메라 시장을 주도하고 있었던 것이다.

코닥 사례는 이례적인 것이 아니다. 수십 년 동안 성공의 길을 걸으면서 현존하는 대기업이 과거의 사업 영역에서 상당한 수익을 올리고 있지만, 새로운 기술에 적응하는 데 어려움을 겪고 있다고 하자. 산업 전체가 계속 변한다면 이 기업은 표류하게 될 것이다. 교훈은, 적응하지 못하면 죽는다는 것이다.

이 교훈은 노키아와 RIM에게도 적용될까? 노키아는 하드웨어 부문에서 혁신을 이루었고, 스마트폰 시장이 처음 열리던 시기에 대단한 우위를 누렸다. 그러나 애플과 안드로이드가 등장하여 소프트웨어 부문에서 가치를 보았다. 터치스크린 기술이 사람들의 휴대폰 사용 방식을 바꾸어놓았고, 애플과 안드로이드가 사용하기 편리한 앱스토어를 개발했다.

노키아가 상황이 급하게 돌아가고 있는 것을 느끼지 못했는지도 모른다. 아이폰이 등장한 초기에는 세계 시장 점유율이 갑자기 하락하지 않고 천천히 하락했다. 노키아는 시장 주도 기업의 지위를 유지할 수 있었다. 블랙베리의 문제는 주로 비즈니스 사용자를 겨냥한 데 있었다. 그 결과, 소셜미디어의 등장으로 휴대폰 시장의 혁신이 소비자 중심으로 전개되자 좌초하고 말았다. RIM은 IT의 소비자화^{Consumerization}에 대응하는 데 실패했다.

오늘날 첨단 기술 분야에서는 소비자가 부단한 혁신을 기대하고 시대에 뒤떨어진 제품은 신속하게 도태된다. '창조적 파괴'의 속도가 빨라졌고, 이제는 브랜드가 예전 같은 회복력을 갖지 않는다.

이것은 지난 수십 년에 걸쳐서 주식 시장을 대표하는 기업이 교체된 것에서도 분명하게 나타난다. 1958년 S&P 500지수 산정에 포함된 기업의 평균 존속 기간이 61년이었다. 1980년에는 이것이 25년으로 하락했고, 지금은 18년으로 하락했다. 이러한 추세가 계속된다면, 2027년에는 현재 S&P 500 지수 산정에 포함된 기업의 4분의 3이 교체될 전망이다.[41]

애플과 삼성

혼란을 일으켰던 애플은 어떤가? 미국의 거대 기술 기업, 애플 제국이 멸망할 수도 있는가? 애플은 해외 판매로 엄청난 수익을 올렸다. 2017년 애플은 역사상 세계에서 기업 가치가 가장 높은 기업이 되었다. 그리고 세계 휴대폰 시장을 선도하는 한국의 삼성은 어떤가?

일본의 소니가 교훈적인 사례가 될 것이다. 1980년대와 1990년대 초반까지, 소니는 당시의 애플이었다. 소니는 전자 산업에서 '품질'로 통했다. 1979년 소니는 소니를 상징하는 워크맨을 출시했다. 저가의 퍼스널 스테레오가 시장으로 몰려왔을 때도, 사람들이 워크맨을 신뢰했기 때문에 수요는 여전히 높았다. 1990년대에는 CD 매체 형식을 완성하기 위해 네덜란드의 거대 전자회사 필립스와 협력하기도 했다. 아마도 이때가 최전성기였을 것이다.

2001년 10월 애플이 아이팟을 출시했을 때, 소니는 MP3 시장에 느리게 반응한다는 비난을 받았다. 이후 소니의 운명은 내리막으로 치달았다. 매출과 수익성을 개선해야 하는 힘든 시련을 맞이하여 소니 주식은 투자 부적격 수준으로 격하되었고, 핵심 사업은 빠르게 전개되는 기술 변화를 맞이하여 시대에 뒤처진 것이 되고 말았다.

애플이 쇠퇴하리라고 보기는 아직 이르다. 그러나 소니, 코닥, 노키아, RIM은 '창조적 파괴'가 지닌 잠재력을 여실히 보여주었다. 이제 첫 번째 아이폰이 날개 돋힌 듯 팔린 지가 10년이 넘었다. 애플과 삼성은 스마트폰 혁명에서 선봉에 서 있다. 이 두 기업이 세계 스마트폰 시장을 지배하고 있다. 그러나 스마트폰 판매율이 감소하기 시작하고, 특히 중국에서 새로운 경쟁자가 등장하고 있다. 이것이 두 스마트폰 거대 기업에 무엇을 의미하는가?

세계의 선진국 시장에서 시장 포화의 징후가 나타나지만, 개발도상국과 중국 같은 신흥국에서는 강력한 성장이 나타나고 있다. 인터내셔널 데이터 컴퍼니International Data Company에 따르면, 세계 스마트폰 판매의 절반이 판매세를 제하고 100달러 이하 가격대에서 이루어진다고 한다. 스마트폰 기술이 표준화되면서 가격이 하락했고, 많은 제조업체가 저가 제품을 시장에 내놓는 것을 목표로 한다. 선진국 시장에서는 고객이 가격에 더욱 민감하고 브랜드를 덜 지향한다. 중국 기업이 주식 지분의 대부분을 소유한 프랑스의 신생 기업 위코Wiko는 자사 스마트폰 제품 중 일부를 100달러 이하에 판매한다. 위코는 프랑스에서 빠른 속도로 시장 점유율을 높이고서 나머지 유럽 시장을 겨냥하고 있다.

소비자도 표준 기술의 급속한 발달로 혜택을 보고 있다. 따라서 저가가 반드시 저품질을 의미하지는 않는다. 2012년 80달러 이하 가격대의 스마트폰 중에서 1기가헤르츠 이상의 프로세서를 탑재한 제품이 절반이 안 되었다. 몇 년 뒤에는 이 가격대의 스마트폰 10대 중에서 9대가 앞서 말한 성능을 갖추었다. 또한 저가 스마트폰은 화면이 점점 커지는 추세도 따랐다.

이후 중국에서 새로운 경쟁자가 등장했다. 삼성과 애플 다음으로 규모가 큰 3대 스마트폰 제조사는 모두 중국 기업이다. 이들은 삼성의 세계 시장 점유율을 잠식하여 3분의 1에서 5분의 1로 떨어뜨렸다. 애플은 제품의 3분의 2가 해외 시장에서 판매되는데, 이곳에서 아이폰은 저가 브랜드와의 엄청난 경쟁에 직면해 있다.

저가 브랜드는 상당히 많다. 중국 선전深圳에만도 휴대폰 제조업체가 6000개에 달한다. 한때 홍콩과 가까운 곳에 위치한 어촌이었던 선전이 지금은 캘리포니아주 실리콘밸리에 필적하는 거대한 기술 허브가 되었다. 이 지역에서 중국산 휴대폰의 대부분이 생산되는데, 지금 중국은 세계 전역에서 매년 판매되는 휴대폰 25억 대 중에서 절반 이상을 생산한다.

이런 경쟁의 관점에서 스마트폰 개척자 애플과 삼성에 앞으로 어떤 일이 일어날 것인가? 이들은 시장의 성숙과 저가 스마트폰 제조업체의 성장에 어떻게 적응할 것인가?

아이폰은 애플의 총매출에서 가장 많은 부분을 창출했다. 이것은 고가 제품이다. 구글 안드로이드 운영체제가 모든 스마트폰의 거의 4분의 3에 사용되면서, 아이폰은 점점 명품 혹은 틈새 브랜드로 여겨지고 있다. 애플은 완전한 하드웨어 기업은 전혀 아니고, 보완적인 소프트웨어와 서비스를 개발하는 방식으로 대응할 수도 있다. 아이튠즈 사용자는 약 10억 명에 달한다. 애플은 비츠 뮤직을 인수하여 비디오와 뮤직 스트리밍 사업에 뛰어들었다. 또한 애플은 마스터카드와 비자카드와 협력하여 모바일 지갑을 개발했다.

삼성은 다양한 가격대의 스마트폰을 개발했지만, 저가 스마트폰 제조업자들과 치열한 경쟁을 벌이고 있다. 삼성은 다양한 스마트 시계를 통하여 '웨어러블 테크Wearable Tech'로 사업을 확장하기 시작했다. 애플도 스마트 시계를 출시했다. 그러나 시장은 웨어러블 테크에 더디게 반응하고 있다. 스마트 의류, 스마트 안경, 스마트 시계가 스마트폰을 위협할지 혹은 대체할지 예측하는 것은 너무 이른 감이 들기도 한다.

스마트폰은 훨씬 더 똑똑해질 여지가 있다. 화면을 크게 만드는 최근 추세가 플렉서블 스크린flexible screen(접을 수 있는 화면을 뜻한다—옮긴이)

혹은 내장형 프로젝터에 도달할 수도 있다. 증강 현실^{augmented reality}(현실에 존재하는 이미지에 가상 이미지를 겹쳐 하나의 영상으로 보여주는 기술을 뜻한다-옮긴이)은 사람들이 스마트폰 화면을 통하여 주변 환경과 실시간으로 상호 작용하면서 살아갈 수 있도록 해줄 수도 있다.

지금까지 배터리 개발 부문에서는 점점 정교해지는 장치들의 전력 수요를 충족시키지 못했다. 모바일 기술이 점점 발전하면서, 우리가 벽에 설치한 콘센트에 더욱 자주 접근해야 한다는 것이 아이러니한 일이기도 하다.

삼성과 애플에게는 차세대 혁신이 틀림없이 중요할 것이다. 특히 경쟁자가 바로 뒤를 따라올 때는 말이다. 세계 3위의 휴대폰 제조업체인 중국의 화웨이는 세계 스마트폰 시장에서 삼성과 애플에 도전하기 위해 대형 화면의 패블릿^{phablet}(폰^{phone}과 태블릿^{Tablet}의 합성어)을 출시했다. 슘페터의 이론에 따르면, 이 기업들이 창조적 파괴 과정을 관리하는 방식은 이들뿐 아니라 이들의 국가를 위해서도 중요하다.

슘페터는 기업의 흥망성쇠를 경제 성장의 원천으로 보았다. 기업가들이 새로운 기업을 설립하고 혁신 제품을 출시하면 이와 함께 경제가 발전한다. 표준 경제 모델이 개별 기업들에 동질 제품의 생산자라는 것을 제외하고는 아무런 역할을 부여하지 않았지만, 슘페터는 혁신을 일으키고 경제 성장을 촉진하는 데에 있어서 기업가들에게 커다란 역할을 부여했다.

중국의 혁신 과제, 디자인드 인 차이나

지금 중국은 '혁신자 되기'라는 중요한 과제에 직면한 주요 경제 대국이다. '메이드 인 차이나Made in China'가 '디자인드 인 차이나Designed in China'가 되는 것이 가능할까? 일본은 이런 변화를 이루었지만, 많은 국가가 성공하지 못하고 실패했다.

1980년대 영화 〈백 투 더 퓨처Back to the Future〉에서 마이클 폭스Michael J. Fox는 마티 맥플라이Marty McFly 역을 맡아 1950년대로 시간 여행을 떠난다. 그는 미래에서 온 사람이라는 증거를 대라고 요구하는 어느 과학자를 만났다. 브라운 박사Doc Brown는 어느 배우(로널드 레이건)가 미국 대통령이 될 것이라는 말에 코웃음을 쳤지만, 마티는 겨우 그를 납득시켰다. 그러나 미래에는 일본이 세계 최고의 제품을 만들 것이라는 마티의 말에 브라운 박사의 불신은 더욱 커졌다. 그가 살던 시대에는 '메이드 인 재팬'이 품질이 낮은 저가 제품을 의미했기 때문이다.

약 30년 뒤, 일본은 미국의 라이벌이 되었고 세계 2위의 경제 대국이 되었다. 일본 제조업은 과거에는 저가 제품을 생산했지만, 이제는 도요타 같은 세계 최고의 기업을 배출했다. 중국이 일본을 경제적으로 따라잡았으니, 중국 기업이 앞으로 세계적인 경쟁자가 될 수 있지 않을까? 한 기업이 다른 기업을 추월하는 것처럼, 한 나라도 다른 나라를 추월할 수 있다.

물론 혁신은 형태가 다양하다. 그러나 한 가지 공통점은 인재에 있다. 조지프 슘페터가 지적했듯이, 혁신은 혁신자에게서 나온다. 예를 들어 중국은 앞으로 스티브 잡스 같은 인재를 배출할 수 있을까? 발명품과 창의력으로 사람들의 삶의 방식을 바꾸어놓을 혁신자가 앞으로 나올까? 중국의 혁신 능력을 묻는 질문에 대한 답은 제조업의 범위를 넘어서 창조적 산업을 포함한 사회 모든 분야에 달려 있다.

중국 정부는 혁신에 적극적으로 투자한다. 연구 개발 지출은 빠르게 증가했다. 몇 년 내에 중국의 연구 개발 지출은 미국을 능가할 것으로 보인다. 물론 혁신을 결정하는 것이 연구 개발 지출이나 특허 출원 건수만은 아니다. 그것은 발명품이 얼마나 유용한가에 달려 있다. 이런 데이터는 아직 중국에 없다.

이제는 많은 제조업체가 세계의 공급 사슬과 관련이 있다는 사실을 떠올리면 문제는 더 복잡해진다. 예를 들어 중국 수출품의 절반은 외국인 투자 기업이 만든다. 따라서 중국에서 생산하는 기업은 국내 기업들뿐 아니라 다국적 기업들이다. 하버드대학교 경제학자 대니 로드릭Dani Rodrik은 중국이 수출하는 제품의 가치가 1인당 국민 소득이 훨씬 더 높은 국가에서 나온 것임을 시사한다고 평가했다. 이 말은 중국이 혁신적인 수출품을 생산한다는 뜻일까? 아니면 중국이 세계의 조립 공장이라는 뜻일까?

여기서 화웨이가 좋은 사례를 제공한다. 이동통신 장비 부문의 거대 기업 화웨이는 1987년 런정페이任正非가 선전에서 설립했다. 화웨이는 당시 중국 국경 바로 건너편 가까운 곳에 있는 홍콩에서 이동통신 장비를 수입했다. 지금 화웨이는 전 세계 인터넷과 이동통신 네트워크를 작동시키기 위한 네트워크를 제공한다. 화웨이가 모바일 인터넷 접속을 가능하게 하는 USB 동글을 생산한 이후로 보다폰Vodafone 같은 기업들이 화웨이 제품을 사용한다. 앞에서 말한 대로, 화웨이도 스마트폰 시장에 진출했다. 런정페이는 자기 회사를 이동통신 장비 수입업체에서 연구 개발과 기술 혁신에 투자를 아끼지 않는 세계적인 이동통신 기업으로 변모시켰기 때문에 슘페터가 말하는 기업가라고 할 수 있다.

이동통신과 첨단 기술이 산업 스파이 행위 의혹을 불러일으킬 수 있기 때문에 화웨이는 특별한 도전에 직면했다. 런정페이가 중국 군인 출신이라는 사실은 미국과 오스트레일리아 같은 곳에서 우려를 자아낸다. 그가 중국 정부와 협력한다는 의혹도 더해지고 있다. 화웨이는 모든 의혹을 부정했지만, 미국 정부는 지금도 화웨이의 입찰 참여를 금지하고 있다.

런정페이는 실리콘밸리를 본떠서 화웨이의 널따란 캠퍼스를 건설했다. 이곳은 혁신과 협력을 장려하기 위해 환경친화적이고 개방적인 분위기를 내도록 설계되었다. 캠퍼스 내에는 농구 코트와 탁구대가 있는데, 이는 중국에서는 드문 일이다. 대학 졸업생들은 화웨이가 아주 좋은 직장이라고 말한다. 야심찬 젊은 공학자들은 세계적인 혁신 기업의 구성원이 되고 싶어하고, 그들 스스로 구글러Googler의 중국 버전이라 할 '화웨이맨'이라고 부른다.

화웨이 같은 중국 민간 기업이 직면한 장애물은 수없이 많다. 1980년대 후반이 되어서야 중앙 계획 경제가 자유화되고 민간 기업이 등장하면서 중국에서 소비자 시장이 열렸다. 국영 기업은 여전히 주요 경제 부문과 은행 신용을 지배하고 있다. 민간 기업인 화웨이는 기술과 노하우를 얻기 위해 중국과 외국의 합작 회사를 장려하는 정부 정책에 의지할 수가 없었다. 대신에 화웨이는 시장 점유율을 높이기 위해 혁신을 하고 경쟁 기업보다 싸게 제품을 팔아야 했다.

혁신을 바라보는 중국인의 태도에서 나타나는 또 다른 차이점은 화웨이 같은 기업들이 시장의 요구를 충족시키기 위해 혁신을 한다는 것이다. 다시 말하면, 그들은 완전히 새로운 것을 창출하고, 그 다음에 이를 위한 시장을 찾지는 않는다는 것이다.

예를 들어 화웨이는 안테나나 휴대폰에서 발생하는 전파 방해를 테스트할 수 있도록 음향 반사를 제거하는 '무향실anechoic chamber(음향의 반사와 외부의 잡음이 최소가 되도록 설계한 음향실험실을 뜻한다-옮긴이)'을 개발했다. 이것은 세계에서 몇 안 되는 무향실 중의 하나이고 시장의 요구를 충족시키기 위해 개발된 것인데, 그들은 여기서 나오는 엄청난 양의 데이터를 통하여 경쟁 우위를 확보했다. 화웨이가 150개 국가에서 영업하고 세계 인구의 3분의 1 이상이 화웨이 제품을 사용함에 따라 그들은 엄청난 양의 데이터를 확보했고, 이것을 가지고 화웨이 제품을 테스트하고 미세 조정하여 품질을 개선한다.

다음 단계에서는 여전히 발명을 요구하는데, 중국 기업도 이런 사실을 잘 알고 있다. 화웨이와 같은 기술 기업은 세계적인 혁신 기업과 마찬가지로 매출 수입의 약 10%를 연구 개발에 지출한다. 15만 명에 달하는 화웨이 직원의 절반 정도가 연구 개발 분야에서 일한다.

화웨이는 5만 개가 넘는 특허를 보유하고 있으며, 세계 5대 특허 출원 기관이 되었다. 물론 연구 개발 지출이 반드시 혁신 제품으로 이어지는 것은 아니다. 중국이 보유한 특허의 약 4분의 1이 제품 디자인에 관한 것이고, 이것이 신제품만큼 혁신적이지는 않지만, 기존 제품의 품질을 개선하는 데서 가치를 찾는 슘페터의 혁신 범주에 속한다. 미국에서는 제품 디자인에 관한 특허가 차지하는 비중이 훨씬 더 낮아서 10% 미만이다.

또한 화웨이는 첨단 분야의 연구를 하고 있다. 화웨이는 실리콘밸리와 경쟁하면서, 서로 다른 언어권의 사람들이 단어뿐 아니라 문맥까지도 번역하여 대화할 수 있는 범용 번역기를 개발하고 있다. 번역하기가 가장 어렵다는 농담까지도 번역할 수 있는 인공 지능에 관한 연구도 진행 중이다.

화웨이가 그 다음에 취한 전략은 화웨이라는 이름이 업계 관계자뿐 아니라 세계 70억 인구에 알려지는 것이다. 화웨이는 인터브랜드 Interbrand가 발표하는 세계 100대 브랜드에 중국 기업 중에서 처음으로 선정되었다. 화웨이는 자사의 혁신이 고객의 요구에 중심을 두고 있기 때문에 시장 주도 기업이 될 수 있다고 믿는다. 그러나 세계의 고객들이 삼성이나 애플이 아닌 화웨이 스마트폰을 선택하게 만들 수 있을까? 화웨이가 성공한다면, 중국이 모방자에서 혁신자로 어려운 도약을 할 수 있음을 암시할 것이다. 이것은 중국이 번영의 시대를 구가하는 데 기여할 것이다.

역사는 좀처럼 반복되지 않는다. 중국 기업과 일본 기업을 비교할 때 중국 기업이 가진 한 가지 장점은 10억 명이 넘는 국내 시장을 보유하고 있다는 것이다. 따라서 중국 기업은 규모라는 장점을 가지고 출발한다. 중국 기업은 10억 명의 국내 소비자에게 판매할 수 있다. 그들은 국경을 벗어나지 않고도, 외국 기업과 경쟁하지 않고도 새로운 제품과 서비스를 테스트할 수 있다.

그러나 단점은 중국 기업이 세계 시장에서 경쟁을 해보지도 않고 거대 기업이 되어버릴 수 있다는 것이다. 보장된 것은 아무것도 없지만, 중국이 미래에 세계적인 거대 기업의 원천이 되는 것은 가능한 일이다.

이것이 정확하게 '세계를 향한going global' 정책의 목표다. 중국의 알리바바 그룹은 세계 최대 온라인 소매업체다. 알리바바가 주로 중국에서 영업을 했기 때문에 뉴욕 증권거래소에 상장되기 전까지 이 회사를 아는 사람은 별로 없었을 것이다.

그러나 이제 성년이 된 다른 중국 기업들과 마찬가지로, 알리바바도 다국적 기업이 되었다. 알리바바가 정말 세계 시장에 침투한다면, 정확하게 이 지점에서 중국이 자국 기업들이 성공하는 모습을 바라보기를 원할 것이다. '메이드 인 차이나'가 품질이 낮은 제품으로 계속 인식된다면, 중국 제품은 세계의 소비자들에게 잘 팔리지 않을 것이다. 그러나 중국 브랜드가 세계 최고라는 이미지를 심어준다면, 중국은 혁신 제품을 생산하는 국가로 넘어갈 수 있다.

혁신 기업의 등장과 자국의 성장 전망과의 상관관계는 '혁신이 경제 성장의 바탕'이라는 슘페터의 견해와 부합한다. 사례 연구에서 알 수 있듯이, 중국의 경험은 빠르게 성장하는 경제조차도 장애물에 직면할 수 있음을 보여준다. 중국의 경제 성장에서 도움을 얻지 못하는 국가라면, 이런 도전이 훨씬 더 크게 느껴질 것이다.

슘페터는 끝까지 동기를 잃지 않는다

조지프 슘페터는 이 시대의 기업과 국가들이 직면한 혁신 방식을 두고 어떤 생각을 할 것인가?

슘페터가 남긴 유산은 자본주의가 기업가들에게 의지하는데, 기업가들은 국가에 지원 시스템을 요구한다는 사실을 보여준 것이다. 그는 생산과 소비의 작동 방식에 대한 경제학자들의 단순한 가정을 거부했다.[42] 그는 기업가의 혁신 활동을 이해하기 위해 현실에 존재하는 기업들에 대한 경험적 분석이 필요하다고 믿었다. 우리는 이런 이해를 바탕으로 무엇이 경제 성장의 엔진에 추진력을 전달하는지 평가할 수 있다.

앞에서 논의했던 기업들은 주로 지난 수십 년 동안에 경쟁을 통하여 성장하거나 파산했다. 오늘날 같은 디지털 시대에는 신생 기업에 소요되는 비용이 분명히 크게 낮아졌다. 따라서 이런 의미에서 보면, 기업가가 되는 것이 예전보다 더 쉽다.

인터넷 덕분에 기업 설립에 소요되는 비용이 거의 0이 되었고, 특히 서비스 부문의 자영업자가 되기는 더 쉬워졌다. 따라서 정부가 기업가들이 투자 자금을 확보할 수 있는 안정적인 시스템을 제공하는 한, 슘페터가 서비스 부문의 혁신이 제조업 부문의 혁신보다 어렵다고 보지는 않을 것이다. 따라서 슘페터는 영국, 미국을 포함하여 서유럽 대부분의 국가들처럼, 서비스 부문이 많은 비중을 차지하는 국가에서 기업가 정신의 발현이 더 어렵다고 보지는 않을 것이다. 슘페터 자신이 창업에 훨씬 더 많은 비용이 소요되었지만 그럼에도 성공했던 제조업 실세가 등장하는 것을 목격했던 당시와 비교해서는 말이다.

슘페터가 예상했듯이, 혁신 기업들이 자국의 경제 성장을 주도하는 데 기여해왔다. 애플과 구글이 세계 시장을 지배하는 것은 세계 경제의 정상에 있는 미국의 힘을 반영한다. 이에 도전하기 위해 중국이 침입한 것은 기존의 거대 기술 기업의 지위를 차지하려는 신생 기업의 등장을 반영한다. 알리바바와 화웨이 같은 여러 다국적 기업들은 국영 기업과는 다르게 기업가가 설립한 기업이다. 이처럼 기업가 정신을 지닌 혁신자들이 슘페터가 경제 성장을 실현하는 기업을 설명하면서 마음속에 그렸던 바로 그 사람들이다. 중국이 혁신 기업을 지속적으로 배출한다면, 그는 세계 2위의 경제가 혁신 경제로 변모하고 '메이드 인 차이나'가 곧 품질보증서가 될 것이라고 기대할 것이다.

슘페터는 미국에서든, 중국에서든, 일본에서든, 기업가가 국가의 성장 잠재력을 결정할 것으로 보았다. 《자본주의, 사회주의, 민주주의》에서 설명했듯이, 기업가적 혁신이야말로 슘페터가 살던 시대와 마찬가지로 오늘날에도 볼 수 있는 '창조적 파괴'의 과정을 통하여 경제가 어떻게 발전할 것인가를 결정하는 역동적인 요소다.

그러나 기업가 정신의 결과로 지속적인 혁신과 쇠퇴를 경험하는 경제 때문에, '창조적 파괴'의 발명가가 자본주의 체제가 어떻게 발전할 것인가를 예상하기를 주저할 수도 있다. 기존 시장을 파괴하는 차세대 기술을 예상하는 컨퍼런스의 무대에서 슘페터가 눈에 띄지 않을 수도 있을 것이다!

슘페터는 이런 기회를 많이 얻었다. 조지프 슘페터는 60대 중반에 세계에서 가장 저명한 경제학자가 되었다. 그가 살던 시대에는 노벨 경제학상이 없었지만, 그는 엄청난 찬사를 받는 경제학자였다.

1947년 슘페터는 미국경제학회 회장으로 선출되었다. 이 자리는 미국에서 활동하는 경제학자들에게 선망의 대상이 되는 자리이며, 외국에서 출생한 경제학자가 이 자리에 선출되는 것은 학회 역사상 아주 드문 일이었다. 1949년 그는 파리에 본부가 있고 회원 규모 5300명으로 신설된 국제경제학회의 회장으로도 선출되었다.

이런 영예는 그의 연구 의욕을 더욱 자극했다. 그는 1949년부터 1950년 초까지 논문을 12편이나 썼다. 1920년대 이후로 가장 많이 쓴 것이다. 그는 67번째 생일을 한 달 앞두고, 경제학자로서 절정을 구가하던 시기에 뇌출혈로 세상을 떠났다. 슘페터의 마지막 저작《경제 분석의 역사》는 그가 세상을 떠나고 나서 1954년에 발간되었다.

슘페터는 끝까지 동기를 잃지 않고서 그가 저술했던 기업가와도 같은 사람이었다. 그는 기업가 혹은 실제로 소비자들이 현재의 모습에 만족할 것이라고는 믿지 않았다. 그는 다양한 직업 활동을 하면서 다양한 면모를 보여주었고, 자신을 우리가 살아가는 방식을 바꾸어놓은 혁신자의 반열에 올려놓았다. 슘페터는 '혁신가로서 기업가'는 "정복하려는 의지가 있고, 난관과 변화, 모험에서 즐거움을 추구한다"라고 믿었다.[43]

The Great Economists

Adam Smith
David Ricardo
Karl Marx
Alfred Marshall
Irving Fisher
John Maynard Keynes
Joseph Schumpeter
Friedrich Hayek
Joan Robinson
Milton Friedman
Douglass North
Robert Solow

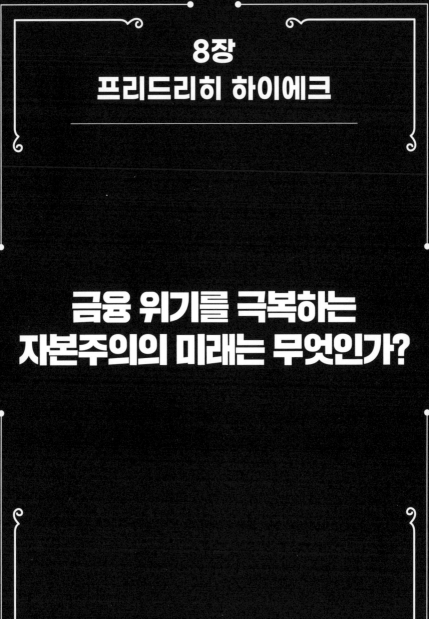

8장
프리드리히 하이에크

금융 위기를 극복하는
자본주의의 미래는 무엇인가?

Friedrich Hayek

2011년 10월 15일, 점령 운동Occupy Movement 회원들이 런던 증권거래소가 있는 파터노스터 광장에 시위 캠프를 설치하려고 했지만, 사유지라는 이유로 저지당했다. 시위대가 불법 점유를 하는 것이 되었기 때문에 경찰은 이들이 진입하기 전에 통로를 봉쇄할 수 있었다. 그러나 3000명에 달하는 시위대는 캠프를 무기한으로 설치할 수 있는 근처 세인트 폴 대성당 주변으로 모여들었다. 한 달 전에는 뉴욕 월스트리트에서 비슷한 캠프가 설치되었는데, 이후로 얼마 지나지 않아서 다양한 규모의 시위가 전 세계 여러 도시에서 발생했다.

점령 운동의 슬로건은 상위 1%가 세계 부의 상당 부분을 차지한 것을 표현한 '우리가 99%이다'였다. 이것은 2008년 세계 금융 위기 이후 널리 퍼진 대중의 분노를 보여주었다. 시위대는 금융 개혁, 소득과 부의 공정한 분배를 요구하고 긴축재정에 반대했다.

점령 운동은 지난 세기 이후로 계속 진행 중인 투쟁의 현대식 버전을 보여주었다. 20세기에는 사회주의와 복지국가 자본주의 간의 이데올로기 투쟁이 있었다. 이 투쟁은 1989년 베를린 장벽의 붕괴와 철의 장막의 해체로 복지국가 자본주의의 승리로 끝났고, 이것이 1991년 소련의 해체로 이어졌다. 이와 관련하여, 노벨 경제학상을 수상한 밀턴 프리드먼은 이렇게 말했다.

철의 장막의 배후에서 프리드리히 하이에크만큼 지식인에게 많은 영향을 미친 인물은 없다. 그의 저작은 암시장에서 비밀리에 번역되어 출간되었고, 널리 읽혀서 분명히 여론에 영향을 미쳤으며 궁극적으로는 소련의 해체를 초래했다.[1]

세계 금융 위기의 여파로 자본주의의 미래가 또다시 논쟁의 대상이 되었다. 자유 시장의 주창자 프리드리히 하이에크가 살아 있었다면 자본주의의 시대가 끝났다는 주장에 반론을 제기했을 것이다. 그는 사회의 번영이 창조성, 기업가 정신, 혁신에 의해 이루어지고, 이것은 오직 자유 시장을 가진 사회에서만 가능한 것으로 생각했다.

하이에크는 오스트리아학파를 이끌어간 인물이다. 1940년대에 그는 당시 경제학계를 휩쓸었던 케인스 혁명을 부정했다. 그는 주요 국가에서 복지국가가 형성되고 있을 때 사회주의를 공격했다. 그는 사회주의가 반드시 중앙 계획 경제로 가게 될 것으로 보았다. 기술 개발에서는 사람들이 예기치 않은 분야로 들어가서 시행착오를 통하여 배우는 것이 허용되지 않는다면 발전을 기대하기가 힘들 것이다.

하이에크는《노예의 길The Road to Serfdom》에서 전체주의 체제가 어떻게 비생산적이며 자유를 억압하는지 설명했다(널리 이 책의 제목은 프랑스 작가 알렉시스 토크빌Alexis de Tocqueville이 사용했던 표현, '예종에의 길the road to servitude'에서 나왔다).[2] 그 대신에 시장이 경제가 가장 효율적인 방향으로 갈 수 있도록 가격 신호와 동기를 창출한다.

점령 운동의 시위대가 알면 분노하겠지만, 하이에크는 소수의 아이디어에 의해 사회가 발전한다고 굳게 믿었기 때문에 불평등 문제에는 관심을 덜 가졌다. 금융 시장에 대해서도 그는 '규제가 충분히 가해지고 있지 않다'가 아니라 '이미 지나치게 많이 가해지고 있다'라고 주장할 것이다.

하이에크가 금융 위기 이후의 세계에서 논란이 되는 인물임에는 틀림없다. 20세기의 대부분을 사회주의와 투쟁하면서 보냈던 그는 21세기 자본주의의 미래에 대해 분명히 하고 싶은 말이 많을 것이다.

반항적인 경제학자

프리드리히 아우구스트 폰 하이에크Friedrich August von Hayek는 1899년 비엔나에서 태어났다. 그의 아버지는 시청 보건부에 소속된 의사였고 어머니는 부유한 지주의 딸이었다.

어린 시절에 프리드리히(그의 어머니는 프리츠라고 불렀다)는 학자가 되기로 결심했다. 그의 아버지는 식물학에 열정을 갖고 있었고, 비엔나대학교에서 시간 강사로 식물학을 가르치고 있었지만, 무엇보다도 대학교수가 되고 싶어했다. 이것이 어린 프리드리히에게 영향을 미쳤다. 그는 아버지의 식물 채집을 도우며, 교수라는 직업에는 높은 명예를 따른다는 사실을 알게 되었다.

그는 이 책에 등장하는 다른 위대한 경제학자들과는 다르게 성적이 뛰어난 학생이 아니었다. 사실 그는 학교 수업에 별로 관심이 없었고 실제로는 상당히 반항적이었다. 14세 때는 라틴어, 그리스어, 수학에서 낙제점을 받아 한 학년을 유급해야 했다. 그래도 그는 여전히 똑똑한 학생으로 여겨졌다.

15세 되던 해에 하이에크는 1차 세계대전과 오스트리아–헝가리 제국의 멸망에 이르게 한 사건들로 인해 정치 문제에 깊은 관심을 갖기 시작했다. 이제 그의 관심은 윤리학, 도덕학, 정치학, 경제학을 포함하여 정치 철학으로 넘어갔다.

2년이 지나 전쟁이 아직 끝나지 않은 1917년 3월에 하이에크는 입대했다. 아직 18번째 생일을 2개월 앞두고 있었지만, 7개월에 걸친 훈련을 마치고 장교가 되어 이탈리아 전선에 배치되었다. 그는 전투에서 겨우 살아남았다. 두개골의 일부가 유산탄 파편으로 떨어져 나갔다. 또한 그는 헤드폰을 떼어내지 않고 관측용 기구에서 낙하하면서 거의 죽을 뻔했고, 교전 중에 총에 맞을 뻔하기도 했다. 그는 외교 부서에서 일하고 싶었지만, 그 전에 먼저 자신이 겁쟁이가 아니라는 것을 보여주기 위해 공군에 합류했다.

그러나 전쟁은 하이에크가 예상했던 것보다 더 일찍 끝났다. 1918년이 지나갈 무렵에, 그는 이탈리아에서 돌아와 비엔나대학교에 등록했다. 그는 법학을 공부했지만, 나중에는 심리학에 관심이 갔고, 결국에는 경제학자가 되기로 결심했다. "나는 경제학과 심리학에 거의 똑같이 관심이 있었다. 마침내 나는 관심 분야 사이에서 선택을 해야 했다. 적어도 경제학은 학위를 통하여 공식적인 정당성을 인정받았지만, 심리학은 그렇지가 않았다. 게다가 심리학을 전공하면 일자리를 얻을 기회가 없었기 때문에, 경제학을 전공하기로 결심했다."[3]

법학부에 속한 경제학과가 직업적으로나 금전적으로 최상의 비전을 제공할 것으로 하이에크는 생각했다.

전쟁 직후, 새로운 오스트리아 공화국의 수도 비엔나에서의 삶은 각박했다. 100만 명이 넘는 오스트리아-헝가리 제국 출신의 젊은이들이 전쟁으로 목숨을 잃었다. 식량과 연료도 만성적으로 부족했다. 물가가 엄청나게 상승했고 극심한 인플레이션이 경제를 괴롭혔다.

대부분의 유럽 국가들과 마찬가지로 공산주의자와 사회주의자가 정권을 잡을 수 있는 분위기가 무르익었다. 사람들은 갑자기 마르크스주의, 복지국가, 계획 경제를 수용하고 존중하기 시작했다. 그러나 하이에크는 마르크스주의에 결코 매료되지 않았다. 그는 마르크스주의가 상당히 교조적이라고 생각했고, 비록 개혁과 혁명이 시대의 정서이기는 하지만 사회주의가 답이 될 수는 없다고 믿었다.

비엔나대학교 경제학과는 자유 시장의 전통에 확고한 기반을 두고 있었다. 이곳에서 근무하는 카를 멩거는 오스트리아학파의 설계자였다. 개인과 자유로운 행동을 강조하는 이 학파는 당시 유럽 지역의 대부분을 휩쓸고 있던 마르크스주의자들의 집산주의와 대비되었다.

멩거는 자생적 질서spontaneous order의 개념을 설명했다. 이를 통하여 인간이 번영할 수 있는 사회 구조를 창출하는 법규가 생성되고, 그 결과로서 평화로운 사회가 조성될 수 있다고 보았다. 그러면 정부의 역할은 경제를 관리·감독하는 것이 아니라 법률을 제정·시행하는 것이 된다. 재산에 관한 법률과 개인이 서로 이익이 되는 방향으로 상호작용할 수 있도록 교환을 관리하는 법률을 뜻한다. 자유는 법의 부재가 아니라 우월성을 반영한 것이 된다. 이 자생적 질서는 나중에 하이에크 사상의 핵심이 되었다.

1921년에 그는 (국제 채무 결제를 위해 설립된) 오스트리아 회계국에서 통화이론가이자 비엔나대학교 오스트리아학파 구성원으로 널리 알려진 루트비히 폰 미제스의 보좌진으로 근무했다. 몇 년 뒤, 그는 경제학 공부를 더 하기 위해 뉴욕으로 떠났다. 하이에크가 뉴욕대학교에서 연구 조교로 일하는 동안에, 같은 오스트리아 출신의 조지프 슘페터가 미국 경제학자들과 자주 교류할 수 있도록 소개장을 여러 번 써주었다.[4]

그는 미국에서 경기 순환 이론을 연구하기 시작했다. 또한 박사 학위 논문을 쓰기 시작했지만, 완성하지는 못했다. 전후 오스트리아에서 발생한 극심한 인플레이션으로 집안 재산이 거덜이 났고, 가난을 해결할 방도가 없었던 것이다. 결국 미국 생활을 시작한 지 겨우 1년이 지나서 오스트리아로 돌아오고 말았다.

1924년 비엔나로 돌아온 하이에크는 다시 회계국에서 근무했다. 그러나 헬라 프리치Hella Fritsch와 결혼하자마자, 좀 더 안정적인 일자리를 찾으려고 했다. 폰 미제스와 절친한 사이였던 그는 미제스를 도와서 비엔나에 오스트리아 경기순환연구소를 설립하고는 1927년에 이 연구소의 소장이 되었다. 처음에는 두 명의 사무 보조원만 있었지만 나중에는 록펠러재단에서 많은 자금을 지원받았다. 이 시기에 하이에크는 많은 논문을 썼다. 미국에 잠깐 머물었던 경험이 결과적으로는 경제학 연구에 새로운 경제적, 통계적 기법을 도입하는 요령을 깨닫게 했다.

1920년대 후반, 하이에크는 경기 순환 이론을 설명하는 논문을 여럿 발표했다. 그는 미국의 중앙은행 제도로서 1913년에 창설된 연방준비제도Federal Reserve System에 반대했다. 그는 경제의 부침에서 연방준비제도의 역할을 인정하지 않았다.

그가 인정하지 않은 것은 통화 정책만이 아니었다. 그는 경기 순환을 완화하는 재정 정책에도 반론을 제기했다. 그의 논문은 6장에서 논의했던 저축 과다 혹은 절약의 역설에 관한 존 메이너드 케인스의 가정을 초기에 공격하는 것이었다. 이 논문 중에는 1929년에 발표한 '저축의 역설Paradox of Saving'이라는 것도 있는데, 이것이 얼마 전에 런던정치경제대학 경제학과장으로 임명된 젊은 경제학자 라이오넬 로빈스Lionel Robbins의 관심을 끌었다. 하이에크는 로빈스와 동갑이었다.

로빈스는 영국 경제학이 20세기 경제학계를 완전히 주도하기를 원했다. 따라서 그는 다른 전통에도 박식하고, 자질을 갖춘 이론가를 찾았다. 그는 런던정치경제대학을 영국 경제학의 국제화를 주도하는 기관으로 만들고 싶었다. 그리고 런던정치경제대학이 케임브리지대학교의 존 메이너드 케인스와 논쟁을 벌이는 자신을 지원하는 기관이 되기를 바랐다. 특히, 로빈스는 대공황에 맞서 싸우기 위해 공공사업에 대한 지출 증가를 주장하는 케인스의 생각에 반대했다. 로빈스와 케인스는 여러 번 충돌했고, 로빈스는 하이에크를 자신의 동지로 보았다. 따라서 1931년 하이에크가 런던정치경제대학에 도착하여 강연을 네 번 했는데, 이후에 그는 런던정치경제대학 교수로 초빙되었다.

하이에크 대 케인스, 사사건건 부딪히다

경제학 비디오를 보는 것이 항상 즐거운 취미는 아닐 것이다. 그러나 2010년 유튜브에 올라온 〈버블의 생성과 붕괴를 두려워하라Fear the Boom and Bust〉는 볼 만한 가치가 있다. 이 영상에서는 하이에크와 케인스의 대리인 간에 랩 배틀이 펼쳐진다. 이들의 논쟁은 경기 순환의 원인에 관한 것으로, 지금까지 조회수가 700만 회가 넘는다. 이 영상이 마음에 든다면, 두 등장인물이 대침체에 대한 생각을 들려주는 후속편도 감상할 수 있다.

이들의 논쟁은 주로 1930년대 대공황에 집중하고 있지만, 최근의 세계 금융 위기로 인해 사람들의 관심을 받게 되었다. 호황이 갑자기 불황으로 바뀌는 현상을 두고 케인스와 하이에크가 어떻게 생각할 것인지 궁금한 사람들이 생겨나게 되었다.

많은 사람이 하이에크를 경제학계와 정책을 지배하는 케인스주의에 맞서서 로빈스를 지지하는 인물로 생각한다. 이것은 하이에크 대

케인스 간의 논쟁일 뿐 아니라 런던정치경제대학 대 케임브리지대학교 간의 논쟁이다. 이런 사실에도 불구하고 하이에크와 케인스는 상호 존중의 관계를 유지했다. 그들이 대부분의 문제에서 생각이 달랐고, 서로 대립했는데도 말이다. 실제로 하이에크와 케인스는 2차 세계대전 동안에 서로 친해졌다.

하이에크는 1938년에 영국 시민권을 취득했지만, 오스트리아 출신이라는 사실 때문에 전쟁에 참여할 수가 없었다. 런던정치경제대학이 독일 공군의 런던 대공습을 피해 케임브리지대학교로 자리를 옮겼을 때, 킹스 칼리지에서 하이에크의 거처를 마련해준 사람이 바로 케인스였다.[5] 라이벌 관계라고 알려진 이 두 사람은 대학 부속 예배당 지붕에서 독일 폭격기를 경계하면서 함께 밤을 지새우기도 했다.[6]

1944년 케인스는 제자인 조앤 로빈슨 대신에 하이에크를 대단한 명예가 따르는 영국학사원British Academy 회원으로 추천했다.[7] 1946년 케인스가 세상을 떠날 때, 하이에크는 남편을 잃은 부인에게 "그분은 제가 알고 있는 가장 위대한 분이었고, 그분께 무한한 존경의 뜻을 표합니다"라는 내용의 편지를 썼다.[8] 이에 반해, 하이에크는 밀턴 프리드먼에게 개인적인 존경을 표한 적이 한 번도 없었다. 이 두 사람이 1950년대와 1960년대 시카고학파의 자유주의 브랜드와 밀접하게 관련되어 있는데도 말이다.

하이에크는 처음부터 케인스의 팬이었다. 특히, 케인스의 베르사유 조약Treaty of Versailles에 대한 솔직한 견해에 매료되었다. 케인스는 연합국이 독일에 요구하는 엄청난 배상금이 결국 채무 불이행을 초래할 것이라고 비판했다. 케인스의 1923년 저작 《통화개혁론A Tract on Monetary Reform》은 하이에크의 찬사를 받았다. 1920년대에 케인스는 영향력 있는 경제학자로서 전 세계적으로 널리 알려진 존경받는 인물이었다. 그러나 하이에크는 아직 젊었고, 영어권 출신도 아니었고, 경제학계에서 확고한 자리를 잡은 상황도 아니었다. 그런데도 케인스는 하이에크의 편지에 답장을 정중하게 보냈다. 너무나도 정중했던 나머지, 하이에크는 아마도 케인스가 자신의 능력을 아주 좋게 평가하는 것으로 과신했을 수도 있다.

런던정치경제대학과와 케임브리지대학교의 경쟁 관계를 감안하면, 어쩌면 하이에크가 나중에 로빈스의 지시에 따라 케인스를 자주 비판했을지도 모른다. 하이에크는 케인스의 1931년 저작 《화폐론A Treatise on Money》에 관한 논평에서, 케인스가 독일학파와 오스트리아학파의 등장을 긍정적으로 받아들였는데도 매우 비판적인 자세를 취했다. 케인스도 같은 방식으로 대응했다. 그는 같은 해에 발간된 하이에크의 저작 《가격과 생산Prices and Production》에 대해 "내가 읽은 책 중 놀랍도록 가장 난삽한 책이다. 이 책은 오류에서 시작한 논리가 갈수록 가관이다가 결국 혼돈 상태로 끝나버리는 모습을 보여주는 가장 두드러진 사례다"라는 식의 매우 거친 표현을 썼다.[9]

하이에크는 케인스가 살아 있는 동안 그리고 케인스의 사후에도, 사람들이 모인 자리에서 가장 기본적인 경제 개념에 대한 케인스의 이해력에 의문을 나타내곤 했다. 그는 케인스의 저작에서 나타나는 논리적인 모순과 케인스 자신이 경제적 쟁점에 관해 입장을 수시로 바꾸려는 경향 때문에 짜증이 났다고 말했다.

하이에크는 경제학 대부분의 측면에서 케인스와 생각이 다르다고 말하곤 했다. 케인스는 주제의 실현 가능성에 집중하는 실용적인 영국의 경제학자로서, 좀 더 체계적인 유럽식 사고빙식에 많은 관심을 두지 않았다. 하이에크는 정반대였다. 따라서 기술적인 문제에 관해서는 두 사람이 서로를 이해하는 것은 두말할 것도 없고, 용어의 의미에 관해서도 의견 일치를 보는 경우가 거의 없었다.

가장 널리 알려진 논쟁으로는 경제 혹은 경기 순환의 변동 원인에 관한 것이었다. 케인스는 불황이 총수요의 부족으로 발생한다고 보았다. 경제는 '야성적 충동'으로 알려진 낙관론과 비관론의 한바탕 싸움에 달려 있다. 그러나 이것이 국내 생산과 고용에 미치는 영향을 상쇄하기 위해 정부 정책이 많은 것을 할 수 있다.

하이에크의 경기 순환 모델은 미묘한 차이가 훨씬 더 많고 이해하기가 더 어렵다. 그래서 경기 순환 모델이 당시나 이후에 경제학자나 정책 담당자에 의해 널리 수용되지 않았는지도 모른다.

하이에크의 모델은 다음과 같은 내용으로 구성된다. 우선, 제품을 생산하는 데는 다양한 생산 단계가 있다. 각각의 최종 제품은 원자재와 중간재의 가공을 반영한다. 각 생산 단계에서 기업은 기계 같은 자본재를 설치해야 한다. 이것은 공장마다 서로 다르고, 경제 부문 혹은 생산 단계를 뛰어넘어 쉽게 옮겨가지 않는다. 따라서 자본은 일단 설치되면 특정 제품을 생산하는 데만 사용된다.

따라서 수요가 일시적으로 증가하여 계속 유지될 수 없는 부문으로 흘러간다면 자본이 비효율적으로 할당될 수가 있다. 자본 투자가 불가역적이고 이전이 불가능하기 때문에, 자본은 본질적으로 움직일 수 없고 충분히 이용되지 않으면 버려진다. 투자 자금을 공급하는 저축은 낭비되지만, 경제의 다른 곳에서 더욱 효율적으로 사용될 수 있다. 하이에크는 자본의 부적당한 할당이 통화 정책에서 비롯된다고 믿었다. 특히, 금리가 지나치게 낮게 유지되면 통화 정책이 악성 투자를 초래하기 때문이다.

하이에크에 따르면 이것이 대공황의 원인이었다. 미국 연방준비제도이사회는 1920년대에 금리를 지나치게 낮게 유지했다. 그 결과, 자본 투자의 대부분이 부적당했고 1930년대에 가서는 이를 유지할 수가 없었다. 이처럼 쌓여 있는 자본이 버려지면서 불황이 뒤따랐다.

케인스와는 아주 대조적으로 하이에크는 정부가 개입하려는 욕구를 억눌러야 한다고 믿었다. 그는 불황을 단순히 과거에 과잉 축적된 자본을 청산하기 위한 기간으로서 필요악이라고 보았다. 이는 노벨 경제학상 수상자 폴 크루그먼이 불황의 '숙취 이론 hangover theory'이라고 불렀던 것과도 비슷하다.[10]

경제를 진작시키기 위한 어떠한 정책이라도 단기적인 고통을 완화시킬 수는 있지만, 궁극적으로는 비효율적인 자본 수준을 유지하는 데 기여함으로써 회복을 방해한다. 이것은 경제에 해당하는 '해장술'이다. 전날 밤에 폭음을 하고서 마시는 보드카 한 잔이 한 시간 정도는 기운을 차리게 해줄 수는 있지만, 궁극적으로는 훨씬 더 나쁜 숙취에 이르게 할 것이다.

경기 순환 이론으로서 《가격과 생산》에 나오는 하이에크의 접근 방식은 대체로 거부되었다. 1936년에 발간된 케인스의 《고용·이자 및 화폐에 관한 일반 이론》이 이미 대서양 양쪽을 휩쓸었다. 런던정치경제대학조차도 기본적으로 케인스주의자가 되었다. 나중에 밀턴 프리드먼과 애너 제이콥슨 슈워츠가 1963년에 발간한《미국의 통화사》에서 대공황에 관해 널리 인정받는 해석을 제시했는데, 은행 시스템의 붕괴와 통화 공급의 위축으로 대공황이 발생했다는 것이었다. 이와는 대조적으로, 1920년대의 저금리가 공황에 이르게 했다는 하이에크의 견해는 거의 신뢰를 얻지 못했다.

케인스는 쇼맨십이 아주 강했고, 위트가 있고, 자기 생각을 분명하게 표현했다. 이에 반하여 하이에크는 카리스마와 커뮤니케이션 능력이 부족했다. 그는 오스트리아 악센트가 강했고, 일설에 따르면 가르치는 능력이 부족했다고 한다. 런던정치경제대학 학생들이 그에게 독일어로 강의할 것을 요청한 적도 있다고 한다. 그렇게 하는 것이 학생들이 이해하기 더 쉽기 때문이었다. 그가 쓴 글도 독자들이 이해하기가 쉽지가 않았다. 밀턴 프리드먼은 하이에크에 대한 열렬한 숭배자였지만, 하이에크의 1941년 저작《자본의 순수 이론The Pure Theory of Capital》을 두고는 기본적으로 읽기가 힘든 책이라고 말했다.[11]

지금은 케인스가 하이에크보다 더 개입주의자라고만 알아두자. 그는 공산주의와 파시즘의 해악에 관해서는 하이에크와 뜻을 같이했지만, 시장 경제가 항상 효율적으로 자동 조정되지는 않는 것으로 믿었다. 케인스는 기업 활동에서의 정부 개입을 옹호하지는 않았지만, 정부가 이런 활동이 발생하기 위한 조건을 제공해야 하는 것으로 생각했다. 케인스는 정치인에게 그들이 상황이 더 좋아지게 만들 수 있다고 말했지만, 하이에크는 단지 상황이 더 나빠지게 만든다고 말했다. 따라서 정치인이 케인스의 견해에 쉽게 이끌리는 것이 전혀 놀라운 일은은 아닐 것이다.

훌륭한 저작들로 노벨상을 수상하다

1930년대 후반 하이에크는 경제학자로서 잊혀졌고, 그의 주장은 더 이상 학문적인 토론의 주제가 되지 않았다. 하이에크 자신도 기술적인 경제 이론에서 물러나, 사회적 탐구라는 더욱 폭넓은 쟁점을 향해 갔다. 그는 자신이 경제에서 사회적 계획과 과도한 정부 개입에 강력하게 맞서는 오스트리아학파 출신이라는 사실을 잊지 않았다.

그와 동시대를 살았던 폰 미제스는 경제 활동을 할당하고 여기에 동기를 부여하는 가격 메커니즘 없이 경제 시스템(여기서 그는 공산주의를 의미했다.)이 존재하는 것이 어떻게 가능한가를 질문했다. 그는 두 차례의 세계 대전 사이에 자본주의를 비판하는 많은 사람이 사회주의 체제가 어떻게 적절히 조직될 수 있는지 밝히지 못한 것으로 믿었다. 가격이 없으면 제빵업자가 빵을 얼마에 팔아야 하는지 알 수 없을 것이다.

1935년 하이에크가 편집했던 《집산주의 경제 계획Collectivist Economic Planning》은 그의 관심이 경제 이론에서 정치 철학으로 옮겨간 사실을 보여준다. 그는 법률 혹은 규정이 개인으로 하여금 중앙 당국의 계획에 순응하는 것보다 자신의 목표를 위해 지식과 능력을 사용할 수 있도록 할 때 사회가 더욱 효율적으로 돌아간다고 주장했다. 그는 중앙의 높은 곳으로부터 기술적으로 앞서가는 사회를 관리하는 것이 가능하다는 생각에 반대했다. 정부의 역할은 개인이 자신의 재능, 아이디어, 지식을 최대한 실현하도록 도와주는 것이다.

하이에크는 기본적으로 지식의 파편들이 하나의 두뇌 속에서 결합될 수가 없다고 믿고 있었다. 기술과 생산 공정의 복잡한 측면을 고려하면, 이것이 한 사람 혹은 하나의 위원회가 보유하지 못한 지식을 요구할 것이다. 그러나 이윤 동기를 지닌 가격 시스템은 시장을 형성할 수 있다. 사유 재산, 계약, 법률, 사회 규범, 자유로운 교환을 인정한다면 말이다.

하이에크는 2차 세계대전이 끝나갈 무렵에, 학문적으로는 점점 잊혀갔다. 그러나 1944년《노예의 길》을 발간하면서 갑자기 주목을 받게 되었다. 이 책으로 하이에크는 세계적으로 저명한 사상가로 올라섰다.

2차 세계대전 이전의 대공황은 자본주의 체제에 대한 믿음을 흔들어 놓았고, 사람들은 전시 중앙 계획 경제에 익숙해졌다. 하이에크는 영국 국민에게 공산주의든 파시즘이든, 정부가 지속적인 중앙 계획을 통하여 경제적 의사 결정을 통제하는 데서 나오는 위험을 경고하고 싶었다. 그는 개인주의를 포기하는 것이 자유의 상실과 억압적 사회의 창출에 이르게 할 뿐 아니라 필연적으로 전체주의, 사실상 개인의 노예화에 이르게 한다고 주장했다. 중앙 계획은 소수의 의지가 다수에게 부과되고 법규와 개인의 자유가 희생되기 때문에 민주적이지 않다.

《노예의 길》은 출간되자마자 긍정적인 평가를 얻었다. 2차 세계대전이 아직 끝나지 않았지만, 이제는 추축국(독일, 이탈리아, 일본)이 패전할 것인가가 아니라 단순히 언제 패전할 것인가의 문제만 남았다. 영국 전역에서 '그 다음에는 무엇을 할 것인가?'라는 문제가 이미 제기되고 있었다.

이 책은 하이에크에게 경제학계뿐 아니라 학계 전체에 명성을 가져다주었다. 케인스는 이 책을 두고 '위대한 저작'이라고 평가했고[12], 판매 부수는 하이에크가 루트리지Routledge 출판사에 약간 대중적인 저작이라면서 보통 정도로 예상했던 수준을 훨씬 뛰어넘었다. 불과 며칠 만에 초판 2000부가 팔렸다. 루트리지는 2000부를 다시 주문했고, 이후로 2년 동안에 수요를 맞추기 위해 노력했지만 실패를 거듭했다. 전시의 종이 할당량으로는 충분하지 않았고, 하이에크의 《노예의 길》은 '구매하기 힘든 책'이 되었다.[13]

미국에서는 이 책이 당초 기대 수준을 훨씬 뛰어넘으며 성공을 거두었다. 이 책은 주로 영국 독자들을 위해 저술되었고, 학문적 경향으로 보았을 때 미국에서는 관심을 끌지 못할 것으로 예상되었다. 또한 이 책은 전후 미국에서의 정치 풍토와도 맞지 않았고, 이미 미국의 여러 출판업자들에게서 출간을 거절당한 상태였다. 그러나 시카고대학교 출판부는 이 책을 출간하기로 결정하여 영국판이 출간된 지 6개월 후 미국판으로 초판 2000부를 출간했다.

이 책은 날개 돋힌 듯이 팔려나갔다. 〈뉴욕타임스〉가 이 책을 격찬하는 서평 기사를 실으면서 관심을 자극했고, 얼마 지나지 않아서 출판부가 성공을 손에 쥔 것을 실감했다. 5000부를 다시 찍고, 불과 며칠이 지나 5000부를 더 찍었다. 〈뉴욕타임스〉에 이어서 〈리더스다이제스트〉가 책의 내용을 20쪽에 걸쳐서 요약한 기사에서 '우리 시대에 가장 중요한 책'이라고 소개하자 더욱 유명세를 탔다. 텔레비전이 없던 시대에 600만 독자층을 확보한 〈리더스다이제스트〉는 이 책을 초대형 베스트셀러로 올려놓았다. 전후 새로운 삶을 기대하던 미국인에게 하이에크는 익숙한 인물이 되었다.

영국에서는 이 책이 하이에크가 기대했던 만큼 정치적 영향력을 발휘하지 못했다. 2차 세계대전이 끝나고, 영국에서는 복지국가가 확립되었다. 1945년 선거에서 보수당 출신의 총리 윈스턴 처칠이 노동당 출신의 클레멘트 애틀리Clement Attlee에 맞서 하이에크의 책을 반사회주의 교과서라고 하면서 엄청나게 많이 인용했다. 그러나 선거가 노동당의 압도적인 승리로 끝났기 때문에, 이 책이 영국 사회에서 커다란 공감을 일으키지는 못했다. 하이에크가 개입주의를 지향하는 새 정부에 대한 지지자가 아니라고 말하는 것이 타당할 것이다.

하이에크는 개인의 손에 맡기는 정책을 지지했지만, 정부가 시장이 할 수 없는 과제를 수행하기 위해 시장에서 제한적인 역할을 해야 할 필요성은 인정했다. 여기에는 독성 물질의 사용을 금지하거나 범죄를 예방하거나 기본적인 사회 안전망을 제공하는 것이 포함된다. 그는 다음과 같이 적었다.

건강과 일할 능력을 보전하기에 충분한 최소 수준의 음식, 주거, 의복이 모두에게 보장될 수 있다는 점에는 의심의 여지가 없다. 질병과 사고처럼, 재난을 피하려는 욕구와 그 결과를 극복하려는 노력이 국가의 지원에 의해 약화되지 않는 경우에는, 즉 우리가 진정으로 대비할 수 있는 위험을 다루는 경우에는 국가가 포괄적인 사회 보험 시스템의 구축을 지원하기 위한 근거는 매우 강하다.[14]

여러모로 볼 때, 《노예의 길》의 출간 이후로 프리드리히 하이에크의 명성이나 평판은 최고조에 있었다. 그는 2차 세계대전 이후로 독일 학자들이 주류 고전파 사상을 되찾도록 하기 위한 단체를 설립할 계획을 갖고 있었다. 그리고 몇 년이 지나서 1947년 4월 1일부터 10일 사이에 스위스에서 제1회 몽펠르랭소사이어티Mont Pelerin Society 컨퍼런스가 개최되었다. 하이에크는 10개국에서 고전적 자유주의를 지지하는 지식인 중에서 총 39명을 초대했다. 하이에크가 초대 회장이 되었고, 1961년까지 회장직을 유지했다. 오늘날 이 단체는 같은 자유주의 전통을 유지하면서 지금까지 노벨상 수상자를 8명이나 배출했다.

하이에크는 항상 심리학에 관심이 있었다. 《노예의 길》이 성공하고 나서는 그 다음 책 《감각적 질서The Sensory Order》을 쓰는 데 몰입했다. 1952년에 출간된 이 책에서는 각 개인의 지식 공유가 극히 작아서, 개인이 얻을 수 있는 지식을 제한하게 되는 사회 내에서 지식의 분할을 설정했다.

이때까지 하이에크는 런던정치경제대학에서 마음이 점점 멀어져 갔다. 그가 기술적인 논문을 더 이상 발표하지 않았다고 말하는 것이 타당할 것이다. 1946년 케인스가 세상을 떠나자 더 이상 그와 관계를 맺지 못하게 되었고, 이것이 하이에크가 가진 여러 개의 동기 중에서 하나가 사라지게 만들었다. 부인 헬라와의 골치 아팠던 이혼도 그가 런던에서 친했던 사람들과의 관계가 단절되는 원인이 되었다. 그들 중에는 한때 가장 친하게 지냈던 런던정치경제대학의 라이오넬 로빈스도 있었다. 로빈스는 하이에크가 전처와의 관계를 다루는 방식에서 놀라움을 금치 못했다고 한다. 하이에크는 자기가 어린 시절 연인이자 먼 친척인 헬레네 비터리히Helene Bitterlich가 다른 사람과 결혼한 것에 대한 반발심에서 결혼했다는 사실을 시인하고는 항상 자신의 결혼이 잘못되었다고 생각했다.[15]

그는 1949년 헬라와 두 아이들과 별거하고는 이혼 청구를 했다. 헬라가 이혼에 반대했지만, 1950년 당시 하이에크가 객원 교수로 와 있던 아칸소주의 법원은 이혼법이 비교적 관대하여 이를 승인했다. 헬레네도 당시 남편을 잃었는데, 이 두 사람은 몇 주 뒤에 비엔나에서 결혼했다. 하이에크가 런던정치경제대학에서 사임하고, 이 신혼부부는 시카고에서 새로운 삶을 시작하기 위해 미국으로 떠났다.

시카고학파는 자유 시장 경제와 자유주의 철학에 기초한 학파였다. 이 학파가 실제로 시카고대학교 경제학과 교수진을 의미하는 것은 아니었다. 시카고학파는 하이에크의 생각에 즐거운 마음으로 공감했지만, 그가 그들의 접근 방식에 얼마나 잘 부합하는지 고려하면 시카고대학교 경제학과가 탐낼 만한 인물은 아니었다. 《노예의 길》은 중요한 책으로 인정받았지만, 학문적인 저작이라기보다는 대중 저작으로 취급되었다. 시카고대학교 경제학과가 보기에 하이에크는 경제학 연구에서 별로 알려지지 않은 인물이었고, 이제는 이 대학교에서 진행하는 기술적인 연구를 이끌어갈 만한 사람이 아니었다.

게다가 1950년대 미국에서의 삶은 1930년대 대공황 시기와는 판이하게 달랐고, 하이에크의 주요 연구 분야인 경기 순환 이론에 대한 관심이 별로 없었다. 공정하게 말해서 이제는 하이에크가 스스로를 경제학자로만 생각하지 않았기 때문에, 하이에크와 시카고대학교 경제학과 사이에서 원하는 바가 별로 없기는 서로 마찬가지였을 것이다.

하이에크는 시카고대학교 존네프사회사상위원회John U. Nef Committee on Social Thought에서 사회 및 도덕 과학 교수로 근무했다. 이제 하이에크는 작가 T. S. 엘리엇T. S. Eliot, 1938년 노벨 물리학상 수상자 엔리코 페르미Enrico Fermi를 포함하여 사회과학자와 자연과학자로 구성된 다학제 교수진의 일원으로서 주류 경제 이론을 벗어나 자기 관심 분야를 연구할 수 있게 되었다.

하이에크의 다음 저작은《자유헌정론The Constitution of Liberty》이었다. 하이에크는 부와 성장이 자유를 가져다주는 것이 아닌 자유가 부와 성장을 가져다주는 방식을 보여주었다. 정부에 제약을 가할수록, 지식과 문명의 발전에 반드시 필요한 개인의 자발성과 창의성이 발현될 수 있다. 또한 그는 지식의 분할에 관한 이전의 주장을 되풀이하면서, 한 사람의 지성이 사회를 안내하는 모든 지식을 이해하고 효율적으로 사용하는 것이 어떻게 사실상 불가능한지 설명했다. 이것이 갖는 의미는 경제적으로나 사회적으로 정부가 아주 제한적인 역할을 해야 한다는 것이다.

그는 이 책에서 국가 간의 세계적인 불평등에 관한 자신의 생각을 피력했다. 그는 이것이 서구 선진국의 발전을 반영하고, 다른 국가들이 서구 국가들이 선진국이 되는 데 걸렸던 수백 년의 기간보다 더 빠른 속도로 추격할 수 있도록 한다는 측면에서 전적으로 나쁜 것은 아니라고 보았다. 그는 같은 맥락에서 사회 내에서의 불평등에 대해서도 사회가 발전하기 위해서는 다양성이 필요하다고 믿었기 때문에 불편한 시선으로 바라보지 않았다. 불평등이 없이는 상호 간의 발전이 없을 것이다. 하이에크에 따르면, 이것은 윤리적인 고려 대상이 아니라 역사적으로 관찰할 수 있는 것이다. "최근 유럽의 경험이 이런 사실을 분명하게 확인시켜준다. 이곳에서 부유한 사회는 평등주의적 정책으로 인하여 급속하게, 정체는 아니더라도 정태적인 사회로 변한다. 빈곤하지만 상당한 경쟁력을 갖춘 사회는 급속하게 매우 동태적이고 발전적인 사회로 변한다. 이는 2차 세계대전 이후로 뚜렷하게 나타나는 특징이다."[16]

하이에크가 생각하기에는 성공한 개인의 행동을 채택하고 모방하면 사회가 진화한다는 것이다. 사회 진화는 비교적 소수의 사람들이 가진 새로운 아이디어에 의해 이루어진다. 더 나은 아이디어를 가진 사람이 발전을 결정한다. 따라서 시장은 경제적으로 재능이 있는 사람이 발전할 수 있는 진화적 메커니즘이다. 사회는 평등과 생산성 사이에서 선택할 수 있다. 그러나 그는 쉽게 변하지 않는 현재 상황과 이것이 부여하는 권력, 부, 특권에는 반대했다.

하이에크가 1959년 60번째 생일을 맞이하여《자유헌정론》을 탈고하기까지 4년이 걸렸다. 이 책은 1960년 2월에 발간되었는데, 일반 독자들을 위한 것이었다. 하이에크는 이 책을 자신의 최고 걸작으로 생각하고, 이에 걸맞게 대단한 기대를 갖고 있었다. 그는《노예의 길》이 약간은 대중적인 저작이라고 말했지만,《자유헌정론》은 20세기의《국

부론》이 되기를 바랐다.[17]

불행하게도 이 책은《노예의 길》만큼의 인기를 얻지는 못했다. 이번에는 〈뉴욕타임스〉나 〈라이프Life〉가 서평 기사를 내보내지 않았다. 〈리더스다이제스트〉는 이것은 요약 기사로 내보기에는 적절하지 않은 것으로 판단했다. 사람들이 2차 세계대전 이후의 세상을 바라보려고 했을 때 출간된《노예의 길》과는 다르게,《자유헌정론》은 시대 분위기를 포착하지 못했기 때문이었을 것이다. 1962년 밀턴 프리드먼은《자본주의와 자유Capitalism and Freedom》를 출간했는데, 그 역시 이 책이 제대로 평가받지 못한 것으로 생각했다.

1962년 프리드리히 하이에크는 재정적인 이유를 들면서 미국과 시카고를 떠났다. 헬라와 이혼한 것과 유럽을 자주 방문한 것이 재정적으로 압박이 되었을 것이다. 그는 독어권 세계로 돌아가서 서부 독일의 프라이부르크대학교에서 근무하기로 결심했다. 그는 그곳에서 계속 머물다가 캘리포니아대학교 로스앤젤레스 캠퍼스UCLA 초빙 교수가 되어 1년을 보내고는 1969년에 오스트리아의 잘츠부르크대학교로 돌아왔다. 그가 1977년에 헬레네와 함께 프라이부르크로 돌아온 것이 마지막 이사였고, 이곳에서 여생을 보냈다.

이렇게 시간을 보내는 동안에, 그는 주로《자유헌정론》의 후속작《법, 입법 그리고 자유Law, Legislation, and Liberty》의 저술에 몰두했다.《법, 입법 그리고 자유》가 이전 저서보다 훨씬 더 추상적이라고 말하는 것이 타당할 것이다. 그는 이번에는 독자들이 이전 저작에 나오는 내용을 훤히 알고 있을 것이라고 가정하고 일반 독자들을 위한 글을 쓰려고 하지 않았다.

이 책은《규칙과 질서Rules and Order》(1973),《사회적 정의의 환상The Mirage of Social Justice》(1976),《자유 사회의 정치 질서The Political Order of a Free People》(1979)로 구성된 3부작으로 출간되었다. 이 책의 저술에 이처럼 많은 시간이 걸리게 된 한 가지 이유는 1969년부터 1974년 사이에 그가 건강이 좋지 않았고 우울증을 앓아서 작업이 자주 중단되었기 때문이었다. 그러나 그에게 활력을 주는 두 가지 사건이 있었다.

1969년에 노벨 경제학상이 제정되었다. 노벨상 위원회가 이 상을 스웨덴 복지국가의 선구자 군나르 미르달Gunnar Myrdal에게 주고 싶어 한다는 소문이 돌았다. 그러나 처음 5년 동안에는 스웨덴 사람이 받을 수 없다는 규정이 있었다. 6년차가 되던 해인 1974년에 미르달이 이 상을 정당하게 받았다. 그런데 그는 이 상을 하이에크와 공동 수상했다. 이 두 경제학자는 각각 깜짝 놀란 것으로 전해진다. 하이에크는 자신이 받아서 그랬고, 미르달은 공동 수상하게 되어 그랬던 것이다.[18]

하이에크는 경제학의 기술적인 부문에서 자신의 연구가 까마득한 옛날에 이루어진 것이기 때문에 본인 스스로를 경쟁자로 생각하지 않았다. 그가 시카고를 떠난 지 10년이 넘었기 때문에 미국 경제학자 중 대다수가 그를 완전히 잊어버렸다. 어쨌든, 경제학 분야에서 가장 권위 있는 상이 그에게 다시 활력을 불어넣었고, 건강과 동기를 되찾는 데도 도움이 되었다.

1970년대에는 주요 국가들이 1973년 원유 가격 급등으로 인하여 높은 인플레이션과 높은 실업의 조합인 스태그플레이션에 시달렸다. 그는 40년 전에 연구했던 경기 순환 이론에 근거하여 1970년대의 높은 인플레이션이 대공황과 같은 규모의 경제 위기를 초래할 것이라고 생각했다. 인플레이션은 단기적인 생산과 고용을 희생해서라도 당장 중단되어야 했다.

노벨 경제학상을 수상한 지 2년이 지난 1976년, 하이에크는《화폐의 탈국가화The Denationalization of Money》라는 책을 발간했다. 여기서 그는 대담하게도 정부가 아니라 민간 기업이 화폐를 발행해야 한다고 말했다. 그의 생각은 화폐 공급자 간의 경쟁이 가장 안정적인 통화가 유통되도록 한다는 것이었다. 또한 이와 같은 경쟁이 자동 조정을 가능하도록 한다. 이 책은 많은 사람들에게서 조롱받았다. 그러나 밀턴 프리드먼은 현행법에 모든 당사자가 인정하는 교환의 매개체라면 이것이 무엇이든 간에 이를 사용하는 양자 간 거래를 가로막는 조항이 없다는 점을 지적했다. 흥미롭게도 최근에 등장하여 인터넷 구매에 사용되는 디지털 화폐인 비트코인과 같은 암호 화폐가 비정부 통화의 한 가지 사례다.

하이에크의 저작들은 1980년대 영국과 미국의 경제에 자유 시장 경제학을 도입하려는 정치인에게 깊은 인상을 주었다. 하이에크는 런던의 싱크탱크인 경제문제연구소Institute of Economic Affairs, IEA가 1955년에 설립된 이후로 이 연구소와 계속 관련을 맺어왔다. 사업가이자 IEA 설립자 안토니 피셔Antony Fisher가《노예의 길》을 읽고 나서 그에게 연락을 취했던 것이다.

IEA의 설립 목적은 경제에서 자유 시장 원리와 정부 개입 제한을 널리 전파하는 데 있다. IEA는 1979년에 영국 총리가 된 보수당 지도자 마거릿 대처와도 밀접하게 관련되었다. 대처 총리는 하이에크의 사상에 크게 영향을 받아서 각료 회의와 그 밖의 회의에서 수시로 하이에크의 생각을 인용했다.

한번은 회의 도중에 누군가가 보수당이 다양한 정책 쟁점에서 중도 노선을 선택할 것을 촉구하자는 취지의 발언을 하자, 대처 총리가 중간에 끼어들어《자유헌정론》을 테이블에 쾅 하고 올려놓고는 "이것이 우리가 믿는 것입니다"라고 외쳤다고 한다.[19] 대처 총리는 또다시 하이에크를 떠올렸다. 총리 취임 10주년이 되는 날, 그녀는 하이에크에게 이데올로기와 정책에 기여한 것에 대한 감사의 편지를 썼다고 한다.

《치명적 자만The Fatal Conceit》은 하이에크의 마지막 주요 저작이었다. 1988년에 출간된 이 책에서는 사회주의의 결함과 오류를 지적했다. 여러모로 볼 때, 이 책은 그의 평생에 걸친 연구 활동에 대한 더할 나위 없이 완벽한 요약과《법, 입법 그리고 자유》에 대한 맺음말로 이루어져 있다. 이 책이 전하는 통찰은 가격 시스템이 수많은 사람으로 하여금 구체적이고도 직접적인 지식을 갖고 있지 않은 사건이나 상황에 대해 그들의 노력을 조정할 수 있도록 해주는 수단이라는 것이다.

내가 기본적으로 단순한 아이디어를 이끌어내는 데는 오랜 시간이 걸렸다. 나는 경제학의 기본적인 역할이, 인간 행위가 정보를 가지고 있지 않은 데이터에 스스로 적응하는 과정을 설명하는 것이라는 사실을 서서히 알게 되었다. 따라서 전체적인 경제 질서는 우리가 가격을 표지판 혹은 신호로 사용함으로써 우리가 전혀 모르는 사람들의 수요를 충족시켜주고 그들의 능력을 활용하게 된다는 사실에 의존한다. 다시 말하면, 가격이 수많은 사람의 노력에 대한 예기치 않은 조정을 가져오는

신호라는 통찰…… 이것이 내가 하는 연구의 이면에 있는 주요 아이디 어가 되었다.[20]

본질적으로는 하이에크가 애덤 스미스의 '보이지 않는 손'에 기반을 두고 구체적으로는 경제에서 제품과 서비스의 가치를 결정할 때 가격의 역할로 곧장 나아갔다. 사람들은 가격을 알고서 특정 제품을 생산하거나 특정 산업에서 일할 것을 선택할 수 있다. 전체적으로 보면, 아무도 사람들의 노력을 조정하지는 않지만 경제가 효율적으로 작동한다. 이 책을 저술하는 데는 7년이 걸렸지만, 널리 읽히지는 않았다. 그리고 이 책은 하이에크의 학문 활동에 마침표를 찍었다.

1년 뒤, 하이에크가 베를린 장벽의 붕괴와 이후 소련의 해체를 목격한 것은 그에게 대단히 유쾌한 일이었다. 그는 공산주의에 대한 자본주의의 승리를 직접 목격할 정도로 오래 살았지만 거기까지였다. 1992년 그는 92세로 숨을 거두었다.

세계 금융 위기에 조언한다면

하이에크는 세상을 떠날 무렵, 미국과 소련 간의 냉전이 종식되고 공산주의에 맞서 자본주의가 승리하는 모습을 직접 목격했다. 그럼에도 불과 20년이 지나서 자본주의 체제는 또 다른 커다란 도전에 직면했다. 2008년 금융 위기는 자본주의 체제는 도를 넘는 행위에 대한 환멸을 일으켰다.

프리드리히 하이에크라면 최근 자본주의에 대한 반발을 부추겼던 2008년 세계 금융 위기를 보면서 어떤 말을 할까? 하이에크는 1920년대에 연방준비제도이사회가 금리를 지나치게 낮게 유지함으로써 1929년 대폭락 시기에 악성 투자가 정점에 달했다고 생각했다. 그리고 이것이 대공황을 재촉하는 데 결정적인 역할을 했다고 주장했다. 그가 세계 금융 위기를 앞두고 연방준비제도이사회가 취한 정책에 관해 비슷한 주장을 할 가능성이 높다.

하이에크는 닷컴 버블 이후로 미국 경제가 휘청거릴 때 연방준비제도이사회가 금리를 급격하게 인하했던 상황으로 거슬러 올라갈 것이다. 2000년부터 2004년 사이에 미국 금리가 6.5%에서 1%까지 떨어졌다. 물가 상승률과 성장률이 낮았기 때문에, 연방준비제도이사회가 투자와 소비를 증진하기 위해 금리를 인하하여 경제 침체를 완화하려고 했다. 그러나 이런 정책이 주택 시장에서 지나치게 많고도 위험한 대출이 발생시켰고, 이로 인하여 불과 몇 년이 지나서 서브프라임 모기지에서 더 큰 문제가 발생했다. 하이에크는 경기 순환에 성공적으로 개입할 수 있을 것이라는 중앙은행의 믿음에 반대했을 것이다.

하이에크라면 세계 금융 위기 때 어떤 조언을 했을까? 그는 불황이 반드시 유쾌한 것은 아니지만, 장기적인 건전성을 위해서는 괜찮은 것이기 때문에, 원칙적으로 투자은행 베어스턴스와 리먼 브라더스 혹은 패니매이 Fannie Mae(연방저당권협회의 통칭이다-옮긴이)와 프레디 맥 Freddie Mac(연방주택금융저당회사의 통칭이다-옮긴이)처럼 정부가 지원하는 대출 기관의 파산에 반대하지는 않았을 것이다. 이론적으로는 수십 년에 걸친 그의 연구는 지급 불능 상태에 빠진 기관이나 부실 대출 기관이 파산하도록 내버려두어야 한다는 점을 기꺼이 수용한다. 그가 이 기관들이 파산함으로써 다른 건전한 기관들이 조직적으로 실패하는 것을 방지하기 위해, 이 기관들을 구제해야 할 필요성을 느꼈는지는 분명하지 않다.

우리는 하이에크가 중앙은행이 미국, 유럽, 일본 경제에 엄청난 양의 현금을 주입하는 대규모 양적완화 정책을 강력하게 반대했을 것이라는 사실은 더욱 확실히 알 수 있다. 1970년대에 그는 경제가 단기적으로 실업률이 높아지는 희생이 따르더라도 정부 개입 없이 스스로 원상회복을 할 수 있도록 해야 한다고 생각했다. 그는 양적완화가 주로 실패한 기관의 대차대조표를 떠받치고 금융 위기 이전에 무책임하게 행동하던 은행에 유동성을 제공하기 위해 사용되는 것으로서, 그들을 구제하는 것에 불과하다고 생각할 것이다. 쉽게 얻은 현금의 흐름이 단순히 악성 투자의 청산과 구조 조정이 연기되도록 할 것이다. 스탠퍼드대학교 경제학과 교수 존 테일러John Taylor는 양적완화가 정부가 자유재량에 따라 특정 산업을 떠받치기 위해 경제에 개입하는 것을 보여주기 때문에, 이것을 '화폐제조업 정책'이라고 표현했다.[21]

당연히 하이에크의 출발점은 이 모든 것이 애초에 불필요하다는 것이다. 과도한 대출과 급격한 신용 확장이 발생하지 않았더라면, 불황의 고통을 피할 수 있었을 것이다. 금융 시장에서 비롯된 파멸을 조사한 사람들의 일반적인 견해는 금융 시장을 제대로 규제하지 않았다는 것이다.

그러나 하이에크의 추종자들은 이와는 다르게 생각한다. 그들은 이것이 금융 시장에 지나치게 많은 자유를 부여해서가 아니라 충분한 자유를 부여하지 않았기 때문에 발생한다고 생각한다. 그들은 금융 위기 이전에 이미 엄청나게 많은 규제가 시행되고 있었다고 주장할 것이다. 실제로 정부 규제는 투자자들 사이에 위험과 채무 불이행으로부터 보호받을 것이라는 잘못된 기대를 낳았다. 하이에크는 금융 시장에 규제가 없었더라면, 금융 시장에는 신뢰와 평판을 확보한 기관들이 자연스럽게 형성되었을 것이라고 주장할 것이다.

이런 견해는 1992년 하이에크가 세상을 떠난 이후로 IEA가 매년 주최하는 하이에크 강연**Hayek Lecture**을 통하여 널리 알려졌다. 예를 들어, 2012년 강연에서 〈왜 우리는 지금도 하이에크를 읽어야 하는가〉라는 주제로 발표한 존 테일러는 세계 금융 위기라는 엄청난 사건을 조명하면서, 미국 경제에서 위기 이후의 문제에 대해 하이에크가 어떤 생각을 했을 것인가를 들려주었다.

자유 시장의 원칙이 미국에 번영을 가져다주었다고 믿는 테일러는 여기서부터 이야기를 풀어나갔다. "사람들은 무엇을 생산할 것인가, 무엇을 구매할 것인가, 어디에서 일할 것인가, 다른 사람을 어떻게 도울 것인가를 결정할 자유가 있다. 이 선택은 법규, 시장 시스템에서 나오는 강력한 동기, 정부의 제한적인 역할에 기초를 둔, 예측 가능한 정책 프레임워크 내에서 이루어져야 한다."[22]

이런 원칙은 때로는 폐기되어 불행한 결과를 낳는다. 대공황 시기를 살펴보면 당시 연방준비제도이사회는 통화 공급의 증가를 급격하게 낮추었다. 정부는 세율과 관세를 인상했고 전국산업부흥법에서 자유 시장의 원칙을 무시했다. 1960년대와 1970년대에는 임금과 가격 통제뿐 아니라 단기적인 경기 진작 정책을 추진했다. 이번 금융 위기는 최근에 하이에크의 원칙을 폐기한 것을 반영한다. 정부는 금융 기관에 구제 금융을 지원했고, 공격적인 통화 정책으로 위기에 대응했다.

하이에크는 이런 개입을 피해야 정부 정책이 아닌 시장에 의한 경제 성장을 재개할 수 있는 것으로 보았다. 금융시스템에 대한 적절한 규제를 포함하여 시장 경제의 기반이 제대로 자리를 잡으면 경제가 다시 성장하게 될 것이다. 그리고 이것이 자본주의 체제에 대한 믿음을 회복하는 계기가 될 것이다.

하이에크는 자신을 지지하는 윈스턴 처칠이 했던 다음 말에서 '민주주의'를 '자본주의'로 바꾸어놓은 말에 동의할 것이다. "아무도 민주주의가 완벽하거나 가장 현명한 제도라고 감히 주장하지는 않는다. 실제로 민주주의는 지금까지 시도되었던 다른 모든 정부 형태를 제외하고는 최악의 정부 형태로 여겨진다."[23]

경제학자들을 향해 말하다

1979년 프리드리히 하이에크는 이렇게 말했다. "나는 경제학자들이 우리 시대의 정말 중요한 문제를 진지하게 논의하지 않는 이유가 순전히 과학적인 문제에서 가치에 관한 문제로 넘어갈 용기가 없기 때문이라고 확신하기에 이르렀다."[24]

하이에크는 소심하지 않았고, 자본주의 체제에 대한 확고한 믿음이 있었다. 이처럼 자본주의 체제에 대한 열렬한 옹호자라면, 다른 대안보다 자유 시장을 확실히 지지할 것이다. 바로 영국 총리를 지냈고 자유 시장의 원칙에 입각하여 정책을 추진했던 마거릿 대처가 하이에크 숭배자였다.

대처 총리는 이렇게 말했다. "하이에크와 프리드먼이 등장하기 전까지, 애덤 스미스가 자유 기업 경제학의 위대한 옹호자였다."[25] 또한 그녀는 이런 말도 했다. "내가 아버지 무릎에 앉아서 배웠거나 촛불 아래에서 보수주의 정치가 에드먼드 버크Edmund Burke와 하이에크를 읽으면서 배웠던, 자유를 선호하는 모든 일반적인 명제들은……."[26]

그러나 프리드리히 하이에크는 경제학자들이 근거할 수 있는 기반을 고민했다. 그는 1974년 경제학에서 가장 권위 있는 상을 받는 자리에서 이렇게 말했다.

노벨 경제학상을 제정해야 하느냐를 두고 저하고 상의했더라면, 저는 확실하게 반대했을 것입니다. 노벨 경제학상은 한 개인에게 경제학에서 어떤 사람도 갖지 못한 권위를 부여하는 상입니다. 경제학자는 정치인, 언론인, 공직자, 일반 대중 같은 보통 사람들에게 중요한 영향력을 발휘합니다. 경제 과학에 뚜렷한 업적을 남긴 사람이 사회의 모든 문제에 전지전능한 것은 아닙니다(언론이 결국에는 그 사람이 스스로 그렇게 믿을 때까지 그를 계속 설득하기 때문입니다). 심지어 어떤 사람은 자기가 특별한 관심을 갖지 않은 문제를 제기하는 것이 공적 의무라고 생각하기까지 합니다.[27]

하이에크는 확실히 영향력이 있는 사람이었고, 그가 인정하든 그렇지 않든, 그의 영향력은 지금도 뚜렷이 남아 있다. 미국 재무장관을 지냈던 하버드대학교 교수 로렌스 서머스는 하이에크에 대해 이렇게 말했다. "오늘날 경제학에서 배우는 가장 중요한 것 한 가지가 무엇일까? 내가 학생들에게 마지막으로 하고 싶은 말은 보이지 않는 손이 보이는 손보다 더욱 강력하다는 것이다. 많은 일이 지시, 통제, 계획 없이도 잘 조직된 노력을 통해서 발생할 것이다. 이것이 경제학자들 사이에 이루어진 합의다. 그리고 이것이 하이에크가 남긴 유산이다."[28]

Adam Smith
David Ricardo
Karl Marx
Alfred Marshall
Irving Fisher
John Maynard Keynes
Joseph Schumpeter
Friedrich Hayek
Joan Robinson
Milton Friedman
Douglass North
Robert Solow

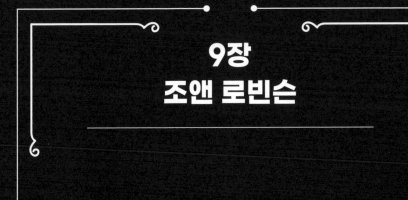

9장
조앤 로빈슨

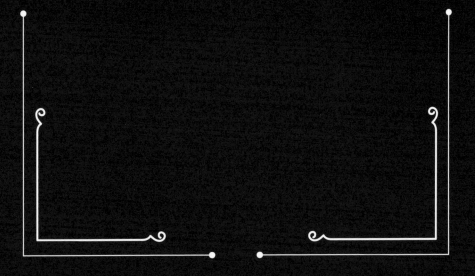

임금은
왜 오르지 않는가?

Joan Robinson

오바마 행정부 시절 대통령경제자문위원회 위원장을 지낸 제이슨 퍼
먼Jason Furman은 언젠가 나에게 말했다. 자기가 대통령에게서 가장 많
이 받았던 질문이 "임금이 얼마나 증가하고 있는가? 그리고 이것이 미
국 경제의 미래에 무엇을 의미하는가?"였다고 말이다.[1] 이것은 미국
경제 정책에서 가장 시급한 문제 중 하나다.

　세계에서 가장 강력한 국가의 지도자가 이런 질문을 했다. 이것은
미국만의 문제가 아니다. 영국을 비롯하여 독일과 일본 등 다른 주요
국가들에도 중요한 문제다. 미국의 평균 노동자가 받는 인플레이션을
제거한 임금은 지난 40년 동안 정체되었다. 영국에서는 2008년 세계
금융 위기 이후로 실질 임금이 엄청나게 하락했다. 독일과 일본에서는
임금 분포의 중간에 있는 사람들이 벌어들이는 중앙값 임금이 지난
20년 동안 정체되었다.

미국과 영국에서 경제 회복이 진행되면서, 실업률이 5% 미만의 장기 수준으로 급격하게 하락했다. 따라서 고용은 불황에서 회복된 것으로 보인다. 노동 시장이 건전하다는 것은 일자리가 많아지고 임금이 올라가는 것을 의미한다. 그렇지만 당혹스럽게도 임금은 많이 오르지 않고 있다.

이것은 완전 경쟁 노동 시장 모델이 예측하는 것과는 다른 결과다. 이 이론에서는 노동자들에게는 그들의 생산물의 가치에 따라 임금이 지급되고, 따라서 경제가 성장하고 그들의 생산물에 대한 수요가 증가하면 임금이 낮아질 수가 없다. 그러나 7장에서 조지프 슘페터가 말했듯이, 완전 경쟁 모델은 수학 방정식을 푸는 데 도움이 되지만 그것은 현실 세계가 작동하는 방식이 아니라 비현실적인 경제 구조다.

이 지점에서, 이 책에서 소개하는 유일한 여성 경제학자가 획기적인 기여를 했다. 조앤 로빈슨은 완전 경쟁을 받아들이지 않고, 불완전 경쟁이 어떻게 시장에서 실제로 관찰되는 임금과 고용의 불일치에 이르게 하는지 설명했다. 조앤 로빈슨은 선구적인 연구 덕분에 경제사상사에서 가장 중요한 여성으로 손꼽힌다.[2] 특히 여성 경제학자가 거의 없던 시절에 그녀가 위대한 경제학자의 한 사람으로 자리를 잡은 것은 주목할 만한 일이다. 지금도 경제학계에서 여성이 차지하는 비율은 그리 높지 않다. 세계적으로 5만 명이 넘는 경제학자 중에서 여성이 차지하는 비율은 5분의 1이 되지 않는다.

로빈슨의 첫 번째 저작으로 1933년에 출간된 《불완전 경쟁의 경제학The Economics of Imperfect Competition》은 그녀에게 세계적인 명성을 전해주었다. 이 획기적인 원고는 그녀가 경제 이론을 연구하기 시작한 지 불과 3년 만에 완성되었다. 이 책은 가격과 임금의 결정 방식에 대한 우리의 생각을 바꾸어놓았다. 그녀는 완전 경쟁 시장이 아닌 독점 상태에서 가격 결정을 분석했다. 다시 말하면 시장은 산업, 제품 가격, 노동자 보수에 영향을 미칠 수 없는 기업으로 가득찬 상태가 아니다. 그녀는 불완전 경쟁이 있는 곳에서는 노동자들에게 보수가 그들의 노동이 지닌 시장 가치보다 적게 지급된다고 주장했다. 이 책은 대서양 양쪽에서 널리 읽히면서, 불완전 경쟁이라는 새로운 연구 분야에서 곧장 표준 교과서가 되었다. 이 책은 1933년부터 1965년 사이에 13판까지 발간되었다.

로빈슨의 저작은 케인스 사상을 따른 것이었다. 따라서 이 책은 완전 경쟁 시장이라는 신고전파 경제학의 개념에 반론을 제기했다. 다시 말해서 그녀는 존 메이너드 케인스의 편을 들었고, 이것은 그들의 케임브리지대학교의 전임자 앨프리드 마셜에 반기를 든 것이었다. 케인스의《고용·이자 및 화폐에 관한 일반 이론》이 1936년에 발간되고 난 다음 해에 그녀의《고용 이론에 관한 에세이Essays in the Theory of Employment》가 나왔는데, 이 책에서 그녀는 특히 노동 시장에서 케인스 사상을 정교하게 다듬고 확장했다. 놀랍게도 그녀는 같은 해에《고용 이론 입문 Introduction to the Theory of Employment》도 발간했다. 이 책은 케인스의 개념이 경제학에 뿌리 내리게 한 최초의 교과서였다.

비록 그녀가 케인스의 추종자이기는 했지만, 나중에는 신고전파 경제학도 케인스 경제학도 장기적인 경제 현상을 설명할 수 없다는 결론을 내렸다. 그러나 케인스 경제학이 최선의 방책을 가지고 있다고 생각했다. 따라서 그녀는 마지막 주요 저작에서 경제학이 어떻게 발전했는가를 설명하려고 했다. 1956년에 출간된 《자본축적The Accumulation of Capital》에서는 장기적인 성장 동학에 대한 더 나은 설명을 제시하기 위해 경제에서 기업과 정부의 투자로 구성된 자본축적이 시간이 흐르면서 어떻게 변해가는가에 대한 이론을 제시했다.

로빈슨은 경제학자로서 오랜 활동을 하면서 명예를 쌓았다. 그러나 그녀 또한 논쟁의 대상이 되기도 했다. 비록 그녀가 당대에 가장 영향력 있고, 1932년부터 그녀가 세상을 떠나고 2년이 지난 1985년까지 많은 저작을 낸 경제학자이기는 했지만, 그녀에게는 경제학에서 가장 권위 있는 상이 돌아가지 않았다. 노벨 경제학상 수상자 폴 새뮤얼슨은 이렇게 말한다. "그녀가 노벨상을 수상하지 못했다는 사실이 놀랍기만 했다. 그녀는 가장 논쟁의 핵심이 되는 인물이었고, 가장 중요한 인물이기도 했다."[3] 1970년대 중반에 스웨덴 한림원이 그녀를 후보자로 생각했고 그녀가 분명히 최종 선발 후보자 명단에 있었지만 계속 제외되었다.

그녀가 왜 케인스의 내부자에서 외부자가 되었는가에 대한 이유는 분분하다. 조앤 로빈슨은 케인스 경제학에 대한 회의감이 커졌을 뿐 아니라 장기적인 문제에 대한 새로운 해결책을 찾으려고 하면서 케인스 학설에 입각한 자신의 이전 저작에 나오는 내용조차도 부정했다. 또한 그녀는 어빙 피셔와 그 밖의 경제학자들의 주도 아래에 점진적으로 부상하던 경제학에 대한 수학적 분석도 거부했다. 그녀는 이런 말을 자주 하곤 했다. "나는 수학을 전혀 배우지 않았다. 따라서 나는 생각해야 한다." 언젠가 계량경제학회가 그녀에게 이사 자리를 제의했을 때, 이 학회가 발간하는 주요 저널로서 정량화와 이론을 추구하는 〈이코노메트리카〉에 실린 상당히 기술적인 논문들을 읽어낼 수가 없다는 이유로 이를 거절했다고 한다.[4]

그녀가 케인스 학설을 떠나 마르크스 경제학에 관한 책을 쓴 것도 주류 경제학으로부터 소외되는 데 기여했다. 그리고 그녀가 중국과 북한의 공산주의 정권을 지지한 것도 좋은 평판을 얻지 못하게 했다. 그녀는 자기 신념을 숨기려고 하지 않았다. 심지어 베트남 농부 복장을 하고서 강의한 적도 있다.[5] 아마도 이런 모습이 남성이 지배하던 시대와 직종에서 그녀가 직면했던 시련을 보여주는 것인지도 모른다.

그런데도 조앤 로빈슨은 경제학에 불완전 경쟁을 도입한 개척자였다. 이것은 경제학이라는 분야를 근본적으로 바꾸어놓은 개념이었다. 언젠가 로빈슨이 말했듯이 "경제학의 주제는 경제학 자체의 기법 그 이상도 그 이하도 아니다."[6] 그녀는 경제학자들에게 무엇보다도 저임금 문제를 분석하는 데 도움이 되는 기법과 도구를 제공했다.

세계적인 여성 경제학자

조앤 로빈슨(결혼 전 성은 모리스Maurice였다)은 1903년 영국 서리에서 엘리트 집안에서 태어났다. 그녀의 아버지는 준準남작이었고, 1차 세계대전 당시에 영국 육군 소장이었다. 그녀의 할아버지는 그녀가 공부하고 경력을 쌓았던 케임브리지대학교에 재직하던 유명한 외과 의사였다.

그녀는 거튼 칼리지에서 경제학을 전공했고, 1925년에 2등급 우등이라는 그다지 뛰어나지 못한 성적으로 졸업했다. 이듬해에 오스틴 로빈슨Austin Robinson과 결혼했다. 그는 케임브리지대학교 경제학과에서 실력 있는 교수이자 〈이코노믹저널〉의 편집자가 되었지만, 조앤에 가려서 존재감이 별로 없어졌다. 그가 인도 괄리오르주의 젊은 마하라자 maharajah(과거 인도 왕국 중 한 곳을 다스리던 군주를 뜻한다-옮긴이)의 경제학 개인 지도 교사로 일하게 되면서 부부는 2년 동안 인도에서 살았다.

남편이 케임브리지대학교로 돌아오고 나서 그녀는 피에로 스라파Piero Sraffa의 〈가치에 관한 최신 이론advanced theory of value〉 강의를 듣기 시작했다. 이것은 우리가 지금 경제학에서 가격 결정 이론이라고 부르는 것에 대한 당시의 표준 용어였다.

스라파는 1926년 〈이코노믹저널〉에 발표한 논문에서 경쟁 시장의 가정을 완전히 버리고서 독점 시장에 집중했다. 이전에는 독점 이론이 공공시설이나 철도와 같은 부문에서 시장 지배력을 지닌 기업을 분석하는 데만 사용되었다. 이 논문이 발표된 이후로, 불완전 경쟁 시장에 대한 관심이 커졌다. 그의 논문은 케임브리지대학교를 비롯하여 다른 학교 경제학자들의 연구를 자극했다. 여기에는 불완전 경쟁을 경제학의 새로운 분야로 확립했던 로빈슨도 당연히 포함되었다.

당시는 여성이 경제학자로 활동하는 것이 쉽지 않던 시절이었다. 1881년에는 케임브리지대학교의 여성 칼리지인 거튼 칼리지와 뉴넘 칼리지 여학생만이 남학생과 마찬가지로 우등 시험을 치르고 논문을 제출할 자격이 부여되었다. 그러나 여학생에게는 학위가 수여되지 않았다. 영국 대학 중에서 여성을 강사직과 행정직에서 배제하는 대학은 케임브리지대학교가 유일했다. 로빈슨이 졸업하는 1925년이 되어서야 여성이 대학에서 직위를 가질 수 있었다. 그러나 여성은 여전히 케임브리지대학교에서 교육과 연구의 중추적 역할을 하는 남성 칼리지의 연구원이 될 수 없었다.

로빈슨은 케임브리지대학교에서 여성에 가해지는 장벽에 직면했을 뿐 아니라 1등급 우등 성적을 얻지 못했다는 약점도 있었다. 그녀가 훌륭한 경제학자로 자리 잡으려면 연구원이 되기 위한 논문 통과를 대신하여 출간된 연구 실적이 있어야 했다. 그녀는 상위 중산층 출신이라서 집안의 도움을 받을 수 있었고 연구 시간도 가질 수 있었다. 그녀는 1931년 3월부터 1932년 10월까지 불과 1년 반 동안, 선구적인 저작이 될 《불완전 경쟁의 경제학》을 완성했다.

로빈슨은 독점력을 가진 기업에 관해 연구하면서 완전 경쟁 시장이 아닌 시장에서 무엇이 가격을 결정하는가에 관한 이론을 재구성했다. 그녀는 이렇게 함으로써 경제학의 양 진영에 서 있는 사람들의 화합을 꾀할 수 있었다. 한쪽 진영에서는 그래프를 사용하여 가격과 수량의 정확한 이론적 관계를 정립하려는 사람들이 있었다. 다른 쪽 진영에서는 데이터가 이론을 능가한다는 경험주의자들이 있었다.[7]

로빈슨의 그래프는 시장이 실제로 어떻게 움직이는가에 대한 경험적 관찰(다시 말하면, 시장이 완전하지 않게 움직인다)에 근거하여 임금이 노동자의 생산량이 보장하는 것보다 더 낮게 결정되는 것을 보여주었다.

로빈슨이 케임브리지 경제학의 중심에 자리 잡게 된 또 다른 요소는 케임브리지 경제학자 리처드 칸^{Richard Kahn}과의 관계였다. 1930년에 두 사람은 사상을 공유했다. 1931년까지 두 사람은 불륜 관계에 빠졌다. 이들은 다름 아닌 존 메이너드 케인스에 발각되었다. "1932년 초에 케인스가 칸의 연구실 바닥에 있던 두 사람을 보았다. 그는 부인 리디아에게 이렇게 말했다. '내 예상대로, 두 사람은 오직《독점에 관한 순수 이론The Pure Theory of Monopoly》에 관해서만 이야기를 나누었어.'" 8

로빈슨은 1934년과 1937년에 임신하여 두 딸을 낳았지만 그들의 관계는 변할 것 같지가 않았다. 1938년 로빈슨이 정신 쇠약으로 고생하면서 남편과 별거를 시작했다.⁹ 1952년에 첫 번째보다는 덜 했지만, 또다시 정신 쇠약으로 고생했다.

리처드 칸은 불완전 경쟁에 관한 새로운 이론의 개발에서 잠재적인 경쟁자가 될 수도 있었다. 그러나 그는 후원자가 되었다. 칸은 존 메이너드 케인스의 제자였다. 로빈슨은 칸, 그녀의 남편, 스라파, 제임스 미드James Meade와 함께 '서커스circus'라는 연구 모임에 합류했다. 1935년 로빈슨은 케인스가《고용·이자 및 화폐에 관한 일반 이론》에 관해 의견을 물었던 다섯 명의 경제학자 중 한 사람이었다.¹⁰ 이것은 조앤 로빈슨이 케임브리지 경제학의 중심에 있다는 것을 의미했다. 심지어 케인스는 케인스 경제학에서 최초의 교과서라 할 그녀의《고용 이론 입문》의 서문까지도 썼다.

1934년 로빈슨은 케임브리지대학교 임시직 시간 강사로 임용되었다. 1937년에 임시직 전임 강사가 되었고, 이듬해에 정규직 전임 강사가 되었다. 그녀는 당시 가장 영향력이 있는 경제학자 중의 한 사람이었다.

1938년 케임브리지대학교 경제학과를 이끌고 가던 사람은 케인스, 스라파, 칸이었다. 이들과 함께, 존 힉스J. R. Hicks와 아서 피구A. C. Pigou도 있었다. 존 힉스는 나중에 기사작위를 받았고, 1972년에는 경제학에서 가장 권위 있는 상도 받았다. 그는 케네스 애로Kenneth J. Arrow와 함께 개인의 효용 혹은 행복이 경제적 선택의 의해 어떻게 영향을 받는가를 평가함으로써 경제학에 후생 개념을 도입한 공로를 인정받아 노벨 경제학상을 공동 수상했다.

아서 피구는 예를 들어, 공해를 유발하거나 나무를 심는 것처럼 타인에게 영향을 미치지만, 사전에 고려하지 않았던 비용 혹은 편익을 의미하는 외부성Externality의 개념을 발전시켰다. 피구세는 공해를 유발하는 행위에 대한 사회적 비용을 내부화하기 위해 공해유발자에게 부과하는 세금을 말한다.

조앤 로빈슨은 권위 있는 지위에 올랐지만, 새로운 연구 분야를 주도하기 위한 경쟁에 직면했다. 로빈슨이《불완전 경쟁의 경제학》을 발간하기 3개월 전에 하버드대학교의 에드워드 체임벌린이《독점적 경쟁론Theory of Monopolistic Competition》을 발간했던 것이다. 그러나 1933년 12월에 개최된 미국경제학회에서 이 주제에 관한 원탁 토론을 하면서 새로운 연구 분야의 경계를 설정하기 위해 체임벌린이 아니라 로빈슨의 개념을 채택했다. 칸이 미국 대학교를 방문한 것에서 도움을 받았던 것이다. 이것이 체임벌린의 책과 비교하여 로빈슨의 책이 더 많이 인용되도록 했다.

그러나 에드워드 체임벌린은 산업조직론이라는 풍부한 결실을 가져오는 분야를 계속 개척했다. 이 분야는 항공업처럼 소수의 기업이 어떻게 산업을 지배할 수 있는가를 분석하기 위해 과점적 상호 작용과 같은 문제를 연구한다. 로빈슨은 나중에 기업에 관한 이론보다는 노동 경제학 분야에서 더욱 이론적인 접근 방법을 개발했다. 흥미롭게도 로빈슨이 발표하는 논문의 토론자 중에서 체임벌린도 있었고, 조지프 슘페터가 토론을 주재했다. 슘페터는 나중에 로빈슨을 미국경제학회 명예회원으로 추천했다. "나는 여권 신장 운동에 반대하는 이 나라에서 여성을 명예회원으로 추천하면, 반대 여론이 있을 것이라는 사실을 잘 압니다. 그러나 로빈슨 여사는 1933년에《불완전 경쟁의 경제학》을 출간하여 세계적인 명성을 얻었습니다. 그녀는 이 책을 통하여 가장 많은 관심을 끄는 최신 분야의 선봉에 서 있습니다."[11]

로빈슨의 그 다음 저작은 케인스의《고용·이자 및 화폐에 관한 일반 이론》를 보완하고 확장했다. 케인스의 저작이 발간되고 나서 겨우 1개월이 지난 1936년 3월, 그녀는《고용에 관한 장기적 이론The Long-Period Theory of Employment》이라는 제목의 논문을 발표했다. 케인스의 가정이 단기에 초점을 두고 있기 때문에, 로빈슨이 장기적 조건을 분석하면서 그의 저작을 확장했던 것이다.

같은 해 6월, 케인스 경제학을 또다시 확장하는 논문〈잠재적 실업 Disguised Unemployment〉을 발표했다. 케인스는 충분하지 못한 수요가 실업자를 배출한다고 주장했다. 로빈슨은 노동자들이 해고되었을 때, 길모퉁이에서 성냥을 팔더라도 생존을 위해 비생산적인 일을 하게 된다는 점을 지적했다. 비록 그들이 공식적으로는 고용되어 있지만, 이런 종류의 고용이 실제로는 잠재적 실업이라는 것이다. 이것은 공식적인 실업률이 모든 것을 말해주지 않는다는 뜻이다. 1937년에 발간된 로빈슨의 《고용 이론에 관한 에세이》에서는 《고용·이자 및 화폐에 관한 일반 이론》에서 제기된 고용 관련 문제들을 더욱 심도 있게 파헤쳤다.

조앤 로빈슨은 상당히 빠른 속도로 세계적인 경제학자로 등장했다. 1930년 그녀는 케임브리지대학교 교수의 부인이 되었다. 1930년대가 지나갈 무렵, 그녀는 케인스 혁명의 중심에서 세계적으로 주목받는 경제학자가 되었다. 남편이 퇴직하던 해인 1965년 그녀는 케임브리지대학교 정교수가 되었다.

조앤 로빈슨은 자신의 최고의 주요 저작을 1956년에 발간했다. 그녀는 《자본축적》에서 일부 국가들이 번영하는 이유를 더욱 깊이 이해하기 위해 일반적인 케인스주의와 신고전파의 접근 방식을 떠나서 경제 성장 모델을 탐구했다. 다른 책과 마찬가지로, 이번 책도 특히 방정식이나 복잡한 수학 모델이 아니라 그래프나 그림을 사용하여 자기 주장을 입증했기 때문에 상당히 읽기가 쉬웠다. 그녀의 1960년대 연구도 이런 방법에 따라 특히 인도뿐 아니라 중국과 북한의 경제 개발 문제로 점차적으로 옮겨갔다.

그녀가 추구하던 새로운 연구 방향은 이것 말고도 또 있었다. 로빈슨은 1962년 《경제 철학Economic Philosophy》에서 경제학의 근거를 검토하면서 빈정대듯이 말했다. "경제학은 언제나 감정에서 벗어나서 과학의 지위를 얻으려고 한다."[12] 그리고 이렇게 덧붙였다. "경제학자들은 실험적인 방법이 결여된 상태에서, 극히 추상적인 개념을 왜곡할 수 있는 용어로 바꾸도록 충분히 엄격하게 강요받지 않았고, 왜곡된 것에 대해 동의하도록 서로 강요할 수 없다. 따라서 경제학은 한쪽 다리에는 입증되어 있지 않은 가설과 다른 쪽 다리에는 입증할 수 없는 구호를 가지고 절뚝거리면서 나아간다."[13]

그럼에도 로빈슨은 경제학자의 과제에 대해 이렇게 말했다. "이데올로기와 과학의 혼합물을 최선을 다하여 분류하는 것이다. 우리는 경제학이 제기하는 문제에 깔끔한 대답을 찾을 수는 없다."[14]

불완전 경쟁으로 본 시장 구조

조앤 로빈슨의 불완전 경쟁에 관한 저작은 깔끔한 대답을 제공하지는 않는다. 그러나 현실 세계에서 단지 시장이 완전하지 않다는 이유만으로 임금이 생산성, 즉 노동자 1인당 생산을 따라가지 못하는 원인을 설명하는 데 도움이 될 수 있다.

많은 사람이 왜 이처럼 오랜 시간이 걸려서 이런 사실을 발견하게 되었는지 궁금하게 여길 것이다. 사실, 경제학자들은 완전 경쟁 시장에 해당하는 많은 사례를 제시하도록 심한 압박을 받을 수가 있었다. 이것은 시장이 '보이지 않는 손'에 의해 완전히 효율적으로 작동한다는 생각이 얼마나 깊이 뿌리를 내렸는지 잘 보여준다. 케인스가 시장이 금방 자동 조정된다는 신고전파의 견해에 이의를 제기하고 나서야 로빈슨과 그 밖의 경제학자들이 불완전 경쟁 시장에 관한 이론을 개발하기 위한 작업의 기반이 조성되었다.

완전 경쟁 시장에서는 기업이 생산 비용에 근거하여 판매량이 보장되는 지점에서 생산하기로 결정한다. 노동자들에게는 그들이 생산하는 생산물의 최종 단위의 가치에 따라 임금이 지급된다. 고용주가 임금을 덜 지급할 수가 없다. '경제적 지대economic rents'라고 알려진 착취가 경쟁에 의해 서서히 사라지기 때문이다. 다시 말하면, 다른 기업이 그들이 판매할 수 있는 생산물의 최종 단위의 가치와 같아지는 지점에 이를 때까지 임금을 조금 더 줄 수 있기 때문이다. 따라서 최종 혹은 '한계' 단위는 어떤 노동자가 생산했던 생산물의 가치를 나타내고, 이것이 임금을 결정한다.

그러나 로빈슨은 불완전 경쟁 시장에서는 지대가 경쟁에 의해 완전히 사라지지는 않기 때문에 기업이 경제적 지대를 벌어들일 수 있는 점을 지적했다.[15] 이런 상황에서는 기업이 시장 지배력을 갖는다. 이것이 일부 기업은 시장에 제일 먼저 등장했고, 다른 일부 기업은 특허를 보유하고 있고, 또 다른 일부 기업은 창업자의 기업가 정신 덕분에 여전히 시장에 영향력을 행사한다는 점에서 역사적 사건에 따른 결과일 수도 있다.

기업이 생산물 시장에서 시장 지배력을 갖고서 제품 혹은 서비스에 대해 비용보다 더 높은 가격을 부과하여 독점 이윤을 벌어들이게 해주는 익숙하고 정착된 용어인 '독점력'이 있다. 로빈슨은 이와 마찬가지로 노동 시장에서 기업이 행사할 수 있는 시장 지배력을 설명하기 위해 '수요 독점monopsony' 이론을 개발했다. 수요 독점력은 고용주들이 노동자들에게 임금을 그들이 생산했던 생산물의 가치보다 덜 주고서 그들 자신이 더 많이 가져갈 수 있게 해준다.

지금까지 수요 독점의 존재 여부에 대해 활발한 논의가 진행되었다. 경제학자들은 기업이 노동 시장에서 지배력을 가질 수 있다는 데는 회의적이다. 정부에서는 영국의 국가의료제도National Health Service, NHS가 거의 유일한 고용주가 되어서 임금과 고용 조건을 결정할 수 있는 기관에 해당한다. 그 밖의 사례로는 흔히 하나 혹은 둘 정도의 주요 산업이 지배하는 여러 도시의 지역 노동 시장도 포함된다(로빈슨은 당시의 가장 극단적인 사례로서 석탄 산업을 꼽았다). 실제로 신고전파 경제학자들은 당연히 고용주가 노동자보다 항상 수적으로 훨씬 적다는 다소 놀라운 주장을 했다.

대체로 고용주는 노동자와는 다르게 다음 급료가 어디서 나오는지 걱정하지 않는다. 고용주는 노동자보다 훨씬 더 강력한 공동의 이해관계가 있다. 최종적인 결론은 담합에 의한 카르텔에 준하는 것 혹은 수요 독점이 아주 드물지는 않다는 것이고, 이것이 노동조합에 의해 어느 정도 균형이 잡힌다는 것이다.

그러나 수요 독점력을 가진 기업이 독점력을 가진 기업보다는 드문 것으로 인식된다. 노동자들이 산업을 옮겨 다닐 수 있기 때문에, 수요 독점이 독점만큼 흔하지는 않다. 독점 산업의 다양한 사례를 떠올려보라. 예를 들어 소수의 기업들이 휴대폰 시장을 지배하고 소수의 검색 엔진들이 인터넷을 독점한다. 우리는 이 기업들의 일부가 그들의 시장 지배력 덕분에 경쟁에 반하는 행위를 하여 규제 기관의 조사 대상이 된 것을 보아왔다.

로빈슨에 따르면 노동 시장이 불완전하여 완전 경쟁 시장보다 덜 경쟁적이라면, 이 불완전성이 임금 수준이 다르게 결정될 수 있도록 한다는 것이다. 이것은 노동자들이 동질적이지 않거나 완전히 호환적이지는 않기 때문에 가능한 일이다. 예를 들어 노동자들은 일에 대해 다른 의지와 능력을 가지는데, 이 같은 사실은 노동 공급 탄력성에서 나타난다.

전일제 대비 시간제 노동은 노동자들이 얼마나 많은 시간을 일하기를 원하는지 혹은 노동 시장에 공급할 수 있는지 보여주는 좋은 사례다. 아이를 양육해야 하는 여성이라면 시간제 노동만을 할 수 있을 것이다. 이것은 고용주가 생산성이 동일한 사람에게조차도 임금을 다르게 지급할 수 있다는 뜻이다. 고용주는 노동자들이 생산했던 생산물보다 임금을 덜 지급함으로써 이러한 노동 공급의 차이를 통하여 노동자들을 '착취'하고 '지대'를 획득한다(독점 기업이 소비자에게 돌아가야 할 것을 획득하는 것처럼 다른 상황에서도 누군가가 지대를 획득할 수 있다). 예를 들어 철도산업처럼 생산 요소 시장(노동 시장)과 생산물 시장 모두가 불완전하다면 '지대'가 발생할 가능성이 훨씬 더 커진다.

또한 임금은 고용 수준에 영향을 미친다. 어떤 집단의 '유보 임금reservation wage' 즉 그들이 노동 시장으로 진입할 것인가 혹은 말 것인가, 일자리를 받아들일 것인가 혹은 말 것인가를 결정하게 만드는 임금 수준이 더 높아진다면, 고용 수준도 달라질 것이다. 이런 사실은 남성과 여성의 노동 참여율이 다른 것에서 나타난다. 여성은 임금이 자녀 양육 혹은 노인 돌보기와 같은 그 밖의 집안일에 소요되는 비용을 겨우 부담할 정도라면 직장을 갖지 않으려고 하기 때문에, 노동 참여율이 대체로 낮다.

로빈슨의 이론은 완전 경쟁 시장이 존재하지 않는다면(그럴 가능성이 상당히 높다) 노동자들은 그들의 생산성에 근거하여 받아야 할 임금보다 더 낮은 임금을 받을 것이고 기업은 '지대'를 획득할 것이라는 사실을 보여준다. 노동자에 대한 '착취'는 시장 구조가 변하여 경쟁으로 인해 기업이 시장 지배력을 잃게 될 때까지 지속될 것이다. 시장 지배력이 기업이 노동자가 생산한 것보다 더 낮은 임금을 지급할 수 있도록 해준다.

로빈슨의 아이디어는 무엇이 임금을 결정하는지 살펴보는 길을 열었다. 그녀의 이론은 어떻게 저임금 문제가 노동 생산성의 범위를 뛰어넘어서 시장 구조와 관련되는지 보여준다.

임금이 점점 낮아지는 이유는 무엇인가

저임금 문제가 항상 나타나지는 않았다. 2차 세계대전이 끝나고 경제 성장의 황금기로 알려진 1950년대와 1960년대에는 임금이 가파르게 상승했다. 이후 1970년대에 오일 쇼크가 발생했다. 세계적으로 임금 상승이 어느 정도 둔화되었다. 특히 미국의 경우에는 1970년대가 지나갈 무렵, 임금 분포의 중간에 있는 사람들이 벌어들이는 중앙값 임금이 정체되기 시작했다.

임금 상승률은 1970년대에 둔화되었지만, 그럼에도 2차 세계대전 이후로 연평균 4%를 기록했다. 그러나 금융 위기 이후로 2009년의 대침체가 있었고, 임금뿐 아니라 생산도 엄청나게 하락했다.

일부 국가(주로 신흥국)는 금융 위기 이전뿐 아니라 이후로도 더 나아졌다. 특히 중국이 그러했다. 1979년 이후 중국의 성장은 임금에서 매년 두 자릿수 증가를 기록하게 했고, 금융 위기 이후로도 그러했다. 인도 역시 비교적 좋은 실적을 나타냈다. 많은 신흥국이 공업화를 진행하고 있고, 따라서 선진국에 비하여 임금 상승이 큰 문제가 되지 않았다.

이와는 대조적으로 영국의 임금은 심각한 영향을 받았다. 영국에서는 2008년 이후로 6년 동안에 실질 임금(임금에서 물가 상승분을 뺀 것)이 10%가 넘게 하락했다. 2013년부터 임금이 다시 오르기 시작했지만, 실질 임금의 감소는 엄청난 사건이었다. 이것은 1920년대에나 볼 수 있는 현상이었다.

2009년 이후로 영국의 명목 임금 상승률이 2% 수준으로 떨어졌다. 임금 상승률 2%는 대침체가 발생하기 20~30년 전 수준의 약 절반에 해당한다. 여기서 물가 상승률이 2%라면, 노동자들이 높아진 가격을 지불해야 하기 때문에 임금 상승의 효과가 사라져서 실질 임금이 정체된다. 영국은 금융 위기 이후로 2014년에 처음 실질 임금이 상승했지만, 그 이유는 물가 상승률이 무시해도 좋을 수준이기 때문이었다. 이런 상황은 2017년 물가 상승률이 또다시 높아져서 실질 임금이 하락하기 시작할 때까지 2년간 지속되었다.

영국과 미국에서는 경제가 회복되고 실업률이 장기 수준인 5% 미만으로 떨어졌지만, 임금 상승은 이런 추세를 따라가지 못했다. 대체로 경제가 좋아지면 임금이 상승하기 때문에, 이는 특이한 현상이다. 장기적으로는 임금이 상승하는 근본적인 원인은 새로운 기술과 아이디어에 의해서 생산성이 증가하기 때문이다. 이것은 기업이 노동자들에게 임금을 더 많이 지급할 여유가 있다는 뜻이다.

그러나 국제노동기구International Labour Organization, ILO는 1980년대 초반 이후로 독일, 일본, 미국을 포함한 일부 선진국에서 노동자의 생산성 증가가 평균 임금의 증가를 능가한다는 사실을 확인했다. 프랑스와 영국의 경우에는 생산성과 임금이 비슷한 속도로 증가했다. 게다가 영국은 생산성이 더디게 증가했다(이에 대해서는 12장에서 설명하겠다). 따라서 최근 수십 년 동안에 여러 선진국에서 생산성 증가 속도가 임금 증가 속도를 능가했다.[16] 왜 기업이 노동자에게 지급할 여유 자금과 그들에게 실제로 지급하는 금액과의 관계가 무너지게 되었는가?

한 가지 원인으로는 세계화를 들 수 있다. 서구 사회에서 세계화에 대해서는 1990년대 초반 독일의 통일보다 더 적절한 사례가 없을 것이다. 동부 독일의 값싼 노동력과 동유럽에서 거리가 얼마 되지 않은 곳에 위치한 저렴한 생산 기지라는 특징이 통일 독일에 세계화라는 어려운 문제를 발생시켰다. 동부 독일과 서부 독일 간에는 임금 격차가 심했다.

경쟁이 심화될수록, 1990년대 중반에 서부 독일의 노동자들이 임금이 정체되는 현상을 경험했다. 이때 독일은 '유럽의 병자the sick man of Europe'라는 달갑지 않은 별칭을 얻었다. 성장률은 0~1% 수준을 맴돌았고 경제 전망은 어두워 보였다. 그러나 독일은 대침체가 발생하기 직전에 놀라운 변화를 이끌어냈다.

당시 독일은 특히 아시아뿐 아니라 유럽의 수출 시장에서 독일 제조업 제품을 구매하고 있었기 때문에 유리한 위치에 있었다. 특히 중국이 2000년대까지 고급 소비재 제품 생산으로 방향 전환을 시작하면서 공장 건설을 위해 독일의 자본재가 필요했다. 따라서 불황이 닥쳤는데도 독일은 경제적으로 유리한 위치에 있었다.

이런 변화는 특히 2000년대 초반에 동유럽 국가들이 EU에 가입하면서 세계화에 의해 강요된 것이었다. 독일 제조업체들이 임금이 훨씬 싼 새로운 EU 회원국으로 생산 기지를 옮길 가능성도 있다. 그리고 독일 기업들은 노동조합 혹은 노동자 대표가 임금 요구를 자제하지 않고 고용 조건의 유연성에 동의하지 않으면 그렇게 하겠다는 위협을 가하고 있다.

세계화에 따른 이런 위협에 직면하여 노동조합은 회사의 요구에 동의했다. 중요한 변화로는 임금 협상이 산업과 지역 수준에서 기업 수준으로 분권화된 것을 꼽을 수 있다. 이렇게 하여 매우 경쟁적이면서 빠르게 변화하는 여건 속에서 임금 협상이 특정 기업의 요구를 반영하는 방식으로 진행되었다.

따라서 독일은 특히 저급 제조업에서 노동자들의 임금이 하락하기 시작하면서 임금을 희생하여 제품의 경쟁력을 확보했다. 중앙값 임금은 기본적으로 정체되었다. 이것은 독일 제조업이 왜 경쟁력을 갖게 되었는지 어느 정도 설명한다. 물론 생산성의 증가도 있었지만 임금 요구의 자제가 중요한 역할을 했다.

고용주와 노동조합이 합의한 유연한 접근 방식이 독일의 핵심 제조업 부문에서 국내 생산과 고용을 유지하는 데 도움이 되었다. 비록 노동자들이 임금을 적게 받았지만 말이다. 이것은 프랑스, 이탈리아와 같은 유럽의 주변 국가에서 제조업의 일부가 외국으로 빠져나간 것과 크게 대비되었다. 독일은 유럽 국가 중에서 불황에서 제일 먼저 빠져 나온 국가가 되었다. 이후로 독일은 중국과 그 밖의 개발도상국뿐 아니라 유럽과 미국에도 엄청난 수출 실적을 기록하여 경제적으로 각광받는 국가가 되었다. 그러나 경제 여건이 개선되면서, 임금 압력도 완화되어 2015년 1월에는 최초로 최저 임금제를 도입하기에 이르렀다.

그러나 세계화에 따른 경쟁이 선진국 경제에서 임금이 낮아지는 유일한 이유는 아니다. 일본은 1990년대 초반 부동산 버블이 꺼질 때까지 노동자들에게 평생 고용을 보장하면서도 세계 경제에서 성공적으로 경쟁해왔다. 그럼에도 지금은 저임금의 원인이 되는 또 다른 현상, 즉 비정규직 혹은 임시직 일자리의 등장을 보여주는 사례가 되었다.

선진국 전반에 걸쳐서 임시직 노동자의 비율이 증가하고 있다. 선진국에 초점을 맞춘 싱크탱크 OECD에 따르면, 정규직 노동자 대비 임시적 노동자의 평균 임금이 최악의 경우(스페인)에 50%가 낮으며, 그나마 임금을 가장 비슷하게 지급하는 국가(독일)도 거의 20%가 낮은 것으로 나타났다.

일본에서는 1999년 이후 전체 노동자 중에서 임시직 노동자 비율이 두 배나 증가했다. 임시직 노동자 중에서 상당수가 여성이다. 전체 노동자 중 거의 40%가 부정기적인 시간제 노동을 하는 것으로 나타났다. 이들이 받는 임금은 때때로 정규직 노동자가 받는 임금의 절반에도 훨씬 못 미친다. 1980년대 일본의 기적에서 한 부분을 차지했던 평생 고용제는 10년이 지나 붕괴를 맞이했다.

이러한 붕괴 이후로 일본 기업들은 단기 이윤을 추구했고, 따라서 노동 비용을 줄여야 했다. 이때 정규직 노동자를 비정규직 노동자로 대체하는 것이 한 가지 해결 방안이었다. 이러한 대체가 때로는 파견 업체 노동자에 의해 이루어진다. 이들에게는 정규직 노동지와는 다르게 고용 안정성이 없다. 그리고 정규직 노동자가 받는 임금의 절반도 안 되는 임금을 받고, 임금 인상에 대한 보장도 없다.

임금이 낮아지는 또 다른 요인은 일본 노동자들이 다른 회사로 이직하기가 어렵다는 것이다. 평생 고용제는 안정적인 일자리를 얻은 노동자들이 고용주를 거의 바꾸지 않는 노동 시장을 창출했다. 결과적으로 일본 노동자들은 강력한 교섭력을 갖고 있지 않다. 그리고 임시직 노동으로 인한 경쟁이 모든 노동자의 임금에 제한을 가한다.

이 사실은 일본에서 중앙값 임금이 20년 동안 정체되고, 소득 증가에 의한 소비 증가를 통하여 경제를 되살리기 위해 필사적으로 노력하는 일본 정부에 임금 상승이 최우선 과제가 되는 이유를 설명한다. 또한 정부가 임금 정체에서 벗어나기 위한 노력을 기울이는 데는 사회적인 중요성이 있다. 예를 들어 임시직으로 일하는 남자는 가정을 꾸려나가기에는 수입이 충분하지 않기 때문에 결혼하여 안정된 생활을 영위하기가 어렵다.

고용 불안이 일본에서만 나타나는 것은 아니고, 저임금의 원인이 임시직 노동에만 있는 것도 아니다. 세계 경제 대국에서 가장 첨예하게 나타나는 또 다른 요인으로는 자동화를 들 수 있다.

제조업에 사용되는 로봇의 수가 급격하게 증가하고 있다. 로봇은 자동차 생산 같은 부문에 가장 집중되어 있지만, 선진국 경제 전체에 널리 퍼져 있다. 지난 수십 년 동안 미국을 비롯하여 공업화 국가에서는 기술이 급속하게 발전했다. 컴퓨터가 전문가의 기술을 보완하고 강화하여 고급 기술 분야의 일자리가 증가하고 있다.

그러나 이런 혁신이 예를 들어 자동화된 공장에서처럼 중급 기술 분야의 일자리를 대체했다. 패스트푸드 레스토랑과 같은 서비스 부문 일자리가 여전히 사람들로 채워지기 때문에 하급 기술 분야의 일자리는 크게 영향을 받지 않았다. 따라서 기술 분포의 양끝에서의 일자리는 증가하고 있지만 중간에서의 일자리는 감소하고 있다.

퓨리서치센터Pew Research Center에 따르면 중산층(중앙값 소득의 50% 이상에서 50% 이하 사이의 소득을 올리는 사람)이 적어도 1970년대 초반 이후 처음으로 미국 인구의 절반에 못 미치는 수준까지 감소한 것으로 나타났다. 지난 번 불황에서 나오는 데이터가 그 이유를 설명한다. 2010년 이후로 창출된 일자리의 절반 이상이 저임금 일자리였다는 것이다. 지난 사반세기가 넘는 동안에 걸쳐 일어난 이 과정은 '중산층의 공동화'로 알려져 있다.

기술은 사람들에게 혜택을 골고루 나누어주지 않는다. 기술이 전체적인 경제 성장을 촉진하는 데 도움을 주지만, 이에 따른 혜택이 기업과 노동자에게 동등하게 분배되지 않는다. 조앤 로빈슨은 이런 전개 과정에 놀라지 않을 것이다.

2015년 미국의 GDP는 약 18조 달러였다. 이 중에서 10조 달러가 노동자에게 임금이나 부가 급여로 지급되었지만 나머지는 주로 기업에 돌아가는 이윤이었다. 지난 수십 년 동안에 수입 중에서 노동자들에게 임금 형태로 지급되는 금액의 비율이 감소했지만 기업에 이윤

형태로 돌아가는 금액의 비율은 증가했다. 이 같은 현상은 세계적으로 임금이 생산성 증가와 경제 성장과 함께 기대만큼 증가하지 않는 또 다른 이유라 할 수 있다. 따라서 생산성이 증가하더라도 임금이 그만큼 증가하지 않을 수 있다.

노동조합 가입률도 중요한 역할을 한다. 지난 100년에 걸친 미국 데이터는 노동조합 가입률이 감소했을 때 극빈층에 돌아가는 소득의 비율도 함께 감소하는 것을 보여준다. 현재 노동조합 가입률은 10%에 못 미치며 하위 90% 가정에 돌아가는 소득의 비율이 거의 100년에 걸쳐 최저 수준에 있다.[17] 결론적으로 노동자들의 교섭력이 약해지고 기술이 발달함에 따라 미국의 중산층이 감소하게 되었다. 세계화와 시간제 일자리의 증가와 함께 이런 요인이 미국과 그 밖의 국가에서 저임금의 원인을 설명해준다.

물론 절대적인 수준으로 보면 선진국의 임금은 낮지 않다. 독일의 하위 계층조차도 임금 수준이 다른 여러 유럽 국가보다 훨씬 더 높다. 그럼에도 특히 소득 정체를 경험하고 있는 중산층에게 임금 상승이 문제가 되고 있다.

조앤 로빈슨은 지금의 저임금 문제를 어떻게 생각할까?

임금 결정 이론과 잠재적 실업 이론

로빈슨의 노동 시장 모델에서는 기업이 생산량과 비용을 비교하여 노동자들을 몇 명이나 고용할 것인가를 결정한다. 기업은 수입이 얼마나 될 것인가를 감안하여, 생산되는 '한계 생산물'의 수입이 그 다음 단위의 노동을 고용할 때의 '한계 비용'과 같아지는 지점에서 고용 수준을 결정한다. 이것은 생산물 시장 혹은 생산 요소 시장이 완전 경쟁이든 불완전 경쟁이든 상관없이 적용된다.

시장이 불완전할 때는 고용주가 시장 지배력을 갖고서 노동자들에게 그들의 생산물로부터 벌어들인 수입보다 더 작은 금액을 지급함으로써 그들을 '착취'할 수 있다. 이 착취는 고용주와 노동자의 교섭력이 동등하지 않아서 발생한다. 이것을 줄이는 한 가지 방법은 노동조합 혹은 단체 교섭을 통하여 노동자의 교섭력을 높여주는 것이다. 노동자가 고용주와 더욱 동등한 지위를 갖게 하는 법률을 제정하는 것도 또 다른 방법이다. 독일은 노동자가 이사회 의결권을 갖도록 법으로 정해 놓았다. 또한 노동조합에 가입하지 않은 노동자의 권리도 보호받아야 한다.

많은 경우에서 교섭력이 중요하다. 그러나 로빈슨의 이론에 따르면 교섭을 통하여 임금을 올리는 것이 착취 문제에 대한 유일한 해법은 아니다. 시장 지배력을 가진 기업이 노동에 대한 차선의 양을 필요로 할 수 있기 때문에 실업을 초래하고 높아진 임금에서 착취가 지속되는 결과를 낳는다.

이에 대한 개선책은 경쟁을 촉진하여 시장 불완전성의 원천을 제거하는 것이다. 이것이 기업의 독점력 혹은 수요 독점력을 사라지게 만들 것이다. 경쟁 시장에서는 노동자를 착취하는 기업이 착취하지 않는 다른 기업에 그들을 빼앗길 것이다. 노동자를 얻기 위한 경쟁이 심해지면 임금이 지나치게 하락하는 것을 방지할 수 있을 것이다. 로빈슨은 저임금에 대한 처방이 경쟁을 촉진하기 위한 규제를 실시하여 시장 자체의 불완전성을 해소하는 것이라고 보았다. 바로 이것이 장기적인 해결 방안을 제공할 것이다.

그러나 로빈슨은 경쟁을 촉진하는 것이 임금을 낮출 수도 있을 것으로 보았다. 경쟁이 심해지면서 가격이 하락하고 노동자들에게는 한계 생산물의 가치가 지급되기 때문이다. 이것이 이전의 착취에 따른 임금보다 더 낮아질 수도 있다. 그녀는 최저 임금제가 도움이 될 것이라고 믿었고, 시장 경쟁을 촉진할 뿐 아니라 착취에 따른 결과를 개선하기 위해 정부 개입을 중요하게 생각했다.

따라서 그녀는 노동 시장에서 경쟁을 촉진하기 위한 개혁을 통하여 임금 상승을 유도하라는 OECD의 권고에 찬성할 것이다. 시장을 이런 방향으로 규제하여 진입 장벽이 사라지면 경쟁이 촉진되고, 이에 따라 선진국 전반에 걸쳐서 고용 결과가 개선된다. 생산성이 높은 기업이 번창하는 것은 이들이 생산성이 낮은 기업의 노동자를 유치하게 될 것을 의미한다. 일자리 재배치는 노동자에게 더 나은 일자리를 얻을 기회를 제공할 뿐 아니라 경제 전체를 이롭게 한다.

또한 OECD는 임시직 노동자가 많아지는 것을 우려했다. 조앤 로빈슨도 확실히 이 문제를 우려할 것이다. 임시직 혹은 시간제 일자리의 증가는 그녀의 '숨어 있는' 혹은 '잠재적' 실업 이론으로 설명된다.

미국 정부는 공식적인 실업자 수뿐 아니라 정규직 일을 할 수 있고 일자리를 원하지만 어쩔 수 없이 시간제로 일해야 하는 사람 수도 조사했다. 일을 할 수 있지만 일자리를 찾지 않는 사람 수와 함께 이러한 사람의 수를 공식적인 실업자 수에 더하면 미국의 실업 현황은 그다지 밝지 않다. 금융 위기 이후 공식적인 실업률과 함께 U6 실업률이 낮아지고 있지만 그래도 9% 주위를 맴돌고 있다. 대침체 기간에는 U6 실업률이 이전의 약 8%에서 이보다 두 배가 넘는 17%까지 치솟았다.

앞에서 설명했듯이 선진국 경제에서 시간제 일자리가 증가했을 때 잠재적 실업이 저임금의 원인이 된다. 그리고 이것은 로빈슨의 아이디어가 우리가 실업을 바라보는 방식을 어떻게 구체화했는지 보여주는 또 다른 사례다. 겉으로 드러나는 공식 실업률에 만족하지 않고 실업의 한 형태로서 불완전 고용underemployment(시간이나 능력 등은 있으나 일의 양이 불충분해서 생계 유지가 곤란한 상태를 말한다-옮긴이)을 인식하는 것은 임금을 낮추는 또 다른 압력을 확인하는 데 도움이 된다.

로빈슨은 시장이 경쟁적이라면 노동자들이 생산성이 낮은 일자리에서 높은 일자리로 옮겨갈 때 이전보다 임금을 더 많이 받게 된다고 생각했다. 미국 정부는 실업에 대한 로빈슨의 정의를 활용하여 노동 인구에 대한 정확한 상황을 살펴보고 이를 통하여 경제 정책을 평가했다. 선진국에서 시간제 일자리가 증가하고 저임금 문제가 발생하면 유럽 국가 같은 다른 국가에서도 당연히 이런 현상이 발생하게 될 것이다.

로빈슨은 정책 담당자가 저임금의 원인을 자세히 살펴본다면 정부 정책이 이 문제를 해결하는 데 일정한 역할을 할 수 있는 것으로 믿었다. 기업이 시장 지배력을 행사하는 한, 노동자에 대한 착취는 계속될 것이다. 그러나 그녀는 조지프 슘페터와 마찬가지로 기업의 독점력이 영원히 지속되지는 않을 것으로 믿었다. 어떤 기업이 '지대'를 벌어들이고 있다면 다른 기업이 해당 산업으로 진출할 것이다. 경쟁이 촉진되면 수요 독점이 지속되지 못할 것이다.

그럼에도 로빈슨은 한때 자신의 멘토였던 존 메이너드 케인스와 마찬가지로, 독점 기업이 노동자들을 착취하고 있을 때 그들이 직면한 단기적인 문제를 해결하는 것이 장기적으로 시장 구조가 저절로 해결될 때까지 기다리는 것보다 더 중요하다고 믿었다. 저임금 문제가 얼마나 지속될 것인지, 자본가에게 돌아가는 소득 비율 대비 노동자에게 돌아가는 소득 비율의 감소가 얼마나 지속될 것인지를 감안하면, 로빈슨이 이 문제에 대한 신속한 조치가 필요하다고 말할 것이다. 그녀의 이론은 저임금의 모든 원인을 다루고 있지는 않다. 그러나 이 이론이 임금 상승이 더디게 진행되는 현상을 개선하기 위한 방법을 찾는 데 도움이 될 수 있다.

착취당하는 노동자를 위해

로빈슨의 연구는 '임금이 왜 완전 경쟁 시장에서 예상과 다르게 움직이는가' 같은 문제에 대한 답을 찾으려는 경제학자들에게 확실히 도움이 되었다. 그러나 그녀 또한 강조했듯이 과학적인 증명 없이는 경제 분석이 결정적인 답을 제시할 수 없다. 우리가 얻을 수 있는 최선의 결과는 노동 시장에 대한 더욱 현실적인 모델을 통해서 찾을 수 있다. 따라서 로빈슨은 우리가 경제학을 공부해야 할 이유 중 한 가지를 지적했다. "경제학을 공부하는 목적은 경제 문제에 대해 이미 만들어진

답을 얻고자 하는 것이 아니라 경제학자들에게 속지 않는 방법을 배우고자 하는 것이다."[18]

조앤 로빈슨은 오랫동안 영향력을 발휘하는 삶을 살고서 1983년에 세상을 떠났다. 그녀의 연구는 완전 경쟁에서 나오는 비현실적인 믿음에 기반을 둔, 임금에 대한 표준적인 경제관과 그 밖의 견해들을 거부함으로써, 시장을 바라보는 완전히 새로운 길을 열었다. 완전 경쟁 시장은 현실적으로 존재하지 않는다. 그러나 저임금은 존재한다.

임금 문제에 대한 해결 방안은 로빈슨의 불완전 경쟁, 노동자에 대한 착취, 그 결과 발생하는 저임금으로 구성된 로빈슨의 복잡한 세계에서 예상될 수 있듯이 당연히 복잡하다. 그럼에도 일을 하고 있는 노동자들을 위해 이것은 해결될 수 있는 문제다. 로빈슨이 말했듯이, "자본가에게 착취당하는 고통은 전혀 착취당하지 않는 고통에 비하면 아무것도 아니다."[19]

Adam Smith
David Ricardo
Karl Marx
Alfred Marshall
Irving Fisher
John Maynard Keynes
Joseph Schumpeter
Friedrich Hayek
Joan Robinson
Milton Friedman
Douglass North
Robert Solow

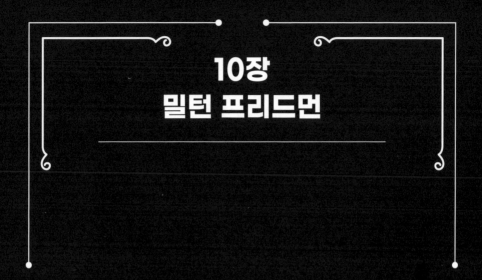

10장
밀턴 프리드먼

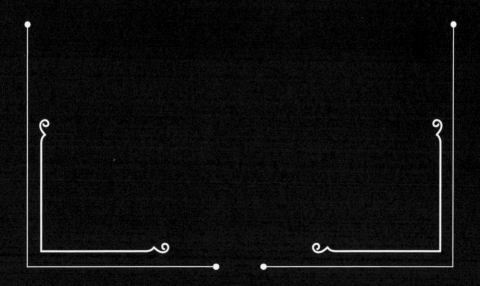

오늘날 중앙은행은
어떤 일을 해야 하는가?

2008년 금융 위기를 겪으면서, 중앙은행이 추진하는 '양적완화^QE(혹은 현금 주입)', '포워드 가이던스^Forward Guidance(중앙은행이 미래의 금리에 대해 어떻게 생각하고 있는지 발표하는 것)', '마이너스 금리(시중 은행이 중앙은행에 자금을 예치할 때, 중앙은행이 그 대가로 시중은행에 대금을 부과하는 것)', '거시건전성 정책(금융 안정을 위해 중앙은행이 가하는 규제)' 같은 새로운 경제 용어가 널리 알려졌다. 이런 용어에 담긴 내용은 물가 안정 혹은 인플레이션을 목표로 금리를 정책 도구로 사용하는 것이며 '비전통적인' 상당히 새로운 통화 정책 도구다.

이 모든 것이 같은 문제를 제기한다. "중앙은행이 너무 많은 일을 하는가? 그들이 하는 일이 경제를 이롭게 하는가?" 이것은 실제로 입증되지 않은 문제다. 잉글랜드은행 총재 마크 카니^Mark Carney는 그들은 "이론이 현실을 따라잡게 만들려고 한다"면서 빈정거렸다. 이에 반해 연방준비제도이사회 의장을 지냈던 벤 버냉키는 경제학에 나오는 고전적인 농담을 개작했다. "양적완화가 갖는 문제는 이것이 실제로는 효과가 있지만, 이론적으로는 그렇지 않다는 것이다."●

비전통적인 정책 중에서 가장 중요한 것이 양적완화다. 이것은 2016년 6월 영국에서 EU 탈퇴 여부를 묻는 국민투표 이후 또다시 재개되었다. 또한 양적완화는 미국의 중앙은행이 이를 중단했는데도 유로화 지역 국가와 일본에서도 사용되었다.

금리가 제로 수준 혹은 심지어 마이너스 수준으로 떨어지기 때문에, 경기 부양을 위해 현금을 주입하는 것은 최근에 가장 많은 논란을 일으키는 통화 정책 도구 중의 하나다. 금리 인하는 차입에 따르는 비용을 인하하기 위한 한 가지 방법이다. 이것은 가계와 기업이 각각 지출하고 투자할 수 있는 차입금을 증가시켜주고, 따라서 경기 회복을 지원한다. 그러나 금리가 최저 수준이기 때문에 중앙은행이 경제에서 신용의 양을 증가시키기 위한 또 다른 방법이 필요하다.

양적완화가 또 다른 정책이다. 간단히 말하면, 중앙은행은 현금을 전자식으로 '찍어내고', 이것을 정부 채권이든 회사채이든 채권을 매입하는 데 사용한다. 이것은 현금을 받고 채권을 판매하는 기업의 대차대조표에 현금을 더해준다. 그리고 중앙은행은 이 돈이 투자로 이어져서 경기를 부양하는 데 쓰이기를 원한다.

이것은 통화 정책의 새 시대가 열리는 것을 의미한다. 화폐경제학

● 원래 문장은 다음과 같다. '이것은 실제로 효과가 있다. 하지만 이론으로도 그런가?'

을 주도하는 학자는 밀턴 프리드먼이다. 그는 지난 1929년 은행 전반에 걸친 조직적인 붕괴 이후로 나타났던 대공황의 원인을 연구하여 이름을 알렸다. 당시 위기가 잘못된 통화 정책 때문이라는 그의 결론은 이것이 발생했던 시기와 이후에 취했던 정책에 대한 우리의 이해를 근본적으로 바꾸어놓았다.

프리드먼은 오늘날까지 대중의 여론을 갈라놓은 인물로 남아 있다. 이는 그가 1976년 노벨 경제학상을 수상하게 했던 연구 실적이 아니라 인생의 후반부에서 공식적으로 취했던 대단한 자유주의자이자 자유 시장 예찬론자라는 사실을 주로 반영한 것이다. 그는 1980년대 레이건 행정부와 대처 행정부의 배후에서 중요한 영향력을 행사하는 인물로 인식되었다. 두 행정부 모두가 이데올로기적으로 작은 정부와 자유방임 자본주의를 지향했다. 두 지도자는 많은 비판을 받았는데, 비판 중 일부는 필연적으로 그들의 경제적 사고의 중심에 있으면서 널리 알려진 보수주의자 프리드먼을 떠올리게 했다.

대부분의 경제학자들과 마찬가지로, 그가 노벨 경제학상을 받았을 때는 우선 이 상을 받도록 했던 연구의 절정기가 실제로는 지난 상황이었다. 이 사실은 일반적으로 권위 있는 상에 적용되지만, 1969년에 제정되고 과거의 업적을 칭송해야 할 선구자들이 많이 있는 노벨 경제학상의 경우에는 특히 그렇다. 1930년대 후반부터 1960년대 초반까지 프리드먼은 대단한 연구 업적을 남겼다. 통화 정책과 무엇이 사람들이 소비하게 만드는가와 같은 경제 개념에 대한 그의 이론은 오늘날의 경제학, 공공 정책에 깊이 뿌리를 내리고 있다.

프리드먼은 1960년대가 되어서야 비로소 정치적인 글을 쓰기 시작했다. 이후로 그는 2006년에 세상을 떠나기 직전까지 사회 문제에 계속 관여했다. 2003년에는 캘리포니아 주지사에 출마했던 할리우드 스타 아놀드 슈워제네거Arnold Schwarzenegger를 공개적으로 지지했다(〈터미네이터Terminator〉에서 주연을 맡았던 이 배우는 애덤 스미스와 프리드먼이 자기에게 가장 많은 영향을 미쳤다고 주장했다).

프리드먼의 삶은 둘로 나뉘어졌다. 전반부는 경제학자로서의 삶이고, 후반부는 공인이자 정치적 영향력을 행사하는 사람으로서의 삶이다. 어느 정도는 후반부의 삶이 전반부의 삶을 무색하게 만들었다. 이제는 그가 경제학에 남긴 업적이 얼마나 위대하고 오랫동안 지속적이었는지 기억하는 것이 점점 더 필요해졌다.

대공황에 대한 프리드먼의 견해는 획기적이었다. 2008년 금융 위기의 여파로 정책 담당자들은 프리드먼이 대부분 찾아냈던 1930년대의 오류를 또다시 범하지 않으려고 고심했다. 전 세계의 중앙은행들은 프리드먼이 지적했던 오류를 되풀이했다는 비난을 듣지 않으려고 만신창이가 된 경제를 되살리기 위해 할 수 있는 모든 방법을 강구해왔다.

프리드먼이 세상을 떠나기 1년 전인 2005년에 그는 〈저널오브이코노믹퍼스펙티브즈Journal of Economic Perspectives〉에 논문을 발표했다. 여기서 그는 대공황 당시의 통화 정책의 역할과 연방준비제도이사회가 범했던 중대한 오류에 대한 자신의 추론을 다시 한번 확인했다. 그가 살아 있었다면 몇 년 뒤에 일어났던 사건, 이에 대해 정책 담당자들이 취해야 할 대처 방안, 오늘날 우리가 처해 있는 상황에 대해 하고 싶은 말이 틀림없이 많을 것이다.

과감한 발언들과 선택할 자유

밀턴 프리드먼은 1912년 브루클린에서 태어났다. 그의 부모님들은
19세기 후반에 우크라이나, 슬로바키아, 폴란드에 위치한 과거 오스
트리아–헝가리 제국의 일부였던 카르파티아 루테니아^{Carpathian Ruthenia}
에서 가족과 그 밖의 모든 것을 남기고 혼자서 미국으로 이민을 왔다.
그들은 뉴욕의 유대인 공동체에서 서로 만났다. 프리드먼이 한 살 때,
부모님들은 뉴욕시에서 20마일 정도 떨어진 뉴저지주의 작은 베드타
운 라웨이로 이사 갔다. 여기서 프리드먼과 세 자매가 자랐다. 집안이
부유하지는 않았다. 부모님들은 집이 딸려 있는 가게를 운영하면서 검
소하게 살았다.

프리드먼은 어린 시절부터 성적이 뛰어난 학생이었고 자유 시간의
대부분을 지역 도서관에서 보냈다. 그는 유치원을 다니지 않고 1년 일
찍 초등학교에 입학했다. 그리고 6학년 중간에 중학교 1학년으로 월
반하여 같은 반 학생보다 두 살이나 어렸다. 그는 다른 친구들보다 키
가 작았지만 말하기를 좋아했고 목소리도 컸다.[1]

프리드먼은 1928년 16번째 생일을 한 달 앞두고 고등학교를 졸업
했다. 그해 그는 뉴브런즈윅에 있는 럿거스대학교에 입학하면서, 처음
으로 가족을 떠나 대학 기숙사에서 지냈다. 그는 시험 성적이 뛰어나
고 가정 형편이 좋지 않아서 장학금을 받을 수 있었다.

그는 처음에는 수학을 전공하려고 했다. 비교적 어린 나이에도 그는 '수학적 재능이 뛰어난 사람들이 일찍부터 존경받고, 그들 스스로 문제 해결 능력에 대단한 자신감을 가질 수 있다'라고 생각했다.[2] 그러나 시간이 지나면서, 이 책에 나오는 여러 경제학자를 포함하여 다른 많은 경제학자와 마찬가지로, 그도 '엄밀한' 과학에서 빠져나와 경제학이라는 사회과학으로 옮겨갔다.

당시 프리드먼에게 큰 영향을 미친 사람으로는 나중에 연방준비제도이사회 의장이 된 아서 번스Arthur Burns가 있다. 프리드먼이 고등학교 졸업반이 되던 열다섯 살 때, 아버지가 심장마비로 사망했다. 번스는 럿거스대학교에서 프리드먼의 지도교수였는데, 이 소년에게 경제학이 당시 미국을 곤경에 빠뜨렸던 공황을 종식시키는 데 도움이 되는 유용한 학문이라고 설득했다. 프리드먼은 번스를 아버지처럼 생각했다.[3] 그는 번스와 함께 럿거스대학교 경제학과의 또 다른 교수로서 나중에 세인트루이스 연방준비은행 수석부총재를 지냈던 호머 존스Homer Jones 덕분에 자신이 경제학자가 되었다고 말했다.

프리드먼이 럿거스대학교에 입학했을 때는 광란의 1920년대가 거의 끝날 무렵이었다. 그가 우수하지만 특별하지는 않은 성적으로 경제학사가 되어 대학을 졸업하던 1932년에는 대공황이 이미 진행 중이었다. 노동력의 4분의 1이 실업 상태에 있는 경제가 가장 긴급한 문제였다.

많은 사람이 프리드먼의 삶을 거쳐가며 그에게 자유주의, 통화주의 사상을 주입시키려고 했다. 그러나 당시에 누군가가 그랬더라도, 그들은 뚜렷하게 드러나지 않았다. 대공황과, 경제학이 위기를 완화하는 데 발휘하는 잠재력이 프리드먼에게 관심을 자극하는 중요한 요소로 작용했을 것이다.

프리드먼은 불과 20세에 럿거스대학교를 졸업하고, 나중에 긴밀한 관계를 맺게 되는 시카고대학교로 진학했다. 당시 시카고대학교에는 제이콥 바이너Jacob Viner와 프랭크 나이트Frank Knight라는 거물이 있었다. 바이너는 국제 무역과 경제사학의 권위자였고, 나이트는 불확실성이 시장에 미치는 영향에 대한 연구로 이름이 널리 알려져 있었다. 이들은 시카고에서 오랜 세월을 근무하면서, 시카고대학교에서 발행하는 〈저널오브폴리티컬이코노미Journal of Political Economy〉의 공동편집자 역할을 맡았다(이것은 지금까지 경제학의 주요 저널로 남아 있다).

프리드먼이 부인 로즈Rose(결혼 전 성은 디렉터Director)를 만난 곳도 시카고대학교였다. 당시 두 사람은 대학원생이었는데, 서로 옆자리에 앉아 바이너의 강의를 들었다. 바이너는 학생들에게 알파벳순으로 자리를 배정했고 이 두 사람 사이에는 아무도 없었다. 프리드먼과 로즈는 공통점이 많았다. 1911년에 러시아에서 태어난 그녀는 1차 세계대전이 일어나기 전인 1914년에 가족과 함께 미국으로 이민 왔다. 그녀도 유대인이었고 그녀의 집안은 더욱 엄격한 정통 유대인이었다(사실 프리드먼은 13세 이후로 불가지론자였다). 로즈는 시카고대학교에서 학부를 졸업했다. 프리드먼과 마찬가지로 수학을 잘했고 16세 생일 직후에 고등학교를 졸업했다. 적어도 1년은 월반했다는 뜻이다.

그들은 천천히 사귀어갔다. 1932년부터 데이트를 했지만 프리드먼이 다른 곳에서 연구 활동을 하면서 오랫동안 떨어져서 지냈다. 마침내 그들은 두 사람 모두가 26세가 된 1938년에 결혼했다. 그들은 자녀 둘을 두었다. 1943년에 재닛Janet이 태어났고, 2년 뒤에 데이비드David가 태어났다. 두 사람이 가정을 꾸리면서 나타난 큰 변화 하나는 프리드먼이 일하는 습관을 바꾸었다는 점이다. 결혼 전에 그는 주로 자정부터 새벽 4시까지 일했다.

그는 자신의 연구에 엄청난 역할을 한 학문 동반자를 얻었다. 두 사람은 나중에 책도 함께 썼다. 그는 "타오르는 불을 앞에 두고 소비 데이터와 이론에 관해 토론하면서 즐거운 시간을 보내곤 했던 수많은 여름밤"을 기억했다.[4]

프리드먼은 1933년에 시카고대학교에서 경제학 석사 학위를 받고 나서, 다시 시카고로 돌아오기까지 뉴욕의 컬럼비아대학교에서 1년을 보냈다. 그러나 대학원 생활이 끝나가자 직장을 구해야 했다. 당시 미국은 대공황이 한창이었고, 프랭클린 루스벨트 대통령의 뉴딜 프로그램이 유능한 인재를 워싱턴 D.C.로 끌어들였다. 시카고대학교 출신으로 프리드먼의 친구였던 앨런 월리스Allen Wallis가 국가자원위원회에서 근무하고 있었는데, 프리드먼도 친구를 따라 그곳으로 갔다.

1935년부터 1937년까지 그는 생계비지수cost of living index를 개발했다. 이곳에서 연구를 했던 경험이 컬럼비아대학교에서 박사 학위를 받는 데 도움이 되었고, 20년 뒤 시카고대학교 교수로 근무할 때 발간한 《소비함수에 관한 이론A Theory of the Consumption Function》의 근간이 되었다. 프리드먼은 이것을 자신의 가장 기술적인 연구라고 생각했고, 화폐경제학과 경기 순환에 관한 저작과 함께 이 연구로 나중에 노벨 경

제학상을 받았다.[5]

　프리드먼은 워싱턴 D.C.에서 2년을 보낸 뒤에, 미국 국가경제연구소National Bureau of Economic Research, NBER에서 근무하기 위해 뉴욕으로 돌아왔다. 컬럼비아대학교 교수였던 웨슬리 미첼Wesley Mitchell이 이곳 소장이었다. 프리드먼은 컬럼비아대학교에서 시간 강사로 학생들을 가르쳤고 1971년 노벨 경제학상을 수상한 사이먼 쿠즈네츠Simon Kuznets의 연구 조교로도 일했다. 그는 프리드먼에게 경험적인 데이터를 가지고 연구할 것을 권했다. 당시 이 분야는 발생 단계였는데 이것이 경제학에 대한 프리드먼의 접근 방식에서 중요한 부분을 차지했다.

　1939년 9월에 유럽에서 전쟁이 일어났지만 이것이 프리드먼이나 이후 2년 동안 참전하지 않았던 미국에는 직접적인 영향을 거의 미치지 않았다. 따라서 프리드먼의 삶은 평소와 다르지 않았다. 1940~1941년에 그는 초빙 교수가 되어 위스콘신대학교에 머물렀다. 이때 그는 28세였고, 이것이 그가 처음으로 얻은 교수직이었다. 이후 그는 이 대학교로부터 정년을 보장하지 않은 교수직을 제안받았다. 그러나 루스벨트 행정부에서 뉴딜 정책을 입안하고 이를 위한 자금을 조달하는 데 중요한 역할을 했던 헨리 모겐소Henry Morgenthau 재무장관의 보좌관으로 일하기 위해 워싱턴으로 돌아가려고 이를 거절했다.

　1943년 그는 컬럼비아대학교의 통계연구그룹에 참여하기 위해 뉴욕으로 다시 돌아왔다. 이때가 연구 활동을 가장 왕성하게 하던 시절이었다. 이 시절에 그는 전쟁 물자에 대한 측정 지표를 개선하기 위한 기법을 개발하는 데 몰입했다. 그의 친구 앨런 월리스가 이끄는 팀은 아주 막강했다.

1945년 5월, 유럽에서 전쟁이 서서히 끝나갔고, 프리드먼은 다시 가르치는 일을 맡았다. 시카고대학교 출신으로 프리드먼과 아주 각별했던 친구이자 1982년에 노벨 경제학상을 수상했고 당시 미네소타대학교에서 미시경제학을 가르치던 조지 스티글러George Stigler가 경제학과에 프리드먼에 대해 아주 좋게 말해주었다. 프리드먼은 이 학교에서 1945~1946년에 거시경제학을 가르치면서 스티글러와 연구실을 함께 썼는데, 이들은 각각 '미스터 마이크로Mr. Micro'와 '미스터 매크로Mr. Macro'로 통했다.[6]

1945~1946학년도가 끝나갈 무렵 시카고대학교에서 기회가 생겼다. 아이러니하게도 경제학과에서는 스티글러를 밀었는데 그는 총장과의 인터뷰에서 떨어졌다. 당시 시카고대학교는 경제학을 수학과 연관시키는 데 집중하는 연구 센터인 콜스경제연구위원회Cowles Commission for Research in Economics의 총본산이었다. 스티글러는 수학적 배경이 충분하지 않은 것으로 여겨졌다. 그는 전혀 실망할 필요가 없었다. 프리드리히 하이에크도 비슷한 이유로 떨어진 적이 있었다고 주장했다. 그러나 이것은 프리드먼에게 기회였다. 스티글러는 마음이 넓은 사람이었다. 그는 자기가 떨어진 것이 시카고대학교를 위해 아주 좋은 일이었다고 말했다.[7]

프리드먼은 1946년부터 시카고대학교에서 강의를 시작했다. 당시나 지금이나 시카고대학교 경제학과는 경제학 분야에서 세계적인 권위를 인정받았다. 교수진을 보면 뛰어난 경제학자들이 많다. 1969년에 노벨 경제학상이 제정된 뒤 이 상을 수상한 경제학자 중에서 29명이 시카고대학교 경제학과와 어떤 형태로든 인연을 맺었다. 그러나 프리드먼이 10년 전에 학생으로 다니던 시절 이후로 상황이 많이 달라졌다. 중요한 인물 두 사람이 사라진 것이다. 바이너는 프린스턴대학교로 떠났고 나이트는 관심 분야가 정치철학으로 바뀌면서 경제학에 미치는 영향력이 약해졌다.

시카고대학교 경제학과는 1939년 이후로 콜스경제연구위원회의 총본산이었다. 프리드먼은 콜스재단이 시카고대학교에 제공한 장학금을 확실히 감사하게 생각했지만 궁극적으로는 세상을 다른 시각에서 바라보았다. 국가자원위원회, 통계연구그룹, NBER에서 경험을 쌓았던 그는 콜스경제연구위원회가 바라는 이론의 공식화된 표현보다는 경제 데이터의 통계적인 표현에 관심이 더 많았다.

프리드먼은 경제 이론이 현실 세계에서 타당성을 검증하기 위해 경험적 확증의 대상이 되어야 한다고 단호하게 생각했다. 예측은 중요한 요소였다. 이론과 정책은 그것이 갖는 가정의 현실성이 아니라 그것에 관한 예측의 정확성에만 근거하여 평가되어야 한다. 그는 콜스경제연구위원회가 세상을 설명하기보다는 지나칠 정도로 공식화된 표현, 즉 수학에 관심이 있는 것으로 생각했다.

프리드먼이 교수 사회에서 권한이 커지면서 콜스재단을 시카고에서 몰아낼 수도 있었다. 1951년에 그는 2년마다 한 번씩 40세 미만으로 가장 뛰어난 미국 경제학자에게 수여되는(2009년 이후로 이 메달은 매년 수여된다) 존 베이츠 클라크 메달John Bates Clark Medal의 세 번째 수상자가 되었다. 노벨 경제학상이 아직 재정되지 않았기 때문에 이 상은 당시 경제학 분야에서 가장 권위 있는 상이었다. 예전에 바이너가 주도하던 경제학과를 이제 프리드먼이 주도하게 된 것이었다. 사실 그는 바이너가 예전에 맡았던 과목인 가격론을 가르치고 있었다.

그는 인기 있는 교수였지만 학생들에게 높은 수준을 요구하면서 학점이 짜기로 소문이 나 있었다. 1년 내내 아무에게도 A학점을 주지 않은 적도 많았고, 때로는 학생들이 글을 분명하고도 간결하게 쓰도록 권장하기 위해 그들이 쓴 에세이의 처음 500~1000단어만을 읽고서 채점하기도 했다. 수업 중에 늦게 들어오는 학생이라도 있으면 그 학생이 자리에 앉을 때까지 강의를 중단했다. 학생들은 프리드먼이 주재하는 워크숍에 참가하여 그들이 진행하는 연구 내용을 발표해야 했다. 학생들은 이런 압박과 낮은 학점을 받을 것이라는 위험에도 불구하고 그의 통찰과 설명 능력 때문에 그의 강의를 듣기 위해 몰려들었다. 교실 밖에서 그는 친절하고 관대했다. 1960년대 초반 프리드먼과 로즈가 1년 동안 세계 여행을 떠났을 때, 이전에 수업을 들었던 학생들 중 많은 이가 이 두 사람을 초대했다고 한다.

'시카고학파Chicago School'는 통화주의(경제에서 화폐 총량이 경제를 영원히 바꿀 수는 없을 것이라는 믿음)와 자유방임 자본주의를 연상시킨다. 이 말은 프리드먼이 1946년부터 1976년에 이르기까지 시카고대학교에서 30년 동안 재직 중이던 시기에 나온 것이다. 시카고학파는 실제로는 '프리드먼학파'라는 의미가 아닐까?

1976년에 프리드먼은 노벨 경제학상을 수상했다. 당시 이 상이 제정된 지 겨우 7년밖에 되지 않았지만 수상자를 결정하는 작업은 여전히 중대사였다. 그리고 경제학에서 가장 권위 있는 상이라는 사실에는 의심의 여지가 없었다. 그가 당시 아우구스토 피노체트^{Augusto Pinochet} 장군이 이끄는 칠레 군사 정부와 친밀한 관계에 있는 것으로 알려졌기 때문에 그에게 이 상이 돌아간 것을 두고 눈살을 찌푸리는 이들도 있었다. 특히 사회민주주의 전통이 강하고 칠레 망명자들을 많이 받아들인 스칸디나비아 지역에서는 이것이 논란이 되었다.

1950년대 이후로 칠레 출신의 많은 학생들이 시카고대학교 경제학과로 유학을 왔다. 프리드먼은 그들이 자기 강의를 수강하거나 워크숍에 참가할 경우를 제외하고는 그들과 직접적으로 접촉하는 일이 거의 없었다. 칠레에서는 1973년 피노체트가 군사 쿠데타를 일으켜서 정권을 잡기 전까지 자유 시장 사상이 거의 자리를 잡지 못했다.

1975년 3월에 프리드먼이 시카고-칠레 스터디 프로그램의 일환으로 칠레를 방문했고 피노체트와는 45분 정도 이야기를 나누었다. 칠레 경제 정책에 시카고학파의 영향력이 커지는 상황 속에서 프리드먼의 방문이 많은 사람들에게 알려졌다. 결과적으로 프리드먼은 피노체트 정권과 친밀한 관계가 있는 것으로 인식되었고, 〈뉴욕타임스〉는 프리드먼을 칠레 군사 정권의 경제 정책을 직접 나서서 이끌어가는 인물로 묘사하기에 이르렀다. 시카고대학교에서 이에 반대하는 시위가 있었고, 이후로 10년 동안 프리드먼이 공개 토론회에 참석하기 위해 옆문으로 들어간 적도 자주 있었다. 그가 노벨 경제학상 수상 연설을 할 때 청중은 "자본주의를 타도하자. 칠레 국민에게 자유를!"이라고 외쳤다. 지금까지 노벨상 수상 연설에서 야유를 받은 사람은 오직 프리드먼 한 사람뿐이다.

그는 칠레에서 시작된 경제 개혁을 지지했지만 군사 정권을 공개적으로 지지한 적은 한 번도 없었다. 사실 자유주의자였던 그에게 자유에 대한 억압은 그의 신념과는 어긋나는 것이었다. 프리드먼은 그 시위를 위선으로 그리고 근거 없는 것으로 생각했다. 프리드먼은 칠레에서 했던 어느 연설에서 칠레 정권이 자유를 지나치게 제한한다고 비판했고 칠레의 번영을 이룩하는 데 자유가 최선의 방안이라고 주장했다. 그는 자신이 칠레 정권을 정치적으로 지지하는 사람으로 여겨지는 것을 원치 않았기 때문에 여러 칠레 대학교가 제안했던 명예 학위를 거부했다.

〈월스트리트저널〉, 〈파이낸셜타임스〉, 〈뉴스위크〉를 포함하여 대다수 언론이 그의 노벨상 수상을 지지했다. 결국 그는 정치학이 아닌 경제학에 대한 기여로 그 상을 수상했다.

밀턴 프리드먼의 정치 성향은, 확고한 자유주의적 견해와 긴밀하게 연관된다. 한때 그는 이런 글을 썼다.

> 다행스럽게도, 우리는 깨어나고 있다. 우리는 지나치게 통제하는 사회의 위험을 다시 한번 인식하고 있고, 좋은 목적이 나쁜 수단에 의해 그르칠 수 있다는 것을 알게 될 것이다. 또한 다행스러운 것은 우리가 인간으로서 어느 길로 가야 할 것인가를 선택할 자유가 여전히 있다는 것이다. 큰 정부를 향하여 우리가 지금까지 갔던 길을 계속 가야 할 것인지, 아니면 가던 길을 멈추고 방향을 바꾸어야 할 것인지 말이다.[8]

또한 그는 자신의 생각을 전하기 위해 촌철살인의 화법을 구사하곤 했다. "연방 정부에 사하라 사막의 관리를 맡기면 5년 내에 사하라 사막에서 모래가 부족해질 것이다." 애덤 스미스에 공감하면서는 이렇게 말했다. "몇몇 특별한 예외적인 경우를 제외하고는 기업가들은 대체로 자유 기업을 좋아한다. 그러나 그들 자신에 관한 한 이에 반대한다."⁹

그의 생각은 100만 부가 넘게 팔린 베스트셀러 《자본주의와 자유》(1962)에서 정립되었다. 프리드먼은 이 책이 이처럼 성공했는데도, 더욱 널리 호평 받지 못해서 조금은 실망했다. 어쩌면 프리드먼이 아직은 경제학계를 벗어나서는 덜 알려졌기 때문에, 미국의 주요 간행물로부터 외면당했을 수도 있었다. 〈아메리칸이코노믹리뷰American Economic Review〉 같은 경제학계의 최고 잡지에서만 이 책에 대한 서평 기사가 실렸다.

《자본주의와 자유》의 내용은 주로 1956년부터 1961년까지 자유주의 사상을 전파하기 위해 윌리엄 볼커 기금William Volker Fund이 주관하고 프리드먼이 진행했던 볼커 강의Volker Lectures의 순서를 따랐는데, 존 스튜어트 밀의 《자유론On Liberty》에서 많은 영향을 받았다. 이 책에서는 자유 사회에서 정부의 역할을 제한하고 시장에 의해 많은 것들이 행해져야 한다고 주장한다. 그는 정부가 했던 정당하지 않은 여러 행위들을 부각시켰다. 여기에는 시장에 대한 불필요한 개입도 포함되었다.

프리드먼은 농산물 가격 지지 제도, 관세, 임대료 통제, 최저임금제, 최고가격제, 고정환율제에 반대했다. 또한 그는 산업에 대한 세부 규제, 라디오와 텔레비전 방송에 대한 통제, 유료 도로, 공공 주택, 국립

공원, 이윤을 목적으로 하는 우편 사업에 대한 법적 금지를 정부가 지나치게 개입하는 사례로 부각시키면서, 정부가 경제에 직접적으로 개입하는 것에 반대했다. 또한 프리드먼은 마약 합법화, 학교 바우처, 건강저축계좌, 평화시 징병제의 폐지에 찬성했다.

간단히 말하면, 프리드먼은 정부의 역할을 제한할 것을 주장했고, 이에 반대하는 사람들에게는 이렇게 대응했다. "자유 시장에 반대하는 모든 주장의 밑바탕에는 자유에 대한 믿음의 결여가 내재되어 있다."[10] 프리드먼은 각각의 정부 정책이 경제에 미치는 영향을 세심하게 분석해야 한다고 생각했다. 그는 이렇게 말했다. "정부 정책이나 프로그램을 평가할 때 나타나는 가장 큰 오류는 결과가 아니라 의도로 평가하는 것이다."[11]

또한 그는 지나친 사회보장제도와 복지 제도를 대체하고 최저 소득을 보장하기 위해 부의 소득세Negative Income Tax(어느 개인의 소득이 최저생계비 또는 소득공제액에 미치지 못할 때 최저생계비와 실제 소득간의 차액을 정부가 보조하는 세제이다–옮긴이)를 실시할 것을 주장했다. 이것은 1950년대에 처음 제기되었지만, 1969년 리처드 닉슨Richard Nixon 대통령이 가계 지원 프로그램Family Assistance Program을 제안하면서 정책적으로 진지하게 다루어졌다.

또한 이것은 지금 논의가 진행 중인, 정부가 모든 시민에게 기본 소득을 제공하는 보편적 기본 소득Universal Basic Income, UBI과도 닮은 데가 있다. 부의 소득세에 대한 프리드먼의 생각은 일정 수준 이하의 소득을 벌어들이는 사람들에게 소득을 지원하자는 것이었다. 이것은 UBI과 비교하여 다소 복잡하지만 당시의 복지 제도보다는 간단하다. 원래 아이디어는 일을 하면 복지 수당보다 더 많이 벌 수 있도록 보장한다는 것이었다. 그러나 프리드먼에게는 몹시 짜증나게도 일에 대한 조항이 결국 삭제되었다.

이 아이디어는 1970년 상원 재정위원회에서 부결될 때까지 복지 개혁에 관한 논의를 지배했다. 또한 프리드먼은 조세 제도에서 (고소득자에게 높은 소득세율을 부과하는) 누진세를 완전히 폐지하는 일률 과세를 주장했다. 이것은 일을 하기 위한 동기를 부여할 뿐 아니라 조세 제도를 단순하게 개선하고 소득 신고서 작성에 따르는 어려움을 덜어주기 위한 것이었다. 결국 그는 1980년대 로널드 레이건 행정부 시절에 최고세율을 70%에서 28%로 크게 낮추는 것으로만 만족해야 했다.

1977년에 프리드먼은 65세의 나이로 시카고대학교에서 몇 년 일찍 퇴직했다. 이후로 그는 스탠퍼드대학교에서 보수적인 입장을 견지하는 후버연구소Hoover Institution의 선임연구위원으로 일했다. 후버연구소 측은 그의 부인에게도 연구실을 제공했다. 그는 조금은 느긋하게 학문 연구를 하고 싶었다. 이후로 그는 부인과 함께 다수의 논문, 에세이, 책을 썼다.

1980년 프리드먼 부부는 그해 미국에서 40만 부가 넘게 팔려서 비소설 부문의 베스트셀러가 된《선택할 자유Free to Choose》를 출간했다. 이 책은 두 가지 원칙에 기반을 두었다. 첫째 원칙은 토머스 제퍼슨Thomas Jefferson의 〈미국 독립 선언서〉에 담겨 있는 정치적 자유, 즉 개인의 생명과 자유를 보호하고 그들이 행복을 추구할 수 있도록 하는 것이었다. 둘째 원칙은 애덤 스미스가 말하는 경제적 자유를 누리는 사회, 즉 자유로운 교환이 경제에 혜택을 주고 정부 개입에서 자유로운 사회를 말한다.

당시 프리드먼의 오랜 친구였던 앨런 월리스가 공영방송공사PBS 이사장으로 있었는데, 한 프로그램에 프리드먼을 추천했다. 하버드대학교 경제학자 존 케네스 갤브레이스John Kenneth Galbraith가 경제사상사 시리즈물을 진행하고 있었는데, 케인스주의에 가까운 갤브레이스의 시각과 이데올로기적인 균형을 맞추기 위해 프리드먼이 적임자라고 생각했던 것이다. 10부작으로 이루어진 다큐멘터리 시리즈물을 찍는 데 250만 달러가 추가로 배정되었다. 각각의 방영물은 특정 주제에 대한 프리드먼의 30분짜리 해설에 이어서 30분짜리 토론으로 구성되었다. 프리드먼은 《선택할 자유》를 통하여 다른 모든 저작을 합친 것보다 더 많은 인세 수입을 올렸다. 책과 함께 텔레비전 시리즈물이 인기를 얻으면서 프리드먼은 누구나 다 아는 인물이 되었다.

오랜 시간 정치적 영향력을 미치다

프리드먼은 1963년에 《미국의 통화사》를 출간한 이후로, 경제학계에서 한 걸음 물러나서 정치적인 글을 쓰기 시작했다. 그는 인생 초기에는 정치 성향을 강하게 비친 적이 전혀 없었지만, 이때부터 그가 가르치는 시간이 크게 줄어들었고, 예전과 비교하여 학문적인 연구에도 관심을 덜 쏟았다. 그는 미국이 자유주의로 향해 가고 있고, 베트남 전쟁을 치르기 위한 징병제가 자신의 생각이 대학생들 사이에 널리 퍼져

가는 계기가 된 것으로 여겼다(리처드 닉슨 대통령이 "평화시의 징병제는 노예의 군대다"라는 프리드먼의 주장을 받아들여 징병제를 폐지했다-옮긴이). 이 시기는 아인 랜드Ayn Rand와 프리드리히 하이에크와 같은 자유주의 사상가들이 활동하던 때이기도 했다.

또한 밀턴 프리드먼은 대표적인 보수주의 경제학자로 널리 알려지고 있었다. 1964년에 그는 애리조나주 공화당 상원 의원 배리 골드워터Barry Goldwater의 대통령 선거 운동에 참여했다. 〈뉴스위크〉 기사에서는 갤브레이스가 존 F. 케네디John F. Kennedy를 위해서 일했듯이, 그가 골드워터를 위해서 일할 수 있을 것임을 시사했다. 비록 골드워터가 현직 대통령 린든 존슨Lyndon B. Johnson에게 크게 패했지만, 이번 대통령 선거 운동은 프리드먼을 대중적으로 널리 알리는 계기가 되었다. 이후로 그는 〈뉴스위크〉에 정기적으로 칼럼을 썼는데 1966년부터 1984년까지 쓴 칼럼이 300편이 넘었다고 한다.

1968년 대통령 선거 운동에서 그는 다시 한번 공화당 편에 서서 활동했다. 예전에 프리드먼의 멘토였고 이제는 대통령의 조언자이자 차기 연방준비제도이사회 의장직을 맡게 될 아서 번스가 리처드 닉슨이 승리할 경우에 경제 문제에 대한 대통령의 자문에 응하게 될 일종의 자문위원회를 설치할 것을 이미 요청받았다. 닉슨이 승리했고 1970년부터 1971년 사이에 프리드먼이 닉슨 대통령을 여러 번 만났지만, 대통령과의 관계에서 난처한 상황에 빠져들었다. 닉슨 대통령이 프리드먼과 번스와의 관계를 이용하여 프리드먼에게 연방준비제도이사회에 금리를 낮추도록 압박할 것을 종용했지만 프리드먼이 이를 거절했던 것이다.

닉슨 대통령이 1971년에 실시했던 임금과 가격 통제는 프리드먼의 자유 시장이라는 신앙에는 저주와도 같았다. 프리드먼은 당시를 회상하면서 이것이 1974년 닉슨 대통령을 사임하게 했던 워터게이트 사건과 함께 닉슨 대통령이 미국에 가했던 가장 심각한 해악이었다고 말했다. 1972년부터는 프리드먼이 닉슨 대통령에게 처음 가졌던 열렬한 지지가 상당히 식어버리고 말았다.

1976년에 프리드먼은 로널드 레이건을 지지했다. 그는 1967년 캘리포니아대학교 로스앤젤레스 캠퍼스에서 초빙 교수로 있을 때, 얼마 전에 캘리포니아 주지사로 뽑힌 레이건을 처음 만났다. 두 사람은 고등교육을 위한 재원 조달에 대한 생각이 비슷했다. 레이건은 이념적으로 프리드먼과 가까웠다. 그는 루트비히 폰 미제스와 프리드리히 하이에크의 저작을 포함하여 자유 시장론자들의 저작을 읽었다. 주지사에 출마하는 동안에는 《자본주의와 자유》를 읽었다고 말했다. 1975년에 레이건이 주지사직에서 물러나고 나서 얼마 지나지 않아 프리드먼이 그의 대통령 선거 운동을 지원하겠다는 뜻을 밝혔다.

레이건은 그해에 공화당으로부터 대통령 후보 지명을 받는 데 실패했다. 그러나 1980년에 공화당 대통령 후보가 되었다. 레이건은 자신의 경제관을 뚜렷이 밝혔다. 그것은 연방정부의 지출을 통제하고, 규제를 철폐하고, 개인 소득세율을 낮추고, 예측이 가능하고 안정적인 통화 정책을 추진한다는 것이었다. 이 모든 것이 프리드먼에게서 나왔을 수도 있다. 레이건은 민주당의 현직 대통령 지미 카터를 상대로 압도적인 승리를 거두었다. 프리드먼은 레이건 행정부에서 근무한 적은 없지만, 경제정책자문위원회를 통하여 배후에서 영향력을 발휘하는 전문가로 널리 인식되었다.

비록 프리드먼이 자기 생각을 기탄없이 말하기는 했지만, 정치적인 직책을 갖고서 상근하기를 원하지는 않았다. 그는 대통령의 자문에 응하는 최고 기구인 대통령경제자문위원회 자문위원 자리를 여러 번 거절했다. 연방준비제도이사회 의장직이라면 거의 확실히 수락했을 것이지만[2], 그런 제안을 받은 적이 없었던 것으로 보인다. 그는 로즈와 함께 연중 아무 때나 시카고, 버몬트, 캘리포니아, 워싱턴 D.C.에서 보내는 생활을 즐겼다. 어쩌면 그도 정부 관료가 되어 항상 집권당의 노선을 따르기만 하면서 좌절하는 것보다는 자기 스스로 오랫동안 영향력을 발휘하는 것이 더 낫다고 생각했을 것이다.

프리드먼의 사상은 대서양을 넘어 영국에서 또 다른 서식처를 찾았다. 레이건과 마찬가지로 마가렛 대처 총리도 이념적 동지가 되었고, 영국은 급격한 방향 전환을 할 준비가 되어 있었다. 1970년대에 영국에서의 경제 정책 논쟁은 기본적으로 프리드먼 대 케인스였다. 프리드먼은 영국 텔레비전에서 널리 알려진 케인스주의자와 토론한 적도 있었는데, 이를 통하여 자신이 효과적으로 소통하는 사람이라는 사실을 보여주었다.

프리드먼의 토론 스타일은 간단하면서 통렬한 메시지를 가지고 이를 관철시키는 것이었다. 상대방 토론자들은 말을 아주 복잡하고도 어렵게 했고, 결과적으로 시청자들의 지지를 얻지 못했다. 언젠가 토론이 끝나고, 어떤 기자가 토론자로 나선 케인스주의자에게 프리드먼이 케인스와 직접 토론한다면 누가 이길 것인가를 물어봤다. 대답은 이러했다. "프리드먼이 이길 것이다. 그러나 케인스의 주장이 옳다!"

또한 프리드먼의 사상은 우파 싱크탱크인 경제문제연구소를 통하여 전파되었다. 이곳에서는 케인스주의자들의 안정화 정책의 부당성, 감세 혜택, 규제 완화 경제, 통화 안정성에 대한 프리드먼의 견해가 열렬한 지지를 얻었다. 밀턴 프리드먼은 레이건 대통령과 대처 총리를 통하여 자신이 지난 20년이 넘게 옹호하던 자유 시장 자본주의와 통화주의 이데올로기를 신봉하는 두 명의 세계 지도자를 얻었다.

프리드먼의 영향력은 여기서 끝나지 않았다. 경제학 분야에서 그의 획기적인 저작은 지금까지도 현대의 중앙은행들이 작동하는 방식을 구체화하는 데 확실히 영향을 미쳤다. 《미국의 통화사, 1867~1960》은 경제사상에서 밀턴 프리드먼의 대표작이다. 프리드먼은 1948년부터 애너 제이콥슨 슈워츠와 함께 이 책을 썼는데, 1963년이 되어서야 884쪽짜리 저작을 발간했다. 이 책은 원래 미국 국가경제연구소의 의뢰를 받아 쓴 것이었다. 아서 번스가 웨슬리 미첼의 뒤를 이어 소장직을 맡았는데, 이때 그가 프리드먼에게 경제 활동, 특히 경기 순환에서 통화 요인을 연구하도록 권했던 것이다.

이 책에서는 대공황에 관한 케인스주의자들의 견해에 문제를 제기했다. 케인스는 1929년 주식 시장 붕괴의 여파로 저축 과다와 투자 결핍으로 인한 총수요의 부족을 주요 원인으로 인식했다. 이것은 위기를 해결하기 위한 프랭클린 루스벨트 대통령의 뉴딜 프로그램에 타당성을 부여했다. 케인스주의자들은 통화적인 요인을 별로 중요하게 취급하지 않았다. 금리가 제로에 가깝게 하락한 상태에서, 경기를 진작하기 위해 금리 인하로 적극적인 통화 정책을 추진하는 것은 실 한 가닥으로 미는 것과 같을 것이다. 실 한 가닥으로 밀면 물체에 전혀 영향을 미칠 수 없듯이, 금리가 낮으면 경제를 어느 방향으로도 움직일 수가 없다. 따라서 케인스주의자들은 연방준비제도이사회가 할 수 있는 것은 이미 모두 다 했고, 통화 정책은 바닥을 드러낸 것으로 보았다.

프리드먼과 슈워츠는 이에 전혀 동의하지 않았고, 위기의 중심부에다 통화 정책을 가져다놓았다.《미국의 통화사》에서는 주로 통화량에 대해 필요한 정보의 대부분이 아직 수집되지 않았기 때문에 데이터에 철저하게 집중했다.

프리드먼과 슈워츠가 M1과 M2라는 통화 공급에 대한 측정 지표를 개발하기 전에는 연방준비제도이사회가 경제에서 통화량을 측정하기 위한 방법을 갖고 있지 않았다. 그들은 연방준비제도이사회가 1929년부터 1933년 사이에 이런 통계를 발표했더라면 대폭락이 결코 대공황으로 이어지지 않았거나 적어도 경기 하락의 규모와 지속성이 완화되었을 것으로 생각했다. 왜냐하면 통화 정책이 악영향을 미쳤을 것임이 분명했기 때문이었다.

실제로 그들은 1929년 주식 시장의 붕괴가 어느 정도는 1928년에 연방준비제도이사회가 취한 조치에 따른 결과라고 주장했다. 1920년대가 끝나갈 무렵에 주식 가격이 급등했고, 그 결과 1928년 봄에 연방준비제도이사회가 월스트리트에서 투기를 억제하기 위해 긴축 정책을 신중하게 수행하도록 만들었다. 영향력이 있는 뉴욕 연방준비은행 총재 벤저민 스트롱Benjamin Strong은 급등을 억제하기 위해 통화 정책을 추진하는 것에 대해 강한 의문을 품고 있었다. 그러나 1928년 10월 그가 세상을 떠나고 말았다. 그의 사망은 미국 중앙은행의 의사 결정에 영향을 미치는 12개 지역 은행 중 한 곳에서 리더십 공백 사태를 불러왔다. 프리드먼과 슈워츠는 스트롱이 일찍 세상을 떠나지 않았더라면 이후에 연방준비제도이사회가 저질렀던 과오의 상당 부분을 예방할 수 있었을 것이라고 주장했다.

그의 후임자 조지 해리슨George Harrison은 다른 연방준비은행 관계자들과 함께 중앙은행이 금리를 대폭 인상하는 데 뜻을 같이했다. 이후로 금리는 1921년 이후로 가장 높은 수준인 5%까지 인상되었다. 이것은 1929년 8월에 주기상의 고점cyclical peak을 찍었던 미국의 경제 성장률을 낮추기에 충분했다. 이런 하락이 10월 주식 시장 붕괴의 전조가 되었다.

그러나 프리드먼과 슈워츠는 대공황이 1929년 대폭락에 따른 필연적인 결과라고 생각하지는 않았다. 9월과 11월 사이에 주식 시장은 10월 29일의 '검은 화요일'에 폭락한 것을 포함하여 그 가치의 절반을 잃었다. 그러나 주식 시장은 지난 18개월 동안에 두 배로 상승했고, 실제로 대폭락 이후로 6개월 만에 20%를 회복했다. 최근 역사를 보면 주식 시장이 폭락한 적이 여러 번 있었지만 이것이 공황을 초래하지는 않았다. 미국 경제는 이보다 더 큰 충격을 경험한 적이 있었지만 이런 충격에도 장기간에 걸친 경기 하락이 뒤따르지는 않았다.

대공황 첫해에는 미국 GDP가 12%나 하락했고, 실업률은 9%로 상승했다. 그러나 1920년부터 1921년까지 물가 하락 혹은 디플레이션 시기에 국내 생산이 약 7% 하락했고, 실업률은 9~12% 사이로 상승했다. 그럼에도 이후로 1920년대 미국 경제는 광란의 시기를 겪었다.

프리드먼과 슈워츠가 《미국의 통화사》에서 찾아낸 중요한 결과 중 하나는 그들이 1929년부터 1933년 사이를 '대위축Great Contraction'이라고 표현했던 것이었다. 그들은 GDP나 물가의 대규모 하락이 아니라 광범위한 은행 파산의 결과로서 빚어진 유통되는 통화량의 감소를 지적했다. 대폭락 이듬해에 연방준비제도이사회가 금리를 인하하여 은행 부문에 대출을 대폭 증가하면서, 미국 통화 공급량이 비교적 얼마 안 되는 2.6%가 감소했다. 은행에 엄청난 양의 현금을 주입하여 그들이 절실히 원하는 유동성을 제공했고 주식 시장 붕괴가 당장 은행 위기를 재촉하는 것을 방지했다. 그러나 연방준비제도이사회는 확장적 통화 정책이 주식 시장 버블을 촉진하여 인플레이션에 이르게 할 것으로 판단했다.

1930년부터 1933년 사이에 은행들이 대규모로 파산하면서 이와 동시에 미국의 통화 공급량이 3분의 1이 넘게 감소했다. 1930년 10월부터 1933년 3월 사이에 4대 주요 뱅크런이 발생했다. 뱅크런의 대부분이 1860개 은행이 파산하고 통화 공급량이 연간 31%나 감소했던 1931년 8월부터 1932년 1월 사이에 발생했다. 예금자들이 은행 파산을 두려워하며 예금을 인출하자 은행은 대출 가능 현금이 부족해졌다. 따라서 경제에서 신용 공급이 사라졌는데 이것이 생산과 물가의 하락을 초래했다.

연방준비제도이사회가 특히 예금이 대량으로 빠져나가는 은행 부문에서 절실히 원하는 확장적 통화 정책을 주저했던 이유는 주식 같은 자산의 가격이 계속 급등하는 것에 대한 두려움 때문만은 아니었다. 미국은 고정환율제에 해당하는 일종의 국제 시스템인 금본위제의 회원국 지위를 유지하고 있었다.

1931년 9월 영국 파운드화에 대한 투기적 공격이 몰려오면서 영국이 금본위제를 탈퇴하고 말았다. 투기자들은 영국 경제가 취약하다고 생각했고, 따라서 영국 통화도 약세를 보일 것으로 생각했다. 그러나 이것은 영국 통화가 금을 기준으로 일정한 금액으로 고정되어 있기 때문에 가능한 일이 아니었다. 그들은 파운드화를 대량으로 매각했고 이는 영국 정부가 파운드화의 가치를 유지하기 위해 금 보유고를 이용해야 한다는 것을 의미했다. 이것은 손실이 지나치게 클 것으로 판단되었고 따라서 영국 정부는 금본위제에서 탈퇴하고 말았다.

이제 투기자들은 공격 대상을 미국으로 정했고 연방준비제도이사회는 외환 시장에서 달러화 매입을 유도하기 위해 금리를 인상해야만 했다. 그들은 외국의 투기자들이 달러화 예금을 청산하자, 금의 유출을 방지하기 위해 1931년 8월부터 1932년 1월까지 통화 긴축 정책을 유지했다.

프리드먼은 고정환율제의 옹호자가 아니었다. 그는 금본위제 회원국 지위를 유지하는 것이 연방준비제도이사회로 하여금 설득력이 더 있어 보이는 확장적 통화 정책을 추진하지 못하게 하는 것이라고 생각했다. 그는 1930년대 초반을 가장 잘 보냈던 국가는 금본위제에 가입하지 않았던 국가, 금본위제를 탈퇴했던 국가, 금본위제를 유지했지만

금 보유고가 많았던 국가라고 보았다. 이 세 경우에 해당하는 국가들이 경제 불황에 대처하여 통화 정책을 더욱 유연하게 추진할 수 있었다.

프리드먼과 슈워츠는 이것이 연방준비제도이사회가 통화 정책을 적극적이고도 과감하게 추진하지 못하게 한 것이라고 주장했다. 그들은 이 점을 강조하기 위해 1932년 4월부터 8월까지 있었던 사건을 예로 들었다. 당시 연방준비제도이사회가 의회의 압력으로 10억 달러에 달하는 공개 시장 매입(국민 소득의 약 2%에 해당하는 통화를 주입하는 효과가 있다)을 단행하여 통화 공급의 감소를 저지하고 GDP와 산업 생산에서 약간의 증가를 촉진했다. 그러나 의회가 휴회를 선언하고 경제가 곧 변할 것처럼 보이자 확장적 통화 정책이 중단되고 말았다. 프리드먼과 슈워츠는 그런 일이 없었더라면 경제가 계속 좋아졌을 것이라고 말했다.

또한 연방준비제도이사회가 은행 시스템에 대한 최종대출자의 역할을 제대로 하지 못했다. 워싱턴에 있는 연방준비제도이사회 이사들과 지역의 연방준비은행 총재들 간의 협의가 제대로 이루어지지 않았던 것이다. 또한 예금자들이 예금을 찾기 위해 은행으로 달려오는 뱅크런 사태가 예상될 경우, 은행들은 자신의 취약성이 알려지는 것을 원치 않기 때문에, 금융기관들이 중앙은행을 통하여 비상시 긴급 자금을 빌릴 수 있게 해주는 연방준비은행의 대출 창구를 찾는 데는 오명이 뒤따랐다. 어쨌든, 대출 창구에 대한 접근이 제한적이었고, 조합 은행들만이 이곳에 접근하는 것이 가능했다. 은행 시스템을 위한 유동성 지원은 심각한 결함이 있었다.

1932년 11월 프랭클린 루스벨트가 허버트 후버^{Herbert Hoover}를 상대로 압도적인 승리를 거두었다. 그리고 민주당이 상원과 하원에서 압도적 다수가 되었다. 그러나 프랭클린 루스벨트는 1933년 3월이 되어서야 대통령에 취임했고 그 사이에 은행 파산이 계속되었다. 프랭클린 루스벨트가 달러화를 평가절하하거나 금본위제를 완전히 탈퇴할 것이라는 믿음이 널리 퍼졌다. 특히 경제가 심각하게 어려운 국면에서 자국 통화의 가치를 금에 고정시키는 데는 손실이 뒤따랐다. 이것은 달러화를 금으로 대규모로 태환하도록 했는데, 달러화 예금이 인출되면서 은행 시스템에 또 다른 압박을 가했다.

프랭클린 루스벨트 대통령이 취임과 동시에 취했던 조치 중에는 일주일간 은행 휴업을 선언한 것이 있었는데, 그 결과 5000개의 은행들이 문을 다시 열지 못했다. 그러나 이 조치로 지급 불능 상태에 놓인 은행들이 정리되었다. 프리드먼과 슈워츠는 경제를 활성화하기 위해 정부 지출을 크게 증가했던 뉴딜 프로그램도 효과가 있었지만, 달러화의 가치가 60%나 하락한 것과 금본위제를 탈퇴한 것이 대위축을 멈추게 하는 데 더욱 중요하게 작용했던 요인이라고 주장했다. 이것이 미국의 정책 담당자들에게 통화 자유^{monetary freedom}로 되돌아가도록 했던 것이다.

1933년부터 1936년 사이에 미국 경제는 뚜렷하게 회복되고 리플레이션 현상이 두드러졌다. 1933년과 1935년의 은행법에서는 연방준비제도이사회가 은행 시스템을 안정화시킬 수 있는 기능을 강화하기 위해 연방준비제도에 변화를 가했다. 이러한 조치들에는 연방준비제도이사회가 담보를 기반으로 비금융기관을 대상으로도 대출을 더욱

용이하게 할 수 있도록 하여 그 기능을 확대하는 것이 포함되어 있었다(글래스 스티걸법Glass-Steagall Act에 따라 은행 기능을 상업은행과 투자은행으로 분리하고, 예금 금리를 규제하고, 시장 진입에 엄격한 제한을 가할 수 있다).

또한 1933년에 파멸을 초래하는 뱅크런에 제동을 걸기 위해 미국 연방예금보험공사Federal Deposit Insurance Corporation, FDIC를 설립한 것도 중요했다. FDIC는 오늘날에도 존재하여 은행이 파산할 경우에 예금자들이 (현재 최대 25만 달러까지) 자기 예금을 잃지 않도록 보장한다.

《미국의 통화사》의 요점은 연방준비제도이사회가 은행 지원을 위해 경제에 충분한 유동성을 공급하는 데 실패함으로써 주식 시장 붕괴가 본격적인 공황에 이르게 했고 그 결과 위기를 초래했다는 것이다. 대신에 그들은 예금자들이 예금을 인출하기 위해 은행으로 몰려오는 것을 강력하게 저지하지 않아서 은행이 파산하고 생산이 위축되고 물가가 하락하는 디플레이션을 초래했다.

2002년 밀턴 프리드먼의 90회 생일을 기념하는 자리에서 당시 연방준비제도이사회 의장 벤 버냉키는 자기 기관을 대표하여 사과의 말을 전했다. "당신이 옳았습니다. 우리가 그렇게 했습니다. 아주 죄송하게 생각합니다. 그러나 당신 덕분에 우리가 다시는 그렇게 하지 않을 것입니다."[13]

그는 이 말을 실천할 기회가 그처럼 빨리 올 것이라는 사실을 알지 못했다.

양적완화는 2008년 금융 위기의 해답인가

2008년에 일어난 세계 금융 위기는 세계 경제에 커다란 영향을 미쳤다. 1980년대 이후로 금융 규제가 완화되어 금융 시장과 국경을 넘은 글로벌 연계가 훨씬 더 다양해졌다. 이후로 1999년에 그램 리치 블라일리법Gramm Leach Bliley Act이 통과되어 투자은행이 소매 금융으로 진출하지 못하게 했던 1933년의 글래스 스티걸법을 무효화했다. 이제 투자은행이 떠맡은 위험에서 많은 부분이 (예금을 취급하는) 소매 금융 은행으로 전가될 수 있었다. 글래스 스티걸법이 통과되도록 했던 1929년 대폭락 이후 2008년 위기에서 처음으로 우리는 은행 전반에 걸친 조직적인 붕괴의 가능성이 가장 높은 시점에 도달했다.

유럽 은행들은 미국의 서브프라임 모기지에 노출되었고 일부는 미국의 도매 금융 시장에서 차입했다. 이것은 유럽 은행들이 미국 은행들과 마찬가지로 자금을 저렴하게 빌릴 수 있기 때문에 그들의 대출이 고객 예금에 덜 의존하는 것을 의미했다. 2007년에 노던 락이 파산했을 때 영국에서는 100년이 넘는 동안에 처음으로 뱅크런이 발생했다. 영국은 미국 금융 시장과 밀접하게 연관되어 있었고 2008년 위기 시에는 은행 전반에 걸친 조직적인 붕괴의 가능성에 직면했다.

중앙은행은 1929년의 대폭락의 과오를 되풀이하지 않도록 충분한 행동을 취했는가? 중앙은행은 획기적인 저작으로 1930년대를 바라보는 우리의 시각을 바꾸었던 밀턴 프리드먼이 가르쳐준 교훈을 포함하여 대공황에서 교훈을 얻었는가?

프리드먼과 마찬가지로 벤 버냉키도 대공황을 연구하던 경제학자였다. 따라서 2008년에 세계 금융 위기가 발생했을 때, 그는 연방준비제도이사회 의장으로서 똑같은 과오를 되풀이하지 않도록 잘 준비된 사람이었다.

대공황과 마찬가지로 최근의 금융 위기는 자산 가격이 급등하고 나서 발생했지만, 이번에는 주식 시장이 아니라 주택 시장이 진원지였다. 케이스–실러Case-Shiller 반복 매매 지수에 따르면, 1999년부터 2007년 사이에 미국 주택 가격이 두 배가 되었다고 한다. 이것은 주로 주택 시장에서 신용 대출이 엄청나게 확대된 것에 기인했다. 준정부 기관인 패니매이와 프레디 맥이 계약금을 소액으로 요구하는 주택담보대출을 사실상 보증하고 소득대비주택가격비율Price to Income Ratio이 높아지는 것을 허용하여 저소득 가정의 주택 소유를 확대하기 위한 정부 정책을 적극적으로 지원했다.

결과적으로 재정적으로 안정되지 못한 가정에 대한 주택담보대출이 증가했다. '소득이 없고, 직장이 없고, 자산이 없는 사람'을 일컫는 '닌자No Income, No Job, or Assets, NINJA'와 '첨부 서류가 없는 사람'인 '노닥No DOCumentations, NO-DOC'이 모기지 시장에서 흔히 통용되던 약칭이었다. 모기지 시장에서 가장 위험한 두 가지 요소들인 서브프라임 모기지와 알트에이Alt-A 모기지가 크게 증가했다. 이들 모두가 '프라임' 혹은 신용할 수 있음을 나타내는 표준 기준보다 신용도가 낮았다.

그럼에도 은행 부문에서는 대출에 따르는 위험이 커지는 것을 완화하기 위한 방법을 찾았다(혹은 그렇게 생각했다). 더욱 위험한 주택담보대출은 다른 대출과 함께 주택저당채권담보부증권Mortgage-backed Securities, MBS으로 재포장되었고, 여기에 채무에 대한 신용도가 가장 높은 AAA 신용 등급이 부여되었으며, 재무부 단기 증권과 같은 다른 안전한 자산보다 더 높은 수익률을 제공했다. 채무 불이행으로 손실이 발생할 경우를 대비한 보험을 제공하기 위해 신용부도스왑Credit Default Swap, CDS이 거래되었다. 은행은 정부 채권과 같은 안전한 자산보다 더 나은 수익률을 제공하는 이처럼 금융공학을 이용한 증권을 독식하기 위해 특별목적회사special purpose vehicles, SPV와 구조화투자회사structured investment vehicles, SIV 같은 펀드를 창설하여 고객들에게 판매했다.

이처럼 특별한 펀드는 때로는 금융 시장에서 대량으로 자금을 빌렸고, 해외에 거점을 두게 되어 다른 금융 기관을 대상으로 하는 자본 확보율 및 규제 기관의 감시를 피해갈 수 있었다. 2001년부터 2005년 사이에 미국에서는 다른 나라들에서 찾아볼 수 없는 대출 붐이 일었다.

2007년 주택 가격의 폭락으로 미국 모기지 시장에서는 채무 불이행이 만연하기 시작했다. 역자산negative equity(담보를 잡힌 주택의 가격이 갚아야 할 차입금 액수보다 낮은 상황) 상황을 맞은 주택 소유자들은 자기 집에서 그냥 나오면 되었다. 이것은 모기지를 창출한 자 혹은 MBS를 구매한 자가 자산 가치가 부채보다 더 낮아진 사실을 깨닫게 되었다는 것을 의미한다. 은행들이 곤경에 빠져들었다.

이 금융 위기는 몇 가지 중요한 점에서 대공황과는 달랐고, 따라서 1930년대의 교훈이 그대로 적용되지 않을 수도 있다. 그러나 이 두 가지를 비교하는 것은 여전히 유익한 일이다. 프리드먼과 슈워츠가《미국의 통화사》에서 분석했던 대공황은 본질적으로 유동성 위기에서 나온 것이다. 뱅크런에 직면한 은행들이 이 흐름을 저지할 강력하고도 유능한 최종대출자가 필요했다. 여기서 연방준비제도이사회는 실패했다.

세계 금융 위기에서는 가장 큰 문제가 유동성이 아니라 지급 능력이었다. 각각의 가치, 품질, 위험을 확인하기가 어려운 자산들이 모여서 담보물의 기능을 하는 복잡하고도 불투명한 증권에 가격을 매기는 것이 어려웠다. 따라서 신용 시장에서는 어떤 기관이 지급 능력이 있고, 어떤 기관이 그렇지 않은지 알 수가 없었다. 당연히 대출 기관들이 채무자의 신용도를 결정할 수 없는 상황에서 대출 연장을 꺼렸다. 이 문제는 주로 투자은행에 해당되었다.

연방준비제도이사회는 이번 위기에 신속하게 대처했다. 금리를 대폭 낮추고 대출 창구를 확장했다. 이전의 위기가 주는 교훈을 바탕으로, 은행들이 연방준비은행으로부터 자금을 얻기 위해 기간입찰대출Term Auction Facility, TAF을 익명으로 신청할 수 있도록 하여 어려움에 처한 기관이라는 오명이 뒤따르지 않도록 했다. 정책 입안에서 투명성이 요구되는 경우가 많지만, 위기 시에는 불투명성이 더 나은 선택이 될 수 있다.

또한 연방준비제도이사회는 양적완화로 알려진 과정에서 여러 번에 걸쳐서 자산을 대규모로 매입했다. 2008년 11월부터 2010년 6월까지 연방준비제도이사회는 약 1750억 달러어치의 장기 증권을 매입하여 그만큼의 현금을 경제에 주입했다. 2010년 11월에는 경제가 흔들리자, 두 번째 양적완화QEII 프로그램에서 6000억 달러어치의 재무부 장기 채권을 또다시 매입했다.

마침내 2012년 9월에 시작된 세 번째 양적완화에서는 연방준비제도이사회가 무기한으로 매월 400억 달러어치의 MBS를 매입할 것이라고 발표했다. 투자자는 이것을 '무기한 양적완화^{QE infinity}'라고 불렀다. 마지막 양적완화 프로그램에서는 12월부터 매월 850억 달러로 증액했고, 2013년 6월부터 매월 650억 달러로 감액했다. 연방준비제도이사회가 2014년 10월에 세 번의 양적완화 프로그램을 중단할 때까지, 4조 5000억 달러라는 엄청난 자산을 축적했다.

결과적으로 대공황 시기에 폭락했던 통화량 M2가 세계 금융 위기 시기에는 연방준비은행의 대차대조표가 확대되면서 급증했다. 1930년부터 1933년 사이에 은행 공황과 뱅크런이 반복되던 사태는 피할 수 있었다.

프리드먼이라면 2008년 위기에 대처하기 위해 사용했던 양적완화와 그 밖의 정책에 찬성했을까?

그는 장기 금리를 낮추고 은행 시스템에 유동성을 주입하기 위해 재무부 채권과 같은 정부 채권을 매입하는 것에 대해서는 틀림없이 찬성할 것이다. 그러나 MBS 매입에 대해서는 문제가 있는 자산을 구제하는 것으로 생각할 것이다. 대공황에 대한 그의 처방은 연방준비제도이사회가 구제 금융이 아니라 유동성을 제공하는 것이었다.

또한 이번 위기에 대한 연방준비제도이사회의 대처 방안에는 시스템 전체에 너무나도 중요하여 파산해서는 안 되는 특정 금융 기관을 직접 구제하는 것도 포함되어 있었다. 투자은행 베어스턴스는 미국 모기지 시장에 현저하게 노출되어 있었고, 2008년에 연방준비제도이사회가 강력하게 지원하는 조치의 일환으로 JP모건^{JP Morgan}에 의해 구제되었다. 이것은 베어스턴스가 일으키는 위험 때문에 정당화되었다. 만

약 베어스턴스가 파산하면, 은행 시스템 전체가 마비될 수도 있었다. 2008년 7월 미국 재무부는 이번 위기의 중심에 있는 정부 지원 기업인 패니매이와 프레디 맥에 구제 금융을 지원하고 부분적으로 국영화했다.

그러나 두 달 뒤 리먼 브라더스는 그냥 파산하게 내버려두었다. 그 결과 미국 모기지 시장 위기가 세계 금융 위기로 변해버렸다. 나중에 버냉키는 2012년에 어느 연설에서 리먼 브라더스는 지급 불능 상태에 있었고 베어스턴스에 비하여 시스템 전체에 덜 위험하게 작용한다고 주장했다. 따라서 연방준비제도이사회가 공공 자금을 이용하여 구제 금융을 제공해야 할 법적인 의무를 지고 있지 않다는 것이다. 그러나 바로 다음 날, 거대보험회사 AIG를 그냥 파산하게 내버려두면 신용부도스왑 시장에 미칠 영향이 우려되므로 구제 금융을 지원하기로 결정했다.

세계 금융 위기 당시에 연방준비제도이사회는 유동성이 필요한 특정 시장과 기업에 신용을 직접 제공했다. 대공황 시기에 대해 프리드먼이 제시했던 접근 방식은 단순히 경제에 유동성을 주입하기만 하고 지급 능력에 관한 문제는 저절로 해결되도록 내버려두는 것이었다. 그는 연방준비제도이사회가 과녁을 겨냥하여 개입하는 것, 즉 베어스턴스와 AIG는 구제하고 리먼 브라더스는 파산하게 내버려두는 것을 기관의 독립성과 신뢰성을 훼손하고 특정 사건에 개입하는 것이라고 주장했을 것이다.

그러나 2008년의 세계는 1929년과는 달랐다. 이제는 금융 부문에서 파산과 함께 시스템 전체를 마비시킬 수도 있는 기관이라는 의미에서 그야말로 대마불사에 해당하는 기관들이 나타났다. 대공황 시기에는 이런 문제가 없었다. 당시에는 특정 은행의 파산이 시스템 전체를 위험에 빠뜨릴 가능성이 거의 없었다. 프리드먼은 이런 점을 염두에 두고 버냉키의 접근 방식이 최선이었다는 것을 마지못해 인정할 것이다. 물론 그는 먼저 미국 주택 시장에서 정부 지원 기업의 개입에는 반대했을 것이고, 이번 위기를 주로 모기지 시장에서 실패한 정부 개입의 결과라고 생각할 것이다.

프리드먼의 연구가 대공황에 대한 인식을 변화시켰다는 데는 의심의 여지가 없다. 그것은 통화 정책의 역할에 집중함으로써, 최근에 일어났던 위기에 대처하는 데 크게 도움이 되었다. 그러나 경제 회복을 지원하기 위해 이후에 사용했던 비전통적인 통화 정책에 대해서는 어떻게 바라보아야 할 것인가?

양적완화 효과는 여전히 어느 정도는 잘못 작동되고 있는 은행 시스템에 달려 있다. 통화를 창출하는 것은 좋은 일이기는 하다. 그러나 통화가 경제 속으로 파고들어서, 특히 중소기업이 자금을 빌려서 투자할 수 있어야 한다. 이런 면에서 비전통적인 통화 정책이 긍정적인 영향을 미친다는 일부 증거가 있다. 그러나 통화 공급의 급격한 증가에 따르는 부작용을 우려하는 이들도 있다. 특히, 이러한 통화의 일부가 세계적으로 고점에 도달했던 주식 시장으로 흘러갈 수도 있기 때문이다. 따라서 이에 대한 판단은 아직은 시기상조라고 말해두는 것이 타당할 것이다.

그러나 밀턴 프리드먼은 일본에서 실시했던 양적완화를 목격하고는 이를 대체로 지지했다. 일본은 1990년대 초반에 부동산 버블이 꺼진 뒤 양적완화를 채택한 첫 번째 국가였다. 따라서 이 정책은 세계 금융 위기가 발생하기 거의 20년 전에 처음 실시되었다. 프리드먼은 일본 중앙은행의 정책에 대해 이렇게 말하면서 찬성의 뜻을 표했다. "건전한 경제 회복을 위해 가장 확실한 방법은 통화증가율을 높이는 것이다."[14] 그는 금리가 이미 최저 수준까지 떨어졌고 경제가 여전히 어려운 상황에 있기 때문에 일본은행이 양적완화에 착수해야 한다고 주장했다.

> 일본은행을 옹호하는 이들은 이렇게 말할 것이다. "뭐라고요? 일본은행은 금리를 이미 0.5%로 인하했습니다. 통화량을 늘리기 위해 더 무엇을 해야 합니까?" 대답은 자명하다. 일본은행은 공개 시장에서 경제학자들이 '본원통화'라고 일컫는 현금 통화 혹은 일본은행에 예치된 지급준비금을 가지고 정부 채권을 매입할 수 있다. 이 과정의 대부분은 시중은행에서 끝이 난다. 그들은 지급준비금을 증액하고 대출과 공개 시장 매입으로 부채(고객 예금을 뜻한다-옮긴이)를 확대한다. 그러나 그들이 그렇게 하든 말든 통화 공급은 증가할 것이다. 일본은행이 그렇게 하기를 원한다면 통화 공급을 늘릴 수 있는 정도에는 한계가 없다.[15]

프리드먼은 일본에서의 양적완화를 지지했기 때문에 미국, 영국, 유로화 지역을 포함한 여러 곳에서 현금 주입과 같은 비전통적인 정책이 은행 대출을 활성화하는 데 필요하다고 생각할 것이다. 일본과 유럽의 중앙은행이 마이너스 금리를 설정한 것은 경제에 통화량을 늘리기 위해 참신한 도구를 사용한 것과 같은 범주에 속할 것이다.

　그러나 프리드먼은 중앙은행에 통화 정책의 목표를 확장하기 위해 시장에 규제를 가할 수 있는 직접적인 권한, 즉 거시건전성 정책을 추진할 권한을 부여하는 데는 신중한 입장을 취할 것이다. 그러나 오늘날 금융시스템은 훨씬 더 복잡해지고 세계화되었다. 따라서 프리드먼주의자들은 신용과 부채 수준에 대한 목표 설정이 중앙은행이 통화 시스템을 안정시키기 위해 관리해야 할 중요한 영역이 되었다는 주장을 당연히 지지할 것이다. 지금 경제학자들이 새로운 통화 정책의 시대를 위한 프레임워크를 고안하고 있는 상황에서, 물가안정목표제Inflation Targeting(중앙은행이 일정 기간에 달성할 물가 상승률을 제시한 후 목표치에 도달하기 위해 정책 금리 등을 조정하는 것을 말한다-옮긴이)와 금융 안정성에 관한 정책들을 조합하는 문제를 해결하는 것이 프리드먼주의자들에게 던져진 과제가 되었다.

　마지막으로 프리드먼은 특히 양적완화와 같은 비전통적인 도구의 실효성을 의심하는 사람들에게 이 정책이 미국 경제가 회복되면서 단계적 축소에 성공한 사실을 지적할 것이다. 이 정책이 주식 가격 상승 같은 원치 않은 결과를 발생시키더라도, 경제가 굳건한 토대 위에 올라설 때까지 통화 정책에 계속 힘을 실어주는 것이 중요하다.

　프리드먼은 시스템에서 통화 흐름을 유지하기 위한 조치를 취하지 않는 것이 대공황Great Depression에서 '대Great'라는 표현이 붙게 된 이유라고 주장할 것이다. 그는 일본의 통화 완화 정책에 대한 비판에 대응하여 〈월스트리트저널〉에 이런 글을 남겼다. "미국이 대공황, 1970년대의 인플레이션과 금리 상승, 1980년대의 디스인플레이션^{disinflation}과 금리 하락을 경험하고 나서, 나는 고금리를 동반하는 금융 긴축과 저금리를 동반하는 금융 완화를 식별하는 데서 오류가 사라진 것으로 생각했다. 보아하니, 예전의 오류는 전혀 사라지지 않았다."[16]

그는 이런 잘못이 반복되어서는 안 된다고 경고했다. 결국 1933년에 회복된 것으로 생각되던 미국 경제가 4년이 지난 1937년에 또다시 불황에 빠져들었다. 프리드먼이라면 정책입안자들이 상황이 1930년대와 비슷하게 전개될 가능성을 고민하고 있을 때, 그 시절이 주는 교훈에 주의를 기울이고 통화 정책의 고삐를 너무 이르게 죄지 말아야 한다는 점을 강조할 것이다.

수많은 걸작을 남긴 행복한 두 사람

밀턴 프리드먼과 로즈 프리드먼의 오랜 결혼 생활과 동반자 관계는 가정 생활을 넘어 확장되었다. 그들은 특히, 프리드먼이 대중적인 글쓰기에 집중하기 위해 학교에서 물러나 후버연구소에서 노년을 보낼 때 공동으로 많은 저작을 남겼다. 그들은 이렇게 함께 지내면서 1980년에 베스트셀러 《선택할 자유》, 1984년에 《현상유지의 횡포^{Tyranny of the Status Quo}》를 출간했다. 또한 1998년에 《행복한 두 사람들: 회고록^{Two Lucky People: Memoirs}》도 출간했다.

프리드먼 자신은 1962년에 출간된 《자본주의와 자유》가 20년 뒤에 출간되어 상업적으로 크게 성공했던 《선택할 자유》보다 '더 나은 책'이라고 생각했다.[17] 그는 이 책이 '더욱 철학적이고 추상적이고, 따라서 근본에 더욱 충실한 책'이라고 생각했다.[18] 그는 나중에 나왔던 《선택할 자유》가 먼저 나왔던 《자본주의와 자유》를 보완한다고 생각했다. 심지어 그는 버몬트의 언덕 꼭대기에 있는 15만 평에 달하는 자기 집을 《자본주의와 자유》를 따서 '캐피타프Capitaf'라고 불렀다.[19] 그러나 대다수의 경제학자들은 그와 애너 제이콥슨 슈워츠와의 공동 저작 《미국의 통화사, 1867~1960》를 최고의 걸작으로 생각할 것이다.

로즈는 프리드먼을 먼저 떠나보내고서 3년을 더 살았다. 그녀는 장수를 누리고서 2009년에 98세의 나이로 세상을 떠났다. 그녀는 세상 사람들이 남편의 저작에 다시 관심을 갖고서 1930년대에 두 사람의 관계가 형성된 이후로 처음으로 발생했던 은행 전반에 걸친 조직적인 위기에 적용하는 모습을 보았다.

밀턴 프리드먼은 혼자 남은 부인이 자기 연구가 적용되는 모습을 보는 것을 두고 저승에서 기뻐했을 것이다. "학자에 연구의 대한 진정한 평가는 동시대 사람들이 어떤 말을 하는가가 아니라 앞으로 25년 혹은 50년이 지나서 미래의 사람들이 어떤 말을 하는가에 달려 있다. 내가 세상을 떠난 뒤에도 내 연구가 교과서에서 오랫동안 인용된다면, 나는 정말 대단한 자부심을 가질 것이다."[20]

Adam Smith
David Ricardo
Karl Marx
Alfred Marshall
Irving Fisher
John Maynard Keynes
Joseph Schumpeter
Friedrich Hayek
Joan Robinson
Milton Friedman
Douglass North
Robert Solow

11장
더글러스 노스

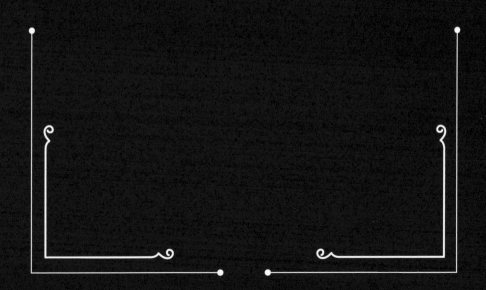

왜 소수의 국가만이
번영하는가?

우리 시대에 오랫동안 남아 있는 수수께끼 하나는 '왜 소수의 국가만이 번영하는가?'이다. 그러나 이것이 계속 수수께끼로 남을까? 이미 그동안 엄청난 번영이 있었고, 따라서 현재 세계은행은 국가를 '선진국' 혹은 '개발도상국'으로 분류하지 않고 지역으로 분류한다. 우리는 정말 빈곤의 종식을 목격하고 수십 년에 걸친 질문, 즉 왜 소수의 국가만이 번영하는가에 대한 답을 찾을 수 있을 것인가?

소수라고 하면 얼마나 작은 수를 의미하는가? 세계에서 경제 데이터를 작성하는 200개에 조금 못 미치는 국가들 중에서 약 50개 국가만이 고소득 국가로 분류된다. 이런 집단에 가입하기는 쉽지 않다. 세계은행은 1960년에 중간소득국으로 분류되던 101개 국가 중에서 불과 13개 국가만이 2008년까지 번영을 이룬 것으로 추정했다.[1] 1인당 GDP 혹은 평균 소득이 미국 수준에 접근한 국가들은 다음과 같다. 적도 기니, 그리스, 홍콩(중국 특별 행정구), 아일랜드, 이스라엘, 일본, 모리셔스, 포르투갈, 푸에르토리코, 싱가포르, 한국, 스페인, 타이완.

'지난 반세기 동안 왜 13개 국가만이 번영했는가?'라는 질문에 대한 대답에는 이들의 경제를 지탱하는 제도들의 유형에 대한 분석이 포함되어야 할 것이다. 신고전파 성장 모델에 명시된 자본, 노동(교육과 기술을 의미하는 인적 자본을 포함한다), 기술 진보와 같은 표준적인 경제 요소가 일부 국가는 번영하지만 많은 국가가 그렇지 못한 이유를 제대로 설명할 수 없게 되었다. 따라서 경제학자들은 국가가 좋은 제도를 보유하는가에 집중하게 되었다.

제도와 경제 개발에 관한 획기적인 연구를 개척한 사람이 바로 더글러스 노스다. 그와 그의 후예들은 어떻게 하여 일부 국가만이 좋은 제도를 채택하는지, 나쁜 제도를 개혁하기 위해 무엇을 해야 하는지 체계적으로 분석했다. 노스는 이렇게 말했다.

중세 마피아 같은 특징을 지닌 정부에서 근대의 법적 제도와 도구를 구현하는 정부로 진화하는 것은 자유의 역사에서 중요한 부분을 차지한다. 많은 경제학자가 근시안을 지녔기 때문에, 이 부분은 명료하지 않거나 무시되는 경향이 있다. 이들은 정부를 절도와 소득 재분배의 거대한 형태에 불과한 것으로 모델링하는 데만 집착한다.[2]

노스는 기존 모델은 국가 간에 경제 성장이 다르게 나타나는 이유 같은 본질적인 질문에 답을 제시할 수 없다고 생각했다.

무엇이 대단히 상이한 성과를 설명하는가? 이 차이는 표준적인 신고전파 이론과 국제 무역 이론의 관점에서 보면 더욱 당혹스럽다. 이 이론들은 경제가 재화, 서비스, 생산 요소를 교환하고 거래함에 따라 장기적으로 수렴하는 것을 의미한다. 우리가 서로 무역을 하는 공업화된 주요 국가들 사이에서 어느 정도 수렴하는 현상을 관찰할 수 있다. 그러나 지난 1만 년 동안에 강력하게 나타나는 특징은 우리가 종교적, 민족적, 문화적, 정치적, 경제적으로 볼 때 근본적으로 다른 사회로 발전해왔다는 것이다. 그리고 부유한 국가와 빈곤한 국가, 선진국과 미개발국 간의 차이는 지금도 과거만큼 크게 나타나고, 어쩌면 과거보다도 훨씬 더 크게 나타난다.[3]

이것이 급진적인 주장이라고 보기는 어렵다. 그러나 노스는 경제학이 노동과 자본처럼 손쉬운 측정이 가능한 투입을 관찰하는 안전 지대에서 빠져나오도록 했다. 그 대신 어떤 국가는 성공하고 다른 국가는 실패하는 원인을 이해하기 위해 정치학, 사회학, 역사를 끌어들였다.

노스는 1993년에 노벨 경제학상을 수상했다. 그는 1991년에 노벨 경제학상을 수상했던 로널드 코스Ronald Coase, 2009년에 같은 상을 수상했던 올리버 윌리엄슨Oliver Williamson과 함께 '신제도학파 경제학'이라는 분야를 개척했다. 이 작업은 나중에《국가는 왜 실패하는가: 권력, 번영, 빈곤의 기원 Why Nations Fail: The Origins of Power, Prosperity, and Poverty》의 공저자로 유명한 매사추세츠공과대학교의 경제학자 대런 애쓰모글루Daron Acemoglu, 시카고대학교 정치학자 제임스 로빈슨James Robinson 그리고 경제 개발에서 제도의 역할에 관한 노스의 연구에 천착하는 여러 학자들에 의해 확장되었다.

노스는 '무엇이 장기적인 침체나 경제적인 후생의 절대적 감소를 경험하는 사회를 설명하는가?'라는 질문을 통하여 경제적 격차의 원인을 찾기 위해 일생을 바쳤다.[4] 이번 장에서는 이 문제를 제기할 것이다. 어쩌면 이것이 우리 시대의 가장 중요한 경제적 과제인지도 모른다.

성장을 위한 제도의 필요성

더글러스 노스는 1920년에 매사추세츠주 케임브리지에서 태어났다. 그의 아버지가 보험 회사 간부로 일했기 때문에, 어린 시절에 노스는 살던 곳을 자주 옮겨다녀야만 했다. 그는 미국의 여러 주뿐 아니라 캐나다와 스위스에서도 살았다. 학부 시절, 그는 캘리포니아대학교 버클리 캠퍼스에서 철학, 정치학, 경제학을 함께 전공했다. 그가 학부 시절을 회상한 것을 보면, 많은 이들에게 희망을 줄 것이다. "학부 시절 내 성적은 기껏해야 보통이었다."[5]

그는 졸업하고 나서 2차 세계대전 중에 화물선단의 항해사가 되었다. 그는 로스쿨에 진학하고 싶었지만, 전쟁으로 군복무를 마쳐야 했다. 노스는 이렇게 말했다. "나는 양심적 병역거부자였다. 나는 아무도 죽이고 싶지 않았다. 누군가가 나를 조준하고 있는 것을 눈치채더라도, 그곳을 향해 대응 사격을 하지 않았다."[6]

노스는 3년을 복무하는 동안에 틈틈이 책을 읽었고, 법조계에서 일하려던 계획을 포기했다. 대신에 그는 경제학자나 사진사가 되고 싶었다. 이 두 가지는 확실히 서로 다른 선택이었다. 결국 경제학자가 사진사를 누르고 승리했다. 그는 이렇게 기억했다. "내가 평생에 걸쳐 하고 싶은 일은 더 나은 사회를 만드는 것이다. 이것을 하기 위한 길이 바로 무엇이 경제가 작동하게 만들었는지, 혹은 작동하지 못하게 만들었는지 찾아내는 것이다.[7]

2차 세계대전이 끝나갈 무렵, 첫 번째 결혼을 하고는 세 아들의 아버지가 되었다. 1972년에 엘리자베스 케이스 Elisabeth Case 와 두 번째 결혼을 했다. 두 사람은 엘리자베스가 케임브리지대학교 출판부 편집자로 일할 때 만났다. 그녀는 예전에 미시간대학교 출판부에서 일한 적도 있었다. 결혼 후에 그녀는 노스의 저작을 편집하기도 했다.

2차 세계대전이 끝나고 노스는 캘리포니아대학교 버클리 캠퍼스로 돌아와서 경제학 박사 과정에 입학했다. 그는 1951년부터 워싱턴대학교에서 경제학을 가르쳤다. 그는 그곳에서 32년 동안 재직하다가 세인트루이스에 있는 워싱턴대학교로 옮겼다. 그리고 퇴직할 때까지 세인트루이스에서 교수 생활을 했다. 노스는 최상급 대학교에서 정규 교수가 되지는 않았지만, 케임브리지대학교, 스탠퍼드대학교, 라이스대학교에서 초빙 교수가 되기도 했다. 이것은 최상급의 대학교가 아닌 곳에서 재직하더라도 학문적으로 성공하는 것이 가능할 뿐 아니라 정통이 아닌 분야를 연구하는 사람이 교수 제의를 받는 것이 얼마나 어려운지 보여준다.

앞서 지적한 바와 같이, 그는 40년에 걸쳐서 '제도와, 제도가 경제 개발에 어떠한 영향을 미치는가'에 관한 연구를 개척한 공로를 인정받아 1993년에 노벨 경제학상을 수상했다. 이것은 노스가 경제학자가 되고나서부터 관심을 가졌던 문제였다. 그는 박사 학위 논문에서도 미국 내에서 성장률이 지역마다 다른 이유를 설명하는 데 집중했고, 이것이 1961년에 발간된 그의 첫 번째 저작《1790년부터 1860년까지의 미국의 경제 성장The Economic Growth of the United States from 1790 to 1860》의 근간이 되었다.

1966년부터 1967년 사이에 노스가 1년 동안 제네바에서 거주할 수 있도록 연구 보조금을 받고나서 유럽 경제를 연구하기로 결심하면서 집중 분야가 변하기 시작했다. 이때가 바로 그에게 지적인 전환점이 되었다.

> 나는 신고전파 경제 이론의 도구가 중세 이후로 유럽 경제를 특징짓던 근본적인 사회 변화의 유형을 설명하는 작업을 해낼 수 없다고 확신했다. 우리는 새로운 도구가 필요했지만 그런 도구가 없었다. 신고전파 프레임워크에서는 경제적 성과가 오랫동안 빈약한 이유를 설명할 수 없다. 따라서 나는 무엇이 잘못되었는지 탐구하기 시작했다.[8]

이것은 오랜 여정이었다. 마침내 그는 1980년대에 정치학자들과 공동으로 연구하기에 이르렀다. 이 연구를 통해 1990년에 획기적인 저작《제도, 제도 변화, 경제적 성과Institutions, Institutional Change and Economic Performance》가 발간되었다. 그의 연구는 많은 국가가 여전히 빈곤한 이유를 규명하여 경제학에서 빈틈을 채워주었다.

개발경제학자들은 지난 40년에 걸친 엄청난 노력에도 불구하고, 경제적 성과에서 차이가 나타나고 이 차이가 오랫동안 지속되는 현상에 대해 만족스러운 설명을 내놓지 못했다. 단순한 사실은 그들의 이론으로는 이 작업을 제대로 할 수 없다는 것이다. 간단히 말하면, 그들이 놓치고 있는 것은 사람들 간의 조정과 협력의 성질에 관한 이해다. 물론 이것이 애덤 스미스를 따르는 사람들에게 놀라운 사실은 아니다. 스미스는 담합과 독점의 결과를 초래하는 협력의 형태뿐 아니라 무역을 통하여 이익을 실현하는 협력의 형태에 대해서도 관심이 있었다.[9]

노스는 경제학에서 새로운 사고방식을 제시했는데, 그것은 인간의 행동을 중심에 두는 것이었다. 이것을 바탕으로 그는 연구뿐 아니라 정책에도 오랫동안 관여했다. 노스는 여든이 넘어서도 세계 여러 국가들을 상대로 제도 분석을 성장 정책에 적용하도록 조언해왔다.[10]

더글러스 노스는 제도가 경제 개발을 이해하기 위한 열쇠라고 믿었다. 《제도, 제도변화, 경제적 성과》의 서문에 그는 이렇게 적었다. "역사는 중요하다. 우리가 과거를 통해서 배울 수 있기 때문이기도 하지만, 현재와 미래가 사회 제도의 연속성에 의해 과거와 연결되기 때문이기도 하다."[11]

노스가 경제 논쟁에서 처음으로 역사를 거론했던 경제학자는 아니지만, 제도와 경제 분석을 통합하는 데 기여했다. 노스는 제도를 이렇게 정의했다. "사회에 적용되는 게임의 법칙과 제도는 일상생활에 구조를 제공함으로써 불확실성을 감소시킨다."[12]

따라서 제도가 법률처럼 공식적일 수도 있고, 행동에 관한 사회적 규범의 준수를 감시하는 것처럼 비공식적일 수도 있다. 노스는 이 두 가지가 시간이 지나면서 변할 수 있다고 믿었는데, 이것이 바로 발전이 어떻게 일어나는가를 이해하는 데 역사가 아주 중요한 이유가 된다. 그의 저작은 정치 제도와 사회 제도를 경제 연구에서 분리하는 것을 거부한다.

노스는 "제도는 교환과 생산에 따르는 비용에 영향을 미침으로서 경제적 성과에 영향을 미친다"라고 주장했다.[13] 다시 말하면 부실한 제도는 많은 비용을 발생시킨다. 최소한으로 말하더라도 지나친 규제는 부담이 되고 사업을 하는 데 비용을 추가시킨다. 극단적으로 보면 정치 제도가 전쟁이나 분쟁에 이르게 할 정도로 불안정하다면 경제가 성장할 수가 없다.

제도와 발전 간의 연관 관계를 이해하면 필요한 개혁의 방향을 제시할 수 있다. 예를 들어 노스는 미국이 성공하게 된 원인이 제도라고 보았다. "미국 경제사는 연방제의 정치 체제, 견제와 균형, 재산권의 기본 구조에서 그 특징이 나타난다. 이것들은 자본 시장의 창설과 경제 성장에 반드시 필요한 장기 계약을 촉진했다." 이런 사실을 중간소득국의 지위를 뛰어넘고자 발전을 위해 분투하는 남부의 이웃나라들과 대비하여 이렇게 말했다. "이와는 대조적으로 라틴 아메리카의 경제사는 스페인과 포르투갈의 유산에서 물려받은 중앙집권적, 관료적 전통의 영속에서 그 특징이 나타난다."[14]

노스는 이러한 국가들의 경제에 대한 연구를 바탕으로, 발전을 위해 바람직한 제도에는 법규뿐 아니라 세계화를 향한 개방성도 포함된다는 결론을 내렸다. 이러한 제도들은 사람들에게 기업 경영과 생산 활동에 종사하기 위한 긍정적인 동기를 제공하고, 이것이 경제 성장을 창출한다. 구체적으로 말하면 그는 시장 지원 제도가 중요하다고 지적했다. "기본적인 제도적 프레임워크는 생산 활동에 종사하는 조직을 위해 인센티브를 지속적으로 강화시켰다."[15]

특히 노스는 경제 성장하는 데 중요한 요소인 기술 진보를 위해 제도가 중요하다고 믿었다. 그는 이것이 영국처럼 번영을 이룬 국가에서 공통적으로 나타난다는 사실을 확인했다. "재산권의 안정과 공적, 사적 자본 시장의 발전은 이후 영국의 급속한 경제 발전의 주요 요인이었을 뿐 아니라 영국이 정치적 주도권을 갖고서 궁극적으로는 세계를 지배하게 된 요인이었다."[16]

그는 좋은 제도가 없는 것이 일부 개발도상국들이 뒤처지게 된 이유라고 생각했다. 이들 국가들의 제도가 미국과 영국에 존재하는 것과 같은 종류의 긍정적인 동기를 제공하지 않는다는 것이다. "정치적, 경제적 기업가가 갖는 기회는 항상 잡다하게 있지만 기회는 생산 활동보다는 재분배 활동을 촉진하고, 경쟁보다는 독점을 조장하고, 기회를 확대하기보다는 제한하는 활동을 대단히 선호한다. 기회는 생산성을 증가시키는 교육에 대한 투자를 거의 유발하지 않는다."[17]

또한 그는 제도가 스스로 영속한다고 믿었다. 좋은 제도든, 나쁜 제도든 이것이 스스로 계속 유지된다는 생각은 경제 개발에서 '경로 의존성path dependence'이 있다는 것을 의미한다. 경로 의존성은 노스가 빈곤의 악순환과 성장의 선순환을 설명하기 위해 사용했던 개념이다. 선순환에서는 정부가 좋은 제도를 강화하는 교육과 기술 발전에 투자하고, 이 행위는 좋은 제도가 영속하는 데 도움이 되는 성장을 창출한다.

다시 말하면, 경로 의존성은 좋은 제도 혹은 나쁜 제도가 영속적으로 좋은 제도 혹은 나쁜 제도가 되기에 이끈다는 것을 의미하고, 이것이 경제 성장 경로를 긍정적으로 혹은 부정적으로 강화한다. 미래에 나올 것은 과거에 나온 것에 의존한다.

노스에게는 경로 의존성이 장기적인 경제적 성과에서 차이가 나는 이유를 설명하는 데 도움이 되었다. 또한 이것은 그가 경제 과정을 변화시키기 위해 경제 개혁을 추진하는 것이 어렵다는 단정을 하게 만들었다. 경제 개혁은 더디게 일어날 수 있는 정치적, 사회적 변화를 요구하기 때문이다. "경로의 역전(침체에서 성장 혹은 성장에서 침체)은 대체로 정치 조직체의 변화를 통하여 일어날 것이다."[18]

노스가 현재의 개발 과제를 해결하는 방법에 대해 무슨 말을 할지 살펴보기 전에, 먼저 많은 국가가 여전히 빈곤하게 된 이유를 자세히 살펴보자.

지속 가능한 발전 목표, 빈곤의 종식

개발 과제의 한 측면은 오랫동안 지속되지 않을 수 있다. 국제연합United Nations, UN과 세계은행은 세계 모든 국가들의 지지를 받아서 2030년까지 극심한 빈곤을 종식시킨다는 야심찬 목표를 설정했다. 이것은 국가에서 1달러로 구매할 수 있는 상품으로 조정하여 혹은 '구매력 평가'에 근거하여 하루 1.90달러 미만으로 살아가는 사람이 더는 없을 것임을 의미한다. 이를 위해서는 무엇을 해야 할까? 우리가 정말 빈곤의 종식을 확인할 수 있을까?

우선 이제까지 엄청난 진전이 있었다. 개발도상국의 빈곤율은 1981년 이후로 크게 하락했다. 당시 세계 인구의 절반 이상(52%)이 하루 1.25달러 미만으로 살았다. 이 수치를 하루 1.90달러로 끌어올리면 빈곤율은 약 10%가 하락한다.

UN의 밀레니엄 개발 목표Millennium Development Goals, MDGs 중의 하나가 1990년부터 2015년까지 빈곤율을 절반 수준으로 감소시킨다는 것이었다. 실제로 이 목표는 5년 일찍 달성되었다. 1990년 세계 인구의 3분의 1 이상(36%)이 극심한 빈곤에 처해 있었다. 2010년이 되면서 이 수치가 18%로 감소했다. 이것은 주로 중국의 가파른 경제 성장과 동아시아 지역의 발전에 기인했다. 1981년에 80%였던 빈곤율이 8%로 하락했던 것이다. 지금 같은 추세라면, 세계에서 가장 빠르게 성장하는 지역에서는 한 세대 안에 빈곤의 종식을 보게 될 것이다.

사하라 사막 이남 지역은 지난 30년 동안에 극심한 빈곤 상태에 놓인 사람이 많아진 유일한 곳이다. 아프리카의 극빈층 비율은 1981년과 비교하여 조금 낮아졌지만, 인구 증가로 극심한 빈곤 상태에 놓인 사람이 더 많아졌다. 아프리카 인구는 세계 인구에서 차지하는 비율이 11%에 불과하지만, 이들이 세계 극빈층의 절반 이상을 차지한다.

전체적으로 보자면, 1990년 이후로 세계적으로 10억 명이 넘는 사람들이 빈곤에서 벗어났는데, 이는 엄청난 실적이다. 역사상 처음으로 세계적으로 10명 중에 불과 1명만이 극빈층에 해당한다. 그리고 유엔과 세계은행은 우리가 2030년까지 극심한 빈곤의 종식이라는 역사적인 목표를 향해 가고 있으며, 2015년에 채택된 '지속 가능한 발전

목표Sustainable Development Goal, SDGs'의 첫 번째 목표를 달성할 것으로 믿는다.●

우리가 정말 빈곤을 종식시키는 데 성공한 역사상 첫 번째 세대가 될 수 있는가? 빈곤의 종식이 정확하게 무엇을 의미하는가? 이것이 하루 1.90달러 미만으로 사는 사람이 전혀 없다는 것을 의미하지는 않는다. 세계은행은 직장을 잃을 때처럼 일시적으로 빈곤에 빠져드는 사람이 있기 때문에 3%의 빈곤율이 빈곤의 종식에 해당하는 것으로 가정한다. 이것은 '마찰적 빈곤frictional poverty'으로 알려져 있다.

이러한 지점에 도달하려면 대단한 노력이 필요하다. 2030년까지 빈곤에 처한 사람들의 수가 매년 5000만 명씩 감소해야 한다. 이는 1주일로 환산하면 100만 명에 해당한다. 이런 속도를 유지하는 것은 만만찮은 일이다. 이러한 목표를 충족시키면 세계 인구 86억 명 중에서 2.5억 명을 제외하고 모든 사람이 극심한 빈곤에서 벗어나게 된다.

이런 목표를 달성하기 위해 어떤 정책을 추진해야 하는가? 급격하게 성장하는 중국에서 배울 점이 있다. 1990년 중국은 빈곤율이 아프리카보다 더 높았지만, 지난 수십 년 동안에 세계 빈곤율이 감소하는 데 커다란 역할을 했다. 그러나 성장만으로는 충분하지 않다. 아프리카는 아시아에 이어 세계에서 두 번째로 빠르게 성장하는 지역이지만, 빈곤을 해소하는 데 비슷한 진전을 이루어내지 못했다.

● 나머지 16개 목표는 다음과 같다. 기아의 종식, 건강한 삶과 복지 증진, 양질의 교육, 양성 평등, 깨끗한 물과 위생, 적정 가격의 청정에너지, 양질의 일자리와 경제 성장, 산업과 혁신과 사회기반시설, 불평등 해소, 지속 가능한 도시와 공동체, 책임 있는 소비와 생산, 기후변화, 해양 생태계, 육지 생태계, 평화와 정의와 강력한 제도, 목표 달성을 위한 파트너십.

어느 한 국가 혹은 지역에서 얻은 교훈을 다른 국가나 지역에 적용하려고 할 때는 항상 신중해야 한다. 3장에서 설명했듯이 중국 경제는 일당 통치 아래에서 중앙 계획을 실행하는 과도기에 있다. 예를 들어 이것은 국가가 토지를 실제적으로 소유하고 임대하는 것을 의미한다. 이것은 일부 사람들이 정부 특혜를 통하여 얻은 토지를 개발하여 엄청난 부자가 될 수 있고, 대부분의 사람들이 토지와 토지에서 나오는 자원을 활용하지 않고서 자영업을 통하여 빈곤에서 벗어나는 것을 의미한다. 옥스퍼드대학교 경제학자 폴 콜리어Paul Collier가 지적했듯이, 이것은 중국과는 달리 소득 증가가 천연 자원에 기반을 두고 있고 이익이 고르게 분배되지 않는 아프리카와는 크게 대비된다.[19]

중국에서는 농업 생산성을 증진하기 위한 정책을 개발했다. 이러한 정책은 농촌 지역에서 수억 명이 빈곤에서 벗어나도록 했다. 세계은행은 개발도상국에 농업 생산성 증진과 비슷한 목표를 겨냥한 성장 정책을 권고하고 있다.

아프리카와는 달리, 중국은 빈곤 완화 정책의 표준적인 수단이라 할 해외 원조에 크게 의존하지 않았다. 따라서 원조가 빈곤 완화에 미치는 효과에 관해 엇갈리는 증거가 나왔다. 이 효과에 대해 격렬한 논쟁이 벌어졌다. 영국의 해외개발연구소Overseas Development Institute, ODI는 원조가 지금도 일정한 역할을 하지만 그 방식에 대해서는 점검이 필요하다고 주장한다.

따라서 여전히 남아 있는 빈곤 지역에 지난 과거에서 얻은 교훈을 적용하는 데는 신중을 기해야 한다. 세계 극빈층의 절반 정도가 아프리카 지역에서 거주하고, 3분의 1 정도가 남아시아 지역에 거주한다.

예를 들어 높은 경제 성장을 이어가고 분쟁이 없는 탄자니아의 경우를 보면, 빈곤 인구가 20년 전 900만 명에서 지금은 1500만 명으로 증가했다. 남아시아 지역도 경제 성장에도 불구하고 동아시아 지역보다는 진전이 더디다. 따라서 여전히 남아 있는 7억 6700만 명을 빈곤에서 벗어나도록 하기 위해 성장에만 의존할 수는 없다.

노스가 강조했듯이 실효성 면에서 보면 개별 국가들의 여건이 상당히 중요하다. 그러나 지난 수십 년 동안에 이루었던 진전이 어떤 식으로든 개별 국가들에 맞게 복제될 수 있다면, 남아 있는 극빈층이 빈곤에서 벗어날 수 있을 것이다. 이것은 1990년에 36%를 기록하던 빈곤율이 2010년에 18%로 하락했고, 2030년까지 비슷한 규모로 하락한다는 뜻이다. 이것은 우리 생애에 빈곤이 종식되는 것을 의미한다. 노벨 경제학상 수상자 로버트 루카스^{Robert Lucas, Jr.}는 이렇게 말했다.

> 인도 정부가 인도 경제가 인도네시아처럼 성장할 수 있도록 취할 수 있는 조치가 있는가? 그렇다면 정확하게 무엇인가? 그렇지 않다면, 이렇게 만드는 '인도의 특징'은 무엇인가? 이런 질문이 인류의 복지에 미치는 영향은 엄청나게 크다. 일단 이 질문을 한번 생각하기 시작하면, 다른 것은 생각할 틈이 없다.[20]

경제 성장 경로에서 탈선할 가능성도 있다. 이것은 2차 세계대전 이후로 개발도상국에서 나타난 특징이었다. 일단 위기에 빠져들기가 쉽다면, 더글러스 노스의 경로 의존성에 관한 이론이 이런 현상이 자주 일어나는 것이 놀랍지가 않다는 사실을 시사할 것이다.

위기의 역사

경제 개혁 실적이 있고 성장 전망이 밝은 개발도상국을 달리 표현하는 용어인 '신흥 경제국'과 '신흥 시장'에서도, 금융 위기가 연속으로 일어나 지난 수십 년 동안 지속적인 성장을 가로막았다. 중국은 40년에 걸친 성장기를 거쳤지만 위기 때문에 성장이 중단되지 않았으며 극심한 빈곤을 거의 근절했지만, 다른 많은 개발도상국들은 그렇지가 않았다.

1세대 외환 위기는 1981~1982년의 라틴 아메리카 위기를 말한다. 브라질, 멕시코, 아르헨티나, 칠레는 경제를 약화하는 세 가지 특징을 공유하고 있었다. 정부가 지출을 하려고 자금을 차입함으로써 대규모 재정 적자에 시달렸고, 수출보다 수입을 더 많이 하여 대규모 무역 적자 혹은 경상수지 적자에 시달렸고, 물가가 빠른 속도로 상승하여 높은 인플레이션에 시달렸다. 이 특징들은 미국 달러화 대비 고정 환율에 압박을 가했다. 이 네 나라는 타블리타tablitas[얇은 판자를 의미하는 스페인어이다. 평가절하(또는 절상)의 필요가 있을 경우 한번에 10%나 20% 등과 같이 변경하는 것이 아니라 매월 0.2%씩 1년에 2.4% 절하(절상)하는 식으로 연속적이며 점진적으로 변경하는 방식을 채택한 국가를 말한다-옮긴이]로 알려졌다. 어느 국가에서 적자 규모가 크고 물가 상승률이 높으면 투자자가 자신이 보유하고 있던 이 나라의 통화를 매각하고 좀 더 안정적인 통화(주로 달러화)를 매입하는데, 이러한 현상이 라틴 아메리카 지역에서 발생했다. 이러한 쌍둥이 적자(재정 적자와 무역 적자)와 높은 인플레이션이 왜 신흥국이 성장 경로에서 탈선하게 될 위기에 취약한지 보여준다.

2세대 외환 위기는 1992년 유럽 환율 메커니즘European exchange rate mechanism, ERM의 붕괴를 말한다. 이는 선진국과 관련된 위기이기는 했지만, 라틴 아메리카에서의 현상과 비슷한 특징이 있었다. 영국인은 지금도 검은 수요일Black Wednesday(미국의 투자가 조지 소로스가 막대한 자금을 동원, 1992년 9월 16일 영국의 파운드화를 투매하여 영국 정부가 유럽 환율 메커니즘에서 탈퇴하도록 한 사건을 말한다-옮긴이)을 기억한다. 당시 유럽의 여러 나라는 파운드화와 이탈리아의 리라화 등 통화 환율을 독일 마르크화에 고정하자는 2년 전의 합의를 깼다. 시장에 대한 신뢰가 무너진 상태에서 투자자가 파운드화를 매입하도록 설득당하고 있었는데, 고정환율제를 유지할 경우에는 자국 통화의 환율을 고정시키는 것이 금리가 도저히 수용할 수 없을 정도로 상승하는 것을 의미했다.

영국에서는 금리가 15%에 달했는데, ERM에 계속 남은 것은 불황 시기에 경제 성장에 아주 해롭게 작용했을 것이다. 고금리는 차입에 따르는 비용을 증가시켜 투자를 위축시키고, 따라서 성장을 악화시킨다. 어려움에 처했던 유럽 국가들은 라틴 아메리카 국가와는 다르게 위기 이후를 상당히 잘 헤쳐나갔다. 통화가 약세를 띠면서 이들이 해외에 보다 저렴한 가격으로 제품을 판매할 수 있었고, 따라서 수출 제품의 경쟁력이 높아졌다. 예를 들어 영국 경제는 1990년대에 호조를 보였다.

라틴 아메리카 국가와 유럽 국가의 차이점은 이렇다. 유럽 국가들은 훌륭한 중앙은행처럼 안정된 제도를 보유했고, 따라서 그들의 명성을 거의 손상하지 않고서 위기에서 빠져나왔다. 반면에 라틴 아메리카 국가들은 위기가 경제 시스템에 대한 신뢰를 무너뜨렸고, 투자자가 장기적으로 떠나도록 했다. 이것은 '좋은 제도는 위기를 겪어도 번영을 낳고 이를 지속시킨다'는 노스의 이론과 일치한다.

3세대 금융과 외환 위기는 1997~1998년에 아시아 지역에서 일어났다. 아시아의 금융 위기가 앞에서 말했던 두 가지 위기와 다른 점은 금융 위기가 외환 위기에 이르게 했다는 것이다. 태국에서는 여러 해에 걸친 자본 유입 이후로 외국인 투자자가 갑자기 자금을 빼가는 사태가 발생하면서 태국 바트화 가치가 급락했다. 태국 기업에 빌려줬던 현금 유입이 갑자기 중단되었다.

이러한 위기가 말레이시아, 인도네시아, 홍콩, 한국까지 퍼졌다. 이 국가들에서는 기업이 익숙하게 사용하는 외환을 보유하기 위해 금리 인상을 추진해야 했는데, 이것이 성장에 악영향을 미쳤다(이러한 의미에서 ERM 위기와 비슷했다). 자금이 빠져나가면서 투자자가 이 국가들의 통화를 더 이상 보유할 필요가 없게 되자 통화 가치가 급락했다. 바로 이 이유 때문에 이번 위기가 맨 처음에는 금융 위기로 알려졌다.

3세대 위기에서 놀라운 사실은 이것이 아시아 경제에 영향을 미쳤고, 1980년대 초반의 라틴 아메리카와는 다르게, 아시아 국가들이 잘 헤쳐나가서 심각한 무역 적자 혹은 재정 적자를 초래하지 않았다는 것이다. 그럼에도 이 5개 국가는 처음에는 위기에 빠져들어 여러 해에 걸쳐 성장에 타격을 입었다.

3세대 위기가 우려를 낳게 했던 또 다른 특징으로는 전염성이 있어서 아시아 금융 위기의 충격이 전 세계의 신흥국으로 파급되었다는 것이다. 이번 위기는 1998년 러시아, 1999년 터키, 2000년대 초반 브라질과 아르헨티나에 영향을 미쳤다. 이것은 이 국가들이 위기에 빠져들었던 아시아 국가와 무역이나 투자를 많이 했기 때문이 아니라 투자자가 모든 개발도상국 시장을 무차별적으로 경계하여 이 국가들까지도 위기에 빠뜨렸기 때문이었다. 위기가 발생했던 곳에서 지구 반대편에 있는 아르헨티나는 10년 후에 그리스가 국가 부도 사태를 맞이하기 전까지 현대에 가장 큰 규모의 국가부도 사태를 맞았다.

이 같은 역사는 위기에 가장 취약한 국가들이 이들이 발행한 채권을 보유한 외국인에게 가장 많이 노출되어 있는 신흥국이라는 사실을 부각시켰다. 채권자들이 채권을 더 이상 보유하지 않으려고 하면, 이 국가들이 대출자를 유치하기 위해 높은 이자를 지급해야 하기 때문에 채권 시장에서 자금을 조달하는 데 따르는 비용이 증가한다. 외채가 관심의 초점이 되는 이유는 이 국가들이 빌린 '핫머니hot money'라고 불리는 차입금과 유치한 투자가 빠져나가면 투자자가 이 국가들의 통화까지도 매각할 것이기 때문이다. 그러면 통화가 약세를 띠면서 달러화로 빌린 외채 상환에 따르는 비용이 증가하고, 이는 외채 문제를 더욱 악화시킨다.

바로 이 이유 때문에 개발도상국에게는 달러화로 차입하는 것이 '원죄'가 되었다. 국가의 외환보유고가 중요하게 여겨졌고, 따라서 위기에 취약했던 국가들이 수입 대금을 지급하고 외채를 상환하기에 충분한 외환을 보유하여 외환과 자본 이동에 의해 영향을 덜 받는다는 것을 보여줄 수 있게 되었다.

이런 위기는 경제 성장 경로에서 여러 해에 걸쳐 탈선하게 만들 수 있다. 신흥국들이 중간소득국의 함정에서 빠져나오려면 오랜 기간에 걸친 성장이 요구되기 때문에 외환 위기 혹은 금융 위기는 이들이 번영하지 못하게 만들 수 있고 실제로 그렇게 해왔다. 예를 들어 한국과 타이완은 20년이 넘게 성장가도를 달려왔다. 개발도상국들이 지속적으로 성장할 수 있다면 빈곤이 종식될 뿐 아니라 선진국의 지위에 오를 수도 있다.

높은 성장률을 지속적으로 유지하는 문제에 관한 한, 또 다른 우려 사항이 있다. 2010년대에 와서는 신흥국의 성장 속도가 떨어졌다. 규모가 큰 신흥국들인 브릭스 국가 중에서 브라질과 러시아는 성장을 위해 분투하고 있다. 반면에 인도와 중국은 계속 성장하고는 있지만 예전에 비해 완만한 속도로 성장하고 있다. 규모가 작은 신흥국에서도 이와 비슷한 추세가 나타난다. 그리고 이것은 신흥국들의 성장 스토리가 이들이 빈곤을 종식시키고 번영을 달성하기 전에 끝나는 것이 아닌가 하는 문제를 제기한다.

그러나 이들 중 많은 국가가 수십 년에 걸친 고도성장의 시기를 보내고 최근에 중간소득국의 지위에 올랐기 때문에, 성장 속도가 떨어지는 현상을 예상하지 못했던 것은 아니었다. 신흥국이 처음으로 세계 GDP의 절반 이상을 차지했지만, 선진국이 경험을 통해서 알고 있듯이 부유한 국가 가난한 국가보다 더디게 성장한다. 고도성장의 시기를 보낸 신흥국의 성장 속도가 떨어지는 것은 놀라운 현상이 아니다.

중국, 인도, 구소련 국가들이 1990년대 초반에 경제 개방을 추진하고 나서 세계 시장으로 진출하여 당장 혜택을 보았다. 이들이 세계 경제로 편입한 것은 오프쇼어링offshoring(선진국이 생산 시설이나 서비스 업종의 전부 또는 일부를 임금이 싼 개발도상국으로 옮기는 것을 말한다-옮긴이)과 같은 용어가 유행하는 세계화 시대를 여는 데 기여했다. 2010년대까지 제품과 서비스의 수출액이 세계 GDP의 20%에서 30%로 증가했다. 이들이 경제를 개방하면서 외국인 투자가 임금이 싸고 빠르게 성장하는 이들 신흥국으로 몰려들었다. 이러한 사실은 이들의 기업들이 기존의 다국적 기업에서 많은 것을 배우고, 이들 국가에서 새로운 중산층이 증가하는 데 기여했다.

국가가 번영하면 성장 속도는 필연적으로 떨어진다. 개발도상국은 공업화와 무역의 과정을 처음부터 시작하기 때문에 빠르게 성장한다. 따라서 이에 따른 혜택이 상대적으로 많고, 빠르게 얻을 수 있다. 선진국은 생산성을 증진하기 위해 혁신을 해야 하고 산업을 개선해야 하기 때문에 성장 속도가 떨어진다. 중국으로서는 4% 성장률이 실망스러울 수가 있다. 그러나 미국에게는 이것이 엄청난 실적이다.

더글러스 노스에 따르면 경제 성장의 속도가 얼마나 떨어질 것인지, 따라서 장기적인 성장 전망이 어느 정도로 어두워질 것인지 결정하는 것은 제도의 품질이다. 새롭게 세계화된 경제 국가, 베트남과 미얀마는 유용한 사례 연구를 제공한다. 이들은 대단한 전망을 지녔지만 중대한 장애물에 직면해 있다. 남아프리카공화국도 주목해야 할 또 다른 사례. 이제 이 국가들을 차례대로 살펴보자.

베트남은 차기 중국이 될 수 있는가

1986년 베트남 정부는 도이모이doimoi(베트남어로 '새롭게 바꾼다'는 뜻이

다-옮긴이)라고 알려진 일련의 시장 지향적 개혁을 추진했다. 이후로 베트남은 중앙 계획에서 공산당이 여전히 권력을 쥐고 있는 '사회주의 시장 경제'로 가는 과도기에 있었다. 베트남은 13억 인구의 중국과는 비교가 되지 않지만 9000만 명이 넘는 인구 규모로 보면 세계 20위권 안에 있는 상당히 큰 나라다. 따라서 인구를 감안하면 베트남 경제는 잠재적으로 중요하다. 베트남은 중국과 마찬가지로 공산주의 정권을 유지하면서 낙후된 경제를 개혁하기 시작했다.

구체제의 잔재 중 한 가지는 국영 기업이 은행 대출의 대부분을 차지하고 이 나라의 부실 채권의 절반 이상을 차지한다는 것이다. 베트남은 안정적인 변화와 공산당 통치로 인하여 때로는 '차기 중국next China'으로 인식된다. 그러나 부채 위기가 다가올지도 모른다는 우려가 있다. 베트남이 시장 지향적인 제도를 창설하고 시장을 지배하던 중앙 계획 기구를 해체하려면, 경제 궤도를 변경하기 위한, 즉 더글러스 노스가 말했던 '경로 의존성'에서 벗어나기 위한 힘든 과제를 수행해야 할 것이다.

개혁하기에 가장 어려운 제도 중 하나가 바로 국영 기업이다. 베트남은 도이모이를 시작한 뒤 몇 년이 지나서도 이러한 기업들의 주도권과 이들과 연관된 부실 채권이 여전히 문제로 남아 있었다. 베트남은 다른 나라와 마찬가지로 국영 은행의 장부에서 부실 채권을 떨어내기 위해 '부실 채권 전담 은행bad bank' 혹은 자산관리회사를 설립했다. 이것은 1999년에 중국에서 했던 것이었다. 중국은 2001년 WTO에 가입할 때 은행 부문을 개방하기 전에 대규모 국영 은행의 대차대조표를 깨끗하게 청소하기 위해 이런 기관을 네 곳 설립했다. 그러나 부실 채권 문제는 저량^{stock} 변수뿐 아니라 유량^{flow} 변수(일정 기간에 측정되는 지표로 소득, 수요량 및 공급량, 국내총생산, 국제수지 등이 이에 해당한다. 소득, GDP 등은 1개월 혹은 1년 등 특정 기간에 발생한 양이다. 한편 저량 변수는 일정 시점에 측정되는 지표로 특정 시점 이전까지 유량 변수가 누적된 결과다. 기업의 재고량, 자산, 부채, 외환보유액 등이 저량 변수다. 소득은 유량 변수지만 재산은 저량 변수다-옮긴이)에도 있다. 다시 말하면, 비효율적인 국영 기업들이 부채를 지속적으로 축적하는 것을 무시해서는 안 되었다.

1990년대 중반, 중국은 국영 기업 대부분을 민영화 혹은 구조 조정하는 대담한 조치를 취했다. 1990년대가 지나면서 규모가 큰 국영 기업의 수는 약 1000만 개에서 30만 개 미만으로 떨어졌다. 중국은 아직도 국영 부문이 상당한 규모를 차지한다. 그러나 남아 있는 국영 기업의 효율성을 증진함으로써 부실 채권의 흐름을 차단하기 위한 주목할 만한 조치가 시행되었다. 이것은 특히 은행을 포함하여 규모가 가장 큰 국영 기업조차도 부분적으로 민영화하거나 주식을 매각하는 방식으로 진행되었다. 물론 중국은 3장에서 설명했듯이, 2008년 세계 금융 위기 시에 경제를 활성화하기 위해 재정적 경기 부양책을 대규모로 추진하는 이면에서 재정의 대부분을 조달하기 위해 은행 시스템을 활용할 때 자체적으로 다른 문제들을 일으켰다.

베트남은 국영 기업 개혁을 공약했지만 커다란 진전이 없었다. 2011년이 되어서야 국영 기업의 수가 크게 감소하기 시작하여 2015년까지 5년 동안 1309개에서 958개가 되었다. 그리고 2020년까지

190개를 목표로 민영화를 훨씬 더 적극적으로 추진할 예정이다. 국영 기업 개혁에 약 30년이 걸리는 셈이다.

베트남은 1990년대 초반에 중앙 계획 경제에서 신속하게 과도기로 넘어갈 때 중국과 마찬가지로 구소련 국가들이 취했던 '충격 요법'을 따르지 않기로 결정했다. 대신에 정부가 국영 부문을 서서히 개혁할 수 있도록 민간 기업의 활동을 보장하는 것을 포함하여 시장 경제를 점진적으로 도입했다.

과거 동유럽권 국가들이 시장 경제로의 신속한 전환 이후로 10년에 걸친 불황을 겪은 것을 보면, 아마도 당연히 중국과 베트남이 현명한 조치를 취한 것으로 보일 것이다. 그러나 이들의 개혁에는 중요한 장애물이 있다. 다시 말해서 좀 더 빠른 전환을 추진하면 국가의 비효율적인 '손'을 제거하게 된다. 구체제를 신속하게 해체하면, 개혁을 통하여 가장 많은 혜택을 보면서 더 이상의 발전을 가로막을 수 있는 사람들이 특권층을 형성하고 시장 경제에서 새로운 세력 기반을 창출하는 것을 방지할 수 있다(물론 러시아와 그 밖의 국가들의 시장 경제로의 전환에는 많은 문제가 있었다. 여기에는 구체제가 해체되면 민간 경제가 그 공백을 메울 수 있을 것이라는 비현실적인 기대도 포함된다).

중국은 농업 생산에서 인센티브를 부여하는 것처럼 정치적으로 쉬운 개혁을 먼저 추진하고 국영 부문과 같은 어려운 개혁을 나중에 추진한다는 의미에서 '쉬운 것에서 어려운 것easytohard'으로의 개혁을 추진했다. 이론이 말해주듯이, 새로운 세력 기반을 가진 사람들이 더 이상을 개혁을 어렵게 만들었다. 마찬가지로 베트남도 국영 기업을 완전히는 아니더라도 적어도 부분적으로 민영화하면, 국영 기업의 무능한 관리자 때문에 개혁이 수렁으로 빠져들 것으로 보인다. 다시 말하면, 경제 개혁을 통하여 혜택을 보는 사람들이 이제는 은행 시스템에 장애가 되는 비효율적인 기업을 꼭 붙잡게 될 것이다.

이들은 베트남 경제에 중요하게 작용한다. 베트남 정부 부채는 GDP의 절반에 해당하고, 해외 채권자에게 갚아야 할 부채가 GDP의 3분의 1이 넘는다. 여기에 국영 기업의 부채를 보태면, 이 수치가 두 배로 증가하여 GDP의 100%가 된다. 정부의 총부채가 한 나라의 연간 국내 생산과 맞먹는 규모라면, 부채 위기에 대한 우려가 커진다. 이를 방지하려면 상당한 수준의 민영화를 추진해야 할 뿐 아니라 국영 기업으로 인한 부실 채권의 흐름을 차단해야 한다. 그러려면 다수의 특권층을 타파해야 한다.

노스가 경고했듯이, 개혁에 착수하는 국가를 위한 교훈은, 추진하려는 조치의 효율성뿐 아니라 기존 제도를 유지하려는 특권층이 갖는 권력을 고려해야 한다는 것이다. 베트남에게 이 경고는 주의를 기울일 만한 가치가 있다.

최후의 미개척지, 미얀마

예전에 버마로 알려졌던 미얀마도 최근에 개방 정책을 추진했다. 미얀마는 베트남과는 다른 문제에 직면하고 있지만, 마찬가지로 경제 궤도를 변경하기 위해 경제 구조와 제도를 개혁하고 있다.

투자자들은 미얀마를 '최후의 미개척지final frontier'라고 부른다. 이것은 영화 〈스타트렉Star Trek〉의 제목이기도 한데, 미얀마가 아직은 개척되지 않은 곳이라는 의미를 담고 있다. 미얀마는 반세기에 이르는 군사 통치를 종식하고 노벨 평화상을 수상한 아웅산 수지 여사의 가택 연금이 해제되고 나서 2011년이 되어서야 개방 정책을 추진하여 세계화의 길을 가고 있는 규모가 큰 최후의 아시아 국가다.

통계가 모든 것을 말해준다. 2011년 전체 인구의 6%만이 휴대폰을 보유했고, 약 10%만이 은행 계좌를 보유했다. 수십 년에 걸친 군사 통치는 미얀마를 저개발 국가, 아시아에서 대단히 가난한 국가 중 하나로 만들었다. 그러나 이 사실은 미얀마가 적절한 제도 개혁을 통하면 가파르게 성장할 가능성이 아주 높다는 것을 의미한다. 미얀마는 잘 정비된 글로벌 공급 사슬을 통하여 세계에서 가장 빠르게 성장하는 지역에 자리를 잡고 있다. 미얀마가 세계 제조업 네트워크의 일원이 된다면 경제를 공업화하고 빠르게 성장하는 데 도움이 될 수 있다.

미얀마는 아시아의 여러 소규모 개발도상국과는 다르게, 인구가 한국과 비슷하여 성장을 촉진하고 수출을 확대하기 위해 상당한 규모의 내수 시장을 활용할 수 있다. 바로 이 사실이 공급이 수요를 충족시켜 주지 못하는 시장에 주목하는 다국적 기업의 관심을 끌게 되었다. 또한 미얀마에는 석유, 가스, 광물 자원이 풍부하게 매장되어 있다. 따라서 다국적 기업을 자극하는 세 요소, 즉 천연 자원, 저비용, 새로운 시장을 모두 충족한 상태에서 외국인 투자를 유치할 수 있다.

확실히 미얀마는 잠재력이 높아서 장차 두 자릿수 성장을 하게 될 국가를 찾는 세계 대기업들의 관심을 끌고 있다. 그러나 앞에서 설명했던 신흥국을 괴롭히는 수많은 위기에서 알 수 있듯이 투자 흐름에 지나치게 빠른 속도로 문을 여는 데는 함정이 있다. 중국은 이것을 피해갔는데, 이러한 사실이 시장 경제를 새롭게 도입하려는 국가에 대안적 모델 역할을 하는 이른바 베이징 컨센서스Beijing Consensus라는 것이 등장하는 계기가 되었다. 중국이 경제 성장에 성공한 이후 워싱턴 컨센서스Washington Consensus(중남미 개발도상국에 대한 미국식 자본주의 국가 발전 모델을 뜻한다-옮긴이)를 겨냥한 비판이 난무하는 상황에서, 미얀마가 세계 경제를 향한 역사적인 개방을 추진할 때 중국식 모델이 미얀마를 위한 모델이 될 수 있을까?

물론 중국의 성장 경험을 쉽게 모방할 수가 없기 때문에 베이징 컨센서스에 동의하지 않을 수도 있다. 그리고 중국이 시장 경제로 이행 과정에서는 워싱턴 컨센서스와 비슷한 요소들이 많이 있다. 워싱턴 컨센서스는 1980년대와 1990년대에, 워싱턴 D.C.에 있는 두 기관 IMF와 미국 재무부가 개발하여 보급한 경제 개발 모델이었다. 이 모델은 민영화와 금융 및 무역 자유화를 전제로 한다. 1990년대에 구소련 국가들의 10년에 걸친 불황과 1980년대 라틴 아메리카의 위기에서 알 수 있듯이, 다수의 개발도상국들이 이러한 처방을 따르다가 혜택을 보는 데 실패하면서 워싱턴 컨센서스가 관심에서 멀어졌고 개발도상국들은 대안을 찾기 시작했다.

일부는 시장 지향적인 개혁을 점진적으로 추진하고 주요 개혁에서 일정한 순서를 따르는 중국식 모델에서 답을 찾으려고 했다. 예를 들어 중국은 국영 기업에 대한 개혁을 천천히 추진하여 수십 년에 걸친 개혁 과정이 전개되고 나서야 이들이 대규모 민영화의 대상이 되도록 했다. 또한 중국은 해고 노동자들을 흡수하는 비국영 부문을 확립하여 대규모 실업이 지속되지 않도록 했다. 그러나 앞에서 설명했듯이 결과적으로 개혁이 불완전했고 국영 부문이 지속되었다.

이 지역에서 중국만이 고도성장을 달성한 국가는 아니다. 한국, 타이완, 싱가포르, 홍콩도 고도성장을 이루었다. 중국이 세계 제조업에 연결되어 경제의 공업화를 가능하게 해주는, 생산과 공급 사슬로의 세계적인 통합을 증진하기 위한 개혁을 시행하면서, 이들이 중국을 위한 부분적인 모델의 역할을 했다. 국가가 관리하는 신용도 1차 생산물(농산물과 자원 생산)처럼 바람직하지 않은 부문에 특화되는 것을 방지하는 데 기여했다.

하나의 개발 모델로서, 세계 경제로의 점진적이고도 세심하게 관리된 개방과 기존 경제 제도에 대한 느긋한 개혁을 강조하는 베이징 컨센서스가 시장 경제로의 신속한 이행 모델보다 더욱 매력적일 수가 있다. 베이징 컨센서스의 핵심은 공업화에 있고, 중국의 경우에는 이것이 기존 제조업체와 새로운 제조업체를 개혁하고 이들에게 하이테크 제조업으로 진입하도록 장려함에 따라 재공업화를 수반한다.

미얀마의 경우에는 전환 경제^{transition economy}(경제 체제가 근본적으로 상이한 체제로 이행되는 과정에 있는 경제권으로, 보통 사회주의 경제 체제에서 시장 경제로 이행하는 과거 동구권이나 개혁 개방 초기의 중국 경제를 뜻한다-옮긴이)가 아니다. 따라서 미얀마는 중국처럼 구조 조정의 대상이 되는 국영 기업이 존재하지 않고, 표준적인 루이스 모델을 적용할 수 있다. 노벨 경제학상 수상자 아서 루이스^{Arthur Lewis}가 개발한 이 모델은 노동자들이 생산성이 낮은 농업 부문에서 생산성이 높은 제조업과 서비스 부문으로 이동할 때 경제 성장이 발생하는 것으로 본다. 비록 강조하는 지점은 다르지만 최종적인 결과는 같다. 공업화가 경제 개발을 뒷받침한다는 것이다. 미얀마는 제조업으로의 이동을 통하여 다른 아시아 국가들이 경험했던 고도성장 궤도에 진입할 수 있다.

미얀마에게는 베이징 컨센서스가 워싱턴 컨센서스보다 더 나은 지침을 제공할 수도 있다. 이것이 동아시아 이웃나라의 경험에서 나왔기 때문이다. 미얀마 인구의 약 70%가 농업과 자원 부문에 종사하는데, 이들이 미얀마 국내 생산의 절반 이상을 차지한다. 이 사실은 전후 경제 번영을 달성한 몇 안 되는 국가들인 한국, 타이완, 싱가포르, 홍콩에서 동아시아의 경제 기적이 일어났던 것처럼 미얀마도 이웃나라를 '추격'하면 한 나라를 고도성장 궤도에 진입시킬 수 있는 공업화를 위한 여지가 상당히 많다는 것을 의미한다.

그러나 미얀마는 후발국이자 좋은 요소들을 갖춘 국가로서 지역 생산 사슬에 연결되는 것이 중요하며, 그러지 않으면 자원에만 특화하고 경쟁력이 있는 외국 기업에 의해 도태될 위험이 있다. 미얀마는 세계 가전제품의 절반이 아시아에서 생산되기 때문에 이런 가능성을 활용하기에 적합한 지역이다. 이것은 공업화가 된다면 미얀마가 다양한 방식으로 성장할 가능성이 있고 고도성장을 달성할 수가 있다는 것을 의미한다. 그러나 동남아시아 이웃나라들이 미얀마를 왕래하면서 울퉁불퉁한 도로를 지나가야 하는 현실은 성공을 당연하게 여겨서는 안 된다는 사실을 시사한다.

성공은 사회 안정이라는 중요한 영역을 포함하여 정부 정책에 달려 있게 될 것이다. 또한 홍콩, 싱가포르, 한국, 타이완으로 이루어진 아시아의 네 마리 용은 토지 개혁과 다양한 형태의 재분배 정책을 실시하여 성장과 함께 형평성이 동반되도록 했다. 이와는 대조적으로 중국에서는 이런 정책의 미비로 불평등이 사회적 분노를 자아내게 하는 원인이 되었다. 이것은 이웃나라의 성장 경험으로부터 배워야 할 또 다른 교훈이다. 공업화와 함께 소득 평등을 증진하기 위한 재분배 정책을 채택하는 것처럼 제도 개혁을 시행하는 것이 미얀마로 하여금 중국에서 나타나는 높은 수준의 소득 불평등이 발생하지 않는 경제 발전을 이루게 해줄 것이다. 이것이야말로 더글러스 노스가 제안하는 개혁이다. 미얀마는 이미 경제 궤도를 수정하기 시작했고, 이에 성공한다면 한때 동남아시아에서 밝게 빛나던 경제가 다시 떠올라서 세계에서 가장 빠르게 성장하는 국가로 자리잡을 수 있을 것이다.

베트남과 미얀마에서 볼 수 있듯이, 아시아는 제도 개혁으로 발전하고 있고 성장을 통해 극심한 빈곤을 종식할 수 있다는 기대에 이르게 했다. 그러나 세계 극빈층의 상당수가 거주하는 아프리카는 여전히 의문부호로 남아 있다. 그럼에도 미래의 방향을 바꾸는 또 하나의 정치 변화에서 비롯되는 남아프리카공화국의 변화는 앞으로 무엇이 가능한지 엿보게 한다.

아프리카의 부상과 성장 잠재력

1990년대 초반에 남아프리카공화국의 아파르트헤이트apartheid(남아프리카공화국의 인종 차별 정책을 말한다-옮긴이)가 종식되고, '아프리카의 부상Africa rising'이라는 표현이 유행했다. 지난 20년 동안 아프리카는 아시아에 이어서 세계에서 두 번째로 빠르게 성장하는 지역이 되었다. 이것은 이 지역의 주요 쟁점이 채무 면제였던 시절과는 현격한 차이가 있다. 그러나 빈곤율은 여전히 높은 수준이다.

이러한 사실은 2000년대의 엄청난 원자재붐commodity boom에 힘입어 아프리카 국가 중 다수가 지난 10년 동안에 연평균 5%라는 고도성장을 이룩했는데도 불구하고 변하지 않았다. 이런 성장은 지난 30년 동안에 이 지역에서 소득이 가장 오랫동안 확대되도록 했다.

이 지역 국가들이 성장을 지속하고 빈곤 퇴치를 위해 더 많은 것들을 할 수 있는가는 이들이 원자재 붐에서 얻는 수익금으로 공업화를 달성하고 농업을 기계화할 수 있는가를 포함하여 다양한 요소에 달려 있다. 이것은 성장의 혜택이 폭넓게 분배된다는 의미에서 포용적 성장Inclusive Growth을 가능하게 한다. 또한 이것은 빈곤 퇴치에 상당히 중요하게 작용할 것이다. 이들이 이처럼 특별한 시기의 종료에 적응할 수 있을 만큼 충분한 일을 했는가의 여부는 곧 이들의 경제에서 분명하게 나타날 것이다.

이 지역의 경제를 주도하는 측면에서 아파르트헤이트 종식 이후의 변화는 괄목할 만한 것이었고 효과적인 제도 변화의 연구 사례가 되었다. 한때 남아프리카공화국은 사하라 사막 이남 지역의 거의 50개에 달하는 국가의 총생산 중에서 3분의 1을 차지했다. 1980년대 남아프리카공화국의 1인당 평균 소득이 3000달러에 못 미쳤고 이는 중간 소득국 중 하위 그룹에 해당되었다. 아파르트헤이트 종식 이후로 20

년이 지난 2010년대에는 소득이 두 배로 증가하여 남아프리카공화국이 중간소득국 중 상위 그룹이 되었다. 그리고 브라질, 러시아, 인도, 중국과 함께 브릭스^{BRICS}의 구성원으로서 'S'를 의미하게 되었다. 남아프리카공화국은 금융 시장에서 주목받는 5대 신흥국 중 하나가 되었다. 남아프리카공화국이 고수익을 쫓는 투자자들에게 인기를 끈다는 사실은 이 나라가 세계 경제에서 새로운 구성원으로 등장했다는 것을 의미한다.

그렇다고 남아프리카공화국에 과제가 없다는 뜻은 아니다. 몇 가지를 꼽자면 소득 불평등, 실업이 여전히 어려운 문제로 남아 있다.

남아프리카공화국에서 흑인의 평균 소득은 백인과 비교하여 10~20%에 해당한다. 일자리 문제는 끊임없이 지속되는 문제다. 일자리가 부족하여 특히 흑인의 경우 실업률이 25%를 상회하는 현상이 주기적으로 반복된다. 이러한 경제적 우려가 어느 정도는 1948년부터 1990년대 초반까지 시행되던 인종 차별 정책으로 아파르트헤이트가 남긴 유산이다.

아파르트헤이트는 나중에 대통령으로 선출된 넬슨 만델라^{Nelson Mandela}가 1990년에 석방되고 나서야 종식되었다. 그는 남아프리카공화국 국민 대다수를 2등 시민으로 규정하는 불공정한 제도를 타파하기 위해 수십 년 동안 싸워왔다. 비록 흑인에 대한 공식적인 차별은 철폐되었지만, 그들은 이후로도 20년이 넘는 세월 동안 경제적으로 빈곤한 상태로 남아 있다. 이것은 더글러스 노스의 경로 의존성에 해당하는 사례로서, 제도를 바꾸려는 의지가 있는데도 제도가 왜 천천히 변하는가를 보여준다. 그리고 혜택을 받지 못한 집단이 경제적으로 취약한 상황에서 출발했기 때문에, 공식적인 장벽이 제거된 이후로도 이들이 상황을 개선하는 데 얼마나 많은 시간이 걸리는가도 보여준다. 이것이 넬슨 만델라가 남아프리카공화국을 새로운 시대로 이끌어간 이후로 수십 년이 지나서도 이 나라의 성장 잠재력을 억누르는 해결 과제 중의 하나다.

　이러한 사실은 남아프리카공화국이 투자자에게 매력적인 곳이라는 인식과는 어긋난다. 이 이유 때문에 남아프리카공화국이 제3세계Third World의 경제 시스템 내에서 제1세계First World(미국·서유럽 제국·일본 등 선진 공업국을 뜻한다-옮긴이)의 금융 시장을 갖는 것으로 묘사된다. 남아프리카공화국이 사하라 사막 이남 지역의 등불일 뿐 아니라 이 지역이 지금도 직면한 개발 과제의 전형이 되기 때문에, 이 격차를 줄이기 위해서는 경제와 정치 제도를 한층 더 개혁해야 할 것이다.

　남아프리카공화국은 어떤 국가가 공평한 분배를 위해 제도를 개혁할 때 어느 정도로 발전할 수 있는지를 다른 아프리카 국가에 보여준다. 이것은 더글러스 노스의 연구 결과와도 일치한다. 바로 경제 개발을 할 때는 성장을 가로막는 제도적 장애물을 인식하는 데 훨씬 더 집중해야 한다는 사실이다. 아프리카 국가들은 모두가 해결해야 할 자기만의 역사와 제도가 있다. 그러나 이들의 성공이 앞으로 세계의 빈곤을 종식시키는 데 결정적인 역할을 할 것이라는 데는 의문의 여지가 없다.

공식적, 비공식적 제도를 통한 경제 개발

더글러스 노스는 미래의 개발 과제에 대해 어떤 생각을 할까? 일부 국가는 부유한데, 다른 일부 국가는 여전히 빈곤한 이유에 관해 무슨 말을 할 것인가? 세계 경제의 양극화 현상이 앞으로도 계속될 것인가? 결국 지금의 추세는 선진국과 개발도상국을 구분해야 할 필요성이 사라질 뿐 아니라 신흥국이 빈곤을 극복하기도 전에 성장 스토리가 끝날지도 모른다는 우려를 낳게 한다.

　노스는 경제 성장이 반드시 빈곤 퇴치를 의미하는 것은 아니라는 사실을 확실히 인식하고 있을 것이다. 그는 국민 전체에 혜택을 주는 경제 성장이 아니라면 부실한 제도가 지속될 수 있고 이것이 일부만을 부유하게 할 수가 있다고 믿었다. "통치자는 자신의 이익을 위해 재산권을 고안한다."[21] 따라서 그는 제도가 부패할 수 있다고 믿었다. 특히 통치자가 자산을 아프리카에서 분쟁의 근원이 되는 천연 자원과 토지의 형태로 소유할 경우에는 더욱 그렇다.

　그러나 노스는 제도가 경제 발전과 빈곤 퇴치를 뒷받침하기 위해 작용하는 아시아 국가의 성공 사례에서 여러 국가가 배울 점이 있다고 주장할 것이다. "분명히 세상에 존재하는 상대적으로 생산적인 제도와, 이 제도가 낳은 성과의 특성에 관해 비용이 많이 소요되지 않는 정보는 빈곤에 처한 경제에 변화를 일으키는 강력한 인센티브다."[22]

　특히 한국과 싱가포르와 같은 동아시아 국가에서 훌륭한 통치가 성장에서 중요한 역할을 해온 것으로 보인다. 이들의 정부 정책은 제조업과 수출을 증진하는 방향으로 입안되었다. 또한 이들은 교육을 사회 전체로 확대하는 데 집중했다. 노스는 이런 제도들이 경제 성장을 위해 바람직한 제도라고 평가할 것이다.

그러나 바람직한 제도를 도입하는 것이 쉽지는 않다. 잘 만들어진 규정이나 법률 제도 전체를 개발도상국으로 이식한다고 해서 이것이 제대로 작동되지는 않는다. 이것은 공산주의에서 자본주의로 넘어가는 과도기에 서구의 법률 제도를 도입하는 데 실패했던 구소련 국가의 사례에서 분명히 나타난다. 1990년대 초반 소련의 붕괴 이후, 동부와 중부 유럽에서 새롭게 독립한 국가들이 서구 세계의 법규와 규정을 도입했다. 그러나 이 국가들에서는 수십 년이 지나서도 법적 보호와 권리가 효과적으로 실현되고 있지 않다. 유기적으로 개발된 법보다 인위적으로 부과된 법이 반드시 적합한 것은 아니다. 경제를 위한 과제는 국내 상황에 적합한 좋은 제도를 어떻게 개발하는가에 있다. 이와 관련하여 노스는 이렇게 말했다.

> 공식 규정이 정치적 혹은 사법상 결정으로 인하여 하루아침에 바뀌더라도, 관습, 전통, 행동 규범에 구현된 비공식적인 제약은 의도했던 정책으로 인하여 바뀌기가 훨씬 더 어렵다. 이 문화적 제약은 과거를 현재와 미래로 연결할 뿐 아니라 역사적 변화의 경로를 설명하기 위한 열쇠를 제공한다.[23]

따라서 노스는 문화가 점진적으로 변하기 때문에 법규를 강화하는 데는 시간이 걸리겠지만, 훌륭한 통치를 위해 규정에 기반을 둔 제도를 개발하는 것이 결국 국가가 발전하는 방식을 완전히 결정하게 된다고 말할 것이다. 물론 정치가 안정되고 분쟁이 없는 것도 중요하다. 그렇지 않으면 좋은 제도가 정착되는 데는 어려움이 따를 것이다.

노스는 세계에서 가장 빈곤한 국가들이 정치적으로나 경제적으로 혼란스러운 상황 속에서 유익한 제도를 개발하는 데 따르는 어려움을 잘 인식했다. 따라서 그는 비공식적인 제도에 관심을 기울일 것을 주장했다. 여기에는 법률 제도가 개선되는 동안에 당신이 신뢰하는 사람들과 사업을 하는 것도 포함된다. 때로는 공동체가 가하는 도덕적 압박이 나쁜 행동을 억제하기 때문에, 소셜 네트워크 혹은 사회적 자본이 법률 제도가 부실한 국가에서 사업을 하는 방식을 설명하는 데 도움이 된다. 예를 들어 당신 이웃이 당신 돈을 가지고 몰래 도망쳤을 때 그의 가족이 마을에서 따돌림당할 수가 있다.

제도가 어떻게 발전하는가를 이해하는 데는 사회가 어떻게 상호 작용하는가가 중요하다. 노스는 다음과 같은 점을 강조했다. "비공식적인 제약은 중요하다. 우리가 이 쟁점에 더 나은 답을 얻으려면 문화가 낳은 행동 규범, 이 행동 규범이 공식적인 규정과 상호작용하는 방식에 대해 훨씬 더 많은 것을 알아야 한다."[24]

행동 규범이 법규와 같은 공식적인 제도의 개혁에 어떻게 영향을 미치는지 알려면 경제학이 사회의 작동 원리에 대한 복잡한 측면을 포함하도록 인식의 범위를 넓혀야 한다. 이와 관련하여 노스는 마지막 기고에서 이렇게 말했다.

지난 20년 혹은 30년 동안 나를 가장 화나게 했던 것은 경제학자들, 실제로는 모든 사회과학자들의 편협함이었다. 그들은 완전히 새로운 영역에 관심을 보이지 않는다. 내가 여러분에게 남기고 싶은 가장 큰 질문은 이런 것이다. 정신과 두뇌는 어떻게 작동하는가? 시간이 지남에 따라 더 많은 정보, 더 많은 지식을 얻으면서 그 구조가 어떻게 발전하는가? 그것이 언제 창의적인 방향으로 가게 되는가? 우리는 이런 문제에 대해 어떻게 연구하게 되었는가?[25]

확실히 노스의 연구는 이러한 주제를 열어놓았다. 그의 개척자적인 저작과 유산의 결과로, 경제학자들은 경제 개발을 이해하기 위해 반드시 필요한 요소로서 제도를 훨씬 더 주의 깊게 살펴보게 되었다. 예를 들어 앞에서 말했듯이, 노스의 저작에 기초하여 현대 경제학에서 사고의 모범이 되는 저작을 내놓았던 대런 애쓰모글루와 제임스 로빈슨은 전 세계를 대상으로 나쁜 제도가 끔찍한 결과를 가져오는 사례들을 면밀하게 검토했다. 그들은 '쟁점은 경제를 뒷받침하는 제도가 언제 착취적으로 변하며 생산적인 노력보다는 착취를 조장하는가에 있다'는 결론을 내렸다.

오늘날 국가가 실패하는 원인은 착취적 경제 제도가 국민에게 저축, 투자, 혁신을 하려는 동기를 마련해주지 못하기 때문이다. 착취적 정치 제도는 착취로 이익을 보는 사람들의 권력을 강화해주는 식으로 이러한 경제 제도를 뒷받침한다. 착취적 경제 제도와 정치 제도는 그 구체적인 내용이 다양한 상황에 따라 서로 다르더라도 항상 국가가 실패하는 근본 원인이었다. 그 결과 경제가 침체되고, 내전, 대규모 난민 발생, 기근, 전염병 창궐 등의 시련을 겪게 된다. 오늘날 1960년대보다 더 가난한 나라로 전락한 앙골라, 카메룬, 차드, 콩고민주공화국, 아이티, 라이베리아, 네팔, 시에라리온, 수단, 짐바브웨의 최근 역사가 이러한 사실을 여실히 입증한다.[26]

그들은 경로 의존성이 개발이 지속적으로 부진하게 되는 악순환에 이르게 하고 또한 이러한 악순환을 끊어버리는 것이 가능하다는 점에서 노스의 주장에 동의했다. "오늘날 국가의 정치·경제적 실패를 극복할 수 있는 해법은 착취적 제도를 포용적 제도로 바꾸는 것이다. 악순환에 빠져들면 이것이 결코 쉽지는 않다. 그러나 불가능한 것도 아니다."[27]

애쓰모글루와 로빈슨은 보츠와나, 중국, 미국 남부를 포함하여 성공 사례에 주목했다. 이 국가들은 역사가 운명이 아니라는 것을 보여주는 생생한 사례다.[28] 그러나 노스가 말했듯이 이것은 개혁을 추진하기 위한 광범위한 정치적, 사회적 연대와 함께 역사가 항상 우발적인 방식으로 전개되기 때문에 어느 정도의 행운을 요구할 것이다.[29]

지금은 예전보다는 성공 사례가 더 많다. OECD의 연구 결과에 따르면 2030년까지 역사상 처음으로 세계 인구의 절반 이상이 중산층이 될 것이라고 한다. 다시 말하면 86억 명 중에서 49억 명이 중산층이 된다. 2009년에는 70억 인구 중 18억 명이 세계 중산층을 정의하는 새로운 소득 지표로서 하루 10달러에서 100달러를 벌어들였다. 이것은 이들이 거주하는 국가에서 1달러로 구매할 수 있는 상품으로 조정할 때 냉장고를 구매하기에 충분한 금액이다.

지금 추세를 따르면 2030년에는 세계 중산층의 거의 3분의 2(30억 명)가 아시아에 거주하게 될 것이다. UN은 이를 두고 지난 150년 동안 볼 수 없었던 역사적인 변화라고 규정했다. 세계 중산층의 절반 이상을 차지하는 유럽과 북아메리카는 3분의 1 정도를 차지하게 될 것이다.

더글러스 노스의 통찰 덕분에 우리는 빈곤을 종식시키는 방법을 어느 때보다도 더 잘 이해할 수 있게 되었다. 지난 수십 년 동안에 많은 국가가 그의 가르침에 따라 성공적으로 발전해왔고, 이에 따라 전 세계 중산층이 엄청난 속도로 증가했다. 경제가 모든 해법을 제시하지 않더라도, 제도를 폭넓게 살펴보면 왜 어떤 국가는 부유하고 다른 국가는 빈곤한지 알게 될 것이다. 가장 중요하게는, 왜 어떤 국가는 실패하고 다른 국가는 궁극적으로 성공하는지 알게 될 것이다.

노스라면 다음과 같은 주장에 동의할 것이다. "우리는 이제 막 제도에 관한 진지한 연구를 시작했다. 이 작업은 전망이 있다. 우리는 모든 질문에 확실한 답을 얻기는 어렵겠지만, 더 나은 답을 얻을 수는 있을 것이다."[30]

Adam Smith
David Ricardo
Karl Marx
Alfred Marshall
Irving Fisher
John Maynard Keynes
Joseph Schumpeter
Friedrich Hayek
Joan Robinson
Milton Friedman
Douglass North
Robert Solow

12장
로버트 솔로

저성장이
우리의 미래인가?

Robert Solow

오늘날 주요 국가의 경제 성장률은 2008년 세계 금융 위기 이전보다 낮다. 그러나 이 같은 현상이 금융 위기 때문만은 아니다. 2000년대 중반 이후로 미국, 유로화 지역, 일본, 영국은 생산성 증가가 현저하게 둔화되는 현상을 경험했다.

일부 경제학자들은 선진국에서 성장 둔화 현상이 영원히 지속될 것이라고 경고한다. 어느 정도는 고령 인구의 생산성이 떨어질 것이기 때문이다. 선진국 경제가 미국 재무장관을 지냈던 하버드대학교 경제학자 로렌스 서머스가 '장기적 침체'라고 일컬었던 현상에 직면한다고 볼 수 있는가? 그렇다면 이러한 국가들은 경제적으로 불안한 미래에 직면해 있다. 노동자 수가 감소하여 사무실 건물과 설비 수요가 감소하면 이것이 투자를 위축시키고 따라서 경제 전망을 어둡게 할 것이다. 이러한 시점이 점점 다가오고 있다. 1960년대부터 1980년대까지 2.1%를 기록하던 미국 노동 인구 증가율이 감소하기 시작하여 2015년에는 겨우 0.2%를 기록했다. 영국의 연평균 노동 인구 증가율은 다소 나은 편이지만, 그럼에도 0.6%로 감소했다.

가장 우려해야 할 사항은 1990년 초반 일본의 상황이 서구 국가에서 반복될 것이라는 점이다. 일본에서는 부동산 버블이 꺼지면서, 그 결과로 경제가 붕괴되고, 이에 따라 바닥에 숨어 있던 침체가 수면 위로 떠올랐다. 일본의 문제는 2010년 이후로 감소하는 인구 때문에 더욱 복잡해졌다. 노동 인구가 감소하면서 생산성과 생산량 증가가 어렵게 되었다.

특히 생산성 증가가 둔화되는 현상은 최근 가장 더디게 회복하고 있는 영국에서도 문제가 되고 있다. 이것은 주의를 기울여야 할 교훈이다. 그 이유는 국내 생산은 위기 이전 수준을 회복했지만 생산성이 전체적인 회복에 계속 뒤처지고 있기 때문이다.

따라서 새로운 정상 성장률은 이전보다 낮아질 것이다. 더 안 좋은 경우에는 정체될 것이다. 우리는 이것을 얼마나 우려해야 하는가?

경제 성장 모델을 파고들었던 로버트 솔로라면 몇 가지 답을 제시할 수 있을 것이다. 솔로 모델은 노동과 자본이 경제에 더해질 때 경제 성장이 발생하는 것을 보여준다. 그러나 경제 성장은 기술 진보가 있을 때만 지속된다. 더 나은 기술은 노동 생산성을 증진하고 자본의 수확체감을 둔화시킴으로써 자본 축적을 증가시킨다. 예를 들어 어떤 노동자에게 컴퓨터를 두 대보다 더 많이 제공할 때 수확체감이 발생한다면 이 노동자는 세 번째 컴퓨터를 가지고서 첫 번째와 두 번째 컴퓨터를 가지고 생산한 것만큼을 생산하지는 못할 것이다. 사용하는 사람이 없어도 컴퓨터 작업을 할 수 있게 해주는 더 나은 소프트웨어가 없다면 말이다.

기술 진보는 기존 노동자와 자본의 투입이 더욱 효율적으로 사용될 수 있도록 해준다. 경제 성장 모델에서 기술로 인한 산출량의 증가를 총요소생산성Total Factor Productivity, TFP이라고 한다. 인적 자본(노동자의 능력과 교육 수준)뿐 아니라 물리적 자본도 이 모델의 중심에 있다. 자본은 노동 인구가 늘어가고 있거나 심지어 감소하고 있어서 더 나은 능력을 갖춘 노동자를 확보하는 것이 훨씬 중요해진 선진국에서는 특히 절실히 요구된다. 우리가 어두운 미래를 맞이할 것인가, 아니면 밝은 미래를 맞이할 것인가는 생산성을 어떻게 증진할 것인가에 달려 있다고 해도 과언이 아니다.

선구자적인 저작을 통하여 무엇이 경제 성장을 낳는지 이해하는 데 기여했던 로버트 솔로라면, 선진국 경제에서 나타나는 생산성 증가의 둔화와 저성장의 미래에 대해 어떻게 생각할까?

영예로운 경제학자

1924년 브루클린에서 유대인 이민자의 아들로 태어난 로버트 솔로는 집안에서 대학에 진학한 첫 번째 세대였다. 그는 자신이 지적으로 각성하게 된 계기가 뉴욕시의 공립학교 시스템 덕분이라고 말했다. 거기서 어떤 선생님이 그가 19세기 프랑스와 러시아 소설가에 관심을 갖게 만들었다. 솔로가 말하는 계기는 이것만이 아니었다. "공황 시기의 많은 아이들처럼 나도 무엇이 사회를 움직이게 하는가에 호기심을 가졌다."[1]

이러한 호기심은 1940년에 그가 장학금을 받고서 하버드대학교에 입학하는 계기가 되었다. 1942년부터 1945년까지 군복무를 마치고 그는 하버드대학교와 바비라고도 불리는 그의 약혼녀 바바라 루이스 Barbara Lewis에게로 돌아왔다. 이 두 사람은 솔로가 군대에 가기 전에 만났는데, 그가 북아프리카와 이탈리아에서 복무하는 동안에 매일 서로에게 편지를 썼다. 전쟁이 끝났을 때, 바비는 하버드대학교의 자매 대학으로 여자 대학인 래드클리프 칼리지를 졸업했다. 1945년에 두 사람은 결혼했고, 함께 하버드대학교 경제학과 박사 과정에 입학했다. 바비는 세 아이를 양육하느라고 13년 동안 학업을 중단한 후에 박사 학위 논문을 완성하고 브랜다이스대학교와 보스턴대학교에서 가르치면서 아일랜드와 카리브해 지역의 경제사를 연구했다. 두 사람은 2014년에 바비가 90세의 나이로 세상을 떠날 때까지 거의 70년을 함께 살았다.

바비가 솔로를 경제학자로 이끌었을 수도 있다. 그는 바비에게 그녀가 수강했던 경제학 과목이 가치가 있는지 물어봤다. 그는 경제학을 전공하도록 설득당했고, 바실리 레온티예프Wassily Leontief를 비롯하여 그 밖의 여러 경제학자들에게서 가르침을 받았다.[2] 레온티예프는 '산업연관표input-output table'에서 노동과 자본의 투입, 이 두 가지 변수와 국내 생산과의 관계를 측정한 공로를 인정받아 1973년에 경제학 분야의 최고의 상이라 할 노벨 경제학상을 수상한 경제학자였다. 그의 연구 조교였던 솔로는 미국 경제에서 자본 투자가 산출을 얼마나 증가시켰는가에 대해 처음으로 측정한 값을 제시했다.

솔로는 통계학과 확률 모델에 관심을 갖기 시작하면서, 1949~1950년에 이 분야에서 권위 있는 교수진을 갖춘 컬럼비아대학교에서 통계학을 전공했다. 이 시간은 그가 임금 분포와 실업의 변화에 관한 모델을 제시했던 박사학위 논문을 완성하는 데 도움이 되었다. 그는 이 논문으로 하버드대학교에서 도서 출간뿐 아니라 500달러를 지급하는 웰즈상Wells Prize을 받았다. 1951년 당시로서는 엄청나게 많은 돈이었다. 그러나 솔로는 논문을 다시 읽으면서 개선해야 할 필요성을 느꼈다. 따라서 그의 박사학위 논문은 출간되지 않았고, 그가 받은 500달러짜리 수표는 여전히 현금화되지 않고 있다.

솔로는 그해 경제학 박사학위를 받고 나서 MIT 조교수로 부임했고, 1958년에 그곳에서 정교수가 되었다. 그는 이처럼 최고 수준의 경제학과의 교수가 되어 학자로서의 경력을 쌓았고, 1960년대에는 케임브리지대학교와 옥스퍼드대학교의 초빙 교수가 되기도 했다.

솔로는 처음부터 공공 정책에 적극적으로 참여했다. 그는 박사학위를 받고 나서, 1952년에 랜드연구소RAND Corporation가 발주한 컨설팅 과제를 맡았다. 또한 그는 1962~1968년에 대통령경제자문위원회 위원으로 일하면서 존 F. 케네디 행정부와 린든 존슨 행정부의 특징인 케인스주의에 입각한 경제 정책의 입안을 도왔다. 1965~1969년에는 존슨 대통령의 기술, 자동화, 경제 발전 위원회에서 일했고, 1969~1970년에는 닉슨 대통령의 소득보장위원회에서 일했다. 심지어 그는 1975년부터 1980년까지 보스턴 연방준비은행 이사로 일하다가 총재가 되어 중앙은행가로서 시간을 보내기도 했다. 그는 오랫동안 공공 부문에서 일한 공로를 인정받아 2014년에 미국 정부가 미국 국민에게 수여하는 가장 명예로운 훈장인 대통령 자유 훈장을 받았다.

솔로는 경제학자가 되고 나서 처음부터 많은 영예를 누렸다. 1961년에 그는 나이가 40세 미만인 최고의 미국 경제학자에게 수여하는 존 베이츠 클라크 메달을 받았다. 이제 이 상은 미래의 노벨 경제학상을 예고하는 것으로도 인식된다. 그는 1979년에 미국경제학회 회장으로 선출된 것을 포함하여 경제학자로서 널리 이름을 떨쳤다. 또한 그는 계량경제학회 회장을 역임했고 국가과학위원회위원, 영국학사원 회원, 국가과학메달 수상자이기도 했다. 솔로가 경제 성장에 대한 연구를 인정받아 1987년에 경제학에서 가장 권위 있는 상을 받은 것이 어쩌면 당연한 일이었다. 그가 노벨 경제학상을 받기 전에 계속 후보자로 거론되었는데, 언젠가 이런 명언을 남겼다고 한다. "내 친구는 내가 충분히 오래 살면 받을 수 있을 거라고 말했죠."[3]

그가 처음부터 경제 성장에 관심을 가진 것은 아니었다. 솔로는 경제학자가 되면서 통계학, 계량경제학을 연구하려고 했다. 그는 자기가 거시경제학을 연구하게 된 것이 우연이라고 말했다. 매사추세츠공과대학교에서 그의 연구실은 노벨 경제학상 수상자 폴 새뮤얼슨의 연구실 바로 옆에 배정되었다. 그는 1987년 노벨 경제학상 수상 수기에서 이렇게 말했다. "이제 경제학, 정치학, 우리 아이들을 포함하여 온갖 화제에 관한 거의 40년에 걸친 일상적인 대화가 시작되었다."[4]

솔로는 젊은 학자들에게 길을 열어주기 위해 1995년에 퇴직했지만 여전히 다양한 학문적 프로젝트를 활발하게 수행하고 있다. 그리고

2009년에 새뮤얼슨이 세상을 떠날 때까지는 그의 연구실과 바로 이웃한 연구실을 사용하고 있었다.

성장 모델과 생산성 문제

로버트 솔로는 1956년과 1957년의 널리 알려진 논문에서 경제 성장을 이해하기 위한 기초를 정립했다.[5] 솔로의 성장 모델은 내가 저술한 교과서를 포함하여 모든 교과서에서 가르치는 신고전파의 표준 모델이다. 성장 모델을 통하여 가장 널리 알려진 결과는 솔로 잔차Solow residual 이다. 솔로 잔차는 경제 성장에서 노동과 자본과 같은 투입의 추가가 원인이라고 볼 수 없는 설명되지 않은 부분을 말한다. 이러한 차이는 투입을 통하여 더 많은 산출을 발생시키는 기술 진보를 포착한다. 물론 이것이 노동과 자본의 투입과 관련되지 않은 그 밖의 것들을 포착하기도 한다. 따라서 정부 지출의 일시적인 증가와 양적완화가 이것에 포함되기도 한다. 이는 솔로 잔차에 포착된 것이 전부는 아니더라도 일부가 장기간에 걸쳐서 경제 성장을 지속하는 데 필요한 생산성 증진 기술이라는 것을 의미한다. 이것은 앞에서 설명했던 총요소생산성에 해당한다.

여러 국가에 걸쳐서 급격한 생산 증가의 시기와 현저한 기술 진보의 시기에는 밀접한 관계가 관찰된다. 선진국은 모두가 1950년부터 1973년 사이에 급격한 성장을 경험했지만, 이후로 1974년부터 1987년 사이에 이러한 성장이 둔화되었다. 이는 비슷한 기술을 도입한 것과 관련이 있을 것이다. 예를 들어 1950년대와 1960년대의 급격한 성장의 시기는 2차 세계대전 이후 항공 여행과 산업 로봇의 보급과 같은 기술 발전과 관련이 있다.

이상하게도 컴퓨터, 정보통신기술, 인터넷을 중심으로 하는 최근의 기술 발전은 여러 국가에 걸쳐서 생산성을 증가시켜준 것으로 보이지는 않는다. 1987년에 솔로가 "어디를 둘러봐도 컴퓨터 시대라는 것은 확실하지만, 생산성이 높아졌다는 통계는 확인되지 않는다"라고 했던 말이 이제는 솔로의 역설Solow paradox로 알려졌다.[6] 그가 수십 년이 지나서 이 문제를 다시 검토했지만, 컴퓨터의 역할이 아직도 진화하고 있기 때문에 아직은 답을 낼 수 없다는 결론을 내렸다.

솔로는 컴퓨터가 우리의 삶과 일을 바꾸어놓았기 때문에 이 기술이 생산성을 증가시켰어야 하는 점을 지적했다. 그러나 컴퓨터를 본격적으로 사용하기 시작하던 1970년부터 1995년까지 생산성 증가는 둔화되었다. 1995년부터 2000년까지의 짧은 기간에 생산성 증가에 속도가 붙었는데, 이는 컴퓨터 도입의 효과가 뒤늦게 나타났기 때문일 수도 있다. 솔로는 기업이 컴퓨터를 생산적으로 사용하는 방법을 배우는 데 시간이 걸리고, 따라서 초기에는 생산성 지표가 좋게 나타나지 않는다고 생각했다.

2002년 어느 인터뷰에서 그는 생산성 증가가 예전처럼 빠른 속도로 되돌아갈 것이라는 데는 회의적인 태도를 보였다. 그 이유는 "컴퓨터를 전기 혹은 내연기관과 비교하는 것이 아직은 타당하게 여겨지지 않기 때문이라는 것이었다." 또한 그는 이렇게 말했다. "내 연구실의 컴퓨터 때문에 발생한 중요한 변화는, 컴퓨터를 두기 전에는 내 비서가 나를 위해 일을 했고, 컴퓨터를 들이고 나서는 내가 내 비서를 위해 일을 한다는 것이다."[7]

솔로의 회의적인 태도는 정보통신기술 혁명이 애덤 스미스가 살던 시대에 증기 엔진과 같은 범용 기술을 도입했던 산업혁명, 혹은 19세기 후반부터 1차 세계대전이 일어나기까지 철도와 전기가 보급된 2차 산업혁명만큼의 경제 전반에 걸친 생산성 증가를 발생시키지 않을 것으로 보는 사람들의 견해를 반영한다. 다른 사람들은 이에 동의하지 않고 새로운 정보통신기술과 디지털 기술이 기업의 업무 방식에 제대로 자리를 잡는다면 생산성 증가를 기대할 수 있을 것이라고 말한다. 솔로의 견해에 대한 이의 제기는 기술과 관련되어 있다. 1980년대 이후로 내생적 성장 모델endogenous growth model의 개발자들은 솔로가 기술이 어디에서 나오는지에 대해 설명하지 않은 것을 두고 비판한다.

내생적 성장 모델은 기술을 모델 내부에서 결정되는 것으로 취급한다. 다시 말하면, 기술이 경제 내의 자본과 노동에 의해서 '내생적으로' 발생된다. 신고전파 솔로 모델은 기술 진보를 '하늘에서 내려온 것'으로 취급한다. 이에 반하여 내생적 성장 이론은 기술 진보가 어떻게 발생하여 경제의 생산성을 증진하는가를 설명한다. 이 모델은 교육받은 연구자와 연구 개발 투자가 기술 진보를 발생시키고, 이것이 경제 성장을 견인하는 것을 보여준다.

솔로는 내생적 성장 이론, 특히 AK 모델(경제학에서 'A'는 기술을 나타내고 'K'는 자본을 나타낸다)로 알려진 가장 단순한 형태의 모델이 갖는 몇몇 가정에 대해 믿음이 가지 않았다. 이 이론에서는 경제에서 기술 진보율이 경제 성장률에 비례한다고 말한다. 다시 말하면 기술과 경제는 같은 속도로 성장한다. 솔로는 이러한 과정이 너무 깔끔하여 그럴듯하게 보이지 않는다고 생각했다. 이 모델들은 성장의 발생을 다르게 설명하지만 솔로 모델이 갖는 함축적인 의미를 따르고 있다. 내생적 성장 이론은 혁신자들이 기술 진보를 어떻게 발생시키는가를 설명하는 데 솔로의 신고전파 모델을 확장한 것이다.

또 다른 비판은 지난 장에서 논의했던 더글러스 노스의 연구와 관련된다. 솔로 모델의 약점은 국가 간에 나타나는 성장률의 차이를 오직 기술 진보에만 의존하여 설명한다는 것이다. 따라서 어떤 국가는 번영하고 대부분의 국가는 그렇지 않은 이유를 설명하는 데 노스가 주장하는 제도가 거의 역할을 하지 못한다.

반면에 솔로 모델은 국가마다 1인당 소득 수준이 왜 다른가를 설명할 수 있고, 우리가 저성장의 미래로 수렴할 것인가의 여부를 보여줄 수 있다. 경제가 균제 상태Steady-State(주로 거시경제학에서 쓰이는 용어로 어떤 경제가 균형 상태에 있는 것을 뜻한다. 즉 인구증가율, 자본축적률 등의 거시 경제 변수가 크게 변하지 않고 유지되는 상태이다 – 옮긴이) 혹은 생산할 수 있는 산출량 수준 아래에서 움직이고 있다면, 성장의 속도가 증가할 것이다. 따라서 경제가 개발을 시작하고 자본 저량capital stock이 낮은 수준에 있다면, 자본축적량이 많은 선진국보다 더 높은 자본 수익률을 실현할 것이다.

이러한 경제들이 기술, 투자율, 인구증가율이 같은 수준에 있다면, 앞에서 설명했던 자본의 수확체감 때문에 개발도상국이 선진국보다 더 빠르게 성장할 것이다. 시간이 지나면서 이들 경제가 균제 상태에 접근함에 따라 이러한 국가들 간의 노동자 1인당 생산 격차가 줄어들

것이다. 이처럼 중요한 신고전파 모델의 예상은 수렴 가설Convergence Hypothesis이라고 알려져 있다. 다시 말해서 선진국과 개발도상국이 같은 균제 상태를 갖는다면 같은 소득 수준으로 수렴할 때까지 개발도상국이 선진국보다 더 빠르게 성장할 것이다.

이것이 경험적으로 입증되는가? 수렴이 존재한다면 국가의 초기 소득 수준과 이후의 성장 간에는 역의 관계가 되어야 한다. 2차 세계 대전 이후의 일본은 다른 선진국보다 훨씬 더 낮은 개발 수준에서 출발하여 더 빠른 속도로 성장했다. 1950년부터 1990년까지 일본은 미국보다 평균적으로 훨씬 더 빠른 속도의 성장을 경험했다. 부유한 국가들의 경우, 1880년부터 1973년까지 초기 1인당 소득 수준과 성장률 간의 역의 관계가 존재했다. 그러나 더욱 최근에는 부유한 국가든, 세계의 모든 국가든 분명한 관계가 존재하지 않는다. 따라서 수렴에는 제한적인 증거가 존재한다.

일부 가난한 국가와 중간소득국(특히 중국)은 더 빠른 속도로 성장하여 부유한 국가를 추격하기 시작했는데, 이는 이 모델이 예측했던 결과였다. 그러나 느리게 성장하는 가난한 국가도 많다. 세계 소득 분포를 보면 수렴보다는 부유한 국가와 가난한 국가의 양극화 조짐이 나타나고 있다.

성장 둔화를 경험하는 선진국을 어떻게 바라보아야 할 것인가? 선진국이 생산성을 증진하기 위해 무엇을 할 수 있는가? 이는 다른 국가들도 결국에는 직면할 수 있는 질문이다.

불황과 생산성 수수께끼

OECD는 2008년 세계 금융 위기 이후로 생산성 문제가 가장 커다란 쟁점이라는 사실을 부각시켰다.[8]

영국이 가장 심한 타격을 받은 국가에 해당한다. 다수의 지표에 따르면, 영국의 생산성(시간당 생산량)은 위기 이전의 추세와 비교하여 더 낮은데, 이는 수수께끼가 아닐 수 없다. 다시 말하면 위기 이후로 생산성 증가가 현저히 둔화되었다.

위기 직후의 시기 생각하는 한 가지 방법은 이 시기가 일자리가 많아지는 불황이라는 것이다. 고용이 생산보다 1년 먼저 회복되었고, 실업자 수는 1980년대 초반과 1990년대 초반 불황 시기의 300만 명에 결코 도달한 적이 없었다. 그러나 이 시기에 노동자 1인당 생산 증가는 둔화되었다. 불황 시기에는 평상시보다 덜 생산할 것을 요구하기 때문이었다.

2008년 위기 이후로 노동자 1인당 생산은 연간 불과 0.2%가 증가했는데, 1972년부터 2007년까지 평균 증가율 2.1%에 훨씬 못 미치는 것이었다. 최근 불황 시기에 임금 유연성wage flexibility이 일자리를 유지하는 데 기여했는데, 이것은 실질 임금이 감소하여 사람들이 일을 계속할 수 있게 된 것을 의미한다.[9]

고용주가 노동자를 해고하지 않고 비축하는 것이 생산성 수수께끼의 모든 것을 설명해주지는 않는다.[10] 영국 경제에서 투자나 생산을 정확하게 측정하기가 어려운 서비스 부문이 커지는 현상도 대답의 한 부분이 될 수 있다.[11] 그러나 미국도 서비스 부문이 많은 비중을 차지하고 있는데, 영국만큼 생산성 문제에 시달리고 있지는 않다. 따라서 측정 오류가 이야기의 전부를 설명해주지는 않을 것으로 보인다.

잉글랜드은행은 시간당 생산량이 예상보다 약 16%가 낮다는 결론을 내렸다.[12] 생산성은 이전 불황과는 다르게, 이번 불황 시기에는 회복되지 않았다. 이것이 바로 '생산성 수수께끼'의 핵심이다.

그렇기는 하지만, 생산성 증가는 위기 이전에도 이미 둔화되고 있었다. OECD는 이러한 현상을 설명하기 위해 투자가 저조한 점을 지적했다. 영국의 GDP 대비 투자는 1990년대에 이미 미국, 캐나다, 프랑스, 스위스에 뒤지기 시작했다. GDP 대비 투자가 1980년대 후반 25%에서 15%를 겨우 넘는 수준으로 하락했다. 투자가 저조한 것은 노동자들이 가지고 일할 생산 자본이 감소하는 것을 의미하고, 따라서 1인당 생산이 감소하게 된다.

이것도 잉글랜드은행이 내린 결론 중의 하나다. 그들은 생산성 수수께끼의 절반에서 4분의 3정도를 설명할 수 있다. 측정 오류가 약 4분의 1을 차지한다. 그 다음에 그들은 경기 순환과 관련된 순환적 요인과 생산성 저조의 배후에 있는 구조적 요인, 즉 순환적 변동과는 대립하는 것으로서 경제가 어떻게 구조화되어 있는가에 주목했다.

순환적 요인의 일부는 비축된 노동자와 생산에 직접적으로 보탬이 되지 않는 작업과 관련된다. 구조적 요인에는 노동자들이 생산성이 낮은 부문에서 높은 부문으로 이동하지 않는 곳에서 나타나는 저조한 자본 투자와 비효율적인 자원 할당이 포함된다. 이 현상은 오로지 초저금리 여건 덕분에 살아남은 이른바 좀비 기업이 많아져서 기업 생존율이 높아질 때 발생할 수 있다.

그러나 이것은 영국만의 문제가 아니다. 모든 선진국에서 '장기적 침체'라는 용어가 우려의 대상으로 부활했고, 우리의 성장 모델을 되돌아볼 것을 요구했다. 미국의 더딘 회복은 하버드대학교 경제학자 로렌스 서머스가 선진국에 저성장의 미래를 경고하기에 이르렀다.

이러한 문제의 최전선에 일본이 있다. 일본은 1990년대 초반의 붕괴 이후로 성장에서 '잃어버린 수십 년'을 경험했다. 이것은 회복의 초기에 비생산적인 세월을 보내게 하는 좀비 기업의 생존 때문이 아니었다. 이후로 일본은 수십 년에 걸친 침체에서 빠져나오기 위해 세계에서 가장 공격적인 경제 정책을 추진했다. 장기적 침체의 원인이 되는 중요한 요소로서 가장 고령화된 국가이자 부유한 국가인 일본이 이 상황을 어떻게 헤쳐나갈 것인가는 다른 국가에게 교훈이 될 것이다.

일본의 잃어버린 수십 년

1990년대 초반 이후로 일본의 성장률은 0~1%를 맴돌았고, 생산성 증가도 부진했다. 2012년 말에 아베 신조安倍晋三 총리가 세계 3위의 경제 국가의 부활을 목표로 채택했던 경제 정책의 3가지 주요 '화살'은 '아베노믹스'라고 불린다.

첫 번째 화살, 디플레이션 혹은 물가 하락을 끝장내기 위한 통화 공급의 적극적인 확대는 목표를 지속적으로 달성하는 데 실패했다. 긍정적인 신호는 있었지만, 여러 해에 걸친 물가 정체를 끝장내기 위한 과제가 엄청나게 힘든 것이었다. 주식 시장은 다년간 고점을 찍었지만,

실물 경제는 이를 통하여 충분한 혜택을 보지 못했다. 시장 가치가 높아지는 것만으로는 기업이 물가 상승을 지속시키는 데 근본적으로 중요한 임금 인상을 단행하기에는 충분하지 않았다. 대신에 그들은 높은 임금을 정당화화기 위해 1인당 생산을 늘리려고 했다. 2008년 위기로 인하여 평균 실질 임금이 하락하여, 아직도 당시 수준을 완전히 회복하지 못하고 있다.

두 번째 화살, 재정 정책도 목표를 달성하지 못했다. 예를 들어 2014년 정부는 판매세를 5%에서 8%로 인상하기로 결정했는데, 이 정도의 인상은 17년 만에 처음 있는 일이었다. 바로 이러한 정책이 지출을 줄이게 하여 경제가 불황으로 되돌아가도록 했다. 이 정책의 직접적인 여파로 GDP가 4~6월 분기에 연간을 기준으로 7.3%나 하락했다. 이는 2008년 세계 금융 위기 당시에 15%나 하락한 이후로 최악의 결과였다. 이것은 1997년에 판매세 인상으로 경제가 수요의 근본적인 약세를 여실히 보여주면서 불황에 빠져든 상황을 그대로 재현한 것이다.

세금 인상은 일본 정부의 부채를 줄이기 위한 것이었다. 일본에서는 GDP의 약 240%에 달하여 세계에서 가장 높은 수준이라 할 정부 부채를 해결하기 위한 시도가 항상 경제 침체를 낳고 말았다. 그러나 이러한 부채 수준은 일본 경제의 부활이 쉽지 않은 과제라는 것을 상기시켜준다.

과녁을 맞히기에 가장 어려운 화살은 항상 세 번째 화살이 될 것이다. 이것은 일본 경제를 구성하고 돌아가게 하는 방식을 겨냥한 구조 개혁을 말한다. 일본은 인구와 노동력이 감소하는 상황에서 생산성을 어떻게 증진시킬 것인가? 오랜 기간에 걸친 침체가 기업에 고통을 가하고 사람들이 부채를 걱정하게 되면서, 소비 수요가 낮아진 국가에서 기업이 투자하도록 어떻게 유인할 수 있을까?

아베의 구조 개혁에는 생산성 증진을 위한 240개가 넘는 새로운 계획이 포함되어 있다. 이러한 개혁에는 시간이 걸리고, 각료들이 아베노믹스가 효력을 발휘하는 데는 10년이 걸릴 수도 있다고 경고했다. 따라서 구조 개혁의 긍정적인 효과가 나타날 때까지 몇 년이 걸릴 수도 있다. 아베는 지난 10년 동안에 일본의 여섯 번째 총리다. 일본의 지도자들에게는 시간이 사치품으로 보일 수도 있다. 그런데도 그들에게 요구되는 것은 바로 일본이 세계 2위의 경제 대국에서 3위로 떨어지게 했던 지난 수십 년 동안의 어려웠던 경제를 호전시키는 것이다.

일본을 추월했던 국가도 역시 저성장과 고령화에 직면해 있다. 중간소득국인 중국은 선진국과 비슷한 인구통계적 특징을 보이고 있다. 중국이 고령화에 대응하기 위해 '한 자녀 정책'을 폐지했는데도 노동연령 인구는 감소하고 있다. 또한 일본뿐 아니라 영국과 미국이 부유한 국가의 지위를 유지하기 위해 혁신에 기대를 걸고 있다면, 중국은 앞에 나오는 장들에서 설명했다시피 성장이 둔화되기 전에 선진국에 진입해야 한다.

유럽의 경우에도 관심의 대상이 성장이다. 그리고 많은 것들이 이를 수행하는 정부의 능력에 달려 있다. 독일 총리 앙겔라 메르켈^{Angela Merkel}은 유럽이 추진하는 프로젝트의 타당성은 사람들이 부유해지는가에 달려 있다고 말했다. 존 메이너드 케인스를 다룬 6장에서 설명했듯이, EU는 투자를 통하여 성장을 촉진하는 데 집중하고 있다.

따라서 미래의 침체에 대응하기 위해 성장을 촉진하고 생산성을 증진하는 것은 주요 국가에 주어진 공통의 과제다. 정책 담당자들이 이런 사실을 점점 더 깨닫고 있다. 영국을 보면 정부가 경제 성장에 집중하기 시작했다. 특히 우려되는 저생산성 문제를 생각하면 더욱 그래야 한다.

성장에 새롭게 집중하는 영국 정부

2008년 은행 위기 때 일련의 행정부들이 당장의 위기에만 집중하고 생산성 문제에 대해서는 '점잖게 무시한 것'은 경제 성장에 충분한 관심이 없다는 것을 의미했다. 세계적인 생산성 저조로 가장 많은 영향을 받은 국가인 영국은 이후로 생산성 문제를 경제 성장 의제의 중심에 두었다. 우선 영국 정부는 잉글랜드은행과 그 밖의 기관들의 연구 결과에 따라 투자 확대에 집중했다.

예를 들어 영국 정부는 국가사회기반시설위원회를 설립했다. 영국은 사업 투자를 촉진하는 데 중요한 디지털 네트워크와 같은 연성 사회기반시설soft infrastructure과 운송 연결로와 같은 경성 사회기반시설hard infrastructure에 대한 투자가 필요했다. 이에 대한 영국의 실적은 다소 엇갈린 평가를 낳았다.

디지털 경제의 개발은 여러모로 인상적이었다. 예를 들어 런던의 실리콘 라운드어바웃Silicon Roundabout은 유럽의 다른 도시보다 벤처 자본을 더 많이 유치했다. 그러나 영국에는 휴대폰 신호음을 받는 것조차 힘든 지역도 있다. 투자가 요구되는 다른 중요한 분야는 노동자의 역량이다. 비즈니스 서베이business survey(장래의 경기 동향이나 기업의 경영 등에 대해서 기업가의 예상을 조사하여 집계한 것으로, 경기 전망에 대한 여론조사를 뜻한다-옮긴이)에 따르면, 성장에 걸림돌이 되는 것이 고급 기술 인력의 부족이라는 점을 항상 지적한다. 따라서 물리적 사회기반시설과 디지털 사회기반시설뿐 아니라 인적 자본에 대한 투자도 요구된다.

과세권을 지방 정부로 이전하면 의사 결정권을 분권화하여 투자를 촉진할 수 있다. 이것은 지방 은행과 기관들이 지역을 더 잘 알고 있는 독일과 중국에서 효력을 발휘했다. 그러나 이것이 지역 간의 비효율적인 경쟁을 낳고, 지역의 기득권 세력의 입김이 작용하여 중복 투자를 발생시킬 수도 있다.

민간 투자를 증가시켜야 하는데, 이를 위해서는 투명한 정책과 규정이 중요하다. 예를 들어 어떤 기업이 대규모 사회기반시설 투자를 단념해야 한다면 규정 개정을 통해 고정 수익을 보장하여 매력적인 조건으로 만들어줄 수도 있다. 어떤 이들은 영국과 EU 간의 향후 경제 관계에서 불확실성을 더해주는 브렉시트를 우려한다.

공공 투자를 증가하면 민간 투자를 촉진하는 데 도움이 된다. 그 이유는 사회기반시설에 대한 정부 지출이 '크라우딩인' 효과를 가질 수 있기 때문이다. 다시 말하면, 정부 투자가 민간 투자를 더욱 효율적으로 만들 수 있다. 예를 들어 훌륭한 이동통신 시설은 민간 기업이 투자하는 1파운드에 대한 수익을 증가시켜준다. 그럼에도 1997년 이후로 공공 투자는 평균적으로 GDP의 2.4%에 불과하여 G7 선진국의 평균보다 1.1%가 낮다.

케인스를 다룬 6장에서 설명했듯이 이 논쟁은 정부가 차입을 통해 공공 투자를 증가하기 위해 저금리 정책을 활용할 것인가 하는 문제와 관련이 있다. 케인스주의자들은 현재의 투자는 미래에 더 많은 수익을 창출하기 때문에 정부 투자를 일상적인 예산 지출과 구분해서 회계 처리해야 한다고 주장할 것이다.

물론 투자를 위해 중요한 것은 정부 정책만이 아니다. 잉글랜드은행은 이와 관련된 쟁점으로서 자본의 부적당한 할당을 지적했다. 기업이 투자를 하려면 자금을 조달해야 한다. 이것은 대기업보다는 영국 기업의 대다수를 차지하는 중소기업에 더 중요한 문제다.

여기서 대출보다는 대차대조표를 양호하게 유지하는 데 더 많은 관심을 갖는 은행이 지배하는 금융시스템이 장애 요인으로 작용한다. 영국에서는 회사채 시장의 규모가 작기 때문에, 자본 시장으로 눈을 돌리기란 쉽지가 않다. 이것은 대출의 대부분이 은행을 통해서가 아니라 기업이 자금을 동원하기 위해 채권이나 주식을 발생하는 채권 시장 혹은 주식 시장을 통해서 이루어지는 미국이 직면하지 않은 문제다. 또한 EU 내에 규모가 더욱 크고 통합된 채권 시장을 조성할 목표로 새로운 자본시장연합Capital Markets Union을 창설하여 은행 대출에 대한 의존을 줄이려고 하는 EU가 직면한 문제이기도 하다.

투자가 중요하다는 것은 의심의 여지가 없다. 그리고 이것은 영국에서 생산성 수수께끼의 근거가 되는 구조적인 쟁점과 관련된다. 저임금 주제는 조앤 로빈슨을 다루던 9장에서 설명했다. 저임금은 일부 기업들이 자본 설비를 더 많이 설치하는 대신에 노동자를 고용하게 하여 투자를 위축시키는 결과를 낳는다.[13]

　OECD는 이 문제를 검토하고 생산 증가의 둔화가 생산성에 장애가 된다는 사실을 확인했다. 이것은 경제 성장이 정체되어 있으면 노동자 1인당 혹은 기계 한 단위당 생산이 크게 증가할 수가 없다는 점에서 이야기가 다시 원점으로 돌아오게 한다. 중요하게는 임금이 생산성과 연관되어 있다. OECD는 노동 생산성이 위기 이후로 '이례적으로 침체'되어 있기 때문에 실질 임금과 1인당 GDP 혹은 평균 소득이 대체로 정체되어 있다고 말한다. 따라서 전체적으로 보면 경제뿐 아니라 개인도 고통을 받는다.

　고용이 유지되고 있기 때문에 최근 노동자 1인당 생산의 감소가 크게 우려할 만한 것이 아니더라도, 생산성이 경제 성장에 중요하기 때문에 장기적인 추세는 여전히 우려를 낳는 커다란 근원이다. 예를 들어 우리 모두가 고소득을 누릴 수 있는 지속 가능한 방법은 생산성 증가를 요구한다. 우리가 생산성이 낮은 원인을 전혀 모르지는 않는다. 그 결과는 우리의 미래의 생활 수준에 영향을 미친다. 따라서 생산성 수수께끼가 정책 의제에서 더욱 중요한 위치를 차지한다면, 영국 정부가 국민의 장기적인 생활 수준을 위해 정말 중요한 것에 집중할 수 있게 해준다.

저성장 딜레마의 해결책은?

로버트 솔로는 저성장 딜레마에 대한 해법으로 무엇을 제시했는가?

금융 위기와 불황 이후로 투자를 활성화하는 것이 특히 절실했다. 솔로는 장기적인 성장 전망이 경제 침체로 영향을 받을 수 있다고 주장했다. 이것은 여러 해에 걸쳐서 유럽 국가에 쟁점이 되었다. 솔로는 이렇게 말했다.

예를 들어 1979년 이후로 규모가 큰 유럽 국가의 역사에서 알 수 있듯이, 균형 성장 경로 자체가 단기적, 중기적 경험에 의해 영향을 받지 않는다고 보기는 어렵다. 새로운 설비에 대한 총투자를 통해서든, 기존 설비에 대한 가속화된 폐기를 통해서든 자본 형성의 양과 방향은 경기 순환에 영향을 받게 되어 있다.[14]

은행이 대출을 꺼리고 기업이 투자에 관심이 없어지는 금융 위기 이후로 투자가 저조한 실적을 보였다. 이것은 경제의 성장 잠재력에 지속적인 영향을 미칠 수 있다. 따라서 단기적, 중기적 흐름으로 인식되는 경기 순환이 경제에 대한 장기적 전망을 바꿀 수 있다. 이 같은 현상은 1990년대 초반의 붕괴 이후로 일본에서 나타났고, 지금은 2008년 금융 위기의 여파로 미국, 영국, 유로화 지역을 비롯한 그 밖의 선진국들이 이것을 우려하고 있다.

또한 솔로는 이와 관련하여 그리스에 대한 구제 금융을 촉발했던 2010년 위기 이후로 유로화 지역에서 쟁점이 된 높은 실업률이 경제가 장기에 걸쳐 저성장 경로에서 빠져나오지 못하게 하여 경제의 미래에 영향을 미칠 수 있다는 점을 지적했다. "또한 나는 각 부문마다 다양한 실업 통계를 보여줄 수 있도록 직종, 산업, 지역에 따라 노동 시장을 분할하는 것이 균형 경로로 되돌아가게 할 것으로 생각한다."[15]

이것은 이력 현상^{hysteresis}이라고 하는 널리 알려진 개념이다. 다시 말하면 장기간에 걸친 실업이 노동자가 보유한 기술을 쓸모없게 만든다는 것이다. 이력 현상이 노동자들이 노동 시장에 재진입하지 못하게 만든다. 그 결과 생산 활동을 하는 노동자의 수가 감소하게 된다. 이것은 실업률이 위기 이전보다 더 높은 수준을 유지하고 국가의 성장 잠재력을 손상시키는 것을 의미한다. 특히 일부 국가에서 거의 10년에 걸쳐 유지되는 두 자릿수 청년 실업률처럼 유로화 지역이 계속 높은 실업률에 머물러 있으면, 우리는 솔로의 이러한 우려에 주목해야 한다. 노동자는 노동자로서뿐 아니라 혁신자로서 경제 성장 모델에 아주 중요하다.

따라서 솔로는 성장을 촉진하기 위해 투자를 증진해야 한다는 데 열렬히 동의할 것이다. 솔로 모델에서는 경제 성장에 중요한 요소인 기술 진보가 저조한 투자로 인하여 지체될 수 있다. "기술 진보는 대부분 새롭고 독특한 자본 설비를 사용할 때만 실제 생산 속으로 들어갈 수 있다. 따라서 생산 증가에서 혁신의 유효성은 총투자율과 보조를 맞추게 될 것이다."[16]

솔로가 예전에 다음과 같이 지적한 바와 같이, 특히 2008년 위기 이후로 투자 감소를 반전시키는 것이 긴급한 과제가 되었다. "합리적인 인간이 투자를 자극하는 것이 실험실에서 공장으로의 기술 이전에 미치는 효과를 통하여 중기적으로 가파른 성장에 도움이 될 것이라고 믿는 길이 계속 열려 있다."[17]

간단히 말하면 우리가 저성장의 미래에 직면할 것인가는 투자 증가와 실업 감소에 달려 있다. 이 두 가지 요소가 솔로 모델에 따라 성장의 토대가 되는 혁신과 기술 발전에 영향을 미친다. 기술이 경제 전망을 결정하기 때문에, 자본과 인간에 얼마나 많이 투자하느냐는 대단히 중요하다. 이처럼 생산적인 요소가 경제가 어느 정도로 혁신적일 수 있는지 결정하고, 따라서 경제의 미래 혹은 경제의 새로운 균형 경로를 결정한다. 이와 관련하여 솔로는 이렇게 말했다.

> 새로운 균형 경로는 불균형 시기에 발생한 자본 축적량과 지금까지 나타난 실업자(특히, 장기 실업자) 수에 달려 있을 것이다. 기술 변화가 임의적(때로는 혁신이 확정적deterministic이 아닌 방식으로 발생한다)이 아니라 내생적(경제에서 자본량과 노동자 수에 의해 결정된다)이라면, 기술 수준이 달라질 수 있더라도 말이다.[18]

경제 성장의 새로운 경로는 이것이 빠르든 느리든 정부의 통제 범위 내에 있고, 기업과 그 구성원의 의사 결정에 의해 형성된다. 따라서 이것이 고령 사회 혹은 그 밖의 요인에 의한 불가피한 결과는 아니다. 일본의 경제 침체는 일본 인구가 세계에게 가장 빠른 속도로 고령화되고 있기 때문에 어느 정도는 인구통계와 관련된 것으로 보인다.

일본이 로봇 공학에 막대한 투자를 하는 것도 감소하는 노동력을 보완하기 위해 기술을 활용하는 한 가지 방법인지도 모른다. 노동자들이 상품을 생산하는 로봇에 의해 대체될 수도 있다. 이것은 로봇이 특정 부문에서 실업을 초래할 것이라는 전망도 낳는다. 제품과 서비스에 대한 자동화된 생산이 퇴직 노동자를 대체할 뿐 아니라 일부 노동자들에게는 일자리를 잃게 만들 수도 있다.

솔로는 우리가 저성장의 미래에 직면할 가능성이 투자와 노동의 전개 양상에 달려 있다고 볼 것이다. 이 두 가지가 생산성 증가를 결정하기 때문이다. 정부 투자(케인스를 다룬 6장에서 설명했듯이 이는 긴축 논쟁에 달려 있다) 혹은 민간 투자는 위기 이후로 급락했던 자본 저량을 회복하는 데 도움이 될 수 있고, 이것은 저성장의 미래의 가능성을 약화시키는 데 기여할 것이다. 정부는 혁신을 장려하고 사회기반시설을 확충하기 위해 세제 혜택을 제공하여 투자를 유인할 수 있다.

투자가 증가하는 한, 솔로는 저성장의 미래가 불가피한 것으로 간주하지는 않을 것이다. 솔로 모델은 투자와 생산적인 노동을 통하여 축적된 자본에서 비롯되는 성장에 기반을 둔다. 따라서 이 두 가지 생산 요소를 지원하기 위한 정책이 더 많은 산출을 발생시킬 것이다.

이것은 쉽지 않은 과제이다. 일본의 사례에서 봤듯이 인구통계와 같은 일부 요인은 쉽게 바뀌지 않는다. 그러나 앞서 했던 제안들이 도움이 될 수 있고 신기술의 도래가 획기적인 결과를 낳을 수 있다. 솔로는 디지털 시대의 기술이 과거 산업혁명 시대의 증기기관과 전기 보급이 그랬던 만큼 생산성에 기여할 것인가에 관한 논쟁을 투자와 관련된 것으로 볼 것이다. 컴퓨터 시대가 생산성을 증가시키고 그 결과로 강력한 경제 성장 국면에 이르게 하려면, 연구 개발뿐 아니라 인력 개발, 이러한 기술을 기업이 작동하는 방식에 심어두기 위한 기업의 실천 역량에 대한 투자를 요구할 것이다.

로버트 솔로의 경제 성장 모델의 기본적인 교리는 우리가 앞으로 나아가야 할 방향을 가르쳐준다. 인구통계가 운명이 아니라는 말도 있다. 어쨌든 내가 이 글을 쓰고 있을 때도, 솔로는 90대의 나이에도 열심히 연구하는 실천적인 경제학자다.

로버트 솔로는 경제학자로서 경제 문제에 대한 공개 토론에 기여해야 한다고 생각했다. 그는 '경제적인 아이디어가 어떻게 엉망진창이 되는가?How Economic Ideas Turn to Mush'라는 제목의 에세이를 쓴 적이 있다. 그는 복잡한 아이디어를 문외한에게 전달하는 것이 아주 힘든 일이라고 말했다. 일단 경제적인 아이디어가 일반 대중에게 도달하면 그 의미가 어떤 식으로든 변하게 되어 있다.[19] 솔로는 경제학자들에게 다음과 같이 충고했다.

경제 문제를 분명하고도 집중적으로 표현하라. 한 번에 한 문제씩 대답하고, 이에 대해 강력하게 주장하라. 그리고 무엇보다도 (이것은 정말 어려운 것인데), 적어도 나 자신도 이것을 망각하는 경향이 있는 사람이라는 것을 알고 있다. 그것은 바로 자격증에 대한 언급을 빠뜨리지 않아야 한다는 것이다. 절대로 당신이 실제로 믿거나 정당화할 수 있는 것 이상의 것을 내세우지 말라. 이것이 귀에 거슬리게 만드는 것은 사람들이 바라는 것에 있다. (특히 사람들이 텔레비전 프로그램에 나오는 인상적인 발언이나 〈월스트리트저널〉에 나오는 두 문장짜리 인용문에서 그것을 전달받게 된다면) 그들은 매우 분명한 것을 바란다. 그들은 그런 자격증을 바라지 않는다. 그리고 당신은 그들이 이러한 올가미에서 벗어나게 해주지는 않을 것이다. 흥미로운 것은 이것이 효과가 있다는 것이다. 일반 대중을

상대로 말하는 경제학자는 모든 답을 아는 현자로서가 아니라 자격증을 내세우면서 존경받는다.[20]

솔로는 일과 인생의 균형의 중요성을 인정하는 몇 안 되는 학자 중의 한 사람일 것이다. 그는 매년 여름이 오면 매사추세츠 사람들에게 해변 휴양지로 인기가 높은 마서즈 빈야드Martha's Vineyard로 떠난다. 그는 여기서 연구도 하고 요트를 타기도 한다.[21] 노벨상 상금으로 받은 100만 달러 중 일부를 자기 요트의 돛을 사는 데 썼다. 그는 한가로움을 추구하는 순간에서도 자신이 경제학자라는 사실을 잊지 않았다.

이러한 활동과는 별개로, 내가 항해를 좋아하는 중요한 이유는 물과 바람은 당신을 신경 쓰지 않는다는 사실을 가르쳐준다는 것이다. 물리 법칙이야 어떻든 간에 물과 바람은 자기 마음대로 흘러가고, 당신이 할 일은 최선을 다해 여기에 적응하는 것이다. 그리고 적응하고 적응하는 법을 배우는 것은 경제학자에게 나쁘지 않다. 세상의 변화에 적응하라. 세상이 당신의 모델에 맞추는 것이 아니라 당신의 모델이 세상에 적합하도록 만들어야 한다.[22]

세계화의 미래는
어디로 향하는가

경제 번영은 세계화와 관련된다. 2차 세계대전 이후 세계 경제의 가파른 성장은 국제 무역과 투자의 급격한 확대로 이루어졌다. 우리가 때로는 국경과 무관하게 상품을 구매하고 정보에 접근하게 되면서, 세계화의 흐름이 역행하지는 않을 것이다. 그러나 무역 확대와 시장 개방이 정체되고 있다. WTO 체제 아래에서 거의 모든 나라의 수출과 수입을 관장하는 국제 무역 시스템은 부수적인 지역 간, 양자 간 자유무역협정Free trade agreements, FTAs으로 분화되고 있다. 우리는 이처럼 세계화의 미래와 세계 경제의 성장이라는 거대한 도전에 직면하여 위대한 경제학자들의 사상에서 도움을 받을 수 있을 것이다.

지난 몇 년 동안 몇 번에 걸쳐 발생했던 극적인 사건들이 세계화의 혜택이 공평하게 돌아가지 않는 것에 대한 반발을 부각시켰다. 영국이 EU를 탈퇴하기로 했던 결정과 정치적 아웃사이더 도널드 트럼프의 백악관 입성에는 커다란 차이가 있지만, 이 두 사건은 세계화를 포함하여 현재 상황에 대한 유권자의 다양한 불만을 드러냈다.

2016년 6월 역사적인 국민투표에서 영국은 EU를 탈퇴하기로 표결한 첫 번째 주권국가가 되었다. 일부 여론 조사에서는 주권과 이민 같은 지배적인 주제와 함께 세계화에 대한 반발이 브렉시트에서 일정한 역할을 했던 것으로 나타났다. 영국 정부는 독자적인 글로벌 전망을 유지할 것이라고 주장해왔다. 이것은 영국과 EU 회원국들, 그 밖의 국가들 사이에서 현재의 무역 관계와는 다른 정책을 구성하게 될 것이고, 미래의 번영에 확실히 중요하게 작용할 것이다.

대서양을 건너 근소한 차이로 접전을 벌였던 2016년 미국 대통령 선거에서는 공화당 후보 트럼프가 국제 무역이 미국이 직면한 커다란 문제라고 인식하고는 '미국을 다시 위대하게 만들자Make America Great Again'는 슬로건을 내세우면서 이를 해결할 것을 공약했다. 그는 취임 연설에서 트럼프 행정부는 '미국 우선주의America first' 원칙에 따라 경제 정책을 추진할 것임을 분명히 했다. 그는 여기에 두 가지 원칙이 있다고 말했다. '미국 제품을 구매하고, 미국인을 고용한다Buy American. Hire American.' 물론 영국과 마찬가지로, 미국 유권자들의 불만이 무역에만 있는 것은 아니다. 그러나 경제 문제에 대한 반응으로 세계화를 겨냥한 것은 세계 경제로의 개방에 따른 혜택이 공평하게 돌아가지 않은 것에 대해 불만이 밑바탕에 깔려 있음을 드러낸다. 또한 반체제 감정을 자극하는 포퓰리즘이 현재의 경제 정책에 도전장을 던지고 있다.

트럼프의 전임자인 버락 오바마는 이런 불만의 원인 중 일부가 세계화에 있는 것으로 보았다.

기술 발전과 소셜미디어와 결합한 세계화와 끊임없는 정보의 흐름이 사람들의 삶을 아주 구체적인 방식으로 침해했다. 제조업 공장이 문을 닫고, 갑자기 도시 전체가 고용의 주요 원천이던 기능을 더 이상 하지 못하게 되었다. 사람들은 국가 정체성이나 자신이 세계 어느 곳에 존재하는지에 대한 확신이 줄어들었다. 이런 현상들 때문에 확실히 유럽의 많은 국가의 진보와 보수 양진영에서 포퓰리즘 운동이 일어났다. 이번 대선에서 도널드 트럼프나 버니 샌더스 등 과거와는 아주 다른 후보들이 성공한 것을 보면 분명히 선거에서 세계화에 대한 의혹, 과도한 세계화를 억제하려는 욕구, 유권자들의 긴급한 요구에 대응하지 못하는 지배 계층과 정부 기관에 대한 불신을 이용하려는 경향이 나타난다.[1]

세계화는 어려운 국면에 처했는가? 위대한 경제학자들은 세계화에 대한 이러한 반발을 보면서 어떤 생각을 할까? 그리고 가장 중요한 점으로, 세계화로 피해를 입은 이들에게 도움이 되기 위해 어떤 조언을 해줄 것인가?

변해가는 자유 무역의 모습

WTO의 거의 모든 회원국에게 적용되고 무역 당사국 거의 전체를 포함하는 다자간 무역 협정에서 변화의 움직임이 있었다. 지금도 여전히 관세를 인하하고 무역과 투자를 용이하게 하는 그 밖의 조치들을 채택하기 위한 FTA를 지지하지만, 이런 협정이 점점 더 지역 간, 양자

간 무역 협정의 형태를 띠고 있다. 유럽은 소수의 WTO 회원국을 제외하고는 무역과 관세에 관한 협정을 이미 체결했거나 약 80개 국가와 체결을 추진 중에 있다. 이것은 현재 WTO의 범위를 뛰어넘어 무역을 위한 지속적인 자유화와 해외 시장 개방의 중요성을 보여준다.

이제 관세에는 무엇이 포함되고, 이것이 왜 경제적으로 비효율적인지 되짚어보자. 관세는 정부가 수입과 수출에 부과하는 수수료를 말한다. 이것은 사실상 세금이며 따라서 가격을 왜곡할 수 있다. 관세가 비용에 더해지기 때문에 경제적 효율성을 감소시키고 성장에 장애가 될 수 있다. EU 단일 시장 같은 FTA가 관세의 대부분을 철폐하는 것을 목표로 한다. 그러나 여러 국가가 자국 산업이 어느 정도 성숙할 때까지는 규모가 큰 세계적인 기업과의 경쟁에서 보호하기 위해 관세를 부과한다. 노동조합도 국내 일자리를 보호해줄 것을 원한다. 따라서 관세는 단지 세금을 부과하기 위한 경제적 결정 이상의 의미를 갖는다. 이러한 관세 부과의 이면에는 때로는 정치적인 동기가 작용한다.

비관세 장벽Non-Tariff Barriers, NTBs이라는 것도 있다. 이것은 특정 산업에서 수입을 제한할 수 있는 표준을 설정하는 것처럼 관세를 부과하지 않고 산업을 보호하는 또 다른 방법이다. 예를 들어 태국의 새우 수출업자는 미국 판매를 허용하는 그물 형태에 관한 미국 표준을 충족하기가 어려웠다. 영국, 미국을 포함한 주요 국가에서 가장 많은 비중을 차지하는 서비스 부문은 규정이 훨씬 더 까다롭다. 이것은 EU가 서비스에 관한 국제 협정을 강하게 밀어붙이는 중요한 이유다. 다자간 서비스협정은 세계 경제에서 가장 많은 비중을 차지하는 부문의 개방 가능성을 가지며, WTO 체제 아래에서 향후 다자간 무역자유화에 관한 대형 라운드의 주요 요소가 될 것이다. 다자간 서비스협정은 는 2013년에 세계와 EU GDP의 70%를 차지하지만 세계와 EU 수출의 25%만을 차지하는 서비스 시장의 개방을 목적으로 시작되었다. 다시 말하면 현재 WTO 체제 아래에서 제조업 제품 무역은 자유화되었지만, 주요 국가의 국내 생산에서 가장 큰 비중을 차지하는 서비스 부문은 세계 시장에서 장벽에 직면하고 있다.

각 국가는 무역 장벽의 축소를 원한다. 그리고 WTO 가입뿐 아니라 지역 간 FTA를 통하여 이를 점점 더 추구한다. 트럼프 대통령이 탈퇴 선언을 하지 않았더라면, 환태평양경제동반자협정Trans-Pacific Partnership, TPP이 북아메리카 지역 국가와 라틴 아메리카, 아시아 일부 국가를 포함한 환태평양 지역 국가를 연결하는 세계에서 가장 큰 자유무역지대가 되었을 것이다.

오바마 행정부는 미국 제조업 제품 수출의 61%와 농산물 수출의 75%가 아시아-태평양 지역으로 가기 때문에 새로운 무역협정을 통하여 혜택을 얻기를 기대했다. EU도 마찬가지로 미국과의 FTA를 야심차게 추진해왔다. 범대서양무역투자동반자협정Transatlantic Trade and Investment Partnership, TTIP은 미국과 EU를 연결하는 FTA가 될 것이다.

규모가 큰 지역 간 FTA의 추구는 WTO의 확장이 중단된 것에 대한 반작용에서 비롯되었다. 과거 WTO의 야심찬 출범과 국가들이 세계 시장 개방을 더욱 확대하기 위한 협상을 시작했던 2001년의 도하 라운드Doha Round 이후로 오랜 시간이 지났다. 따라서 전 세계를 대상으로 하는 협정을 가지고 언쟁을 벌이는 대신에, 지역 간 무역 협정이 등장했고 양자간 협정이 확대되었다. 비록 모든 국가가 다른 모든 국가와 같은 교역 조건으로 무역하는 것이 더 낫더라도 말이다.

이 접근 방식이 지닌 문제는 한 국가가 새로운 자유무역지대에 가입하지 않은 경우에(혹은 가입 요청을 받지 않은 경우에), 이 국가가 배제되어 혜택을 공유할 수 없다는 데 있다. TPP와 TTIP에서 배제된 중국은 다른 국가들과 독자적으로 협정을 체결하려고 한다.

중국은 지역 간 자유무역협정을 체결하기 위해 동남아시아국가연합Association of Southeast Asian Nations, ASEAN 국가들과 그 밖의 아시아 국가들과 협상하고 있고, 역내포괄적경제동반자협정Regional Comprehensive Economic Partnership, RCEP을 추진하고 있다. 또한 중국은 TPP의 대체 수단으로 아시아-태평양 자유무역지대Free Trade Area of the Asia Pacific, FTAAP 결성을 제안했다.

지역 간 FTA가 WTO 체제하의 다자간 협정과 비교하여 최선의 결과는 아니지만, 새로운 무역 협정을 전혀 체결하지 않는 것보다는 나을 것이다. 특히 소규모 국가들은 국내 기업들이 훨씬 더 커진 고객 기반을 대상으로 판매함으로써 규모의 경제라는 이점을 얻을 수 있도록 대규모 자유무역지대의 창설에 적극 참여하려고 한다.

이런 이유로 동남아시아 국가들도 야심차게 자유무역지대를 추구하고 있다. 2015년 말에 ASEAN이 출범한 아세안경제공동체ASEAN Economic Community, AEC라는 단일 시장은 인구 규모 측면에서 EU 단일 시장에 필적한다. 인구 규모가 6억 명이 넘는 AEC는 싱가포르에서 가난한 국가 라오스까지 동남아시아 10개국을 관세 철폐와 표준 공유를 목표로 하는 경제 블록으로 연결한다. AEC는 EU와 경쟁을 벌일 계획이고, EU 회원국들의 경제 성장률이 1~2%인 데 반하여 ASEAN 회원국들의 경제 성장률이 5%가 넘는 것을 감안하면 결국에는 EU를 추월할지도 모른다. 또한 AEC는 유럽의 셴겐조약Schengen Agreement(국경 통제를 풀고 여권 없이 자유로운 왕래를 허용하기로 결정한 EU 회원국 간의 합의를 뜻한다-옮긴이)의 아시아판이라 할 단일 비자 제도를 고려하고 있다.

ASEAN 국가들의 정책 담당자들은 AEC 이면에서 작용하는 추진력이 이웃나라인 중국과 인도뿐 아니라 EU와 미국의 대규모 시장과의 경쟁이라는 점을 강조한다. 인구 규모가 미국의 두 배이고, EU와는 비슷한 AEC는 세계에서 가장 규모가 큰 경제적 실체 중 하나가 될 가능성이 있다. AEC가 EU처럼 세계 나머지 지역을 위한 공동의 기준점이 되고 미국처럼 글로벌 기업들이 뛰어들어야 할 의무감을 갖게 하는 시장이 된다면, 반드시 성공할 것이다. 동남아시아 국가들은 확실히 이런 야망을 갖고 있다.

미국은 양자간 무역 협정에 집중함으로써 불확실성을 가중시키고 있다. 이는 과거의 다자간, 지역 간 자유 무역 의제에서 커다란 변화가 있다는 것을 의미한다. 트럼프 대통령은 그 이유가 자신이 말하는 '미국 우선주의'에 있다고 주장한다. 세계 최대의 경제 대국에서 변화가 일어나면서, 세계화에 대한 반발을 어떻게 다루어야 하는지에 대한 문제가 훨씬 더 중요해질 것이다.

트럼프 지지자들의 속내

트럼프 대통령의 등장은 어쩌면 과거 수십 년 동안 경제적으로 피해를 본 사람들이 분노를 나타내기 위해 정치적인 배출구를 찾은 과정을 보여주는 가장 뚜렷한 사례일 것이다. 〈뉴욕타임스〉가 실시한 출구 조사에서는 민주당 후보 힐러리 클린턴Hillary Clinton에게 표를 준 사람들에 비해 트럼프에게 표를 준 사람들이, 경제가 형편없이 돌아가고 있고 그들 가정의 재정 상태가 더 나빠졌다고 생각하는 것으로 나타났다.[2] 그들의 분노에는 다른 원인이 작용했을 수도 있다. 그러나 트럼프가 판단하기에는 세계화가 문제였다. 이것이 우려할 만한 영향력을 지녔다.

조앤 로빈슨을 다룬 9장에서 설명했듯이, 미국에서 임금 중앙값은 40년 동안 정체되었다. 이러한 양상은 2009년 대침체로 인하여 개선되지 않았다. 임금 분포의 중간에 해당하여 시간당 13.83~21.13달러를 받는 사람들의 일자리가 지난 불황 시기에 사라진 일자리의 약 60%를 차지했다. 그러나 회복 국면에서 창출된 일자리 중 임금 분포의 중간에 해당하는 일자리는 27%에 불과했다. 이 현상이 지난 불황 시기에만 나타난 것은 아니었다. 나는 당시에 빌 클린턴Bill Clinton 대통령의 어느 강연에 참석했던 적이 있었는데, 그는 1990년대 초반의 불황 이후로 회복 국면에서 창출된 일자리가 얼마나 되는지 설명하고 있었다. 그러자 어떤 여성이 손을 들고서 이렇게 말했다. "네, 대통령님, 저는 그 중에서 세 가지 일을 하는데, 그런데도 먹고 살기가 힘듭니다."

경제학자들은 생활 수준이 정체되는 원인을 두 가지 주요 요인으로 설명한다. 그것은 세계화와 '능력에 편향된 기술 변화'를 의미한다. 후자는 기술 진보의 혜택이 고급 인력에게만 돌아가는 것을 의미한다. 미국과 전 세계의 공업화 국가들에서 컴퓨터화와 자동화와 같은 혁신이 고급 인력의 역량을 보완하고 강화했다. 그러나 이와 같은 혁신이 역량 분포의 중간에 있는 사람들이 하던 일자리를 대체했다. 특히, 자동화의 확대는 제조업을 급격하게 변화시켰다. 로봇의 수가 증가하고, 비록 지금은 자동차 생산과 같은 부문에 집중되고 있지만 로봇 사용이 경제 전체로 확산되고 있다. 따라서 기술 분포의 양끝에서의 일자리는 증가하고 있지만, 중간에서의 일자리는 감소하고 있다.

이 같은 현상은 세계화와 밀접하게 관련된다. 리카도를 다룬 2장에서 설명했듯이 무역은 피해자를 낳는다. 한 나라의 경제가 과거에는 국내에서 생산하던 제품을 수입하기 때문이다. '혜택을 보는 자'는 확대되는 산업에 종사하는 사람들이다. 한 나라의 경제가 그 산업 부문을 특화하고 거기서 생산된 제품을 수출하기 때문이다. 미국의 제조업 제품 수입이 증가하면서, 이 부문에 종사하는 역량 분포의 중간에 있는 사람들의 일자리가 사라지고 있다.

제조업 일자리는 1950년 1300만 개에서 1980년에 거의 2000만 개로 증가하여 정점을 찍고 난 이후로, 2010년에 사상 최저인 1150만 개로 감소했다. 대침체 이후로 제조업 일자리가 1230만 개로 회복되었지만, 이는 1950년 수준보다 여전히 낮다. 영국에서도 비슷한 패턴이 나타난다. 약 260만 명이 제조업에 종사하고 있는데, 이는 1970년대 후반 이후로 절반으로 감소한 것이다. 전체 일자리 중에서 제조업이 차지하는 비중은 1978년 25%에서 현재 8%로 감소했다.

이 두 가지 요인의 조합이 소득 분포의 중간에 있는 수많은 미국인의 생활 수준이 나아지지 않는 결과를 초래했고, 이것이 지난 번 선거에서 현재의 상황에 대한 불만으로 표출되었다.

나는 BBC 방송의 〈의회로 가는 린다Linda for Congress〉라는 제목의 다큐멘터리에 출연하면서 트럼프의 등장을 실제로 체험했다. 나는 2016년 선거에서 미국의 여성 의회의원으로 출마하기 위한 가상 선거 운동을 시작하면서, 유권자 동향을 파악하기 위해 거리로 나섰다. 우리는 선거 운동 관리자, 여론 조사원, 기금 모금자, 연설문 작성자 등 선거 운동원을 '모집'했다. 나는 경제학자이자 방송 진행자로서 정치인과 친하게 지냈지만, 정치인이 되고 싶다는 생각은 전혀 없었다.

나는 중립적인 입장을 유지하기 위해 무소속으로 출마했다. 이 때문에 나는 선거자금이나 그 밖의 지원자 혹은 민주당이나 공화당 투표자를 확보하지 못하여, 당장 당선 가능성이 낮아졌다. 공화당 버지니아주 위원장 존 휘트벡John Whitbeck은 내가 공화당 후보에 맞서 출마한다면 '박살낼 것'이라고 말했다.

물론 농담이기를 바란다. 그곳은 가상의 지역구이기 때문이다. 미국 대통령 선거에서 버지니아주가 최고의 경합지역이기 때문에 우리는 이곳을 선택했다. 이곳은 (민주당의 푸른색과 공화당의 붉은색이 섞여서) 보라색 물결이 완연했다. 그리고 이는 주지사는 민주당원이지만, 의회의원은 공화당원이 다수를 차지한다는 사실에서도 고스란히 나타난다. 우리는 5번 지역구에 주목했다. 현직 의원은 공화당원이지만, 바로 직전 의원은 민주당원이었기 때문이다.

나는 유권자를 만나기 위해 버지니아주 전역을 돌아다녔다. 키스빌에서 담배를 재배하는 농부를 만났는데, 그는 콩을 포함한 농산물을 러시아, 베트남, 브라질 등 전 세계로 판매하는 사업체를 경영했다. 그의 집은 1만 2000평에 달하는 대지에 호수와 말이 있어서 무척 인상적이었다. 수출업자이기도 한 그는 세계 시장 개방을 지지했지만, 세계화가 미국인에게 이롭게 작용하지는 않는다고 생각했다. 예를 들어, 그는 대외 개방을 확대하는 오바마 대통령의 무역과 이민 정책에 이에 반대했다. 그러나 그에게 농장을 어떻게 경영할 것인지 묻자, 그는 지역구 의회의원에게 멕시코 인부 고용을 허가해줄 것을 요청하는 청원서를 쓴다고 말했다.

팜빌의 어느 감리교회와 컴벌랜드에서 만난 크리스마스 행렬에서도 비슷한 대답을 들었다. 내가 만난 유권자들은 공화당 지지자들과 민주당 지지자들이 섞여 있었다. 그들 중에는 대가족과 함께 픽업트럭 뒤에서 행렬을 지켜보는 할머니도 있었다. 이 주부는 여섯 식구가 시간당 12달러만을 받고서 사는 것이 힘들다고 말했다. 내가 만났던 다른 사람들처럼 그녀도 육체 노동자였는데, 이들은 세계화와 기술 변화로 인하여 반숙련 노동자를 고용하는 보수 좋은 공장 일자리가 줄어들어 생계가 어려운 처지에 놓여 있었다.

다른 사람들과 마찬가지로 그녀도 트럼프를 찍었다. 비록 그들이 나의 가상 선거 운동에 호의적인 반응을 보이기는 했지만 말이다. 내 머릿속에서 떠나지 않았던 것은 특히 지난 수십 년 동안에 자신을 피해자들이라고 생각하는 사람들에게서 트럼프 지지자들이 많이 나왔다는 것이다. 트럼프가 대통령에 당선되고 나서, 그를 지지했던 사람들은 이제 경제적 파이에서 더 많은 조각을 원하고 있다.

세계화로 인한 피해자들을 지원하라

문제는 무엇이 최선의 방법인가에 있다. 이러한 과제는 미국뿐 아니라 세계화의 혜택이 공정하게 분배되지 않는 모든 나라에 해당한다.

전 세계 시장이 무역과 투자를 통하여 더욱더 연결되는 시대를 거치면서 빈곤한 국가가 부유한 국가를 '추격'함에 따라, 지난 수십 년 동안 신흥국 경제가 눈부시게 성장하여 국가 간 불평등은 많이 완화되었다. 세계화는 신흥국 경제가 빠르게 성장하는 데 도움이 되었다. 이들이 서구 세계에서 투자를 받으면서 미국과 유럽에 수출을 할 수 있게 되었기 때문이었다.

신흥국 경제가 상대적으로 빠르게 성장한 덕분에, 선진국과 개발도상국의 소득 격차가 줄어들면서 국가 간 불평등은 완화되었다. 그럼에도 세계의 소득 불평등은 크게 변하지 않았다. 국가 내에서 불평등이 현저하게 개선되지 않았거나 일부 경우에는 악화되었기 때문이다.

앨프리드 마셜을 다루었던 4장에서 설명했듯이, 미국에서 불평등이 얼마나 급격하게 심화되었는가를 생각해보라. 미국에서 불평등이 급격하게 심화되어 이 시대가 2차 도금 시대라 일컬어지게 되었다. 불평등이 항상 극명하게 드러난 것은 아니지만, 많은 국가에 문제가 되었다. 여기에는 경제적 격차가 세계화, 심지어 자본주의 자체에 대한 반발의 원인이 되었던 영국도 포함된다. 영국에서는 사회의 모든 구성원들에게 혜택이 돌아가는 경제 성장을 의미하는 '포용적 성장'이라는 용어가 널리 회자되고 있다. 이 말은 중산층이 점점 사라져가고 임금이 정체되는 미국에서도 자주 들리고 있다.

소득 불평등의 심화가 어느 정도는 세계화에서 비롯되었다고 하더라도, 무역 정책에서만 개선책을 찾을 수 있다는 뜻은 아니다. 데이비드 리카도를 다루던 2장에서 설명했듯이, 무역이 분배에 미치는 영향이 확실히 있다. 다시 말하면, 경제 전체로는 이익을 보더라도 일부는 이익을 보고 다른 일부는 손해를 본다. 그러나 다른 요인도 작용한다. 무역으로 인하여 불평등에 미치는 영향과, 역량 분포의 중간에 있는 노동자보다 고급 인력에 혜택이 되는 기술 변화로 인하여 불평등에 미치는 영향을 구분하기는 쉽지 않다. 후자가 더 영향력을 갖는다. 비록 노동과 환경 보호를 위한 적절한 표준들이 충족되도록 보장하기 위해 무역 협정에 포함될 수 있는 조치들이 있다고 하더라도, 재분배 정책과 노동자 역량 개발을 위한 정부 지출 같은 국내 정책 수단들이 심화되는 불평등 문제를 더욱 직접적으로 다룰 수 있을 것이다.

케인스를 다루던 6장에서 설명했듯이, 재분배와 경제 성장을 지원하기 위한 재정 정책의 사례가 바로 연성 사회기반시설과 경성 사회기반시설에 대해 정부가 지원하는 투자다. 금융 위기 이후로 차입 비용이 저렴해지면서 미국, 영국, 유럽 국가, 일본을 포함하여 여러 국가들의 정부가 채권 시장에서 자금을 조달하기 위해 많은 비용을 지불하지 않아도 되었다. 따라서 이때가 투자하기에 좋은 시기가 될 수 있다. 사회기반시설에 대한 투자는 반숙련 노동자들을 위한 보수가 좋은 일자리를 창출할 수 있다. 이 부문이 디지털 경제뿐 아니라 제조업에도 걸쳐 있기 때문이다. 소득 재분배를 위한 통상적인 정책보다 사회기반시설을 겨냥한 재정 정책이 특정 인구 집단의 소득을 증가시킬 수 있다. 사회기반시설의 확충과 거대한 소비자 집단을 구성하는 중산층의 소득 증가는 모두 성장에 활력을 불어넣어줄 것이다.

따라서 세계화로 인한 피해자를 지원하고 불평등 문제를 해소하는 것이 정부 입장에서는 무역 문제라기보다는 주로 국내 문제가 되어야 한다. 그런데도 세계화에 대한 반발 때문에 정책 담당자들의 관심은 무역 협정에 쏠려 있다. 이것은 더 개방하면 부담이 따른다는 것을 의미한다. 그러나 1990년대 초반 이후로 국제 무역이 급격하게 증가하고 외국인 직접 투자가 폭발적으로 상승한 것이 개발도상국이 눈부신 성장을 이룩하고, 그 결과 10억 명이 극심한 빈곤에서 벗어나서 개발도상국과 선진국 간의 격차가 줄어드는 근간이 되었다.

이 모든 현상을 두고 위대한 경제학자들은 어떻게 생각할까? 그들은 세계화가 곤경에 처해 있다고 말할 것인가?

세계화에 대한 반발을 바라보는 위대한 경제학자들의 시선

애덤 스미스와 데이비드 리카도는 자유 무역을 추진하는 것이 최선이라고 생각할 것이다. 곡물법을 폐지하던 고전파 경제학자들의 시대에는 개방 경제가 영국이 세계 속에서 기대 이상의 성과를 얻는 데 도움이 되었다. 그들은 틀림없이 각국 정부에 세계화가 주는 혜택에 주목해야 한다고 말할 것이다.

카를 마르크스는 트럼프 대통령의 당선을 세계화를 통하여 노동자 계급이 피해를 보았지만 자본가 계급이 혜택을 본 것에 대한 대중의 반란으로 생각할 것이다. 나중에 중국과 북한의 공산주의 정권을 지지했던 조앤 로빈슨은 당연히 이런 생각에 공감할 것이다. 그들의 목표에는 불평등 문제를 해결하기 위해 특히, 고용을 둘러싼 제도에서 급진적인 변화를 보는 것이 포함될 것이다.

앨프리드 마셜은 불평등을 완화하기 위해 그가 제시하는 정책과 일맥상통하게 세계화로 인한 피해자들을 지원하기 위한 조세와 이전 지출을 통한 적절한 재분배 정책을 주장할 것이다. 그가 나중에 재분배 정책으로 전환한 것을 생각하면, 세계화가 분배에 미치는 영향에 대처하기 위해 무역 정책보다는 국내 정책에 집중해야 한다는 데 동의할 것이다.

어빙 피셔는 주요 국가들이 국내 문제로 관심을 돌리는 징후를 보면서, 1930년대가 되풀이될 위험이 커진다고 판단할 것이다. 당시에는 미국으로 들어오는 수입품에 높은 관세를 부과하는 보호주의자들의 스무트-할리법Smoot-Hawley Act 같은 조치들이 대공황을 악화시켰다. 또한 피셔는 정부 채권을 매입하고 우리 모두의 차입 비용을 결정하는 국제 투자자에 대한 반세계화 정서가 커지는 데서 비롯되는 경제적인 불확실성의 증대와 이로 인한 영향력을 예의주시할 것이다. 예를 들어, 부유층이 아닌 사람들이 주택 구매를 위해 대출금에 의존할 가능성이 높기 때문에 가장 심한 타격을 받을 것이다.

존 메이너드 케인스는 세계화로 인한 피해자들을 지원하기 위해 정부가 적극적으로 나서서 지출을 증대시키는 것이 답이라고 생각할 것이다. 그는 세계화의 과정에서 사라져버린 반숙련 노동자들의 일자리를 창출하기 위해 공공 투자를 증대해야 한다고 주장할 것이다. 확실히 그는 세계화에 대한 반발을 해소하고 이와 함께 경제 성장을 촉진하기 위한 다양한 국내 정책을 추진하는 데 주저하지 않을 것이다.

그와 동시대를 살았던 조지프 슘페터는 모든 국가가 글로벌 전망을 유지해야 한다는 데는 동의할 것이다. 개방되고 경쟁적인 시장이 장기적으로 성장에 도움이 되는 창조적 파괴의 과정에 속도를 높여준다. 그는 대공황과 이후로 2차 세계대전이 한창일 때 저작을 남겼다. 따라서 그가 대외 개방에 가치를 두고 강력하게 성장하기 위해 이것이 반드시 필요하다고 주장하는 것은 그다지 놀랍지가 않다.

프리드리히 하이에크와 밀턴 프리드먼은 같은 의견을 내놓을 것이다. 그들은 자유 시장 신봉자로서 특히, 트럼프의 미국 우선주의 정책과 브렉시트 같은 정치적 사건이 미국과 영국이 내부로 관심을 돌리고 시장 원리에 대해 타협하는 것을 의미하지는 않는다는 점을 확고히 할 것이다. 하이에크는 세계화가 개척자적인 국가들이 발전할 수 있게 해주고, 그 다음에는 다른 국가들이 성공한 국가들을 모방함으로써 추격 성장으로부터 혜택을 보게 해준다고 생각할 것이다. 그들은 전 세계의 시장 개방과 이후로 나타나는 국가 간 상호 연결성의 증진에 찬사를 보낼 것이다.

더글러스 노스는 현행 무역 협정의 어느 지점에서 피해자들의 우려에 대처하고 타당한 경우에서도 이를 개정하는 데 실패했는지 검토할 것을 촉구할 것이다. 또한 그는 특히 브렉시트를 관리하는 방안에 관해 가장 적절한 견해를 구체적으로 제시할 것이다. EU를 떠난 영국은 무역 협정을 새롭게 다시 하려는 국가와는 완전히 다른 상황에 놓여 있다. 노스의 저작은 경로 의존성과 역사가 얼마나 중요한지 강조한다. 그는 기존 제도에 기반을 두는 것이 영국과 EU의 미래의 관계를 형성하는 데 중요하다고 주장할 것이다.

로버트 솔로는 투자가 성장을 촉진하고 더 나은 일자리를 창출하기 위한 열쇠라는 점을 강조할 것이다. 그러나 투자에 관한 국제 협약은 많지 않다(지금 EU와 중국이 협약을 체결할 의향이 있다). 따라서 아마도 그는 투자에 관한 공동의 표준을 설정하고 규정이나 규제가 관세보다 더 중요한 서비스 부문을 자유화 혹은 개방하려는 노력에 찬성할 것이다.

세계화가 경제 성장에 미치는 중요성을 감안하면, 위대한 경제학자들의 대다수가 틀림없이 자유화의 지속적인 과정을 강력하게 지지할 것이고, 내부로 관심을 돌리는 데는 반대할 것이다. 1990년대 초반 냉전의 종식 이후로 세계화라는 특별한 시기를 살면서 이런통찰을 연구에 반영했던, 그들의 지적 후예들에게는 이런 정서가 훨씬 더 강하게 자리를 잡을 것이다. 위대한 경제학자들의 선구적인 연구로부터 혜택을 받은 사람들이 많이 있지만, 매사추세츠공과대학교의 폴 새뮤얼슨이 가장 두드러진다. 그의 이론은 오늘날의 경제학을 특징짓는 케인스파와 신고전파 사상의 종합을 구현했다. 케인스를 다룬 6장에서 설명

했듯이, 새뮤얼슨은 현대 거시경제학의 기본 프레임워크라 할 '신고전
파 종합' 접근 방식의 개발에 기여했다.

　그밖에도 폴 새뮤얼슨의 획기적인 저작은 데이비드 리카도의 모델
을 확장했고, 국제 무역이 무역 당사국의 경제에 미치는 영향을 분석
하기 위한 이론의 표준이 되었다. 새뮤얼슨의 연구는 무역이 어떻게
성장을 촉진하는지 설명하지만, 노동자에게 공평하지 않게 영향을 미
친다는 점도 지적한다. 그의 연구는 우리가 국제 무역으로 인한 피해
자에 관해 생각하는 데 도움이 된다. 따라서 위대한 경제학자, 폴 새뮤
얼슨의 사상이 세계화에 대한 반발을 다루는 방식 대해 시사점을 전
해줄 수 있다.

최후의 위대한 제너럴리스트 경제학자

폴 새뮤얼슨은 1915년에 태어나서 보호주의의 등장이 미국 경제를
악화시키던 1930년대에 성년이 되었다. 그는 단순히 자기가 좋아하
는 부분만을 골랐기 때문에 자신을 '카페테리아 케인스주의자cafeteria
Keynesian'라고 묘사했지만, 2차 세계대전 이후로 미국의 대표적인 케인
스주의자였다.[3] 그는 16세에 입학했던 시카고대학교에서 당대 최고의
신고전파 경제학자들에게서 배우고 나서 케인스 학설을 받아들였다.
이후 하버드대학교에서 박사학위를 받고서 1940년에 매사추세츠공
과대학교에서 교수 생활을 시작했다.

　새뮤얼슨은 자신의 접근 방식에 대해 이렇게 말했다. "나는 내가 받

은 교육을 쉽게 버리지 않았다. 그러나 내가 배운 것은 내 주변에서 내가 본 것을 설명하는 데는 도움이 되지 않았다. 그것은 대공황이었다. 케인스 학설은 무슨 일이 일어나고 있는지 상당히 잘 설명했다."[4] 그러나 그는 1967년 이후로 생각을 바꾸었다. "나는 미국의 케인스 학설을 신뢰하지 않았다. 좋든 싫든, 미국의 케인스 학설은 출발점에서 너무 멀리 떨어져 있었다."[5]

당시 새뮤얼슨은 신고전파 경제사상과 존 메이너드 케인스의 접근 방식을 결합했다. 이렇게 하여 2차 세계대전 이후에 등장하기 시작한 합의점이 '신고전파 종합'이라고 알려진 프레임워크였다. 새뮤얼슨의 《경제학Economics》이라는 교과서는 이 접근 방식을 널리 보급하는 데 기여했다. 이 책은 1948년 이후로 지금까지 계속 발간되고 있다. 이후에 나온 판은 예일대학교 경제학자 윌리엄 노드하우스William Nordhaus가 개정한 것인데, 새뮤얼슨이 세상을 떠난 해인 2009년에 19판이 발간되었다. 《경제학》은 수십 년에 걸쳐 전 세계에 수백 만 부가 팔린 베스트셀러 경제학 교과서였다. 새뮤얼슨은 이렇게 말했다. "원하는 사람에게 국가의 법을 쓰게 하라. 내가 그 교과서를 쓸 수 있다면."[6]

그는 명성에 걸맞게 1970년에 미국인으로서는 첫 번째로, 1969년에 이 상이 제정된 뒤 두 번째로 노벨 경제학상을 수상했다.

무역에 관한 그의 생각이 포함된 이 위대한 경제학자의 저작은 우리가 이 책에서 다루는 경제학의 지배적인 주류를 형성하던 이들의 업적을 구현했다. 그가 94세의 나이로 세상을 떠났을 때, 〈이코노미스트〉는 그를 두고 '최후의 위대한 제너럴리스트 경제학자'라고 표현했다.[7] 새뮤얼슨은 무역, 재정을 포함하여 경제에 관한 다양한 쟁점을 연구하는 제너럴리스트였다. 그는 이후의 경제학자들처럼 특정 분야를 파고드는 스페셜리스트는 아니었다.

마지막 장에서 이처럼 '최후의 위대한 제너럴리스트 경제학자'가 세계화에 대한 반발을 두고 어떤 생각을 할 것인가를 다루는 것이 적절하다는 생각이 든다. 폴 새뮤얼슨은 세계화의 영향에 관한 논쟁을 고조시켰던 세계 금융 위기로부터 경제가 회복되는 모습을 보지는 못했다. 리카도 모델에 기초한 무역의 후생 효과Welfare Effect에 관한 그의 연구는 브렉시트와 트럼프주의를 통해 드러났던 정치적 불만을 감안하여 세계화 정책이 어떻게 새로운 형태를 취할 것인지 평가하는 데 도움이 될 수 있다.

그의 연구는 무역으로 인하여 사람들의 생활이 어떻게 영향을 받는지 설명하는 데 도움이 되었다. 특히, 그는 무역이 국내에서 임금과 소득에 어떻게 영향을 미치는지 보여주었다. 그의 요소가격균등화정리 factor price equalization theorem는 국가가 무역을 할 때, 교역재 가격이 수렴할 것이고, 따라서 이러한 제품을 생산하는 사람들의 임금도 수렴할 것이라고 설명한다. 이는 무역 부문에서, 미국에서 임금이 하락하여 시간이 지나면서 중국 같은 무역 상대국에서의 임금과 같아지게 된다는 뜻이다. 이것은 주로 제조업 부문 육체노동자들이 받는 임금 중앙값이 왜 정체되는지 설명한다.

따라서 무역은 소득과 생활 수준에 직접적인 영향을 미친다. 새뮤얼슨은 케인스주의에 가까운 경제학자로서 이러한 영향을 확인하는 데 기여하고는 세계화로 인한 피해자들을 지원하기 위한 재정 정책에 기대를 걸 것이다. 그는 사회 후생에 관한 자신의 연구에 기반을 두고서, 어떤 정책이 다른 정책보다 더 나은지 결정하기 위해 이 모든 재분배 정책을 윤리적 관찰자의 눈을 통하여 판단하라고 권고할 것이다. 이러한 접근 방식을 실행하기에 어려운 현실은 좋은 정책이 왜 항상 채택되지는 않는가를 설명한다.

그러나 세계화가 분배에 미치는 영향을 다루지 않으면 세계화에 대한 부정적인 시선이 사라지지 않을 것이고, 심지어 무역이 혜택을 가져다주는가에 대한 의혹이 제기될 것이다. 이것은 세계 경제의 미래를 걱정하게 만들 것이다. 이 문제는 지도자들에게 실천을 요구할 것이다. 미국 대통령 자문위원으로 활동하던 폴 새뮤얼슨은 언젠가 이렇게 말했다. "나는 대통령이 경제학 지식을 부담스러워하는 모습을 생각하기가 싫다."[8]

적어도 올바른 질문을 해야 한다. 해결 방안이 쉽게 떠오르지는 않더라도 말이다. 새뮤얼슨도 이에 동의할 것이다. 그는 이런 말을 남겼다. "좋은 질문은 쉬운 대답보다 더 중요하다."[9]

앞으로 무엇을 해야 하는가

브렉시트와 트럼프주의는 현재 상황에 대한 불만이 정치적으로 가장 두드러지게 나타난 사례다. 세계화의 불공평한 영향으로 혜택을 보는 자와 피해를 보는 자를 낳은 것이 이러한 현재 상황의 한 부분이 되었다. 그러나 로봇 공학과 자동화 같은 다른 요인도 작용하고 있다.

그럼에도 세계화에 따른 피해가 기술 변화에 따른 피해보다 인식하기가 더 쉽기 때문에, 이에 불만을 가지기가 쉽다. 새뮤얼슨은 무역이 후생을 증진하지 않고 국가에 혜택을 주지 않는다면, 국가가 무역을 하지 않을 것이고 국제 무역이 없는 '자급자족' 상태로 회귀할 것이라고 믿었다.[10] 그렇지만 국가 간 무역은 수 세기 동안 지속되었다. 이것은 무역이 어느 지점에서 모든 이에게 혜택을 주지 않는 데 초점을 맞추어 생각해야 할 문제다.

이것은 분명히 위대한 경제학자들이 흥미를 가질 만한 문제다. 그들은 세계화를 어떻게 관리하여 그 혜택이 골고루 돌아갈 수 있게 하는가를 재평가하기 위한 기회를 몇 가지 기본적인 개념을 다시 생각하기 위한 것으로 여길 것이다. 그들은 경제 성장의 속도뿐 아니라 질을 높이기 위한 방법을 재검토하는 과제에 지적인 흥미를 가지고 몰입할 것이다. 그들이 세상에 이름을 떨친 것은 경제가 어떻게 하면 최적으로 작동하는가, 무엇이 제대로 작동하지 않는가, 어떻게 하면 이를 개선할 수 있는가를 분석하고 설명했던 데 있다.

이 책에 나오는 위대한 경제학자들은 경제학의 기초를 다졌고, 오늘날까지 이 분야를 뒷받침하는 모델을 정교하게 만들었다. 그들은 경제의 작동 원리를 설명하기 위해 종합적인 모델을 만들었다. 애덤 스미스의 '보이지 않는 손'부터 솔로의 경제 성장 모델까지, 그들은 효율적인 시장이 어떻게 작동하고 무엇이 번영을 창출하는가에 대한 저마다의 종합적인 모델을 제시했다. 또한 위대한 경제학자들은 현실 세계를 더 잘 설명하는 모델을 제시하기 위해 경제학의 경계를 밀어내려는 성향을 공유했다. 예를 들어, 조앤 로빈슨은 시장이 항상 완전하게 작동한다는 가정에 만족하지 않고서 불완전 경쟁 이론을 개발했다.

또한 위대한 경제학자들은 모두 당대의 가장 시급한 경제 문제에 빠져들면서, 이를 위한 분석 방법과 앞으로 나아갈 방향을 제시했다. 국제 무역에 관한 데이비드 리카도의 이론이 보호주의자들의 곡물법을 폐지하는 데 기여했고, 존 메이너드 케인스가 1930년대 대공황 이후로 경제 회복에서 중요한 역할을 했던 것을 생각해보라. 밀턴 프리드먼은 대공황의 원인을 규명하여, 2009년 대침체 시기에 중앙은행가들이 과거의 은행 전반에 걸친 조직적인 위기를 또다시 재현하는 오류를 범하지 않도록 했다. 이처럼 위대한 경제학자들이 지난 2세기 동안에 세계 경제 문제를 연구하면서 얻어낸 통찰은 우리가 세계화의 미래를 만들어가고 오늘날의 문제에 직면하는 데 도움이 될 것이다.

비록 이들은 각자 아주 다르고, 때로는 경제가 작동하는 방식에 관해 치열하게 다투기도 했지만, 여러 면에서 비슷한 점도 많았다. 중요한 것은 이들이 거대한 경제 문제를 해결하기 위해 종합적인 모델을 만들었다는 것이다. 바로 이런 이유로 그들의 사상은 오늘날에도 여전히 가치가 있다. 그들의 삶과 그들이 남긴 저작은 그들의 사상이 그때나 지금이나 사회에 지속적으로 영향을 미친다는 것을 보여준다.

감사의 글

나는 이 책이 나오기까지 꾸준한 지원을 아끼지 않았던 그래엄 체임 벌린Graeme Chamberlin에게 많은 신세를 졌다. 그의 엄청난 경제학 지식에 바탕을 둔 풍부한 통찰과 함께 이 책에 대한 헌신이 소중한 도움이 되었다.

마틴 슬레이터에게 감사의 마음을 전한다. 경제학, 경제학자들에 대한 그의 광범위한 지식은 이 책의 내용을 풍부하게 해주었다. 그는 다채롭고도 역사적으로 도움이 되는 배경 지식을 더해주면서, 나에게 깊은 인상을 남겼다.

바이킹Viking의 뛰어난 편집자 다니엘 크루Daniel Crewe의 지원과 격려가 없었더라면 이 책이 세상에 나오지는 못했을 것이다. 그의 통찰이 가득한 편집과 예리한 관심이 좋은 문장이 나오게 했고, 그는 이 작업을 처음부터 끝까지 즐거운 마음으로 했다. 그가 관심을 끌 만한 아이디어를 내놓을 때마다 나는 내가 참 운이 좋은 사람이라는 생각이 들었다.

잰클로앤네스빗 UK Janklow&Nesbit UK의 에이전트 윌 프랜시스Will Francis도 중요한 역할을 했다. 간단히 말해서, 그는 모든 면에서 뛰어난 사람이다. 항상 내 편에 서서 지원을 아끼지 않았던 그가 있다는 사실이 나에게는 무척 행운이었다.

맥밀런Macmillan의 미국 임프린트 피카도르Picador USA의 편집자 프로노이 사카르Pronoy Sarkar에게도 감사의 마음을 전한다. 이 책에 대한 그의 열정은 전염성이 무척 강했다! 그의 지원과 격려는 나에게 커다란 행운이었다.

지난 수년 동안 함께 일했던 수많은 훌륭한 저널리스트들에게도 감사의 말을 전하고 싶다. 그들이 사람들의 삶과 관련된 이야기를 헌신적으로 전해주었기 때문에, 내가 이 시대에 가장 중요한 경제와 산업 문제를 다루는 텔레비전과 라디오 프로그램을 다채롭게 구성할 수 있었다. 이러한 체험 중의 일부를 이 책에서 다룰 수 있게 되어 무척 기뻤다.

내 책을 열정을 가지고 홍보해준 해나 러드브룩Hannah Ludbrook과 그 과정에서 즐거운 마음으로 도움을 준 코너 브라운Connor Brown에게도 감사한다. 또한 국제저작권과 관련된 모든 업무를 처리해준 펭귄 랜덤하우스의 새러 스칼렛Sarah Scarlett에게도 감사한다. 원고를 부지런히 교정해준 트레버 허우드Trevor Horwood와 인덱스 작업을 세심하게 해준 데이브 크래독Dave Cradduck에게도 감사의 마음을 전한다. 또한 이 책을 열정적으로 지원해준 엘리 스미스Ellie Smith를 비롯하여 바이킹/펭귄 랜덤하우스의 팀원 모두에게 깊은 감사의 마음을 전하고 싶다.

나의 학생들, 동료들, 사회 구성원 모두의 헌신이 이 책 전체에 생생하게 녹아들어 있다. 이들 모두가 가장 중요한 경제 문제를 확인하는 데 도움을 주었기 때문이다. 강의실, 컨퍼런스, 공공 포럼에서의 소통이 나에게 경제학이 어떻게 하여 우리 생활에 영향을 미치는가에 대해 뚜렷이 각인시켜주었다. 나는 경제 정책의 효과에 대해 듣고 토론할 수 있는 기회를 많이 갖게 되어 대단히 감사한 마음을 갖고 있다.

마지막으로 우리 시대의 중요한 경제 문제에 관심을 가진 이 책의 독자 여러분들에게 감사의 마음을 전한다. 우리가 경제적으로 더 나은 미래를 만들어가는 일은 오직 여러분들의 관심과 참여에 달려 있다.

- 거시건정성 정책macroprudential policy: 금융 안정을 위해 중앙은행이 가하는 규제
- 경상수지 적자/흑자current account deficit/surplus: 한 나라에 들어오고 나가는 제품 과 서비스, 포트폴리오 자본의 가치 사이의 차이
- 구매력평가Purchasing Power Parity, PPP: 환율 결정에 관한 이론으로, 특정 제품 혹은 서비스의 가격이 어느 나라에서 구매하는가와는 상관없이 같도록 환율이 변화 할 것이라고 주장한다.
- 금본위제gold standard: 19세기와 20세기 초반에 운영되던 환율 제도로서, 여기에 참여하는 국가들은 자국 통화를 일정한 양의 금으로 교환할 수 있도록 그 가치 를 고정시켜야 한다.
- 대공황Great Depression: 대폭락 이후 1930년대까지 지속된 세계적인 경제 불황
- 대침체Great Recession: 2009년 세계 금융 위기 이후의 경제 불황
- 대폭락Great Crash: 1929년 10월 미국 주식 시장의 붕괴. 월스트리트 폭락Wall Street Crash으로도 알려져 있다.
- 독점 기업monopoly: 생산물 시장에서 시장 지배력을 가진 기업
- 리카도 동등성Ricardian equivalence: 데이비드 리카도의 이론으로, 합리적인 개인은 정부 부채가 언젠가는 조세 증가의 형태로 상환되어야 한다는 사실을 알고서 미 리 저축을 하고 성장을 촉진시킬 수 있는 현재의 소비를 증가시키지 않는다.
- 마이너스 금리negative interest rates: 시중 은행이 중앙은행에 자금을 예치할 때, 중 앙은행이 그 대가로 시중은행에 대금을 부과하는 것
- 브릭스 경제BRIC economies: 브라질, 러시아, 인도, 중국을 의미하는 두문자어로서 투자은행 골드만삭스가 성장 잠재력이 높은 신흥 국가를 나타내기 위해 이 용어 를 만들었다.
- 세계 금융 위기global financial crisis: 2008년 미국의 서브프라임 모기지 시장의 붕괴 에서 촉발되어 세계의 주요 금융 기관들 중 상당수가 파산에 이르게 되었다.
- 세계무역기구World Trade Organization, WTO: 1995년에 결성된 정부 간 기구로, 국제

무역을 조정한다. 1947년 이후로 실시된 관세 및 무역에 관한 일반 협정General Agreement on Tariffs and Trade, GATT을 대체했다.

- 세계은행World Bank: 빈곤 완화에 집중하는 브레튼우즈 기구
- 수요 독점monopsony: 노동 시장에서 시장 지배력을 가진 기업
- 양적완화Quantitative Easing, QE: 중앙은행이 시중에 통화를 공급하는 것
- 자유방임laissez-faire: 한마디로, 사람들이 하도록 내버려두라는 뜻이다. 국가 혹은 정부의 비개입정책을 의미한다.
- 장기 불황Long Depression: 19세기 마지막 후반(1873~1896년)에 발생한 세계적인 불황
- 중앙값 임금median income: 임금 분포의 중간 지점에 있는 사람의 임금 수준
- 포용적 성장inclusive growth: 사회의 모든 이들에게 혜택이 돌아가는 경제 성장
- 포워드 가이던스Forward Guidance: 중앙은행이 미래 금리를 예측하여 발표하는 것
- G7: 세계 7대 주요 경제 국가로 캐나다, 프랑스, 독일, 이탈리아, 일본, 영국, 미국이 세계 경제 정책의 방향을 결정하기 위해 결성
- 국제통화기금International Monetary Fund, IMF: 세계 경제 안정에 집중하는 브레튼우즈 기구
- 경제협력개발기구Organization for Economic Cooperation and Development, OECD: 선진국 경제를 위한 싱크탱크로 파리에 본부가 있다.
- STEM: 과학Science, 기술Technology, 공학Engineering, 수학Mathematics
- 1세대 외환 위기first-generation currency crisis: 1981~1982년 라틴 아메리카의 외환 위기
- 2세대 외환 위기second-generation currency crisis: 1992년 유럽 환율 메커니즘European exchange Rate Mechanism, ERM의 붕괴
- 3세대 금융과 외환 위기third-generation financial and currency crisis: 1997~1998년 아시아의 금융 위기

Acemoglu, Daron and James A. Robinson, 2012, *Why Nations Fail: The Origins of Power, Prosperity, and Poverty*, London: Profile Books

Agenor, Pierre-Richard, Otaviano Canuto and Michael Jelenic, 2012, 'Avoiding Middle-Income Growth Traps', *Economic Premise*, 98, World Bank, Washington, DC

Allen, Robert Loring, 1993, *Irving Fisher: A Biography*, Cambridge, MA and Oxford: Blackwell

Aslanbeigui, Nahid and Guy Oakes, 2009, *The Provocative Joan Robinson: The Making of a Cambridge Economist*, Durham, NC: Duke University Press

Bagehot, Walter, 1895, 'Ricardo', in Walter Bagehot, *Economic Studies*, ed. Richard Holt Hutton, London: Longmans, Green & Co., pp. 197 – 208

Barnett, Alina, Sandra Batten, Adrian Chiu, Jeremy Franklin and Maria Sebastia-Barriel, 2014, 'The UK Productivity Puzzle', *Bank of England Quarterly Bulletin*, Q2, pp. 114 – 28

Behrens, Kristian, Giordano Mion, Yasusada Murata and Jens Sudekum, 2014, 'Trade, Wages, and Productivity', *International Economic Review*, 55(4), pp. 1305 – 48

Bernanke, Ben, 1983, 'Nonmonetary Effects of the Financial Crisis in the Propagation of the Great Depression', *American Economic Review*, 73(3), pp. 257 – 76

———, 2002, 'Deflation: Making Sure "It" Doesn't Happen Here', remarks by Governor Ben S. Bernanke before the National Economists Club, Washington, DC, 21 November; www.federalreserve.gov/boarddocs/speeches/2002/20021121/

Blaug, Mark, 1956, 'The Empirical Content of Ricardian Economics', *Journal of Political Economy*, 64(1), pp. 41 – 58

———, 1985, *Economic Theory in Retrospect*, Cambridge: Cambridge University Press

Buchholz, Todd, 2007, *New Ideas from Dead Economists: An Introduction to Modern Economic Thought*, New York: Penguin

Burns, J. H. and H. L. A. Hart, eds., 1977, *A Comment on the Commentaries and A Fragment on Government*, *The Collected Works of Jeremy Bentham*, Oxford: Clarendon Press

Cairncross, Alec, 1993, *Austin Robinson: The Life of an Economic Adviser*, Basingstoke: Palgrave Macmillan

Caldwell, Bruce, 1998, 'Why Didn't Hayek Review Keynes's *General Theory* ?', *History of*

Political Economy, 30(4), pp. 545 – 69

——, 2004, *Hayek's Challenge: An Intellectual Biography of F. A. Hayek*, Chicago: University of Chicago Press

Campbell, John, 2008, *Margaret Thatcher*, vol. II: *The Iron Lady.* London: Vintage

Chamberlin, Graeme and Linda Yueh, 2006, *Macroeconomics*, London: Cengage

Churchill, Winston, 1974, 'Speech, House of Commons, November 11, 1947', in *Winston S. Churchill: His Complete Speeches, 1897–1963*, ed. Robert Rhodes James, vol. VII, London: R. R. Bowker, p. 7566

Clement, Douglas, 2002, 'Interview with Robert Solow', *The Region*, Federal Reserve Bank of Minneapolis, 1 September; www.minneapolisfed.org/publications/the-region/interview-with-robert-solow

Colander, David C. and Harry Landreth, 1996, *The Coming of Keynesianism to America: Conversations with the Founders of Keynesian Economics*, Cheltenham: Edward Elgar

Collier, Paul, 2007, *The Bottom Billion: Why the Poorest Countries are Failing and What Can Be Done About It*, Oxford: Oxford University Press

Cooper, Douglas P., 1973, 'Dr. Paul Samuelson', *The Douglas P. Cooper Distinguished Contemporaries Collection*, 1 September; www.wnyc.org/story/paul-samuelson/

Crafts, Nicholas, 2005, 'The First Industrial Revolution: Resolving the Slow Growth/ Rapid Industrialization Paradox', *Journal of the European Economic Association*, 3(2/3), pp. 525 – 34

David, Paul A., 1990, 'The Dynamo and the Computer: A Historical Perspective on the Modern Productivity Paradox', *American Economic Review*, 80(2), pp. 355 – 61

De Vecchi, Nicolo, 2006, 'Hayek and the *General Theory* ', *European Journal of the History of Economic Thought*, 13(2), pp. 233 – 58

Dworkin, Ronald W., 2015, *How Karl Marx Can Save American Capitalism*, Lanham, MD: Lexington Books

Ebenstein, Alan, 2001, *Friedrich Hayek: A Biography*, New York: St. Martin's Press

Ebenstein, Lanny, 2007, *Milton Friedman: A Biography*, New York: Palgrave Macmillan

Fisher, Irving, 1892, 'Mathematical Investigations in the Theory of Value and Prices', *Transactions of the Connecticut Academy*, 9, p. 119

——, 1919, 'Economists in Public Service: Annual Address of the President', *American Economic Review*, 9(1), Supplement: Papers and Proceedings of the Thirty-First Annual Meeting of the American Economic Association, pp. 5 – 21

———, 1930, *The Stock Market Crash – and After*, New York: The Macmillan Company

———, 1933, 'The Debt-Deflation Theory of Great Depressions', *Econometrica*, 1(4), pp. 337–57

———, 1997, *The Works of Irving Fisher*, 14 volumes, ed. William J. Barber, assisted by Robert W. Dimand and Kevin Foster, London: Pickering & Chatto

Fisher, Irving and H. Bruce Brougham, 1928, *Prohibition Still at its Worst*, New York: Alcohol Information Committee

Fisher, Irving Norton, 1956, *My Father: Irving Fisher*, New York: Comet Press Books

Fitzgibbons, Athol, 1988, *Keynes's Vision: A New Political Economy*, Oxford: Oxford University Press

Flatau, Paul, 2001, 'Some Reflections on the " Pigou–Robinson" Theory of Exploitation', *History of Economics Review*, 33, pp. 1–16

Foster, Richard, 2012, 'Creative Destruction Whips Through Corporate America', *Innosight Executive Briefing*; www.innosight.com/wp-content/uploads/2016/08/creative-destruction-whips-through-corporate-americafinal2015.pdf

Friedman, Milton, 1963, *Inflation: Causes and Consequences*, Bombay: Asia Publishing House

———, 1991, 'Economic Freedom, Human Freedom, Political Freedom', address by Milton Friedman, The Smith Center, Seattle Central College, 1 November; http://seattlecentral.edu/faculty/jhubert/fried man speech.html

———, 1999, 'Transcript for: Friedrich Hayek', Think Tank with Ben Wattenberg, pbs. org; www.pbs.org/thinktank/transcript726.html

———, 2002 [1962], *Capitalism and Freedom: Fortieth Anniversary Edition*, Chicago: University of Chicago Press

———, 2012, 'Milton Friedman in His Own Words', Becker Friedman Institute for Research in Economics, University of Chicago; https://bfi.uchicago.edu/news/post/milton-friedman-his-own-words

Friedman, Milton and Rose Friedman, 1980, *Free to Choose*, San Diego: Harcourt

———, 1998, *Two Lucky People: Memoirs*, Chicago: University of Chicago Press

Friedman, Milton and Anna Jacobson Schwartz, 1971 [1963], *A Monetary History of the United States, 1867–1960*, Princeton: Princeton University Press

Goodridge, Peter, Jonathan Haskel and Gavin Wallis, 2013, 'Can Intangible Investment Explain the UK Productivity Puzzle?', *National Institute Economic Review*, 224, pp.

Groenewegen, Peter, 1995, *A Soaring Eagle: Alfred Marshall 1842–1924*, Aldershot: Edward Elgar

Hansen, Alvin H., 1939, 'Economic Progress and Declining Population Growth', *American Economic Review*, 29(1), pt I, pp. 1 – 15

Hausmann, Ricardo and Federico Sturzenegger, 2007, 'The Missing Dark Matter in the *Wealth of Nations* and Its Implications for Global Imbalances', *Economic Policy*, 22(51), pp. 470 – 518

Hayek, Friedrich A., 1979, *A Conversation with Friedrich A. von Hayek: Science and Socialism*, Washington, DC: American Enterprise Institute for Public Policy Research

――――, 1986, 'The Moral Imperative of the Market', in *The Unfinished Agenda: Essays on the Political Economy of Government Policy in Honour of Arthur Seldon*, London: Institute of Economic Affairs

――――, 1994, *Hayek on Hayek: An Autobiographical Dialogue*, ed. Stephen Kresge and Leif Wenar, Chicago: University of Chicago Press

――――, 2001 [1944], *The Road to Serfdom*, London and New York: Routledge Classics

――――, 2006 [1960], *The Constitution of Liberty*, London and New York: Routledge

International Labour Organization, 2014, *Global Wage Report 2014/15*, Geneva: International Labour Office

――――, 2016, *Global Wage Report 2016/17*, Geneva: International Labour Office

International Labour Organization and Organisation for Economic Co-operation and Development, with contributions from the International Monetary Fund and World Bank Group, 2015, 'The Labour Share in G20 Economies', report prepared for the G20 Employment Working Group, Antalya, Turkey, 26 – 27 February

Jorberg, Lennart, 1997, 'Robert W. Fogel and Douglass C. North', in *Nobel Lectures in Economic Sciences, 1991–19 95*, ed. Torsten Persson, Singapore: World Scientific, pp. 61 – 126

Keynes, John Maynard, 1924, 'Alfred Marshall, 1842 – 1924', *Economic Journal*, 34(135), pp. 311 – 72

――――, 1931, 'The Pure Theory of Money: A Reply to Dr Hayek', *Economica*, 34, pp. 387 – 97

――――, 1936, *The General Theory of Employment, Interest and Money*, London: Palgrave Macmillan

————, 1937, 'The General Theory of Employment', *Quarterly Journal of Economics*, 51(2), pp. 209–23

————, 1963 [1931], 'Economic Possibilities for Our Grandchildren', in *Essays in Persuasion*, New York: W. W. Norton

————, 1971–89, *The Collected Writings of John Maynard Keynes*, 30 vols., ed. Elizabeth Johnson and Donald Moggridge, Cambridge: Cambridge University Press

King, John E., 2013, *David Ricardo*, Basingstoke: Palgrave Macmillan

Krugman, Paul, 1998, 'The Hangover Theory', *Slate*, 4 December; www.slate.com/articles/business/the_dismal_science/1998/12/the_hangover_theory.html

Lucas, Robert E., Jr., 1988, 'On the Mechanics of Economic Development', *Journal of Monetary Economics*, 22(1), pp. 3–42

Marshall, Alfred, 1890, *Principles of Economics*, vol. I, London: Macmillan

————, 1961, *Principles of Economics*, vol. II, London: Macmillan for the Royal Economic Society

Marx, Karl, 1978 [1853], 'The Future Results of British Rule in India', *New York Daily Tribune*, 8 August 1853, in Robert Tucker, ed., 1978, *The Marx-Engels Reader*, 2nd revised edn, New York: W. W. Norton

————, 1990–92 [1881–83], *Capital*, ed. Frederick Engels, trans. Ben Fowkes (vol. I) and David Fernbach (vols. II and III), London: Penguin Classics

————, 2008 [1852], *The Eighteenth Brumaire of Louis Bonaparte*, Rockville, MD: Wildside Press

Marx, Karl and Friedrich Engels, 2015 [1848], *The Communist Manifesto*, London: Penguin Classics

McCraw, Thomas K., 2007, *Prophet of Innovation: Joseph Schumpeter and Creative Destruction*, Cambridge, MA: Harvard University Press

McCulla, Stephanie H., Alyssa E. Holdren and Shelly Smith, 2013, 'Improved Estimates of the National Income and Product Accounts: Results of the 2013 Comprehensive Revision', US Bureau of Economic Analysis, Washington, DC

Milanovic, Branko, 2016, *Global Inequality: A New Approach for the Age of Globalization*, Cambridge, MA: Harvard University Press

Milgate, Murray and Shannon Stimson, 1991, *Ricardian Politics*, Princeton: Princeton University Press

Mill, John Stuart, 1848, *Principles of Political Economy*, London: John W. Parker

Minsky, Hyman P., 1992, 'The Financial Instability Hypothesis', The Jerome Levy Economics Institute of Bard College, Working Paper No. 74

Mitchell, Brian R., 1988, *Abstract of British Historical Statistics*, Cambridge: Cambridge University Press

Muro, Mark, Jonathan Rothwell, Scott Andes, Kenan Fikri and Siddharth Kulkarni, 2015, 'America's Advanced Industries', Brookings Institution, Washington, DC; www.brookings.edu/wp-content/uploads/2015/02/AdvancedIndustry_ FinalFeb2lores-1.pdf

Nasar, Sylvia, 2011, *Grand Pursuit: The Story of the People Who Made Modern Economics*, New York: Simon & Schuster

Newcomb, Simon, 1885, *Principles of Political Economy*, New York: Harper

Nobelprize.org, 1974, 'Friedrich August von Hayek – Banquet Speech', Nobel Media AB 2014; www.nobelprize.org/nobel_prizes/economic-sciences/laureates/1974/ hayek-speech.html

———, 1987, 'Robert M. Solow – Biographical', Nobel Media AB 2014; www. nobelprize.org/nobel_prizes/economic-sciences/laureates/1987/solow-bio.html

———, 1987, 'Robert M. Solow – Prize Lecture: Growth Theory and After', Nobel Media AB 2014; www.nobelprize.org/nobel_prizes/economic-sciences/ laureates/1987/ solow-lecture.html

———, 1993, 'Douglass C. North – Biographical', Nobel Media AB 2014; www. nobelprize.org/nobel_prizes/economic-sciences/laureates/1993/north-bio.html

North, Douglass C., 1988, 'Institutions, Economic Growth and Freedom', in *Freedom, Democracy, and Economic Welfare: Proceedings of an International Symposium*, ed. Michael A. Walker, Vancouver: Fraser Institute

———, 1990, *Institutions, Institutional Change and Economic Performance*, Cambridge: Cambridge University Press

North, Douglass C., Gardner Brown and Dean Lueck, 2015, 'A Conversation with Douglass North', *Annual Review of Resource Economics*, 7, pp. 1–10

OECD, 2012, 'Income Inequality and Growth: The Role of Taxes and Transfers', OECD Economics Department Policy Notes, No. 9

———, 2013, 'New Sources of Growth: Intangible Assets', Paris: OECD; www.oecd. org/sti/inno/46349020.pdf

———, 2015, *Economic Surveys: United Kingdom*, Paris: OECD

Ostry, Jonathan D., Andrew Berg and Charalambos G. Tsangarides, 2014, 'Redistribution, Inequality, and Growth', International Monetary Fund Staff Discussion Note SDN/14/02; www.imf.org/external/pubs/ft/sdn/2014/sdn1402.pdf

Parsons, Talcott, 1931, 'Wants and Activities in Marshall', *Quarterly Journal of Economics*, 46(1), pp. 101–40

Pessoa, Joao Paulo and John Van Reenen, 2013, 'Decoupling of Wage Growth and Productivity Growth? Myth and Reality', Centre for Economic Performance, London School of Economics and Political Science Discussion Paper No. 1246; http://cep.lse.ac.uk/pubs/download/dp1246.pdf

Pigou, A. C., 1953, *Alfred Marshall and Current Thought*, London: Macmillan

Pigou, A. C., ed., 1925, *Memorials of Alfred Marshall*, London: Macmillan

Piketty, Thomas, 2014, *Capital in the Twenty-First Century*, Cambridge, MA: Harvard University Press

Ranelagh, John, 1991, *Thatcher's People: An Insider's Account of the Politics, the Power and the Personalities*, London: HarperCollins

Reagan, Ronald, 1986, 'The President's News Conference', 12 August; www.presidency.ucsb.edu/ws/?pid=37733

——, 1986, 'Remarks to State Chairpersons of the National White House Conference on Small Business', 15 August; www.reaganlibrary.gov/archives/speeches/1986/081586e.html

Reich, Robert, 2012, *Beyond Outrage: What Has Gone Wrong with Our Economy and Our Democracy, and How to Fix It*, New York: Vintage Books

Ricardo, David, 2011 [1817], *On the Principles of Political Economy and Taxation*, London: John Murray

Robinson, Joan, 1932, *Economics is a Serious Subject: The Apologia of an Economist to the Mathematician, the Scientist and the Plain Man*, Cambridge: Heffer

——, 1962, *Economic Philosophy*, Harmondsworth: Pelican Books

——, 1969 [1933], *The Economics of Imperfect Competition*, London: Palgrave Macmillan

——, 1974, *Reflections on the Theory of International Trade: Lectures Given in the University of Manchester*, Manchester: Manchester University Press

——, 1980, 'Marx, Marshall, and Keynes', *Collected Economic Papers*, vols. II–V, Cambridge, MA: MIT Press

Ross, Ian Simpson, 2010, *The Life of Adam Smith*, 2nd edn, Oxford: Oxford University

Press

Samuelson, Paul A., 1969, 'The Way of an Economist', in *International Economic Relations*, ed. Paul A. Samuelson, International Economic Association Series, London: Macmillan, pp. 1–11

———, 1977, 'Joseph A. Schumpeter', *Dictionary of American Biography*, New York: Scribner

———, 1986, 'Gold and Common Stocks', in *The Collected Scientific Papers of Paul Samuelson*, vol. V, ed. Kate Crowley, Cambridge, MA: MIT Press

———, 2005, *On Being an Economist*, New York: Jorge Pinto Books Inc.

Schumpeter, Joseph, 1928, 'The Instability of Capitalism', *Economic Journal*, 38, pp. 361–86

———, 1934, *The Theory of Economic Development*, Cambridge, MA: Harvard University Press

———, 1939, *Business Cycles: A Theoretical, Historical and Statistical Analysis of the Capitalist Process*, 2 vols., New York: McGraw-Hill

———, 1942, *Capitalism, Socialism and Democracy*, New York: Harper & Brothers

———, 1951, *Ten Great Economists from Marx to Keynes*, New York and Oxford: Oxford University Press

———, 1954, *History of Economic Analysis*, New York: Oxford University Press

———, 1955, 'Social Classes in an Ethnically Homogeneous Environment', trans. Heinz Norden, in *Imperialism, Social Classes: Two Essays by Joseph Schumpeter*, New York: Meridian Books

———, 1991 [1918], 'The Crisis of the Tax State', in *The Economics and Sociology of Capitalism*, ed. Richard Swedberg, Princeton: Princeton University Press

———, 1997 [1954], *History of Economic Analysis*, London: Routledge

Shove, Gerald F., 1942, 'The Place of Marshall's *Principles* in the Development of Economic Theory', *Economic Journal*, 52(208), pp. 294–329

Skidelsky, Robert, 1995, *John Maynard Keynes*, vol. II: *The Economist as Saviour, 1920–1937*, London: Penguin

———, 2003, *John Maynard Keynes 1883–1946: Economist, Philosopher, Statesman*, New York: Penguin

———, 2010, *Keynes: The Return of the Master*, London: Penguin

Skousen, Mark, 2001, *The Making of Modern Economics*, Armonk, NY and London: M. E.

Sharpe

Smith, Adam, 1759, *The Theory of Moral Sentiments*, London: A. Millar; Edinburgh: A. Kincaid & J. Bell

——, 1978 [1763], *Lectures on Jurisprudence* (alternative title for the *Lectures on Justice, Police, Revenue and Arms*), ed. Ronald E. Meek, David D. Raphael and Peter G. Stein, Oxford: Clarendon Press

——, 1979 [1776], *An Inquiry into the Nature and Causes of the Wealth of Nations by Adam Smith*, eds. R. H. Campbell, A. S. Skinner and W. B. Todd, Oxford: Clarendon Press

Solow, Robert, 1956, 'A Contribution to the Theory of Economic Growth', *Quarterly Journal of Economics*, 70(1), pp. 65 – 94

——, 1957, 'Technical Change and the Aggregate Production Function', *Review of Economics and Statistics*, 39(3), pp. 312 – 20

Sperber, Jonathan, 2013, *Karl Marx: A Nineteenth-Century Life*, New York: Liveright

Stewart, Dugald, 1793, 'Account of the Life and Writings of Adam Smith', read to the Royal Society of Edinburgh and published in Adam Smith's posthumous *Essays on Philosophical Subjects* of 1795, London and Edinburgh: T. Cadell Jun and W. Davies

Stiglitz, Joseph, 2012, *The Price of Inequality: How Today's Divided Society Endangers Our Future*, New York: W. W. Norton

Sutter, Robert G., 2013, *Foreign Relations of the PRC: The Legacies and Constraints of China's International Politics Since 1949*, Lanham, MD: Rowman & Littlefield

Taylor, John B., 1993, 'Discretion Versus Policy Rules in Practice', *Carnegie-Rochester Conference Series on Public Policy*, 39, pp. 195 – 214

——, 1999, 'A Historical Analysis of Monetary Policy Rules', in *Monetary Policy Rules*, ed. John B. Taylor, Chicago: University of Chicago Press, pp. 319 – 48

——, 2009, 'The Need to Return to a Monetary Framework', *Business Economics*, 44(2), pp. 63 – 72

——, 2012, 'Why We Still Need to Read Hayek', The Hayek Lecture, The Manhattan Institute for Policy Research, New York City; www.hoover.org/sites/default/files/hayek-lecture.pdf

Thatcher, Margaret, 1993, *The Downing Street Years*, London: HarperPress

Thompson, Derek, 2009, 'An Interview with Paul Samuelson, Part One', *The Atlantic*, 17 June; www.theatlantic.com/business/archive/2009/06/an-interview-with-paul-samuelson-part-one/19586/

Turner, Michael J., 1994, 'Before the Manchester School: Economic Theory in Early Nineteenth-Century Manchester', *History*, 79(256), pp. 216–41

Wapshott, Nicholas, 2011, *Keynes Hayek: The Clash That Defined Modern Economics*, New York: W. W. Norton

Wood, John Cunningham, ed., 1993, *Alfred Marshall: Critical Assessments, Volume IV*, London: Routledge

World Bank, 1993, *The East Asian Miracle: Economic Growth and Public Policy*, Washington, DC: World Bank

World Bank and Development Research Center of the State Council of China, 2013, 'China 2030: Building a Modern, Harmonious, and Creative Society', Washington, DC; http://documents.worldbank.org/curated/en/781101468239669951/China-2030-building-a-modernharmonious-and-creative-society

Yellen, Janet, 2009, 'A Minsky Meltdown: Lessons for Central Bankers', presentation to the 18th Annual Hyman P. Minsky Conference on the State of the US and World Economies – 'Meeting the Challenges of the Financial Crisis'; www.frbsf.org/ our-district/press/ presidents-speeches/yellen-speeches/2009/april/yellen-minsky-meltdown-central-bankers/

Yergin, Daniel and Joseph Stanislaw, 1998, *The Commanding Heights: The Battle Between Government and the Marketplace that is Remaking the Modern World*, New York: Free Press

Yueh, Linda, 2010, *The Economy of China*, Cheltenham: Edward Elgar

———, 2011, *Enterprising China: Business, Economic, and Legal Developments Since 1979*, Oxford: Oxford University Press

———, 2013, *China's Economic Growth: The Making of an Economic Superpower*, Oxford: Oxford University Press

머리말: 위대한 경제학자들과 오늘날의 경제 문제

1 Adam Smith, 1979 [1776], *An Inquiry into the Nature and Causes of the Wealth of Nations*, eds. R. H. Campbell, A. S. Skinner and W. B. Todd, Oxford: Clarendon Press, bk II, ch. 3, para 2.

2 Alvin H. Hansen, 1939, 'Economic Progress and Declining Population Growth', *American Economic Review*, 29(1), pt I, pp. 1–15.

1장 정부가 경제를 재조정해야 하는가?_애덤 스미스

1 Adam Smith, 1979 [1776], *An Inquiry into the Nature and Causes of the Wealth of Nations*, ed. R. H. Campbell, A. S. Skinner and W. B. Todd, Oxford: Clarendon Press, bk IV, ch. 2, para. 10.

2 Ibid., bk V, ch. 2, pt II, appendix to arts. I & II, para. 12.

3 Ibid., bk V, ch. 1, pt III, art. II, para. 15.

4 Ibid., bk V, ch. 1, pt III, art. II, para. 8.

5 Dugald Stewart, 1793, 'Account of the Life and Writings of Adam Smith, LL. D.', read to the Royal Society of Edinburgh and published in Adam Smith's posthumous *Essays on Philosophical Subjects* of 1795, London and Edinburgh: T. Cadell Jun and W. Davies, pp. lxxx, lxxxi.

6 Ian Simpson Ross, 2010, *The Life of Adam Smith*, 2nd edn, Oxford: Oxford University Press, p. xxxi.

7 Smith, *Wealth of Nations*, bk V, ch. 3, para. 92.

8 Ross, *Life of Adam Smith*, p. xxxi.

9 Brian R. Mitchell, 1988, *Abstract of British Historical Statistics*, Cambridge: Cambridge University Press, pp. 869–73.

10 Stephanie H. McCulla, Alyssa E. Holdren and Shelly Smith, 2013, 'Improved Estimates of the National Income and Product Accounts: Results of the 2013 Comprehensive Revision', US Bureau of Economic Analysis, Washington, DC.

11 OECD, 2013, 'New Sources of Growth: Intangible Assets', Paris: OECD; www.oecd.org/sti/inno/46349020.pdf.

12 Adam Smith, 1978 [1763], *Lectures on Jurisprudence* (alternative title for the *Lectures on*

Justice, Police, Revenue and Arms), ed. Ronald E. Meek, David D. Raphael and Peter G. Stein, Oxford: Clarendon Press, p. 499.

13 Smith, *Wealth of Nations*, bk I, ch. 2, para. 12.

14 Adam Smith, 1759, *The Theory of Moral Sentiments*, London: A. Millar; Edinburgh: A. Kincaid and J. Bell, pt IV, s. 1, para. 10.

15 Ibid.

16 Smith, *Wealth of Nations*, bk IV, ch. 2, para. 9.

17 Ibid., bk II, ch. 2, para. 106.

18 Ibid., bk II, ch. 4, paras. 14 – 15.

19 Ibid., bk I, ch. 11, pt 1, para. 5.

20 Ibid., bk V, ch. 1, pt 3, art. II, para. 50.

21 Ibid., bk V, ch. 1, pt 3, art. III, para. 14.

22 Ibid., bk IV, ch. 7, pt 2, para. 44.

23 Smith, *Lectures on Jurisprudence*, p. 514.

24 Ibid., bk V, ch. 3, para. 92.;
Ross, *Life of Adam Smith*, p. 315.

25 Ross, *Life of Adam Smith*, p. 302.

26 Smith, *Wealth of Nations*, bk IV, ch. 5, Digression concerning the Corn Trade and Corn Laws, para. 43.

2장 무역 적자, 왜 중요한 문제인가?_데이비드 리카도

1 John E. King, 2013, *David Ricardo*, Basingstoke: Macmillan, p. 5.

2 Ibid., pp. 15 – 16.

3 Thomas Piketty, 2014, *Capital in the Twenty-First Century*, Cambridge, MA: Harvard University Press, pp. 314 – 15.

4 Nicholas Crafts, 2005, 'The First Industrial Revolution: Resolving the Slow Growth/ Rapid Industrialization Paradox', *Journal of the European Economic Association*, 3(2/3), pp. 525 – 34.

5 David Ricardo, 2011 [1817], *The Works and Correspondence of David Ricardo*, vol. IV, ed. Piero Sraffa, Cambridge: Cambridge University Press, p. 21.

6 Murray Milgate and Shannon Stimson, 1991, *Ricardian Politics*, Princeton: Princeton University Press, p. 144.

7   King, *David Ricardo*, p. 36.

8   Mark Blaug, 1956, 'The Empirical Content of Ricardian Economics', *Journal of Political Economy*, 64(1), pp. 41 – 58.

9   Walter Bagehot, 1895, 'Ricardo', in Walter Bagehot, *Economic Studies*, ed. Richard Holt Hutton, London: Longman, Green & Co., pp. 197 – 208.

10 Mark Blaug, 1985, *Economic Theory in Retrospect*, Cambridge: Cambridge University Press, p. 136.

11 Joseph Schumpeter, 1997 [1954], *History of Economic Analysis*, London: Routledge, pp. 472 – 3.

12 Adam Smith, 1979 [1776], *An Inquiry into the Nature and Causes of the Wealth of Nations*, eds. R. H. Campbell, A. S. Skinner and W. B. Todd, Oxford: Clarendon Press, bk IV, ch. 2, para 12.

13 Ricardo, *Works and Correspondence*, IV, p. 23.

14 Ibid., p. 21.

15 King, *David Ricardo*, p. 88.

16 Ricardo, *Works and Correspondence*, IV, pp. 28, 32.

17 Ibid., p. 35.

18 Ibid., p. 33.

19 Ibid., p. 41.

20 Ricardo Hausmann and Federico Sturzenegger, 2007, 'The Missing Dark Matter in the *Wealth of Nations* and Its Implications for Global Imbalances', *Economic Policy*, 22(51), pp. 470 – 518.

21 Mark Muro, Jonathan Rothwell, Scott Andes, Kenan Fikri and Siddharth Kulkarni, 2015, 'America's Advanced Industries', Brookings Institution, Washington, DC; www.brookings.edu/wp-content/uploads/2015/02/AdvancedIndustry_FinalFeb2lores-1.pdf.

22 Paul A. Samuelson, 1969, 'The Way of an Economist', in *International Economic Relations*, ed. Paul A. Samuelson, International Economic Association Series, London: Macmillan, pp. 1 – 11, at p. 9.

23 Joan Robinson, 1974, *Reflections on the Theory of International Trade: Lectures Given in the University of Manchester*, Manchester: Manchester University Press, p. 1.

24 Ibid., pp. 1, 6.

25 Mark Skousen, 2001, *The Making of Modern Economics*, Armonk, NY and London:

M. E. Sharpe, p. 18.

26 Smith, *Wealth of Nations*, bk IV, ch. 2, para 43.

27 Skousen, *The Making of Modern Economics*, p. 103.

3장 중국은 부유해질 수 있을까?_카를 마르크스

1 Karl Marx and Friedrich Engels, 2015 [1848], *The Communist Manifesto*, London: Penguin Classics, p. 9.

2 Todd Buchholz, 2007, *New Ideas from Dead Economists: An Introduction to Modern Economic Thought*, New York: Penguin, p. 129.

3 Ibid., p. 116.

4 Jonathan Sperber, 2013, *Karl Marx: A Nineteenth-Century Life*, New York: Liveright, p. 4.

5 Ibid., p. 5.

6 Ibid., p. 24.

7 Ibid., p. 72.

8 Ibid., p. 99.

9 Marx and Engels, *Communist Manifesto*, p. 39.

10 Ibid.

11 Sperber, *Karl Marx*, p. 255.

12 Karl Marx, 2008 [1852], *The Eighteenth Brumaire of Louis Bonaparte*, Rockville, MD: Wildside Press, p. 1.

13 Karl Marx, 1978 [1853], 'The Future Results of British Rule in India', *New York Daily Tribune*, 8 August 1853, in Robert Tucker, ed., 1978, *The Marx-Engels Reader*, 2nd revised edn, New York: W. W. Norton, p. 662.

14 Sperber, *Karl Marx*, p. 450.

15 Ibid., p. 431.

16 Linda Yueh, 2013, *China's Growth: The Making of an Economic Superpower*, Oxford: Oxford University Press, chapter 5.

17 World Bank and Development Research Center of the State Council of China, 2013, 'China 2030: Building a Modern, Harmonious, and Creative Society', Washington, DC; http://documents.worldbank.org/curated/en/781101468239669951/China-2030-building-a-modernharmonious-and-creative-society.

18 Karl Marx, 1991 [18 83], *Capital: Volume III*, ed. Frederick Engels, trans. David Fernbach, London: Penguin Classics, p. 678.

19 Marx and Engels, *Communist Manifesto*, p. 27.

20 Robert G. Sutter, 2013, *Foreign Relations of the PRC: The Legacies and Constraints of China's International Politics Since 1949*, Lanham, MD: Rowman & Littlefield, p. 23.

21 Linda Yueh, 2010, *The Economy of China*, Cheltenham: Edward Elgar, chapter 4.

22 Buchholz, *New Ideas from Dead Economists*, p. 136.

23 Ronald W. Dworkin, 2015, *How Karl Marx Can Save American Capitalism*, Lanham, MD: Lexington Books, p. 72.

24 Ibid.

25 Sperber, *Karl Marx*, p. 65.

4장 불평등을 극복할 방법은 없는가?_앨프리드 마셜

1 Joseph Stiglitz, 2012, *The Price of Inequality: How Today's Divided Society Endangers Our Future*, New York: W. W. Norton.

2 Peter Groenewegen, 1995, *A Soaring Eagle: Alfred Marshall 1842–1924*, Aldershot: Edward Elgar, p. 227.

3 Ibid., p. 294.

4 Michael J. Turner, 1994, 'Before the Manchester School: Economic Theory in Early Nineteenth-Century Manchester', *History*, 79(256), pp. 216–41.

5 John Maynard Keynes, 1924, 'Alfred Marshall, 1842–1924', *Economic Journal*, 34(135), pp. 311–72.

6 Gerald F. Shove, 1942, 'The Place of Marshall's *Principles* in the Development of Economic Theory', *Economic Journal*, 52(208), pp. 294–329.

7 A. C. Pigou, ed., 1925, *Memorials of Alfred Marshall*, London: Macmillan, p. 334.

8 Alfred Marshall, 1961, *Principles of Economics*, vol. II, London: Macmillan for the Royal Economic Society, pp. 598–614.

9 J. H. Burns and H. L. A. Hart, eds., 1977, *A Comment on the Commentaries and A Fragment on Government*, The Collected Works of Jeremy Bentham, Oxford: Clarendon Press, p. 393.

10 John Cunningham Wood, ed., 1993, *Alfred Marshall: Critical Assessments, Volume IV*, London: Routledge, p. 290.

11 Branko Milanovic, 2016, *Global Inequality: A New Approach for the Age of Globalization*, Cambridge, MA: Harvard University Press, p. 166.

12 Pew Research Center, 2015, 'The American Middle Class is Losing Ground: No Longer the Majority and Falling Behind Financially', 9 December; www. pewsocialtrends.org/2015/12/09/the-american-middle-class-is-losing-ground/.

13 Robert Reich, 2012, *Beyond Outrage: What Has Gone Wrong with Our Economy and Our Democracy, and How to Fix It*, New York: Vintage Books, p. 142.

14 OECD, 2012, 'Income Inequality and Growth: The Role of Taxes and Transfers', OECD Economics Department Policy Notes, No. 9, Paris: OECD.

15 Alfred Marshall, 1890, *Principles of Economics*, vol. I, London: Macmillan, pp. 96 – 7.

16 Talcott Parsons, 1931, 'Wants and Activities in Marshall', *Quarterly Journal of Economics*, 46(1), pp. 101 – 40, at p. 128, n. 7, citing Alfred Marshall's letter to the editor of *The Times*, 'The Post Office and Private Enterprise', 24 March 1891.

17 John Stuart Mill, 1848, *Principles of Political Economy*, London: John W. Parker, pp. 13 – 14.

18 Pigou, *Memorials of Alfred Marshall*, p. 363.

19 A. C. Pigou, 1953, *Alfred Marshall and Current Thought*, London: Macmillan, p. 56.

20 Jonathan D. Ostry, Andrew Berg and Charalambos G. Tsangarides, 2014, 'Redistribution, Inequality, and Growth', International Monetary Fund Staff Discussion Note SDN/14/02; www.imf.org/external/pubs/ft/sdn/2014/sdn1402. pdf.

21 Groenewegen, *A Soaring Eagle*, p. 737.

22 Pigou, ed., *Memorials of Alfred Marshall*, p. 427.

5장 우리는 또다시 세계 대공황을 맞이할 위험에 처해 있는가?_어빙 피셔

1 'Fisher Sees Stocks Permanently High', *The New York Times*, 16 October 1929, p. 8.

2 Ibid.

3 Joseph Schumpeter, 1951, *Ten Great Economists from Marx to Keynes*, New York and Oxford: Oxford University Press, p. 223.

4 Irving Fisher, 1892, 'Mathematical Investigations in the Theory of Value and Prices', *Transactions of the Connecticut Academy*, 9, p. 119.

5   Robert Loring Allen, 1993, *Irving Fisher: A Biography*, Cambridge, MA and Oxford:
    Blackwell, p. 229.

6   Ibid., p. 17.

7   Irving Norton Fisher, 1956, *My Father: Irving Fisher*, New York: Comet Press
    Books, p. 26.

8   Irving Fisher, 1997, *The Works of Irving Fisher*, 14 vols., ed. William J. Barber,
    assisted by Robert W. Dimand and Kevin Foster, London: Pickering & Chatto, vol. I,
    p. 4.

9   Allen, *Irving Fisher*, pp. 147–8.

10 Irving Fisher and H. Bruce Brougham, 1928, *Prohibition Still at its Worst*, New York:
    Alcohol Information Committee.

11 Irving Fisher, 1919, 'Economists in Public Service: Annual Address of the
    President', *American Economic Review*, 9(1), Supplement: Papers and Proceedings of
    the Thirty-First Annual Meeting of the American Economic Association, pp. 5–21,
    at p. 16.

12 Ibid., p. 10.

13 Simon Newcomb, 1885, *Principles of Political Economy*, New York: Harper, p. 346.

14 Milton Friedman, 1963, *Inflation: Causes and Consequences*, Bombay: Asia Publishing
    House, p. 17.

15 Irving Fisher, 1933, 'The Debt-Deflation Theory of Great Depressions',
    Econometrica, 1(4), pp. 337–57, at p. 349.

16 Ibid., p. 344.

17 Ben Bernanke, 1983, 'Nonmonetary Effects of the Financial Crisis in the
    Propagation of the Great Depression', *American Economic Review*, 73(3), pp. 257–
    76.

18 Ben Bernanke, 2002, 'Deflation: Making Sure "It" Doesn't Happen Here', remarks
    by Governor Ben S. Bernanke before the National Economists Club, Washington,
    DC, 21 November; www.federalreserve.gov/boarddocs/speeches/2002/20021121/.

19 Hyman P. Minsky, 1992, 'The Financial Instability Hypothesis', The Jerome Levy
    Economics Institute of Bard College, Working Paper No. 74.

20 Ibid.

21 'Minsky's Moment', *The Economist*, 30 July 2016; www.economist.com/
    news/economics-brief/21702740-second-article-our-series-seminal-

economic-ideas-looks-hyman-minskys.

22 Janet Yellen, 2009, 'A Minsky Meltdown: Lessons for Central Bankers', presentation to the 18th Annual Hyman P. Minsky Conference on the State of the US and World Economies – 'Meeting the Challenges of the Financial Crisis'; www.frbsf.org/our-district/press/presidents-speeches/yellen-speeches/2009/april/yellen-minsky-meltdown-central-bankers/.

23 Ibid.

24 Allen, *Irving Fisher*, p. 9.

6장 투자를 할 것인가, 하지 않을 것인가?_존 메이너드 케인스

1 John Maynard Keynes, 1936, *The General Theory of Employment, Interest and Money*, London: Palgrave Macmillan, p. 129.

2 Ibid.

3 John Maynard Keynes, 1963 [1931], 'Economic Possibilities for Our Grandchildren', in *Essays in Persuasion*, New York: W. W. Norton, p. 373.

4 John Maynard Keynes, 1971 – 89, *The Collected Writings of John Maynard Keynes*, 30 vols., ed. Elizabeth Johnson and Donald Moggridge, vol. XII, *Economic Articles and Correspondence: Investment and Editorial*, Cambridge: Cambridge University Press, p. 109.

5 Robert Skidelsky, 2003, *John Maynard Keynes 1883–1946: Economist, Philosopher, Statesman*, New York: Penguin, p. 53.

6 Ibid., p. 53.

7 Ibid., p. 36.

8 Ibid., p. 43.

9 Ibid., p. 45.

10 Ibid., p. 60.

11 Keynes, *General Theory*, p. 5.

12 Todd G. Buchholz, 2007, *New Ideas from Dead Economists: An Introduction to Modern Economic Thought*, New York: Penguin, p. 210.

13 Robert Skidelsky, 2010, *Keynes: The Return of the Master*, London: Penguin, p. 62.

14 Keynes, *General Theory*, p. 103.

15 Ibid., p. 158.

16 Ibid.

17 Keynes, *Collected Writings*, vol. IV: *A Tract on Monetary Reform*, p. 65.

18 Keynes, *Collected Writings*, vol. XXI: *Activities 1931–1939: World Crises and Policies in Britain and America*, p. 390.

19 John Maynard Keynes, 1937, 'The General Theory of Employment', *Quarterly Journal of Economics*, 51(2), pp. 209 – 23.

20 Ibid., pp. 215 – 16.

21 Ibid., p. 216.

22 Skidelsky, *Keynes: The Return of the Master*, p. 107.

23 Ronald Reagan, 1986, 'Remarks to State Chairpersons of the National White House Conference on Small Business', 15 August; www.reaganlibrary.archives.gov/archives/speeches/1986/081586e.html.

24 Ronald Reagan, 1986, 'The President's News Conference', 12 August; www.presidency.ucsb.edu/ws/?pid=37733.

25 Graeme Chamberlin and Linda Yueh, 2006, *Macroeconomics*, London: Cengage, ch. 4.

26 Keynes, *General Theory*, p. 373.

27 Ibid., p. 322.

28 Ibid., pp. 164, 378.

29 Ibid., pp. 383 – 4.

30 Keynes, *Essays in Persuasion*, p. 366.

31 Ibid., p. 369.

32 Ibid., p. 366.

7장 무엇이 혁신을 일으키는가?_조지프 슘페터

1 Joseph Schumpeter, 1942, *Capitalism, Socialism and Democracy*, New York: Harper & Brothers, p. 84.

2 Thomas K. McCraw, 2007, *Prophet of Innovation: Joseph Schumpeter and Creative Destruction*, Cambridge, MA: Harvard University Press, p. x.

3 Schumpeter, *Capitalism*, p. 83.

4 Joseph Schumpeter, 1939, *Business Cycles: A Theoretical, Historical and Statistical Analysis of the Capitalist Process*, vol. II, New York: McGraw-Hill, p. 1033.

5 Schumpeter, *Business Cycles*, vol. I, p. 107.

6 Schumpeter, *Capitalism*, pp. 67 – 8.

7 Paul A. Samuelson, 1977, 'Joseph A. Schumpeter', *Dictionary of American Biography*, New York: Scribner, Supplement Four, p. 722.

8 McCraw, *Prophet of Innovation*, p. 40.

9 Joseph Schumpeter, 1954, *History of Economic Analysis*, New York: Oxford University Press, p. 571.

10 McCraw, *Prophet of Innovation*, p. 60.

11 Joseph Schumpeter, 1991 [1918], 'The Crisis of the Tax State', in *The Economics and Sociology of Capitalism*, ed. Richard Swedberg, Princeton: Princeton University Press, pp. 114 – 16.

12 McCraw, *Prophet of Innovation*, pp. 104 – 5.

13 Ibid., pp. 117 – 19.

14 Ibid., p. 165.

15 Ibid., p. 213.

16 Ibid., p. 223.

17 Ibid, p. 225.

18 Ibid.

19 Ibid., p. 271.

20 Nicolo De Vecchi, 2006, 'Hayek and the *General Theory* ', *European Journal of the History of Economic Thought*, 13(2), pp. 233 – 58.

21 Schumpeter, *Business Cycles*, vol. I, p. vi.

22 Schumpeter, *Capitalism*, p. 83.

23 Schumpeter, *Business Cycles*, vol. I, pp. 104 – 7.

24 Schumpeter, *Capitalism*, pp. 93, 99 – 100.

25 Ibid., pp. 99 – 100.

26 Schumpeter, *Business Cycles*, vol. I, pp. 243 – 4.

27 Ibid., pp. 100 – 102.

28 Schumpeter, *Capitalism*, pp. 167, 170, 190 – 91.

29 Ibid., p. xiv.

30 Joseph Schumpeter, 1955, 'Social Classes in an Ethnically Homogeneous Environment', trans. Heinz Norden, in *Imperialism, Social Classes: Two Essays by Joseph Schumpeter*, New York: Meridian Books, pp. 120 – 22.

31 Joseph Schumpeter, 1928, 'The Instability of Capitalism', *Economic Journal*, 38, pp.

361 – 86.

32 Schumpeter, *Business Cycles*, vol. I, pp. 103 – 4.

33 World Bank, 1993, *The East Asian Miracle: Economic Growth and Public Policy*, Washington, DC: World Bank.

34 Schumpeter, 'The Instability of Capitalism', pp. 364 – 6.

35 Joseph Schumpeter, 1934, *The Theory of Economic Development*, Cambridge, MA: Harvard University Press, pp. 75 – 8.

36 Schumpeter, *Business Cycles*, vol. I, pp. 102 – 3.

37 Schumpeter, *Business Cycles*, vol. II, pp. 907 – 1033.

38 Schumpeter, *Economic Development*, pp. 75 – 8.

39 Ibid., p. 66.

40 Schumpeter, *Capitalism*, pp. 101 – 2, 110.

41 Richard Foster, 2012, 'Creative Destruction Whips Through Corporate America', *Innosight Executive Briefing*; https://www.innosight.com/wp-content/uploads/2016/08/creative-destruction-whips-throughcorporate-america_final2015.pdf.

42 Schumpeter, *History of Economic Analysis*, pp. 19, 27.

43 McCraw, *Prophet of Innovation*, p. 500.

8장 금융 위기를 극복하는 자본주의의 미래는 무엇인가?_프리드리히 하이에크

1 Milton Friedman, 1999, 'Transcript for: Friedrich Hayek', Think Tank with Ben Wattenberg, pbs.org; www.pbs.org/thinktank/transcript726.html.

2 Bruce Caldwell, 2004, *Hayek's Challenge: An Intellectual Biography of F. A. Hayek*, Chicago: University of Chicago Press, p. 2.

3 Friedrich A. Hayek, 1994, *Hayek on Hayek: An Autobiographical Dialogue*, ed. Stephen Kresge and Leif Wenar, Chicago: University of Chicago Press, p. 40.

4 Caldwell, *Hayek's Challenge*, p. 150.

5 Bruce Caldwell, 1998, 'Why Didn't Hayek Review Keynes's *General Theory* ?', *History of Political Economy*, 30(4), pp. 545 – 69, at p. 556.

6 Nicholas Wapshott, 2011, *Keynes Hayek: The Clash That Defined Modern Economics*, New York: W. W. Norton, p. xi.

7 Sylvia Nasar, 2011, *Grand Pursuit: The Story of the People Who Made Modern*

Economics, New York: Simon & Schuster, p. 402.

8 Ibid.

9 John Maynard Keynes, 1931, 'The Pure Theory of Money: A Reply to Dr Hayek', *Economica*, 34, pp. 387 – 97, at p. 394.

10 Paul Krugman, 1998, 'The Hangover Theory', *Slate*, 4 December; www.slate.com/ articles/business/the_dismal_science/1998/12/the_hangover_theory.html.

11 Alan Ebenstein, 2001, *Friedrich Hayek: A Biography*, New York: St. Martin's Press, p. 81.

12 Athol Fitzgibbons, 1988, *Keynes's Vision: A New Political Economy*, Oxford: Oxford University Press, p. 178.

13 Ebenstein, *Friedrich Hayek*, p. 128.

14 Friedrich A. Hayek, 2001 [1944], *The Road to Serfdom*, London and New York: Routledge Classics, pp. 124 – 5.

15 Caldwell, *Hayek's Challenge*, p. 133.

16 Friedrich A. Hayek, 2006 [1960], *The Constitution of Liberty*, London and New York: Routledge, p. 44.

17 Ebenstein, *Friedrich Hayek*, pp. 196, 238.

18 Ibid., p. 261.

19 John Ranelagh, 1991, *Thatcher's People: An Insider's Account of the Politics, the Power and the Personalities*, London: HarperCollins, p. ix.

20 Friedrich A. Hayek, 1986, 'The Moral Imperative of the Market', in *The Unfinished Agenda: Essays on the Political Economy of Government Policy in Honour of Arthur Seldon*, London: Institute of Economic Affairs.

21 John B. Taylor, 2009, 'The Need to Return to a Monetary Framework', *Business Economics*, 44(2), pp. 63 – 72.

22 John B. Taylor, 2012, 'Why We Still Need to Read Hayek', The Hayek Lecture, The Manhattan Institute for Policy Research, New York City, 31 May; www.hoover.org/ sites/default/files/hayek-lecture.pdf.

23 Winston Churchill, 1974, 'Speech, House of Commons, November 11, 1947', in *Winston S. Churchill: His Complete Speeches, 1897–1963*, ed. Robert Rhodes James, London: R. R. Bowker, vol. VII, p. 7566.

24 Friedrich A. Hayek, 1979, *A Conversation with Friedrich A. von Hayek: Science and Socialism*, Washington, DC: American Enterprise Institute for Public Policy Research,

p. 6.

25 Margaret Thatcher, 1993, *The Downing Street Years*, London: HarperPress, p. 618.

26 John Campbell, 2008, *Margaret Thatcher*, vol. II: *The Iron Lady*, London: Vintage, p. 628.

27 Nobelprize.org, 1974, 'Friedrich August von Hayek – Banquet Speech', Nobel Media AB 2014; www.nobelprize.org/nobel_prizes/economic-sciences/laureates/1974/hayek-speech.html.

28 Daniel Yergin and Joseph Stanislaw, 1998, *The Commanding Heights: The Battle Between Government and the Marketplace that is Remaking the Modern World*, New York: Free Press, p. 150.

9장 임금은 왜 오르지 않는가?_조앤 로빈슨

1 'The Inquiry', presented by Linda Yueh, BBC World Service, 8 March 2016.

2 Nahid Aslanbeigui and Guy Oakes, 2009, *The Provocative Joan Robinson: The Making of a Cambridge Economist*, Durham, NC: Duke University Press, p. 1.

3 'Prof. Joan Robinson Dies at 79; Cambridge', *The New York Times*, 11 August 1983.

4 Paul Flatau, 2001, 'Some Reflections on the "Pigou-Robinson" Theory of Exploitation', *History of Economics Review*, 33, pp. 1–16.

5 Aslanbeigui and Oakes, *The Provocative Joan Robinson*, pp. 2–3.

6 Joan Robinson, 1932, *Economics is a Serious Subject: The Apologia of an Economist to the Mathematician, the Scientist and the Plain Man*, Cambridge: Heffer, p. 4.

7 Aslanbeigui and Oakes, *The Provocative Joan Robinson*, pp. 48–9.

8 Robert Skidelsky, 1995, *John Maynard Keynes*, vol. II: *The Economist as Saviour, 1920–1937*, London: Penguin, pp. 448–9.

9 Alec Cairncross, 1993, *Austin Robinson: The Life of an Economic Adviser*, Basingstoke: Macmillan, p. 172.

10 Aslanbeigui and Oakes, *The Provocative Joan Robinson*, p. 9.

11 Ibid., p. 133.

12 Joan Robinson, 1962, *Economic Philosophy*, Harmondsworth: Pelican Books, p. 25.

13 Ibid., p. 28.

14 Ibid.

15 Joan Robinson, 1969 [1933], *The Economics of Imperfect Competition*, 2nd edn,

London: Macmillan, ch. 18 on monopsony.

16 International Labour Organization, 2014, *Global Wage Report 2014/15*, Geneva: International Labour Office, p. 10.

17 International Labour Organization and Organisation for Economic Co-operation and Development, with contributions from the International Monetary Fund and World Bank Group, 2015, 'The Labour Share in G20 Economies', report prepared for the G20 Employment Working Group, Antalya, Turkey, 26–27 February.

18 Joan Robinson, 1980, 'Marx, Marshall and Keynes', *Collected Economic Papers*, vol. II, Cambridge, MA: MIT Press, p. 17.

19 Robinson, *Economic Philosophy*, p. 45.

10장 오늘날 중앙은행은 어떤 일을 해야 하는가?_밀턴 프리드먼

1 Milton and Rose Friedman, 1998, *Two Lucky People: Memoirs*, Chicago: University of Chicago Press, p. 22.

2 Ibid., p. 262.

3 Ibid., p. xi.

4 Ibid., p. 165.

5 Lanny Ebenstein, 2007, *Milton Friedman: A Biography*, New York: Palgrave Macmillan, p. 100.

6 Ibid., p. 47.

7 Ibid., p. 52.

8 Milton and Rose Friedman, 1980, *Free to Choose*, San Diego: Harcourt, p. 310.

9 'Milton Friedman in His Own Words', 2012, Becker Friedman Institute for Research in Economics, University of Chicago; https://bfi.uchicago.edu/news/post/milton-friedman-his-own-words.

10 Ibid.

11 Ibid.

12 Ebenstein, *Milton Friedman*, p. 187.

13 Ben Bernanke, 2002, 'On Milton Friedman's Ninetieth Birthday', Remarks by Governor Ben S. Bernanke: At the Conference to Honor Milton Friedman, University of Chicago, 8 November; www.federalreserve.gov/boarddocs/speeches/2002/20021108/default.html.

14 Milton Friedman, 1997, 'Rx for Japan: Back to the Future', *Wall Street Journal*, 17 December.

15 Ibid.

16 Ibid.

17 Milton Friedman, 1991, 'Economic Freedom, Human Freedom, Political Freedom', address by Milton Friedman, The Smith Center, Seattle Central College, 1 November; http://seattlecentral.edu/faculty/jhubert/friedmanspeech.html.

18 Milton Friedman, 2002 [1962], *Capitalism and Freedom: Fortieth Anniversary Edition*, Chicago: University of Chicago Press, p. xii.

19 Ebenstein, *Milton Friedman*, p. 182.

20 'Milton Friedman in His Own Words'.

11장 왜 소수의 국가만이 번영하는가?_더글러스 노스

1 Pierre-Richard Agenor, Otaviano Canuto and Michael Jelenic, 2012, 'Avoiding Middle-Income Growth Traps', *Economic Premise*, 98, Washington, DC, World Bank, p. 1.

2 Douglass C. North, 1988, 'Institutions, Economic Growth and Freedom', in *Freedom, Democracy and Economic Welfare: Proceedings of an International Symposium*, ed. Michael A. Walker, Vancouver: Fraser Institute, p. 7.

3 Douglass C. North, 1990, *Institutions, Institutional Change and Economic Performance*, Cambridge: Cambridge University Press, p. 6.

4 Ibid., p. 7.

5 Lennart Jorberg, 1997, 'Robert W. Fogel and Douglass C. North', in *Nobel Lectures in Economic Sciences, 1991–1995*, ed. Torsten Persson, Singapore: World Scientific, pp. 107-8.

6 Douglass C. North, Gardner Brown and Dean Lueck, 2015, 'A Conversation with Douglass North', *Annual Review of Resource Economics*, 7, pp. 1 – 10, at p. 6.

7 Nobelprize.org, 1993, 'Douglass C. North – Biographical', Nobel Media AB 2014; www.nobelprize.org/nobel_prizes/economic-sciences/laureates/1993/north-bio.html.

8 Ibid.

9 North, *Institutions, Institutional Change and Economic Performance*, pp. 11, 12.

10 Nobelprize.org, 'Douglass C. North − Biographical'.

11 North, *Institutions, Institutional Change and Economic Performance*, p. vii.

12 Ibid., p. 3.

13 Ibid., p. 5.

14 Ibid., p. 116.

15 Ibid., p. 9.

16 Ibid., p. 139.

17 Ibid., p. 9.

18 Ibid., p. 112.

19 Paul Collier, 2007, *The Bottom Billion: Why the Poorest Countries are Failing and What Can Be Done About It*, Oxford: Oxford University Press.

20 Robert E. Lucas, Jr., 1988, 'On the Mechanics of Economic Development', *Journal of Monetary Economics*, 22(1), pp. 3 − 42, at p. 5.

21 North, *Institutions, Institutional Change and Economic Performance*, p. 7.

22 Ibid., p. 137.

23 Ibid., p. 6.

24 Ibid., p. 140.

25 North, Brown and Lueck, 'A Conversation with Douglass North', pp. 8, 9.

26 Daron Acemoglu and James A. Robinson, 2012, *Why Nations Fail*, London: Profile Books, pp. 372 − 3.

27 Ibid., p. 402.

28 Ibid., p. 426.

29 Ibid., p. 427.

30 North, *Institutions, Institutional Change and Economic Performance*, p. 140.

12장 저성장이 우리의 미래인가?_로버트 솔로

1 Nobelprize.org, 1987, 'Robert M. Solow − Biographical', Nobel Media AB 2014; www.nobelprize.org/nobel_prizes/economic-sciences/laureates/1987/solow-bio. html.

2 Barnaby J. Feder, 1987, 'Man in the News: Robert Merton Solow: Tackling Everyday Economic Problems', *The New York Times*, 22 October.

3 Ibid.

4   Nobelprize.org, 'Robert M. Solow – Biographical'.

5   Robert Solow, 1956, 'A Contribution to the Theory of Economic Growth', *Quarterly Journal of Economics*, 70(1), pp. 65 – 94; Robert Solow, 1957, 'Technical Change and the Aggregate Production Function', *Review of Economics and Statistics*, 39(3), pp. 312 – 20.

6   Paul A. David, 1990, 'The Dynamo and the Computer: A Historical Perspective on the Modern Productivity Paradox', *American Economic Review*, 80(2), pp. 355 – 61.

7   Douglas Clement, 2002, 'Interview with Robert Solow', *The Region*, Federal Reserve Bank of Minneapolis, 1 September; www.minneapolisfed.org/publications/the-region/interview-with-robert-solow.

8   OECD, 2015, *Economic Surveys: United Kingdom*, Paris: OECD.

9   Joao Paulo Pessoa and John Van Reenen, 2013, 'Decoupling of Wage Growth and Productivity Growth? Myth and Reality', Centre for Economic Performance, London School of Economics and Political Science, Discussion Paper No. 1246; http://cep.lse.ac.uk/pubs/download/dp1246.pdf.

10 Alina Barnett, Sandra Batten, Adrian Chiu, Jeremy Franklin and Maria Sebastia-Barriel, 2014, 'The UK Productivity Puzzle', *Bank of England Quarterly Bulletin*, Q2, pp. 114 – 28.

11 Peter Goodridge, Jonathan Haskel and Gavin Wallis, 2013, 'Can Intangible Investment Explain the UK Productivity Puzzle?', *National Institute Economic Review*, 224, pp. R48 – R58.

12 Barnett et al., 'The UK Productivity Puzzle'.

13 Kristian Behrens, Giordano Mion, Yasusada Murata and Jens Sudekum, 2014, 'Trade, Wages, and Productivity', *International Economic Review*, 55(4), pp. 1305 – 49.

14 Nobelprize.org, 1987, 'Robert M. Solow – Prize Lecture: Growth Theory and After', Nobel Media AB 2014; www.nobelprize.org/nobel_prizes/economic-sciences/laureates/1987/solow-lecture.html.

15 Ibid.

16 Ibid.

17 Ibid.

18 Ibid.

19 Robert Solow, 1989, 'How Economic Ideas Turn to Mush', in *The Spread of Economic Ideas*, eds. David Colander and A. W. Coats, Cambridge: Cambridge

University Press, pp. 75 – 84.

20 Clement, 'Interview with Robert Solow'.

21 Feder, 'Man in the News'.

22 Clement, 'Interview with Robert Solow'.

맺음말: 세계화의 미래는 어디로 향하는가

1 'Globalization and Rapid Change Sparked Backlash, Says Obama', *Financial Times*, 15 November 2016.

2 Jon Huang, Samuel Jacoby, Michael Strickland and K. K. Rebecca Lai, 2016, 'Election 2016: Exit Polls', *The New York Times*, 8 November; www.nytimes.com/interactive/2016/11/08/us/politics/election-exit-polls.html.

3 Derek Thompson, 2009, 'An Interview with Paul Samuelson, Part One', *The Atlantic*, 17 June; www.theatlantic.com/business/archive/2009/06/an-interview-with-paul-samuelson-part-one/19586/.

4 John Cassidy, 2009, 'Postscript: Paul Samuelson', *The New Yorker*, 14 December.

5 Thompson, 'An Interview with Paul Samuelson'.

6 David C. Colander and Harry Landreth, 1996, *The Coming of Keynesianism to America: Conversations with the Founders of Keynesian Economics*, Cheltenham: Edward Elgar, p. 28.

7 'Paul A. Samuelson obituary', *The Economist*, 17 December 2009; www.economist.com/node/15127616.

8 Douglas P. Cooper, 1973, The Douglas P. Cooper Distinguished Contemporaries Collection, 1 September; www.wnyc.org/story/paul-samuelson/.

9 Paul A. Samuelson, 1986, 'Gold and Common Stocks', in *The Collected Scientific Papers of Paul Samuelson*, vol. V, ed. Kate Crowley, Cambridge,MA: MIT Press, p. 561.

10 Paul A. Samuelson, 2005, *On Being an Economist*, New York: Jorge Pinto Books Inc.

사상 최악의 불황을 극복하는 12가지 경제 이론

위대한 경제학자들의 대담한 제안

1판 1쇄 발행 2020년 9월 2일
1판 2쇄 발행 2021년 1월 8일

지은이 린다 유
옮긴이 안세민
펴낸이 고병욱

책임편집 유나경 **기획편집** 윤현주 장지연
마케팅 이일권 한동우 김윤성 김재욱 이애주 오정민
디자인 공희 진미나 백은주 **외서기획** 이슬
제작 김기창 **관리** 주동은 조재언 **총무** 문준기 노재경 송민진

펴낸곳 청림출판(주)
등록 제1989-000026호

본사 06048 서울시 강남구 도산대로 38길 11 청림출판(주) (논현동 63)
제2사옥 10881 경기도 파주시 회동길 173 청림아트스페이스 (문발동 518-6)
전화 02-546-4341 **팩스** 02-546-8053
홈페이지 www.chungrim.com
이메일 cr1@chungrim.com
블로그 blog.naver.com/chungrimpub
페이스북 www.facebook.com/chungrimpub

ISBN 978-89-352-1318-4 (03320)